高等院校公共基础课特色教材系列
全日制高校教师教育专业通用教材

教师职业技能训练教程
（第二版）

王桂波　王国君　主编

清华大学出版社
北京

内 容 简 介

在教育部《高等学校本科教学质量与教学改革工程》强调突出实践能力培养的精神指导下，为适应基础教育新课程改革所提出的高素质、专业化教师教育人才培养要求，我们立足于自身教师职业技能训练二十多年的丰厚积淀，精心编写了本书。它不但在宏观层面全景呈现出教师职业技能"五能三字一话"的科学训练体系，而且从微观入手，在各个训练环节都提供了实践性、操作性较强的训练指导方法。

本书是一本对普通高校教师具有重要指导意义的通用教材，相信对各高校教师教育专业人才的教育教学实践能力培养与训练将不无裨益。

本书封面贴有清华大学出版社防伪标签，无标签者不得销售。
版权所有，侵权必究。举报：010-62782989，beiqinquan@tup.tsinghua.edu.cn。

图书在版编目(CIP)数据

教师职业技能训练教程/王桂波，王国君主编．—2版．—北京：清华大学出版社，2012.7
(2025.1重印)
(高等院校公共基础课特色教材系列)
ISBN 978-7-302-29333-0

Ⅰ．①教… Ⅱ．①王…②王… Ⅲ．①师资培训—高等学校—教材 Ⅳ．①G451.2

中国版本图书馆CIP数据核字(2012)第147742号

责任编辑：王巧珍
责任校对：王荣静
责任印制：曹婉颖

出版发行：清华大学出版社
网　　址：https://www.tup.com.cn，https://www.wqxuetang.com
地　　址：北京清华大学学研大厦A座　　　　邮　编：100084
社 总 机：010-83470000　　　　　　　　　　邮　购：010-62786544
投稿与读者服务：010-62776969，c-service@tup.tsinghua.edu.cn
质量反馈：010-62772015，zhiliang@tup.tsinghua.edu.cn

印 装 者：三河市龙大印装有限公司
经　　销：全国新华书店
开　　本：185mm×260mm　　印　张：23.5　　字　数：462千字
版　　次：2008年12月第1版　2012年7月第2版　　印　次：2025年1月第22次印刷
定　　价：58.00元

产品编号：047967-05

本书编委会

主编： 王桂波　王国君

编委会成员（以姓氏笔画为序）

于　巍　　王　鹏　　王秋芳　　刘　影

关秀娇　　李　恒　　汪　津　　宋　扬

夏凤琴　　仵宏慧

再 版 前 言

众所周知,教师职业技能训练是一个相对较为稳定的知识与能力体系,它是经过世世代代的教育教学积累,体现着我国传统文化与教育特色的知识板块和能力系统,它不可能在短短三五年甚至十几年内有显著变化。所以,在知识架构上,本次再版时仍然保持原有样貌,几无变化。

既然如此,为什么还要修订呢? 因为在教材使用中,我们常常感到某些章节内容还存在着这样或那样的缺憾。例如,因打磨功夫不够,有的章节内容尚显粗糙、单薄而不够精细、厚实;例如,因时间关系,统稿过程中我们未能周到整合各章节作者之间因专业和文笔风格不同而形成的文风差异;例如,因时间紧迫以及著作者整体精力不足,而未能及时配备相应的教学课件等等。这样的遗憾还有不少,此处不再一一赘述。但也正因如此,一想到业内同仁近年来对本教材的厚爱与期待,我们寝食难安,故而本着"不求最好,但求更好"的职业追求与力求尽善尽美的严谨态度,我们不惮艰难,来做这次修订,希望能够得到业内同仁的理解与支持,为我国师范专业人才培养质量的不断提高尽一己绵薄之力。

本次修订主要体现为三个方面:一是整体章节形式上的调整与修正;二是某些章节内容上的进一步充实,以及语言文字使用上的进一步规范;三是配备了与教材内容配套的教学课件。

首先,在教材形式上,我们在每一章开篇前都新加了"学习提示",希望能够为学生自主学习提供一些简明的学习指导。其次,在教材内容上,有的章节内容原来稍显单薄,不够厚重,本次得到了一定程度的充实,例如第一章"普通话训练"、第三章"规范汉字书写技能训练"和第四章"书面表达技能训练";有的章节内容原来在逻辑上尚存杂糅,互有交叉,本次得到了进一步廓清,例如第三章"规范汉字书写技能训练"的第四节和第五节、第四章"书面表达技能训练"的第二节和第三节等。再次,在语言文字的规范使用上,根据《国家行政机关公文处理办法》、《标点符号用法》和《出版物上数字用法的规定》等国家规范标准,对于那些哪怕是细枝末节的问题,我们也毫不放松。所以,本次修订,我们在语言文字的使用上也力求尽善尽美,尽量规范,下大力气减少差错,努力追求没有差错。最后,在教学课件的制作上,我们本来心存忌惮,不敢随便出手,但考虑到近年来业内同仁在使用本教材的过程中,多次通过出版社等不同渠道发出热切呼唤,希望能够配备同步课件,所以在本次教材修订中,我们虽几经犹豫,最后还是勇敢地向自己发起挑战。我们利用2012年春节假期,集思广益,倾注心血,将我们一直以来都不甚满意的教学课件重新进行了框架设计与素材补充。即便如此,我们仍诚惶诚恐,因为我们的教学课件制作更多考虑的是内容层面上的尽量充实与实事求是的教学参考,而在制作技术上的确未做专业性投入。希望这套朴素的教学课件,亦如我们的教材,朴实无华,好用、实用、适用。

尽管如此,我们也并不认为本次修订就已臻于极致、无可挑剔了。不同层面、不同程度的遗憾一定还有,甚至对于某些内容设计,我们虽用心良苦,却不知是否果真能够实现初衷。例如,在第一章第二节"普通话语音系统"中声韵母训练例字的选择上,我们是颇费心思地从教育部下发的《汉字应用水平测试大纲》(5 500 字)(广东教育出版社,2006年)中选取的。这样做的思考主要集中在两个方面:一是强化学生对于汉字"质"与"量"的理性认识,因为很长一段时间内,国家对于高等教育阶段学生的汉字应用能力培养整体重视不够,直接表现就是缺乏对大学生在应用汉字的数量与质量上的具体要求,如果让高等师范院校学生仍停留于现代汉语常用3 500字的层面,那肯定是远远不够的,故直觉上想加强这一块,以引领学生步入汉字识记与应用的更深领域,并培养学生对于我国优秀的汉字文化传统的自豪感;二是以实际行动落实《汉字应用水平测试大纲》,我们认为高等学校尤其是高师院校应该拥有这份责任感和职业敏感,有义务认真落实国家语言文字方针政策,更有责任走在社会的前列,尽早将这一内容推到学生面前,使其自觉加强语言文字规范应用意识,不断增强国家通用语言文字的规范应用能力。诸如此类,我们也只是出于一种职业自觉和角色自律,希望得到同行认可。

本书于2011年首先获得了校级优秀教材一等奖,而后获得了省级高校优秀教材一等奖,之后通过了省教育厅组织的专家推荐,进入到"国家十二五规划教材"备选之列。相信经过一次次的理论完善与一轮轮的实践检验,教师职业技能训练这部教材一定会更加精彩,教师职业技能训练这门课也一定会如具有顽强生命力的烂漫山花,在我国各高等师范院校追求教师专业化的进程中尽情绽放。

在本次教材修订中,编委会全体成员都付出了不同程度的辛苦。具体分工如下:第一章、第二章(王桂波),第三章(关秀娇),第四章(李恒),第五章(王桂波、刘影),第六章(王鹏、王秋芳),第七章(汪津),第八章(宋扬、夏凤琴),第九章(王桂波、于巍、于柏顺)。王桂波教授和王国君教授最后完成了全书统稿工作。

王桂波

2012年2月26日

前　言

高等师范院校是教师职前培养的摇篮,师范生必须掌握未来从事教育教学工作所应具备的职业技能,这是教师教育专业学生区别于其他学科专业学生的一个重要特征。因此,对学生进行教师职业技能训练,应是师范院校人才培养方案的重要组成部分,应是师范院校人才培养过程中不可缺少的重要教学内容,应是高师院校发展过程中不可忽视的核心特色。

20世纪90年代初,原国家教委师范司在先行试点、取得经验的基础上,以教师司1992[39]号文件形式下发了《高等师范院校学生教师职业技能训练基本要求(试行稿)》,对于高等师范院校学生教师职业技能训练工作提出了具体指导意见和建议,要求各高师院校普遍开设师范生职业技能训练课。作为我国教师教育发展嬗变的重要理论成果和实践总结,教师职业技能训练对于提高师范院校学生的从教能力,提升教师专业化水平,无疑具有重要的推动作用。

为满足师范院校职业技能训练教学需要,我们曾于20世纪80年代末和90年代中后期,分别联合全省乃至全国各兄弟院校的专家学者,协作编写了《师范生语文基本功训练教程》、《教师职业技能训练教程》和《师范生职业技能训练》等教材。这些教材一度成为全国各师范院校教师职业技能训练课的首选教材。

近年来,随着我国提高自主创新能力、建设创新型国家发展战略的不断明晰与实施实践,高等教育改革风生水起,质量工程的全面启动势必引发教育教学的新一轮深入变革,教师教育改革更首当其冲。荀子有云:"国将兴,必尊师而重傅。"教师教育专业化发展目标的鲜明确立,基础教育新课改的深度推进,无不促使各高师院校积极探索解决以往人才培养过程中与培养规格上未能契合基础教育需求而产生的断裂与错位问题。

由此,各高师院校开始重新审视和评估教师职业技能训练普适的专业化价值,并以此为基点与底色,着力构建旨在强化人才实践能力的更具科学性、可行性、指导性、操作性的人才培养模式。

为使一隅之教师职业技能训练教学的改革与建设成果就教于方家,本编委会不吝浅薄,以原国家教委师范司制定的《高等师范院校学生教师职业技能训练基本要求(试行稿)》和《高等师范院校学生教师职业技能训练教学大纲》为立论基础,并尽量吸收、融合近年来我国教师专业化的思想成果,编写了本教材。其主要内容包括说普通话技能,口语表达技能,规范汉字书写技能,书面表达技能,教学工作技能,现代教育技术运用技能,教学研究技能和班主任工作技能等。

需要说明的是,本书旨在为高师院校师生提供职业技能训练教学活动的具体实践参考,故未过多纠缠于理论层面的繁冗探讨。教师可根据教材所提供的内容、范围、程序、方式及训练要求等,补充或拓展更多适合本地区、本学校或一定教学对象特点和训练需要的具体内容,以求达到教材使用的最佳效果。

在本书编写过程中,编委会不惜气力,广泛涉猎,在大量参考国内外专业著作和文献资料基础上,认真汲取了本专业近年来崭新的理论研究与实践成果,由于篇幅所限,未能一一注明,在此一并表示感谢。

由于时间仓促,水平有限,书中错漏之处在所难免,恳请各位业内同仁及细心读者批评指正,以促进教师专业化理论探讨与教师职业技能训练实践的深入和可持续发展。

编 者

2008 年 10 月

目 录

绪 论 ·· 1

第一章 普通话训练 ·· 5
第一节 普通话基础知识 ·· 5
第二节 普通话语音系统 ·· 8
第三节 方言辨正 ·· 18
第四节 普通话水平测试 ··· 25

第二章 口语表达技能训练 ·· 30
第一节 教师口语表达 ·· 30
第二节 口语表达训练 ·· 46
第三节 口才训练 ·· 60

第三章 规范汉字书写技能训练 ·· 70
第一节 汉字的形体演变 ··· 70
第二节 汉字的结构 ·· 75
第三节 汉字的规范 ·· 82
第四节 汉字书写基本知识 ·· 87
第五节 汉字书写训练 ·· 95

第四章 书面表达技能训练 ·· 113
第一节 常用公文基础知识 ·· 113
第二节 常用公文写作训练 ·· 115
第三节 教师常用文体写作训练 ·· 141

第五章 教学工作技能训练 ·· 153
第一节 教学设计技能训练 ·· 153
第二节 教学实施技能训练 ·· 164
第三节 检查与验收技能训练 ··· 181
第四节 说课技能训练 ·· 186

第六章 教学研究技能训练 ·· 197
第一节 中学教学研究 ·· 197

第二节　教学研究课题选择 …………………………………………… 200
　　第三节　教学研究方法 ………………………………………………… 205
　　第四节　教学研究论文撰写 …………………………………………… 222

第七章　现代教育技术运用技能训练 ………………………………………… 226
　　第一节　现代教育技术概述 …………………………………………… 226
　　第二节　常规教学媒体使用技能训练 ………………………………… 229
　　第三节　多媒体与多媒体课件制作 …………………………………… 234
　　第四节　多媒体课件的评价 …………………………………………… 243
　　第五节　网络教育资源利用 …………………………………………… 245

第八章　班主任工作技能训练 ………………………………………………… 250
　　第一节　班主任工作概述 ……………………………………………… 250
　　第二节　组建和管理班集体技能训练 ………………………………… 253
　　第三节　了解和教育学生技能训练 …………………………………… 260
　　第四节　组织课外活动技能训练 ……………………………………… 268
　　第五节　沟通技能训练 ………………………………………………… 271

第九章　语言文字规范化 ……………………………………………………… 277
　　第一节　现代汉语部分形体规范标准汉字 …………………………… 277
　　第二节　现代汉语部分语音规范标准 ………………………………… 303
　　第三节　标点符号规范标准 …………………………………………… 336
　　第四节　数字使用规范标准 …………………………………………… 359

参考文献 ………………………………………………………………………… 365

绪 论

一、教师职业技能训练的必要性

所谓的教师职业技能,主要指师范院校学生毕业后从事教师职业所应必备的技术和能力。这种技术和能力是建立在一定的知识积累和智力训练基础之上的,它既是教师专业教育教学能力形成的必要前提和重要组成部分,又是其外化于教学对象的基础表现和重要凭借。教师职业技能训练是教师专业化理论与专业教学实践相结合的产物,是在加强专业思想教育而"乐于从教"、加强人文与学科专业知识教育而"利于从教"基础上实现师范生"善于从教"、"精于从教"培养目标的重要举措。基础教育不断深化的课程改革已经发出强烈呼唤:强化高师学生专业成长过程中的教师职业技能训练,藉此促进其专业价值的濡养与培育,是十分必要的。

第一,教师职业技能训练是民族文化传承的需要。不得不承认,发轫于现代西方的教师专业化理论给我国传统的教师教育理念及人才培养模式带来了巨大冲击,其益处自不待言。但是,由于中西方文化背景不同,人才培养规格、教育教学内容、评价体系以及职业技能内涵都差异显著。教师"笔"下形体独特的方块字和"口"中四声悠扬的普通话,不但是教师完成常规教育教学任务的重要工具,更是中华文化传承不衰的示范样板。缺乏规范母语应用能力的教师会优秀地完成教育教学任务,会对母语文化传承产生积极的示范作用,这是很难想象的。近年来,国家正面向教师群体不断推行"普通话水平测试"、"汉字应用水平测试"等种种举措,其母语文化的规范化发展、工具性建设作用不言而喻。

第二,教师职业技能训练是教师专业化发展的需要。坚持教师专业化导向、坚持师范性与学术性并重是教师教育改革发展的重要原则。教师职业技能训练是教师专业化的实践基础,是教师专业化的逻辑起点。与具有先进的教育理念、正确的教育思想以及选择正确的教育教学方法、创造性地驾驭课堂教学、深化教育教学改革与研究等能力一样,良好的教师职业技能训练是培养能教、会教、善教的优秀教师必不可少的重要阶段和重要方面。在教师教育人才培养过程中,师范性与学术性从来都是不可分离、互为表里的。教师职业技能训练是师范性的重要体现;而在学术性中,"学""术"本为一体,学科教育水平与教师教育水平同步提升是学术性的重要标志。离开教师职业技能训练的教师专业化无异于纸上谈兵、跛足前行。

第三,教师职业技能训练是优秀教师专业成长的需要。研究表明,一个优秀教师的专业成长大致需要经过对象物模仿、理念自觉和自为创造三个阶段,同时,绝大多数教师第二、第三阶段的能力觉醒大约要在从教四五年之后开始发生发展,而在职前教育阶段,我们能够实施并且应该强调的除理念自觉教育和自为创造意识培养外,更主要和更有效的是对对象物模仿能力的训练。这种训练既是"高等师范学校各专业的学生都应具备的,是学生的必修内容",也是其"生存关注"阶段,强烈的专业发展的忧患意识使他们特别关注专业发展结构中的"生存技能"。实践表明,教师职业技能训练不是可有可无的"补课"行为,更不是无足轻重的"小儿科"项目,它恰恰是高师学生专业成长完成与专业价值完善的原点内容。

第四,教师职业技能训练是服务基础教育的需要。基础教育课程改革将使教师在教学生活中"扮演一个新的角色",将使教师"进入课程规定的新的课堂生活方式",由此,教师职业"将是21世纪中国社会最具变化的职业","专业化的教师必须具备从事教育教学工作的基本技能和能力"。这不但是教育界有识之士关于教师教育所共同拥有的真知灼见,也是高师适应基础教育变革、服务基础教育发展的理性选择。简言之,解决目前教师教育"实践环节薄弱,从教信念模糊"最基础、最直接、最有力的方法就是加强职业技能训练。

长期以来,我国基础教育具有强劲的应付升学考试的文化型教育趋势,而师范教育在人才培养上也由此形成一种单纯文化型教育的倾向。随着基础教育新课程改革对师范院校人才培养模式的急切呼唤,师范教育要面向基础教育,为基础教育服务,就必须适应基础教育的改革和发展变化,必须使专业基础知识教育和专业教育教学能力并驾齐驱,同步发展。因此,在高师学生的职前教育中,以教师职业技能训练为起点塑造其专业价值,以面向基础教育课程改革为归宿促进其专业成长,着力从指导思想端正、训练体制保障、课程体系优化、训练模式创建和评价机制实施等方面建构专业化的教师职业技能教育机制,应是教师教育契合基础教育、优化人才培养机制的必由之路。

二、教师职业技能训练的内容与特点

教师职业技能是一种综合的教育教学能力系统,包含着通用技能与专业技能等层次丰富、形式多样的训练内容,它们互为倚重,互相生成。具体说来,主要包括以下几方面:规范汉字书写技能、说普通话技能、教师口语表达技能、教师常用文体写作技能等语文基本技能;课堂教学工作技能;现代教育技术运用技能;教学研究技能;班主任工作技能等。

语文基本技能主要指师范生应用国家通用语言文字的基本能力,它包括说普通话和教师口语表达技能、写规范字和教师书面表达技能。语言和文字是教育教学活动过程中师生之间信息交流的主要工具,是教师完成教育教学任务所必备的基本技能。语文基本技能极易被忽视,甚至被误解。有人将职业技能训练中的语文基本技能训练简单概括为"三字一话",简单地认为语文基本技能就是"毛笔字、钢笔字、粉笔字和普通话",严格地说,这是不科学的,也是不深刻的。事实上,教师语言运用能力的核心在于教师的口语表达能力,普通话训练是语言运用技能训练的前提,而不是训练的最终目的;教师文字运用能力包含规范汉字书写、规范汉字运用以及书面语表达等多项技能,对此,"三字"也不能全面涵盖。况且,我们母语文化中诸如独具表意性、象形性并生成深厚书法文化的方块汉字,以及独具四声调值并承载着源同流异众多方言的汉语普通话等等,都要求我国教师所掌握的语言文字,不但要具有能够顺利完成常规教育教学任务的工具性,更要具有母语文化传承的示范性。正确理解师范生职业技能训练中语文基本技能所包含的深广内容及其训练特点是十分必要的。

课堂教学工作技能是教师通过课堂教学完成学科专业知识传授的核心能力,是学科专业知识教学目的得以实现的主战场,教师教学能力的强弱是决定课堂教学质量优劣的关键。课堂教学工作技能训练,首先需要对专业教学工作技能进行科学分解,然后从单项技能训练到综合能力缝合,通过一系列由低到高、由浅入深的训练流程,来达到培养和提高学生专业教学工作能力的目的。它通常包括教材分析技能、教学设计技能、教学实施技能和教学验收技能等。其广义概念中所包括的教育教学手段运用技能属于现代教育技术运用范畴,目前已成为高师院校学生在校期间必须完成的重要教学内容,也是基础教育改革对教师培养规格提出的重要时代要求。

《基础教育课程改革纲要》明确指出:"大力推进信息技术在教学过程中的普遍应用,促进信息技术与学科课程的整合,逐步实现教学内容的呈现方式、学生的学习方式、教师的教学方式和师生互动方式的变革,充分发挥信息技术的优势,为学生的学习和发展提供丰富多彩的教育环境和有力的学习工具。"随着科学技术的发展和进步,教育教学技术手段在不断地获得发展、丰富和更新,现代教育技术手段在基础教育领域得到越来越广泛的运用,而多媒体的参与和支持不但使得教育教学技术手段产生了质的飞跃,而且引领着传统教育方式发生了深刻改革,并显著提高了教育质量和教学效率。作为一名合格的人民教师,不但要具备过硬的传统教学工作技能,更应当熟练掌握选择、运用现代化教育教学技术手段,这样才能适应基础教育"面向现代化"的高远要求。现代教育技术运用技能主要是指使用幻灯、投影、录音、录像、电脑以及多媒体等科技手段完成教育教学任务的能力。

作为一名合格的人民教师,无论对于自己所从事的处于不断发展之中的学科专业教学,还是对于每天出现在自己面前"日日新"的生龙活虎的学生群体,教师都应该更是一个学习者和研究者。随着基础教育新课改的广泛铺开与深入发展,教师作为课堂教学的组织者、建构者和实施者,不能独立进行专业性教学思考,不具备相应的教育教学研究技能,要想高质量、高效率完成基础教育课程改革重任,是不容易办到的。教学研究技能应成为每一位教师都具备的专业教育教学能力之一。

班主任工作技能是教师教育能力的核心。教师的教育对象是青少年学生,教师不仅要胸怀万有,口笔俱佳,"传道、授业、解惑",还要以身作则,为人师表,关爱学生。班主任作为青少年学生集体(班集体)的管理者和组织者,其工作主旨就是以"教书"为手段达到"育人"的目的。班主任工作技能主要体现在对班级的管理、组织、指导及教育等项技能上,与此相关的还有了解评价学生技能、与家长沟通技能等。

教师职业技能训练的诸项内容决定了该课不是基础理论课,不是专业知识课,而是一门实践性很强的能力培养和训练课。它操作性强,在教学过程中不宜过多讲授理论知识,而应注重实践,注意讲练结合。由于教师职业技能体现着一种综合性的心理特征,所以,职业技能训练更要十分注意其科学性原则、整体效应原则。在训练中,施教者与受教者都要注意各单项技能之间的内在联系,使其协调发展,互相生成,形成合理的能力结构,从而提高专业教育教学能力的整体培养质量。此外,技能的培养要有一个强化训练过程,要有一个长期、反复的熟练过程。因此,各高师院校应将职业技能训练贯穿于教学全过程,要注意从宏观上营造齐抓共管、强化训练的浓厚校园文化氛围,要通过多层次、多渠道、多途径的训练方式来激发和培养学生训练的主动性与积极性,也只有这样,才能真正编织起教师职业技能训练的强大工程网络系统,从而取得预期教学效果。

三、教师职业技能训练的理论与实践价值

自20世纪80年代以来,一些认真开展教师职业技能训练的高师院校所取得的成熟经验告诉我们,高师院校面向在校学生开设教师职业技能训练课并辅以坚持经常的第二课堂训练活动,对于教师教育人才培养具有重要的实践价值。

首先,高师院校开展教师职业技能训练,理论上端正了我国师范教育百年发展过程中"重知识传授,轻能力培养"的传统认知;实践上顺应新时期基础教育的改革态势,满足了基础教育对教师教育人才素质与从业能力提出的崭新要求。同时,也在逐渐转变其自身在人才培养取向上的传统标准,从而着力建构以专业化教育教学能力培养为核心指标的"能力型"人才培养模式。

其次,教师职业技能训练可实现专业教育课程与基础教育课程的有效衔接,提高教育实习质量,有力转变师范生因对教学一线缺乏了解而实践能力普遍欠缺的现状,从而使之具有尽快适应职后从教生涯转变的心理准备。一些师范院校通过对毕业生进行跟踪调查,发现在校期间没有进行过职业技能训练的毕业生,一般至少需要四到五年以上的实践锻炼才能胜任教学工作;而在校期间经过职业技能训练、掌握了必要从教技能的毕业生,可以很快就适应教育教学工作,经过一两年的实践锻炼后,大多数毕业生就可以成为基础教育领域的骨干教师。

再次,开展教师职业技能训练,有助于巩固师范生的专业思想,调动其学习的主动性与积极性。进行职业技能训练,不但有助于学生掌握并熟稔教育教学专业知识,提高从师任教能力,也有助于培养并激发学生学习师范专业的使命感和责任感,增强其掌握和运用专业知识的决心与信心,一方面为业后从事教师职业打下坚实的物质基础,另一方面更做好充分的思想准备。

教师职业技能训练是教师教育专业建设过程中一门大有潜力、充满希望的新兴学科,它是否能够得到健康与蓬勃发展,将是衡量各高师院校办学指导思想是否明确、办学定位是否准确、人才培养质量是否能够得到保证的重要方面。

"高度重视实践环节,提高学生实践能力",是《教育部关于进一步深化本科教学改革全面提高教学质量的若干意见》(教高〔2007〕2号)对于深化教育教学改革、加强学生能力培养提出的具体要求。如果各高师院校能以此为契机,脚踏实地地从教师职业技能训练这样的"小事"、"实事"做起,业内一直棘手和忧虑的师范生培养过程中职前与职后教育严重脱节的现象将会在一定程度上得到很大改变,建设一支能够"扎实推进素质教育"的高水平教师队伍,也将指日可待。

第一章 普通话训练

【学习提示】

普通话水平测试是师范院校各专业学生必须认真面对的一项资格准入考试。说一口清晰、标准、自然、流畅的普通话,是每一名师范生必须做好的职前准备。师范院校学生应全面掌握有关普通话基础知识、普通话语音系统、普通话水平测试等级标准与具体评分标准等,并对照进行普通话训练,提高普通话水平。

第一节 普通话基础知识

一、普通话及推广普通话

普通话指的是以北京语音为标准音、以北方话为基础方言、以典范的现代白话文著作为语法规范的现代汉民族共同语。普通话是现代汉民族共同使用的语言,也是全国各族人民之间进行交际的语言工具。现代汉语普通话还是联合国规定的六种工作语言之一,在国际交往中也发挥着巨大的作用。推广普通话是我国的基本语言政策,是国家现代化建设的需要,是社会主义精神文明建设的需要,是人民团结的需要,也是现代汉语发展的必然要求。1982年公布的《中华人民共和国宪法》第十九条明文规定:"国家推广全国通用的普通话。"2000年10月31日,第九届全国人民代表大会第十八次会议上通过的《中华人民共和国国家通用语言文字法》规定,规范汉字是我国的通用文字,普通话是我国的通用语言。

我国幅员辽阔,人口众多,方言分歧也比较大。汉语主要有七个大的方言区:北方方言区、吴方言区、湘方言区、赣方言区、客家方言区、闽方言区(可以进一步细分为闽北方言与闽南方言)、粤方言区。各个方言在语音、词汇和语法方面都存在着不同程度的差别,使各方言区的人在使用方言讲话时互相不易沟通,交际时容易发生理解上的困难。因此,在全社会推广作为全民族共同语的普通话,是十分必要而且迫切的。

全国推广普通话和普及普通话,要从学校抓起。学校是推广普通话的重点,是重要的一环,只有将这一环节抓好,才能更好地保证全社会普及普通话。而作为教师,使用国家通用语言普通话进行教育、教学是从事教师工作最基本的要求。教师进行教育、教学活动主要以语言为工具,教师的语言是教育教学的主要工具,也是学生最直接的范例、直观的教具。教师的普通话掌握得好坏,直接影响到对学生进行知识传授以及教育实施的效果,也将给学生建立起相应的语言环境,并树立模仿的榜样。因此,教师的语言必须是规范化的语言,是纯正流利的普通话。普通话是教师的职业语言,是合格教师的必备条件。

作为培养教师的师范院校来说,普通话训练应该是师范院校学生的必修课。其实,学习普通话并不难,只要掌握了普通话的基本知识,对照自己的方言,找出普通话和方言之间的对应规律,经过一段时间的勤学苦练,就能掌握普通话。

国家推广普通话并不是人为地消灭方言,而是要求方言区的人们除了会讲方言外,还要会说普通话,作为在全国通行的工具。作为师范院校的学生也是如此,不同的是,由于职业以及职业语言的特殊要求,师范院校的学生不但在课堂内,在校园里也应该说普通话。

二、普通话语音知识

(一)发音器官

语音是语言当中代表一定意义的声音。语音是声音,所以具有物理性质;语音是由人的发音器官发出来的,又具有生理性质;语音只有结合为词语才能表达意义,而词语意义又离不开使用这种语音的社会意义,所以,语音又有社会性质。

人的发音器官因活动的部位和活动方法的不同,就会发出不同的声音。人的发音器官主要包括以下三部分:

1. 呼吸器官

人的呼吸器官包括鼻、咽、喉、气管、支气管、肺等器官。其中,肺是呼吸器官的中心,由肺部活动产生的气流由气管连通到喉头、声带以及鼻腔和口腔。

2. 喉头和声带

喉头由四块软骨组成,上面是一块甲状软骨和一对杓状软骨,下面是一块环状软骨。声带是两片富有弹性的肌肉,前端连结甲状软骨,后端连结杓状软骨。声带由杓状软骨带动,或紧或松,或开或闭。呼吸或发噪音时,声带放松、声门开大,气流自由出入;发乐音时,声带靠拢,声门关闭,气流从声门窄缝中挤出,颤动声带,声音响亮。

3. 口腔和鼻腔

口腔和鼻腔都是共鸣器。口腔上部是上腭,共分上唇、上齿、上齿龈、硬腭、软腭和小舌等几部分;下部是下腭,共分下唇、下齿、舌头(包括舌尖、舌面、舌根)等几部分。唇、舌、软腭、小舌是能活动的器官,其他器官不能活动。鼻腔是个固定的空腔,其作用是使声音发生共鸣,发出鼻音,由唇、舌、齿龈、硬腭、软腭、声带等共同动作,发出不同的鼻音。

(二)汉语拼音方案

《汉语拼音方案》诞生之前,中国第一套法定的汉字形式的拼音字母称为注音字母,又称国音字母、注音符号、注音字符。1913年,由读音统一会制定;1918年,北洋政府教育部公布;1919年又公布"注音字母音类次序",重新排列字母顺序;1922年,教育部公布《注音字母书法体式》,改订标调法,采用标调符号。注音字母的特点是字母选自古汉字,音节拼字法采用三拼制,主要用来标注汉字读音。注音字母在1918—1958年汉语拼音方案公布前一直通行,对于统一汉字读音、推广国语、普及拼音知识具有很大贡献。1930年,南京国民政府曾将注音字母改名为注音符号;后台湾地区改称为国音符号。

  新中国成立之后,文化教育界的有识之士就开始着手制定规范汉语的拼写工具。1958年2月11日,第一届全国人民代表大会第五次会议通过了《汉语拼音方案》。汉语拼音方案是普通话语音系统的记音符号,它采用国际普遍使用的拉丁字母,准确、灵活而又妥善地反映了普通话语音系统。要学好普通话,首先要掌握汉语拼音。《汉语拼音方案》内容共包括五个部分:

1. 字母表

Aa Bb Cc Dd Ee Ff Gg Hh Ii Jj Kk Ll Mm Nn
Oo Pp Qq Rr Ss Tt Uu Vv Ww Xx Yy Zz

V 只用来拼写外来语、少数民族语言和方言。

字母的手写体依照拉丁字母一般书写习惯。

2. 声母表

b　　p　　m　　f　　d　　t　　n　　l　　g　　k　　h　　j　　q　　x
ㄅ　　ㄆ　　ㄇ　　ㄈ　　ㄉ　　ㄊ　　ㄋ　　ㄌ　　ㄍ　　ㄎ　　ㄏ　　ㄐ　　ㄑ　　ㄒ
zh　　ch　　sh　　r　　z　　c　　s
ㄓ　　ㄔ　　ㄕ　　ㄖ　　ㄗ　　ㄘ　　ㄙ

注:(1) 在给汉字注音的时候,为了使拼式简短,zh、ch、sh可以省作ẑ、ĉ、ŝ。

  (2) 注音字母有24个声母,其中"万、兀、广"是供拼写方言使用的,无汉语拼音的对照字母,故略。

3. 韵母表(注音字母有16个韵母)

韵 母 表

开口呼韵母		齐齿呼韵母		合口呼韵母		撮口呼韵母	
		i 衣	ㄧ	u 乌	ㄨ	ü 迂	ㄩ
a 啊	ㄚ	ia 呀	/	ua 蛙	/	/	/
o 喔	ㄛ	/	/	uo 窝	/	/	/
e 鹅	ㄜ	ie 耶	ㄝ	/	/	üe 约	/
ai 哀	ㄞ	/	/	uai 歪	/	/	/
ei 欸	ㄟ	/	/	uei 威	/	/	/
ao 熬	ㄠ	iao 腰	/	/	/	/	/
ou 欧	ㄡ	iou 忧	/	/	/	/	/
an 安	ㄢ	ian 烟	/	uan 弯	/	üan 冤	/
en 恩	ㄣ	in 因	/	/	/	ün 晕	/
ang 昂	ㄤ	iang 央	/	uang 汪	/	/	/
eng 亨	ㄥ	ing 英	/	ueng 翁	/	/	/
ong 轰	/	iong 雍	/	/	/	/	/

(1) 知、蚩、诗、日、资、雌、思等七个音节的韵母用 i，即：知、蚩、诗、日、资、雌、思等字拼作 zhi、chi、shi、ri、zi、ci、si。

(2) 韵母 er（注音字母为：儿）用作韵尾的时候写成 r。例如："儿童"拼作 ertong，"花儿"拼作 huar。

(3) 韵母 er 单用的时候写成 ê。

(4) i 行的韵母，前面没有声母的时候，写成 yi（衣）、ya（呀）、ye（耶）、yao（腰）、you（优）、yan（烟）、yin（因）、yang（央）、ying（英）、yong（雍）。

u 行的韵母，前面没有声母的时候，写成 wu（乌）、wa（蛙）、wo（窝）、wai（歪）、wei（威）、wan（弯）、wen（温）、wang（汪）、weng（翁）。

ü 行的韵母，前面没有声母的时候，写成 yu（迂）、yue（约）、yuan（冤）、yun（晕），ü 上两点省略。

ü 行韵母跟声母 j，q，x 拼的时候，写成 ju（居）、qu（区）、xu（虚），ü 上两点也省略；但是跟声母 n，l 拼的时候，仍然保留两点，写成 nü（女）、lü（吕）。

(5) iou，uei，uen 前面加声母的时候，省写为 iu，ui，un，例如：niu（牛）、gui（归）、lun（论）。

(6) 在给汉字注音的时候，为了使拼式简短，ng 可以省作 ŋ。

4. 声调符号

阴平　阳平　上声　去声
　ˉ　　ˊ　　ˇ　　ˋ

声调符号标在音节的主要母音上；轻声不标。例如：

妈 mā　　麻 má　　马 mǎ　　骂 mà　　吗 ma
（阴平）（阳平）（上声）（去声）（轻声）

5. 隔音符号

a、o、e 开头的音节连接在其他音节后面的时候，如果音节界限易发生混淆，用隔音符号（'）隔开。例如：pi'ao（皮袄）。

第二节　普通话语音系统

一、声母系统

普通话有 21 个辅音声母，此外还有零声母。按照发音部位和发音方法的不同，可以将声母系统做如下分类：

普通话声母表

发音方法		双唇音	唇齿音	舌尖前音	舌尖中音	舌尖后音	舌面音	舌根音
塞音	清音	不送气	b	/	/	d	/	/	g
		送气	p	/	/	t	/	/	k
塞擦音	清音	不送气	/	/	z	/	zh	j	/
		送气	/	/	c	/	ch	q	/
擦音	清音	/	f	s	/	sh	x	h
	浊音	/	/	/	/	/	/	/
鼻音	浊音	m	/	/	n	/	/	/
边音	浊音	/	/	/	l	/	/	/

1. 塞音

b. 双唇完全闭合，软腭抬起堵住鼻腔，让气流通过口腔，冲破双唇阻塞，造成爆发色彩的音，声带不颤动。下列字的声母都是 b：

饽 疤 痹 醭 稗 趵 浜 锛 妣 迸

弼 弁 钣 匾 飙 碚 蹩 邴 鹎 鲍

p. 发音方法同 b 的发音方法基本相同，只不过因为是送气音，冲出的气流较强。下列字的声母都是 p：

葩 筢 撇 媲 瀑 俳 醅 脬 瞟 抔

谝 喷 牝 滂 怦 陂 襻 匹 骈 癖

d. 舌尖抵住上齿龈，软腭抬起堵住鼻腔，让气流通过口腔，冲破舌尖与上齿龈形成的阻碍，成爆发音，声带不颤动。下列字的声母都是 d：

德 叠 氏 黩 傣 兑 矗 鸢 蠹 疐

兜 丢 儋 滇 椴 凳 疔 胴 凼 籴

t. 发音方法同 d 基本相同，但因为是送气音，所以冲出的气流较强。下列字的声母都是 t：

獭 柝 忑 饕 剔 荼 邰 蜕 饕 祟

骰 忐 填 彖 佘 稌 誊 铤 仝 坍

g. 舌根抵住软腭，软腭后部抬起堵住鼻腔，让气流冲破舌根和软腭形成的阻塞，从口腔通过，形成爆发音，声带不颤动。下列字的声母是 g：

嘎 剐 帼 嗝 箍 垓 掴 刿 诰 篝

擀 盥 鲧 哏 罡 晷 馃 艮 犷 鲠

k. 发音方法同 g 基本相同，但因为是送气音，冲出的气流较强。下列字的声母是 k：

咯 胯 廓 窠 窟 忾 蒯 喟 犒 蔻

诳 髋 褙 捆 伉 邝 铿 悾 龛 亓

2. 擦音

f. 下唇和上齿靠近，形成缝隙，软腭抬起堵住鼻腔，让气流从下唇和上齿间的缝隙挤

出,成摩擦声,声带不颤动。下列字的声母是 f:

斐 涪 幡 邡 俸 腹 筏 缶 苻 拊

s. 舌尖和上齿背靠近,形成缝隙,软腭抬起堵住鼻腔,让气流从舌尖和上齿背间的缝隙挤出,成摩擦声,声带不颤动。下列字的声母是 s:

仨 嘶 穑 嗣 嗦 腮 虽 繅 嗾
悚 飧 蒜 隼 燥 僧 嵩 髓 崒

sh. 舌尖向硬腭靠近,形成缝隙,软腭抬起堵住鼻腔,让气流从舌尖和硬腭形成的缝隙间挤出,成摩擦声,声带不颤动。下列字的声母是 sh:

耍 奾 歃 噬 弞 筛 税 殇 哂
佘 狩 汕 闩 莘 吮 孀 甥 谥

r. 发音部位和 sh 相同,发音方法也基本相同,因是浊音,故声带颤动。下列字的声母是 r:

仍 挼 惹 濡 蕤 娆 糅 髯 攘
瓤 茸 闰 稔 偌 冗 韧 蕊 阮

x. 舌面前部和硬腭靠近,形成缝隙,软腭抬起堵塞鼻腔,气流从舌面和硬腭形成的缝隙挤出,成摩擦声,声带不颤动。下列字的声母是 x:

屑 跹 玺 戍 筱 庥 籼 癣 岫
饷 囟 巽 庠 芎 蒽 撷 卨 苋

h. 舌根靠近软腭,形成缝隙,软腭后部抬起堵塞鼻腔,气流从舌根和软腭形成的缝隙挤出,成摩擦声,声带不颤动。下列字的声母是 h:

桦 霍 貉 鹄 骸 踝 嘿 麾 阓
薅 瘊 邗 貛 馄 夯 幌 峘 訇

3. 塞擦音

z. 舌尖和上齿背完全闭合,阻住气流,然后逐步放开,形成窄缝,让气流从舌尖和上齿背形成的窄缝中挤出,成塞擦音,声带不颤动。下列字的声母是 z:

匝 撮 仄 梓 诅 崽 嘴 噪 邹
柞 攒 纂 樽 奘 甑 粽 锃 椥

c. 发音部位与 z 相同,发音方法也基本相同,但冲出气流较强,成为送气音。下列字的声母是 c:

拆 挫 恻 疵 蹴 毳 嘈 孱 爨
厝 佘 涔 皴 舱 蹭 囱 甏 糙

zh. 舌尖和硬腭完全闭合,阻住气流,然后逐步放开,形成窄缝,让气流从舌尖和硬腭形成的窄缝挤出,成塞擦音,声带不颤动。下列字的声母是 zh:

拃 褚 浙 咫 仵 赘 笊 甄 豸
簪 栈 馔 箴 谆 帧 砧 仉 鸩

ch. 发音部位与 zh 相同,发音方法也基本相同,但冲出气流较强,成为送气音。下列字的声母是 ch：

茌 摭 陲 焯 俦 羼 豉 梻 谙
茌 舛 糙 伧 春 饬 俦 坼 眵

j. 舌面前部和硬腭完全闭合，阻住气流，然后逐步放开，形成一条窄缝，让气流从舌面和硬腭形成的窄缝挤出，成塞擦音，声带不颤动。下列字的声母是 j：

戛 讦 倔 乩 矩 窖 灸 蹇 阄
岬 镌 竣 豇 旌 蠲 疖 茎 郏

q. 发音部位和 j 相同，发音方法也基本相同，但冲出气流较强，成为送气音。下列字的声母是 q：

洽 悭 权 讫 黢 鞘 虬 潜 颧
逡 戗 綮 茕 葺 诮 悭 阒 掮

4. 鼻音

m. 双唇紧闭，软腭下垂，鼻腔通路打开，让气流从鼻腔通过，声带颤动。下列字的声母是 m：

秣 乜 拇 霾 袂 氂 藐 眸 哶
崩 幔 腼 扪 抿 邙 懵 暝 丏

n. 舌尖和上齿龈完全闭合，形成阻碍，软腭下垂，鼻腔通路打开，让气流从鼻腔通过，声带颤动。下列字的声母是 n：

蘖 怩 孥 萧 馁 伲 喏 淖 衲
耨 忸 衄 赧 暖 嫩 馕 拧 虐

5. 边音

l. 舌尖抵住上齿龈，形成阻碍，舌的两边松弛，让气流沿舌两边流出，造成边音，声带颤动。下列字的声母是 l：

剌 擦 捋 掠 榈 赉 詈 莘 琅
耒 崂 摞 瘰 绺 銮 檩 纶 奁

6. 零声母

普通话里除了上面列举的 21 个辅音声母外，还有一个零声母。有些音节没有辅音声母，可以将它们的声母看成是"零"，即称为零声母。如：

i——y：翌日　割刈　兖州　纸鸢　笑靥　坟茔　氤氲　芫荽
u——w：突兀　焐手　忤逆　姓邬　宫闱　婺源　会晤　廊庑
ü——y：迂回　丰腴　阿谀　龃龉　老妪　觊觎　揶揄　囹圄

二、韵母系统

普通话韵母系统共包括 39 个韵母，按其内部成分特点，可分成单元音韵母、复元音韵母和鼻韵母三类。

1. 单元音韵母

a. 发音时口腔大开,舌头前伸,前舌面降到最低,嘴唇不圆。例如:
  阿妈 喇叭 旮旯 打靶 大厦 邋遢 老衲 拉萨

o. 发音时口腔半闭,舌头后缩,后舌面升至半高程度,嘴唇拢圆。例如:
  广播 山坡 寂寞 大佛 沙漠 胳膊 颠簸 琥珀

e. 发音时口腔半闭,舌头后缩,后舌面升至半高程度,嘴唇向两旁展开。例如:
  饥饿 道德 独特 敕勒 唱歌 结合 江浙 对策 袼褙儿

ê. 发音时口腔半开,舌头前伸,前舌面升至半低程度,嘴角向两边展开。如:诶

i. 发音时口腔开度很小,舌头前伸,前舌面上升接近硬腭,嘴角尽量向两旁展开成扁平状。例如:
  积极 试题 睥睨 立即 裨益 消弭 伉俪 竹箅

u. 发音时口腔开度很小,舌头后缩,后舌面上升接近软腭,嘴唇撮圆成一小孔。例如:
  复苏 房屋 拖布 店铺 父母 打赌 呕吐 江湖

ü. 发音时口腔开度很小,舌头前伸,前舌面上升接近硬腭,嘴唇撮圆成一小孔。例如:
  选举 弯曲 步履 儿女 繁育 碧绿 误区 头绪

—i(前),发音时舌尖前伸,对着上齿背形成狭窄的通路,气流通过不发生摩擦,嘴唇向两边展开。例如:
  英姿 雄雌 恣肆 桑梓 挨呲儿 缫丝

—i(后),发音时舌尖上举,对着硬腭形成狭窄的通路,气流通过不发生摩擦,嘴唇向两边展开。例如:
  虬枝 推迟 汤匙 旭日

er. 发音时舌面中央升到中间高度,同时舌尖卷起,对着硬腭,嘴唇略微展开。例如:
  女儿 木耳 然而 第二 出尔反尔

2. 复元音韵母

发单元音韵母时,舌部、嘴唇等发音器官形状固定,相对没有变化,声音是单一的。发复元音韵母时,舌头、嘴唇和整个共鸣器的形状要逐渐变动,由前一个音向后面的音过渡,中间包括许多过渡音。复元音韵母中各个元音的响亮程度是不一样的,但其中有一个语音成分较为响亮,就是韵腹。因此,复元音韵母不是两个或三个元音的简单相加,而是元音的有机结合。

二合复元音 ai、ei、ao、ou 的前面一个元音是韵腹,发音响亮清晰,音值固定;后面一个元音是韵尾,发音较含混,音值不很固定。例字如下:
  隘 掰 湃 殆 赅 揩 翟 载 籁
  悖 胚 魅 扉 馁 赢 黑 给 贼
  敖 雹 咆 捯 韬 篙 肇 淄 臊

呕 剖 窦 透 瘘 眍 逅 惆 邹

二合复元音韵母 ia、ie、ua、uo、ue，是由单元音 a、ê、o 的前面加上 i、u、ü 构成的。前面的元音是韵头，后面的 a、ê、o 是韵腹。例字如下：

亚 俩 夹 卡 罅 黪 衙 嗲 揠
谒 悭 械 碣 帖 挈 瘪 跌 讦
娲 佤 耍 爪 花 垮 褂 欻 凹
斡 掇 庹 莩 桲 朔 酢 龊 挩
玥 疟 阅 略 珏 榷 谑 噱 恧

三合复元音韵母 iao、iou、uai、uei 中前面的 i、u 是韵头，后面的元音是韵尾，中间是韵腹。例字如下：

爻 鳔 剽 喵 碉 廖 窖 骁 枭
囿 莠 谬 丢 拗 镏 灸 遒 馐
崴 乖 侩 踝 拽 揣 甩 转 帅
桅 堆 煨 癸 逵 喙 惴 睿 祟

3. 鼻韵母

鼻韵母是由元音加上鼻辅音构成的。发音时由元音的发音状态逐渐向鼻音过渡，最后完全变成鼻音。其鼻音在音节中有个除阻阶段。

带舌尖鼻音 n 的韵母有 8 个，其中 an、en、in、un 中的元音是韵腹，n 是韵尾。例字如下：

庵 颁 磐 谩 藩 掸 鬻 汕 暂
摁 奔 喷 闷 恁 亘 痕 砧 谮
寅 窨 鬓 靳 闵 檩 撳 蚱 姘
允 郓 鞍 骏 逡 醺 殉 陨 麇

在 ian、uan、üan 中，a 是韵腹，a 前的元音 i、u、ü 是韵头，n 是韵尾；在 uen 中，e 是韵腹，u 是韵头，n 是韵尾。例字如下：

偃 砭 翩 冕 佃 恬 拈 殓 苋
莞 缎 湍 栾 盥 玁 馔 舛 酸
垣 苑 鹃 蜷 痊 眩 璇 狷 暄
准 吮 沦 盹 玺 豚 鲲 蹲 榫

带舌根鼻音的韵母也有 8 个，其中 ang、eng、ing、ong 中的元音是韵腹，ng 是韵尾。例字如下：

盎 蚌 逢 妨 档 榔 亢 嶂 沧
泵 篷 虻 邓 棱 羹 诤 铛 铿
赢 摒 乒 茗 佞 鼎 聆 罄 荥
恫 恸 脓 龚 讧 冢 舂 冗 怂

在 iang、uang 中，a 是韵腹，i、u 是韵头，ng 是韵尾；在 ueng 中，u 是韵头，e 是韵腹，

ng 是韵尾；在 iong 中,i 是韵头,o 是韵腹,ng 是韵尾。例字如下：

殃 快 酿 靓 魉 犟 戕 享
魍 迋 惘 匡 箐 幢 晃 怆
邕 慵 迥 穹 茕 琼 雄 炯

三、声调系统

（一）调类与调值

声调是指音节的高低升降变化。普通话语音系统共有四种声调,分别是阴平、阳平、上声、去声。采用五度制声调表示法,四种调类的调值对比具体如下：

1. 阴平

声调符号是"ˉ",调值是 55,调形是高平调,如：捌、羁、撩、囊；罡风、天津、沙家浜、机关枪、春天花开。

2. 阳平

声调符号是"ˊ",调值是 35,调形是中升调,如：跋、辑、寥、镶；雏形、云南、林则徐、合成词、勤劳人民。

3. 上声

声调符号是"ˇ",调值是 214,调形是先降后升曲折调,如：钯、蚍、燎、攘；舞蹈、海口、小老板、打靶场、美好理想。

4. 去声

声调符号是"ˋ",调值是 51,调形是全降调,如：耙、鲫、忕、麟；账簿、复旦、大陆架、地道战、变幻莫测。

普通话的每一个音节都有固定的声调,但是在语流当中,由于受到前后音节某些音素的影响,声调会发生一些变化。常见的声调变化现象有轻声、变调等。

（二）轻声

有些音节在词或句子里失去原有声调而读成一个较轻、较短的调子,就是轻声。例如："老实"(lǎoshi)中的"实",原本是阳平调,但在这个词中是轻声。需要注意的是,轻声的本质首先在于短,其次才是轻。

普通话里有些词语或短语依靠读轻声区别其意义和词性。例如：

部分词语的轻声区别

词语示例	是否轻声	词性对比	词义对比
地道	dì·dao	形容词	真正的,纯粹的
	dì dào	名词	在地面下挖掘的交通坑道(多用于军事)
兄弟	xiōng·di	名词	弟弟或称呼比自己年纪小的男子等
	xiōngdì	名词	哥哥和弟弟

续表

词语示例	是否轻声	词性对比	词义对比
实在	shí·zai	形容词	指（工作）扎实、地道、不马虎等
	shízài	形容词、副词	做人诚实、不虚假；的确、确实等
大方	dà·fang	形容词	钱财上不计较、不吝啬；行为上不拘束等
	dàfāng	名词	指专家学者、内行人等；绿茶的一种
利害	lì·hai	形容词	同"厉害"，指难以对付、严格等
	lìhài	名词	利益和损害

普通话里多数轻声同词汇、语法上的意义有联系，常见轻声的变化规律有：

1. 语气助词"呢、啊、吗、吧、啦"等，如：

说吧　是吗　快吃啊　人呢　都走啦　有话好说嘛

2. 动态助词"的、地、得"，如：

美丽的花园　深刻地论述　冻得龇牙咧嘴

3. 结构助词"着、了、过"，如：

说着　走着　吃完饭了　听人说过了　去过北京　读过这本书

4. "子、儿、头、巴、们"等名词后缀，如：

一屋子人　高个子　一朵花儿　领导带了头儿，群众有劲头儿

半截木头　大嘴巴　长尾巴　尖下巴　孩子们　小伙子们　学生们

5. "上、下、里、头、面、边"等方位词或方位语素，如：

地面上　操场上　桌子底下　乌云下　校园里　公司里

墙外头　门后头　汽车前面　心里面　往右边　在南边

6. "来、去"附着于中心词之后作补语时读作轻声，如：

下雨了,快进来　突然想起来一件事　着火了,快出去

7. 叠音名词或重叠式动词的后一个音节，如：

妈妈　奶奶　舅舅　娃娃　星星　蝈蝈

说说　瞧瞧　吹吹　拍拍　洗洗　听听

8. "一、不"插入动词之间时读作轻声，如：

说一说　走一走　看一看　好不好　去不去　买不买

此外，还有一些口语词习惯上或书面语词应该读轻声的。例如：

打听　明白　葡萄　阔气　清楚　痛快　告诉　玻璃　规矩　甘蔗

大夫　扫帚　商量　萝卜　唠叨　态度　眼睛　脑袋　聪明　合同

（三）变调

1. 上声变调

（1）两个上声字连读时，前面的上声字变得近乎阳平，即由214变为35。例如：

舞场　侮辱　尽管　咯血　勉强　小老板　两把尺

(2) 上声字在非上声字前面时,读成半上,即只降不升,由 214 变为 21。例如：

铆钉　抢墒　敛足　缆绳　沮丧　狡黠　强言欢笑

2. 去声变调

两个去声字连读时,前面的去声字由全降变为半降调,即由 51 变为 53。例如：

斗志　信奉　纳谏　药膳　战栗　赘述　肆无忌惮

3. "一"、"不"的变调

(1) "一"单念或在词尾时念本调,即阴平；在去声字前念阳平,例如：一样、一旦、一岁、一见钟情等；在非去声字前念去声,例如：一般、一根、一年、一条、一笔、一脚等；夹在重叠动词当中念轻声；例如：洗一洗、想一想、说一说、写一写等。

(2) "不"单念或在词尾以及在非去声前都读本调去声；在去声字前变成阳平,例如：不会、不对、不错、不坏、不大等；"不"夹在词语中间读成轻声,例如：好不好、长不长、去不去、看不着、差不多等。

4. 重叠形容词的变调

(1) 单音节形容词重叠构成的词语,如果重叠部分儿化,则后一个叠音都要变成阴平调。例如：

慢慢儿的　快快儿的　好好儿的　远远儿的

(2) 单音节形容词后加叠音词构成的 ABB 式词语,有些词语的"BB"部分具有较浓的口语色彩,习惯上要求变调,读作阴平。例如：

红彤彤　沉甸甸　羞答答　亮堂堂　文绉绉　血淋淋

另外,还有一些书面语色彩较强的 ABB 重叠式形容词则是不需要变调的,如"赤裸裸"、"亮闪闪"、"圆滚滚"、"白茫茫"、"阴沉沉"、"绿茸茸"等。ABB 式形容词在具体应用时,可具体问题具体分析,不必一概而论。

(3) 双音节形容词重叠构成的 AABB 式四音节形容词,有时第一个音节的叠音部分轻读,后一个音节及重叠部分则变成阴平。例如：

大大咧咧　干干净净　老老实实　痛痛快快　慢慢腾腾

四、音变

1. 儿化

普通话中单念"儿"韵的,只有几个常见的字,如"儿、耳、尔、而、二"等。当它同其他韵母结合起来时,就可变更原来韵母的音色,使之带上卷舌色彩而成为一种特殊的音变现象,即儿化。儿化了的韵母称为儿化韵。用汉语拼音进行标注时,需要在原韵母之后加上一个"r"作为儿化的标志。例如：花儿(huār)、鸟儿(niǎor)、小猴儿(xiǎohóur)、树杈儿(shùchàr)等等。

儿化后,由于舌头上卷,i、n、ng 等韵尾音可能会丢失,甚至 a、o、e 等韵腹音也会产生一系列变化。不同韵母的实际读音会发生不同的变化,具体来说,主要有如下几种情形：

(1) 韵腹或韵尾是 a、o、e、u 的韵母儿化,是在原韵母之后加卷舌动作。例如:
大伙儿　山歌儿　水珠儿　豆芽儿　刀把儿
土豆儿　锯末儿　小鸟儿　戏法儿　旦角儿
藕节儿　围脖儿　锅贴儿　饱嗝儿　抓阄儿

(2) 韵尾是 i、n 的韵母儿化,失落韵尾 i、n,变成主要元音加上卷舌动作。例如:
小孩儿　围嘴儿　手背儿　香味儿　瓶盖儿
纳闷儿　一点儿　脸蛋儿　光棍儿　连衣裙儿
刨根儿　巧劲儿　快板儿　打盹儿　蒜瓣儿

(3) i、ü 两韵儿化,直接加上 er 音。例如:
小曲儿　玩意儿　漏气儿　小鸡儿　饺子皮儿
马驹儿　毛驴儿　金鱼儿　摸底儿　气门芯儿
门鼻儿　蛐蛐儿　胡须儿　咬字儿　高粱米儿

(4) 以 ng 收尾的韵母儿化时,ing、iong 两个韵母丢掉韵尾 ng,并直接加鼻化的 er;其他此类韵母丢掉韵尾 ng 后,与前面主要元音合成鼻化元音,同时加卷舌动作。例如:
药方儿　胡同儿　蛋黄儿　头绳儿　鼻梁儿
花瓶儿　电影儿　小熊儿　打鸣儿　蚕蛹儿

(5) —i(前)、—i(后)两韵儿化,—i(前)、—i(后)失落,变成 er 音。例如:
甩词儿　挑刺儿　粉丝儿　瓜子儿　碰瓷儿
愣神儿　树枝儿　羹匙儿　没事儿　一阵儿

2. "啊"的音变
用在句尾的语气词"啊",由于受到前面音节末尾音素的影响,读音会发生一些变化,具体如下:

(1) 前面音素是 a、o(ao、iao 除外)、e、i、ü 时读"呀"。例如:
这是多么聪明的回答呀(dá ya)!
袁隆平是当之无愧的国家劳模呀(mó ya)!
他的态度挺坚决呀(jué ya)!
你练的字是欧体呀(tǐ ya)!
张老师说话可真风趣呀(qù ya)!

(2) 前面音素是 u、ao、iao 时读"哇"。例如:
好大的一棵树哇(shù wa)!
你做的川菜挺拿手哇(shǒu wa)!
这个城市的规划建设真好哇(hǎo wa)!
发言人的回答可真妙哇(miào wa)!

(3) 前面音素是 n 时,读成"哪"。例如:
多么壮观、热烈的场面哪(miàn na)!
今天的天气真闷哪(mēn na)!

这种防盗门挺安全哪(quán na)!

(4) 前面音素是 ng 时,读 nga,仍写"啊"。例如:

这个人可真犟啊(jiàng nga)!

多么真挚的感情啊(qíng nga)!

这家商场的生意可真兴隆啊(lóng nga)!

(5) 前面音素是—i(后)时,读 ra,仍写成"啊"。例如:

妈妈做的菜真好吃啊(chī ra)!

多么优美的爱情诗啊(shī ra)!

诚实守信是多么可敬的品质啊(zhì ra)!

(6) 前面的音素是—i(前)时,读 za,仍写成"啊"。例如:

多漂亮的粉笔字啊(zì za)!

还要说多少次啊(cì za)!

这合同可不能撕啊(sī za)!

第三节 方言辨正

由于我国地域十分辽阔,地形地貌十分复杂,且东西南北差别巨大,如北方多为地势平坦的平原与高原,南方则多丘陵山地高耸,且河道纵横,水网密布,这在交通不发达的时代便成为地域之间政治、经济、文化沟通与交流的天然屏障,也由此造成方言与普通话之间各种各样的差别。各种方言与普通话的最显著差别较多地表现在语音方面。

严格来说,不同的方言总是具有不同的语音特点,而这些不同的特点往往便成了各方言辨正内容的关键所在。对于本节教学,教师可以根据本地区语音特点以及教学对象的具体情况,有针对性、有侧重地进行具体安排,而我们在这里讨论的只是各个大的方言区与普通话之间的粗线条宏观对比。

一、声母辨正

声母的发音关键在于发音部位和发音方法,因此,各种方言声母发音与普通话声母发音形成的差异就应注意从这两个方面进行辨别与纠正。声母辨正主要分为以下几个方面:

1. 平舌音 z、c、s 与翘舌音 zh、ch、sh 的辨正

平、翘舌音的混淆在全国各个方言区中的表现都很普遍,但总的看来,将平舌音读作翘舌音的是局部地区少数人群,较大程度上的混淆表现为将翘舌音读作平舌音。教学中,可以现代汉语常用字为核心内容,认真区分其中的 260 多个平舌音字和 620 多个翘舌音字的发音部位与发音方法。实践表明,只要正确掌握了"平舌"与"翘舌"的发音方法,发准平、翘舌音并非难事。首先,可从身边生活实际出发,做生活的有心人,注意掌握某些常用字词,诸如"穿衣"、"吃饭"、"刷牙"、"漱口"、"铺床"、"睡觉"、"起身"、"出门"、

"说话"、"教室"、"老师"等等，对于这些工作、学习、生活中经常涉及平、翘舌音的常用词语，不妨死记硬背；其次，应注意举一反三，扩展记忆。无论朗读训练还是日常交际，都应有意坚持将这些涉及平、翘舌音的词语读准、说对，哪怕一时说错也要重新改正过来。俗话说，"慢工出细活"。倘能如此日日坚持，将不失为普通话学习一行之有效的好方法。

2. 鼻音 n 与边音 l 的辨正

鼻音与边音都属于舌尖中音。相对于湘方言、赣方言、闽方言等方言中 n、l 普遍不分或缺失其一的现象，二者的混淆在北方方言区似不多见。严重混淆或缺失其一的地方，教师应注重从辨别二者的发音方法入手，指导学生弄清二者之间发音部位与发音方法之别（重在发音方法辨析）；能够掌握二者的发音方法却偶有混淆的，需指导学生加强对归属这两类音的常用字声母的辨别与识记。由于鼻音和边音可以与各个类型的韵母相拼，使用十分广泛，一旦区分不清，将造成语音面貌以致语言运用上的严重失误，所以鼻音与边音的辨正一直是各个层次师范院校学生普通话教学的重要内容。

3. 卷舌音 r 与零声母 y、边音 l 的辨正

将卷舌音 r 读作零声母 y 和边音 l，这在北方方言区的表现十分突出，尤其是广大农村地区，人们对于日常生活语言表达中语音的准确程度不太注意，甚至越是从俗、从众、"俗"化、"土"化，越容易融入人际交流之中。这种语音混淆现象，究其原因，主要是地域性语言表达的习惯意识使然，北方方言区基本不存在不会发、发不准 r 声母的学生；某些南方方言区的学生发 r 时带有摩擦色彩，可能是因为发音部位与发音方法靠近平舌音 z 声母造成的。随着初、中等教育的全面普及，这种声母混淆的不良习惯在各个方言区的年轻人中正得到逐步规范与纠正。

4. 唇齿音 f 与舌根音 h 的辨正

这两种声母的区别是显而易见的，但在某些方言区却存在着严重的混淆现象。教学实践中，我们会发现，这两个声母的混淆大多发生在与合口呼韵母相拼的时候。由此，应注意指导学生进行 h 与合口呼韵母的拼合练习，尤应注意准确掌握韵头 u 音的位置与形状；而 f 除单元音 u 外，是不与其他复合型合口呼韵母相拼的。

5. 舌面音 j、q、x 与翘舌音的辨正

这两组声母虽然在有些地方有些人群中尚未实现彻底分化，但从总体来看，这两组音的混淆应该说并不普遍，尤其在东北方言区，此类声母混淆现象更多表现为个体差异，因而也颇具个性化色彩。如在近年热播的东北电视剧《乡村爱情》中，范伟所扮演的王木生，其语言上的主要特点即为舌面音的发音方法靠近翘舌音，也就是发舌面音时舌头上卷。这种语音表现在辽宁的部分地区较为常见，主要是发音方法错误所致。

其他诸如东北方言区的零声母前加 n 以及江浙部分地区将舌面音置换为舌根音等声母错讹现象，目前随着青少年受教育程度的不断提高，这些声母的使用正呈现出越来越规范的良好发展态势，故此处不做系统辨正。

二、韵母辨正

1. 按照元音的构成分类

按照元音的构成,韵母主要分为单元音韵母、复元音韵母和鼻韵母三类。主要问题也具体表现为以下三个方面:

(1) 单元音韵母之间的某些混淆,如 o 与 e、i 与 ü 的混用。在全国各地方言区的局部方言中,都或多或少存在着将圆唇元音 o 换成扁唇元音 e 的现象,如东北方言;相反,在同属北方方言区的西南方言中,不少方言又将 e 韵母读作 o 韵母。事实上,普通话声母中只有双唇音 b、p、m 和唇齿音 f 与圆唇元音 o 直接相拼,且不与扁唇元音 e 相拼,只有"么[me]"音例外。

(2) 复元音韵母发音不准。主要表现为韵头、韵腹、韵尾之间动程不够清晰,其次是韵腹部分舌位不够准确。闽方言和客家方言中,i、ü 不分问题的主要症结即在于对韵头的把握不够准确。跟单元音相比,复元音韵母的组合是较为复杂的,发音过程要完成从一个元音向另一个元音的滑动,其过程既要清晰可感,更要融为一体;既不能丢失韵头,更不能弱化韵腹。

(3) 前后鼻音区分不清。普通话的鼻音韵尾 n 和 ng 是有着"前——后"不同的本质差别的,但在某些方言区,前后鼻音不分成了普通话韵母辨正的重点和难点。教学中,我们发现,不同的学生有不同的错误表现,而且即使是来源相同的学生,其前后鼻音差异的类型也可能不同,这就要求教师能够针对具体学生的具体语音表现因材施教,进行具体指导,进而取得实效。

2. 按照传统的韵头分类

按照传统的韵头分类,韵母可以分为"四呼",即开口呼韵母、齐齿呼韵母、合口呼韵母和撮口呼韵母。从这个角度进行区分,其问题则主要表现为:

(1) 开口呼韵母发音不到位。全国很多方言区都存在着开口呼韵母发音不到位的问题,其中突出表现为韵腹部分 a、o、e 音的舌位与开口度不够高、不够大、不够准。

(2) 合并齐齿呼韵母与撮口呼韵母,丢失某些齐齿呼韵母和合口呼韵母。在普通话语音中,"四呼"韵母之间是有着清晰的界限的,但在粤方言、吴方言等某些南方方言中,丢失部分齐齿呼和合口呼韵母的韵头,使之成为开口呼韵母;而在闽方言、客家方言以及西南某些地方方言中,一律将撮口呼韵母并入齐齿呼韵母。实际上,以"四呼"来界定韵母,首先在唇型上就已严格区分出了韵母的不同,而且显而易见,所以,准确把握唇型的不同进行韵母辨正,应不失为方言辨正的一条有效途径。

三、声调辨正

声调是普通话音节的重要组成部分,它与韵母一样,是普通话音节构成中不可或缺的两个成分。与声母、韵母相比,声调虽然看起来调类简单,调值明确,但在方言辨正中,恰恰是声调辨正成为其中最复杂的内容,也是各个方言区的人们学习普通话最不容易把握的重点和难点。尽管各个方言的声调与普通话声调千差万别，但整体来说，仍不外乎两个方面，即调类与调值。

1. 调类辨正

普通话声调共有阴平、阳平、上声和去声4种调类，在各个方言区中，都不同程度地存在着调类之间的混淆问题。相对来说，由于北方方言区各个方言的调类基本与普通话相同，基本都是4种声调，所以其混淆的界限也更为分明，基本能够清晰让人感知到此调乃彼调之误。如东北方言区四声之间不少于12种的交叉性混淆就能够让人清晰可感，"逼迫"、"蝙蝠"、"氛围"等词语中的加点阴平字常常被读作阳平、上声、去声；"挨打"、"蝴蝶"、"嫉妒"等词语中的加点阳平字常常被读作阴平、上声、去声；"针灸"、"享受"、"匕首"等词语中的加点上声字常常被读作阴平、阳平、去声；"态度"、"复习"、"接触"等词语中的加点去声字常常被读作阴平、阳平、上声。

与北方方言调值基本趋同普通话调值不同的是，南方各方言的调值与普通话差异迥然，在调类上表现为更复杂、更多样。如客家方言、赣方言、湘方言都至少有6个调类，吴方言、闽方言有7个，粤方言更多达9~10个，以致给人的感觉已经不仅仅是"调类"层面的"大"变动，而更多属于"调值"范围的"小"变化。

2. 调值辨正

与调类相比，各种方言在调值上的差别更具体、更细微、更复杂，也更敏感。主要问题在于：

阴平的语音本质为高而平，可方言的阴平音则大都在中、低水平运行。如客家方言为44，而北方方言则大多为33，尤其是东北方言，四声调值大都处于与普通话调值平行下降的态势，以致很多足迹尚未踏出东北的学生自己无论如何听不出东北话与普通话的根本区别，当然，这也是东北话能够为全国人民一听就懂的重要原因。

阳平本质是自中而高上升，方言中的阳平音则大都属于上升的幅度不够或起点本来就低，以致变35为24；另外，阳平调值的调形从数学角度分析属于线段，但在语音的课题教学实践和普通话水平测试中，我们常常发现有人将"线段"人为地延伸为"射线"，这也是阳平调值辨正中应该引起注意的一种现象。

普通话的上声调值是先降后升，成曲折之势，委婉有致，但方言中的上声则多为只降不升或升幅不够，这样就出现了各种方言中诸如21、31、53、35、211等的语音现象，或者只降不升，或者只升不降。

去声的调形较为简单，自上而下，直线下降。方言中的表现则为下降幅度不够，有的是起点太低，不是从高位5开始下降，而是从中位3甚至低位2就开始下降，有的则随起点自高位5开始，但未能彻底降下来，大多停留于半降状态。

尽管各方言语音与普通话存在着各种各样的差异，但只要熟练掌握普通话的基本知识和语音系统，并认真研究各自方言与普通话的声韵调对应规律，以普通话语音系统之不变应方言之万变，说一口字正腔圆、清晰标准的普通话是完全可能的，也是十分必要的。

四、普通话声韵配合规律

普通话语音系统拥有 21 个声母、39 个韵母、4 种声调,但并不是所有的声母都能与韵母相拼构成音节,也不是相拼而成的所有音节都具有相应的声调。普通话声、韵能够相拼合成的音节共有 400 余个;再加上声调的功能限制,所成音节大约 1 200 多个。那么,究竟哪些声母、韵母可以相拼,并可以配齐相应的声调呢?这就需要我们找到普通话声、韵、调配合的规律。一般来说,普通话的声、韵、调具有如下主要拼合规律:

1. 双唇音和舌尖中音 d、t 不与撮口呼韵母拼合,双唇音则只与合口呼中的单元音 u 相拼。
2. 唇齿音、舌根音、舌尖前音和舌尖后音不跟齐齿呼、撮口呼韵母相拼,唇齿音只能与合口呼中的单元音 u 相拼。
3. 舌面音不跟开口呼、合口呼韵母拼合。
4. 舌尖中音 n、l 能跟所有"四呼"韵母相拼。
5. 零声母音节在"四呼"中都可成立。

详见下表:

普通话声韵配合简表

声	母	开口呼	齐齿呼	合口呼	撮口呼
双唇音	b	+	+	只跟 u 相拼	/
	p				
	m				
唇齿音	f	+	/	只跟 u 相拼	/
舌尖中音	d	+	+	+	/
	t				
	n				+
	l				
舌面音	j	/	+	/	+
	q				
	x				
舌根音	g	+	/	+	/
	k				
	h				
舌尖后音	zh	+	/	+	/
	ch				
	sh				
	r				
舌尖前音	z	+	/	+	/
	c				
	s				
零声母	∅	+	+	+	+

五、普通话的词汇和语法

1. 普通话的词汇系统

普通话的词汇系统以北方方言为基础，适当地吸收了古语词、方言词和外来词。北方话词汇从13世纪以来就随着官话和白话文学的流行而获得广泛传播；20世纪以来，北方话词汇的传播更加深入、普遍。北方方言区地域辽阔，无论东西还是南北的直线距离都在2 000多公里以上；使用北方话的人口众多，占汉族总人口的70%以上。当然，普通话词汇以北方方言为基础，并不是将北方方言词汇全部收入，而是以一定的标准加以筛淘，加以必要的规范。

旧文学语言中保留着以前各个时代的词汇，是现代词汇的丰富源泉之一。普通话词汇为了适应不同语言环境以及语体多样化的需要，为了词汇丰富多彩的表达需要，从古语词中也吸收了一部分有生命力的词语。例如"璧还"、"诞辰"、"夫人"、"伉俪"、"狼烟"、"几许"、"膜拜"、"韶华"、"挑灯"、"铁骑"等，其他如"蓬荜生辉"、"吃一堑，长一智"、"热锅上的蚂蚁"、"从善如登，从恶如崩"、"多行不义必自毙"等成语、谚语，作为现代语汇的重要组成部分，更是地位重要，价值突出，数量上不可胜数。

方言词汇也是普通话词汇得以日益丰富的重要来源之一。方言中一些有特殊意义的词语，经常在书面语中出现，而普通话词汇中又没有相当的同义词可以代替，普通话词汇也将它们吸收进来。例如"搞"、"瘪三"、"垃圾"、"名堂"、"尴尬"等。尤其是改革开放以来，随着广东地区经济影响力的不断上升和各地区思想文化交流密度的不断加强，普通话从广东话中吸收了很多词汇，如"发廊"、"水货"、"爆满"、"酬宾"、"摊档"、"炒鱿鱼"等，甚至如"包二奶"、"包二爷"、"小三"等人们思想观念中本来十分抵触和避讳的负面词语，目前也以其势不可挡的强势出现在社会各个层面的言语交际中。但方言中一些过于土俗、地方色彩浓厚、应用地区狭小而且普通话中又完全有同义词语可以代替的词语，就不能被吸收到普通话词汇中来。例如：陕西一带的"婆姨"（老婆）、"锅魁"（烧饼），四川一带的"摆龙门阵"（聊天）、"瓜娃子"（傻瓜），北京地区的"撒丫子"（跑）、"炸了庙"（翻脸，急眼），东北地区的"得瑟"（不稳重）、"格路"（不随和）、"波棱盖儿"（膝盖）等，这样的方言都没有被吸收到普通话中来。另外，北方方言中各地区说法不一致的词语，则采取通行较广泛的一种。如"郎中"、"大夫"两种说法，采用了后者；"玉米"、"苞米"、"苞谷"、"棒子"、"棒槌子"、"珍珠米"等多种说法五花八门，不能尽收，便采用了更具规范性和普遍性的"玉米"。

适当吸收外来词，也是普通话词汇得以丰富和发展的必要途径。新事物不断出现，需要有大量新语汇补充，而汉语原有的语汇不够用，有些词语便从外国语中直接借来使用，这就是外来词。起初，外来词都是直接音译的词，如"坦克"、"沙发"、"雷达"、"波音"、"纽约"、"雅思"、"托福"、"马拉松"、"蒙太奇"、"嬉皮士"、"斯大林"、"可口可乐"、"斯里兰卡"、"盖世太保"等。经过一段时间使用后，许多音译外来词则慢慢"汉化"，成为意译词，如"维他命"由音译而意译为"维生素"，其他更多的则成为音译意译复合词，例如"卡片"、"基因"、"艾滋病"、"桑拿浴"、"吉普车"、"霹雳舞"、"迷你裙"、"伽马刀"、"敌杀死"、"卡拉OK"、"马克思主义"等。这些外来词仍然保留在汉语词汇中,并且越来越普遍流行。

普通话词汇是很丰富的,可以表达任何复杂的事物和任何深刻细致的思想感情,具有极强的表现力。改革开放30多年来,随着社会生活的日新月异,汉语词汇也发生了巨大变化,大量新词得到了广泛应用。对此,新修订的《现代汉语词典》也进行了专门的收录,例如"按揭"、"边贸"、"保值"、"超市"、"创收"、"重组"、"档期"、"额度"、"扶贫"、"宽带"、"扩招"、"隆胸"、"下岗"、"走台"、"艾滋病"、"擦边球"、"局域网"、"蓝筹股"、"钟点工"、"暗箱操作"、"临终关怀"、"亲子鉴定"、"泡沫经济"、"三个代表"、"中央商务区"、"自动柜员机"等等。有些旧词增加了新的含义,例如,"病毒"原来指使发病的病原体,现在还指破坏计算机程序的程序;"炒"原来指烹调方法,现在增加了"经营"或"倒卖"等意义,如"炒股票";"发烧"原指体温升高,现在增加了热衷、适合热衷使用的等意义,如"发烧友"。众所周知,"小姐"在《现代汉语词典》中的释义仍然是原来的两种:一指"旧时有钱人家里仆人称主人的女儿";二指"对年轻的女子的尊称"。但在当下红尘滚滚的社会生活中,"小姐"一词的含义已经发生了巨大变化,虽然在一定程度上仍保留着对年轻女子"尊称"的含义,但更大程度上尤其是在底层社会中却是对从事某些特殊行业女子的"蔑称"。

普通话词汇在构词方面能运用词根融合、附加和重叠、轻声和儿化等方式构成无限多的新词,如网络词汇也是这样,或直接借用,或重新组合。随着计算机网络的普及与网络文学的盛行,一些网络词汇(包括字母词)正方兴未艾,迅速在人们特别是新新人类中流行,并被他们或通过他们广泛出现在生活语言中,如"顶"、"偶"、"踩"、"踢"、"酷"、"楼主"、"菜鸟"、"拍砖"、"灌水"、"驴友"、"酱紫"、"果酱"、"恐龙"、"抓狂"、"给力"、"流口水"、"886(再见了)"、"BT(变态)"、"KHBD(葵花宝典)"等等。随着青少年一代对网络词汇的热衷与对传统语汇的疏离,普通话词汇正受到巨大冲击。有的中学生已将网络词汇直接运用于作文和作业中,一时间弄得语文教师也不知如何是好。网络词汇的生命力正经受着时间与空间的双重考验。

2. 普通话的语法系统

普通话的语法以典范的现代白话文著作为规范,有借鉴地吸收一定的方言语法现象和古汉语语法现象以及外国语语法现象。应该说明的是,因中国的古代汉语一直缺乏自觉的语法意识和语法研究,最早的汉语语法著作当属清晚期马建忠的《马氏文通》。现代标准汉语基本上是完全基于北方方言的语法体系,句式主要使用"主—谓—宾"的结构,经常使用结构助词"的、地、得",以及少量的语气助词。现代标准汉语虽然已经摒弃了文言文的表达方式,但在许多官方或正式文件中,仍更多地遵从着文言文的语法理念和表达方式。

在普通话语法体系的建构过程中,现代经典作家的代表作品往往具有更为广泛的代表意义,在语言规范的巩固和发展方面起着重要的示范作用,在这些著作中最有普遍性的用例就成为汉语语法规范。普通话语法规范是典范的现代白话文著作中的"一般用例",舍弃了其中特殊用例或不纯洁、不健康用例。

虽然自觉排除了方言语法影响,但是对于一些有特殊表达功能的语法现象,普通话语法规范也予以了谨慎地吸收。如吴语语法中"说说看"、"穿穿看"等结构格式,已经被吸收到普通话语法中来。普通话语法将古代汉语语法中有生命力的语法格式以及外来语中有用的语法格式也都吸收进来,丰富和发展自己。例如,古汉语中"为……所……"、"唯……是……"、"为……而……"等格式,外语语法中"过去……现在……将来……"的格式,以及"……就……,如果……"、"……就……,只要……"等倒装句格式,都被吸收到普通话语法规范中,使普通话语法更加丰富。

汉语结构中的词序安排和虚词使用具有独特而重要的表达作用,汉语的量词十分丰富,这些语法特点在普通话语法中都有充分体现。普通话作为中国各民族共同语和中国的国家通用语言,它是一种精密、准确而又极具表现力的语言。

第四节 普通话水平测试

一、普通话水平测试的含义

普通话水平测试(Putonghua shuiping Ceshi,缩写为 PSC),是我国为加快共同语普及进程,提高全社会普通话水平而设置的一种语言测试制度。它通过测查应试人的普通话规范程度和熟练程度,认定其普通话水平等级,属于标准参照性考试。普通话水平测试通过《测试大纲》,对其测试内容、范围、题型及评分系统做了科学、规范的界定。

普通话水平测试属于语言测试的范畴,又不同于一般意义上的语言测试,它是由政府专门机构主持的一项测试。国家语委普通话培训测试中心及地方(省、自治区、直辖市)普通话培训测试中心具体负责实施。

普通话水平测试是资格证书测试。有关的行业、部门、系统对本行业的从业人员提出了相应的普通话水平等级要求,《普通话水平等级证书》是该从业人员达到从事职业要求的普通话水平等级凭证,在全国范围内均可通用。

普通话水平测试是一种口语测试,全部测试内容均以口试方式进行。普通话水平测试不是对被测试者口才的评定,而是对应试人掌握和运用普通话所达到的规范程度所作的阶段性测查和评定。

二、普通话水平测试的意义

普通话水平测试是推广普通话工作的重要组成部分,是改革开放取得重要经济发展成就后,为促进新时期国家通用语言研究与实践工作的深入开展而采取的重要措施,是推广普通话工作逐步走向科学化、规范化、制度化的重要举措。

1992年,为了加快推广普通话工作的进程,国家语委将新时期推广普通话工作的方针由 20 世纪 50 年代的"大力提倡,重点推行,逐步提高"调整为"大力推行,积极普及,逐步提高"。工作方针的调整就是工作重点的转变。为落实贯彻新的"推普"方针,为达到"逐步提高"的工作目标,需要将全国推广普通话工作的重点放在"积极普及"方面,其措施则应是"大力推行"。而普通话水平测试即是普通话推广工作从长期启蒙走向深入实施的重要标志,且将大为增强和加快推广普通话工作的力度和速度。

关于普通话水平测试的设想,早在 80 年代初就被陆续提出。1986 年召开的"全国语言文字工作会议"在所提出的《新时期的语言文字工作》主题报告中明确指出:"普通话的标准只有一个,就是'以北京语音为标准音,以北方话为基础方言,以典范的现代白话文著作为语法规范'。但是考虑到不同地区、不同部门、不同行业、不同学校、不同年龄等情况,从实际出发,具体要求可以不同。"根据国家政治、经济、文化发展的实际需要和多年来推广普通话工作的成熟经验,国家语委当时就正式提出讨论普通话水平等级的问题,并于 1988 年成立了《普通话水平测试等级标准》课题组。两年后,课题组在深入调查研究、广泛征求意见和科学组织测试实验的基础上,最终拟订了三级六等的普通话水平测试等级标准,并对各个等级标准给出了相应的量化评分办法。

1994 年 10 月,国家语言文字工作委员会、国家教育委员会和广播电影电视部联合发出《关于开展普通话水平测试工作的决定》,还同时颁布下发了三个附件:《普通话水平测试实施办法(试行)》、《普通话水平测试等级标准(试行)》、《普通话等级证书(样本)》。这个文件规定,普通话水平测试工作要按照国家语委组织审定的《普通话水平测试大纲》统一测试内容和要求。

该文件同时规定,从 1995 年起,对播音员、节目主持人、教师等岗位的人员,要逐步实行持普通话等级证书上岗制度。在一定范围内对某些岗位的人员进行普通话水平测试,并逐步实行普通话等级证书上岗制度,这个实质性规定的及时做出,标志着我国推广普通话工作走上了科学、规范发展的轨道,必将极迅速地提高全社会的普通话应用水平。

三、普通话水平测试等级标准

根据国家语委 1997 年 12 月颁布的《普通话水平测试等级标准(试行)》,我国普通话水平测试的等级分为三级六等,即一级、二级、三级;每个级别再分出甲等、乙等两个等次。其中一级甲等为最高,三级乙等为最低。应试人的普通话水平根据在测试中所获得的分值来具体确定。普通话水平测试等级标准如下:

1. 一级

(1) 甲等。朗读和自由交谈时,语音标准,语汇、语法正确无误,语调自然,表达流畅。测试总失分率在 3% 以内(大于或等于 97 分)。

(2) 乙等。朗读和自由交谈时,语音标准,语汇、语法正确无误,语调自然,表达流畅。偶有字音、字调失误。测试总失分率在 8% 以内(大于或等于 92 分)。

2. 二级

(1) 甲等。朗读和自由交谈时,声韵调发音基本标准,语调自然,表达流畅。少数难点音(平翘舌音、前后鼻尾音、边鼻音等)有时出现失误。语汇、语法极少有误。测试总失分率在 13% 以内(大于或等于 87 分)。

(2) 乙等。朗读和自由交谈时,个别调值不准,声韵母发音有不到位现象。难点音较多(平翘舌音、前后鼻尾音、边鼻音、fu-hu、z-zh-j、送气不送气、i-ü 不分、保留浊塞音、浊塞擦音、丢介音、复韵母单音化等),失误较多。方言语调不明显,有使用方言词、方言语法的情况。测试总失分率在 20% 以内(大于或等于 80 分)。

3. 三级

(1) 甲等。朗读和自由交谈时,声韵母发音失误较多,难点音超出常见范围,声调调值多不准。方言语调明显。语汇、语法有失误。测试总失分率在 30% 以内(大于或等于 70 分)。

(2) 乙等。朗读和自由交谈时,声韵调发音失误多,方音特征突出。方言语调明显。语汇、语法失误较多。外地人听其谈话有听不懂的情况。测试总失分率在 40% 以内(大于或等于 60 分)。

四、普通话水平测试内容及评分标准

普通话水平测试试卷共包括 5 个部分,满分为 100 分。

第一题 读单音节字词(100 个音节,不含轻声、儿化音节),限时 3.5 分钟,共 10 分。

1. 目的

测查应试人声母、韵母、声调读音的标准程度。

2. 要求

(1) 100 个音节中,70% 选自《普通话水平测试用普通话词语表》"表一",30% 选自"表二"。

(2) 100 个音节中,每个声母出现次数一般不少于 3 次,每个韵母出现次数一般不少于 2 次,4 个声调出现次数大致均衡。

(3) 音节的排列要避免同一测试要素连续出现。

3. 评分

(1) 语音错误,每个音节扣 0.1 分。

(2) 语音缺陷,每个音节扣 0.05 分。

(3) 超时 1 分钟以内,扣 0.5 分;超时 1 分钟以上(含 1 分钟),扣 1 分。

第二题 读多音节词语(100 个音节),限时 2.5 分钟,共 20 分。

1. 目的

测查应试人声母、韵母、声调和变调、轻声、儿化读音的标准程度。

2. 要求

(1) 词语的 70% 选自《普通话水平测试用普通话词语表》"表一",30% 选自"表二"。

(2) 声母、韵母、声调出现的次数与读单音节字词的要求相同。

(3) 上声与上声相连的词语不少于 3 个,上声与非上声相连的词语不少于 4 个,轻声

不少于3个,儿化不少于4个(应为不同的儿化韵母)。

(4) 词语的排列要避免同一测试要素连续出现。

3. 评分

(1) 语音错误,每个音节扣0.2分。

(2) 语音缺陷,每个音节扣0.1分。

(3) 超时1分钟以内,扣0.5分;超时1分钟以上(含1分钟),扣1分。

第三题　选择判断[注],限时3分钟,共10分。

1. 词语判断(10组)

(1) 目的:测查应试人掌握普通话词语的规范程度。

(2) 要求:根据《普通话水平测试用普通话与方言词语对照表》,列举10组普通话与方言意义相对应但说法不同的词语,由应试人判断并读出普通话的词语。

(3) 评分:判断错误,每组扣0.25分。

2. 量词、名词搭配(10组)

(1) 目的:测查应试人掌握普通话量词和名词搭配的规范程度。

(2) 要求:根据《普通话水平测试用普通话与方言常见语法差异对照表》,列举10个名词和若干量词,由应试人搭配并读出符合普通话规范的10组名量短语。

(3) 评分:搭配错误,每组扣0.5分。

3. 语序或表达形式判断(5组)

(1) 目的:测查应试人掌握普通话语法的规范程度。

(2) 要求:根据《普通话水平测试用普通话与方言常见语法差异对照表》,列举5组普通话和方言意义相对应,但语序或表达习惯不同的短语或短句,由应试人判断并读出符合普通话语法规范的表达形式。

(3) 评分:判断错误,每组扣0.5分。

选择判断合计超时1分钟以内,扣0.5分;超时1分钟以上(含1分钟),扣1分。答题时语音错误,每个音节扣0.1分,如判断错误已经扣分,不重复扣分。

第四题　朗读短文(1篇,400个音节),限时4分钟,共30分。

1. 目的

测查应试人使用普通话朗读书面作品的水平。在测查声母、韵母、声调读音标准程度的同时,重点测查连读音变、停连、语调以及流畅程度。

2. 要求

(1) 短文从《普通话水平测试用朗读作品》中选取。

(2) 评分以朗读作品的前400个音节(不含标点符号和括注的音节)为限。

3. 评分

(1) 每错1个音节,扣0.1分;漏读或增读1个音节,扣0.1分。

(2) 声母或韵母的系统性语音缺陷,视程度扣0.5分、1分。

(3) 语调偏误,视程度扣0.5分、1分、2分。

(4) 停连不当,视程度扣 0.5 分、1 分、2 分。

(5) 朗读不流畅(包括回读),视程度扣 0.5 分、1 分、2 分。

(6) 超时扣 1 分。

第五题　命题说话(限时 3 分钟,共 30 分或 40 分)。

1. 目的

测查应试人在无文字凭借的情况下说普通话的水平,重点测查语音标准程度、词汇语法规范程度和自然流畅程度。

2. 要求

(1) 说话话题从《普通话水平测试用话题》中选取,由应试人从给定的两个话题中选定 1 个话题,连续说一段话。

(2) 应试人单向说话。如发现应试人有明显背稿、离题、说话难以继续等表现时,主试人应及时提示或引导。

3. 评分

(1) 语音标准程度,共 20 分(或 25 分)。分六档：

一档：语音标准,或极少有失误。扣 0 分、0.5 分、1 分或 0 分、1 分、2 分。

二档：语音错误在 10 次以下,有方音但不明显。扣 1.5 分、2 分或 3 分、4 分。

三档：语音错误在 10 次以下,但方音比较明显；或语音错误在 10~15 次之间,有方音但不明显。扣 3 分、4 分或 5 分、6 分。

四档：语音错误在 10~15 次之间,方音比较明显。扣 5 分、6 分或 7 分、8 分。

五档：语音错误超过 15 次,方音明显。扣 7 分、8 分、9 分或 9 分、10 分、11 分。

六档：语音错误多,方音重。扣 10 分、11 分、12 分或 12 分、13 分、14 分。

(2) 词汇语法规范程度,共 5 分(或 10 分)。分三档：

一档：词汇、语法规范。扣 0 分。

二档：词汇、语法偶有不规范的情况。扣 0.5 分、1 分或 1 分、2 分。

三档：词汇、语法屡有不规范的情况。扣 2 分、3 分或 3 分、4 分。

(3) 自然流畅程度,共 5 分。分三档：

一档：语言自然流畅。扣 0 分。

二档：语言基本流畅,口语化较差,有背稿子表现。扣 0.5 分、1 分。

三档：语言不连贯,语调生硬。扣 2 分、3 分。

说话不足 3 分钟,酌情扣分：缺时 1 分钟以内(含 1 分钟),扣 1 分、2 分、3 分；缺时 1 分钟以上,扣 4 分、5 分、6 分；说话不满 30 秒(含 30 秒),本测试项成绩计为 0 分。

[注] 各省、自治区、直辖市语言文字工作部门可以根据测试对象或本地区的实际情况,决定是否免测"选择判断"测试项,并根据有关规定作出调整。

第二章　口语表达技能训练

【学习提示】

"口笔相应"能力是传统教师职业技能的核心指标,其中教师口语是各专业教师实现教学目标、完成教学任务、达成教学效果的重要手段,是各专业教师的必备"教具"。各专业学生应从理论上明确教师口语表达的意义、特点和内涵,尤应加强实践训练,掌握朗读、演讲、讲述、会话以及教师口才训练的方法。

第一节　教师口语表达

古语云:"师者,所以传道授业解惑也。"教师是通过情真意切、语重心长的语言来"传道",通过准确、鲜明、生动、简练的语言来"授业",通过循循善诱、因势利导的语言来"解惑"的。自古而来,教师最主要的教学工具就是语言。教师的语言修养直接决定着教学效果和教育质量,直接影响到教育事业的成败。苏联教育家苏霍姆林斯基说:"如果不想使知识变成僵死的、静止的学问,就要把语言变成一个最主要的创造工具。"因此,要想成为一名合格的人民教师,必须苦练语言表达这一基本功,掌握高超、完美的语言表达艺术,从而强化和优化教育教学效果。

一、口语与书面语

口语和书面语是两种语言运用的最基本形式。从表达内容上看,口语是指人们口中所说的"话",书面语则是指用文字记录下来的"话";从表现形式和表达目的看,口语意在"说"给人"听",书面语则旨在"写"给人"看"。其中口语是一种最基本、最常用的交际形式,广泛运用于人们的工作、学习、生活以及日常交际之中;而书面语最早就是用来记录口语的,是根植于口语的深厚土壤而不断产生、发展起来的。但随着秦汉后的文言分流,口语与书面语渐渐分离并形成各自不同的特点。二者区别主要如下:

(一)不同的表现手段展示不同的表达效果

口语主要是借助于声音来实现表达目的的。"说"者往往可以通过声音的高低、语速的快慢、节奏的缓急、音节的轻重、停顿的长短等不同变化来增强口语的表现力,使客观、静态的表达内容通过绘声绘色的个性化口语表达形式获得活灵活现的表达效果。同时,由于口语的交际双方属于面对面交流,"说"者可以借助于手势、表情、动作、姿态等态势语作为表情达意的辅助手段。多样化的表现手法使表达者可以也可能将不必说别人也会了解的话略去不说,而且即使什么都不说,也可以将语言难以表达的东西表达出来。

对此,书面语则显得力不从心。

书面语是无声语言,它的表现手段比较单一,不能用声音和态势语来传情达意,因而它在语言的生动形象方面逊色于口语。由于交际对象不在身边、不在眼前,"写"的人很难用手势、眼神、表情或特殊的语气、语调等口语常用的表现手段来帮助表达思想感情,这也使得书面语在表达上得以摒弃口语的随意与松散而具有严肃的规范性和严密性。

(二)不同的词汇、语法系统形成不同的表达风格

口语相对于书面语,更贴近于人们的生活实际,因而其语言风格更为简短明快、通俗自然,也更为流行和时尚。在词汇和语法的选择与运用上,口语表达一方面是常常较多使用那些生活气息浓厚、通俗易懂、富于感情色彩的词语,如儿化词、拟声词、叠音词、谚语、歇后语、语气词等口语词;另一方面,则是对于社会发展过程中那些时代感较强的流行词表现出强大的吸纳能力和迅速的传播速度。如最近几年,随着以赵本山为代表的东北文化群体形象的异军突起和一系列东北影视作品的广泛传播,仿佛一夜之间,人们的口语交际中就出现了众多流行的东北方言词语,如"大忽悠"、"没治了"、"哎呀妈呀"、"咋整啊"等。其他如"火了"、"发烧友"、"追星族"、"超级粉丝"、"PK"等,经过口语的"磨炼"和"考验",已经带着鲜活的时代印记进入书面语,并展现鲜明的时代面貌。另外,由于口语表达的对象和语境一般都很明确、很具体,且表达中需要呼吸与换气、倾听与交流,因此,口语的语法结构大都比较简单、灵活;句子一般都比较短小,以单句为主,常常出现省略句、倒装句甚至断句;附加修饰的句子成分少,经常被省略和置换;很少使用关联词语。当然,由于多数情况下的口语表达属于即兴式的,有的说话人边想边说,有的说话人现学现卖,以致来不及对语言进行逻辑思考和细致加工,因此,口语又往往是不严密的,常常会出现或语义重复、语序凌乱、用词不当或音节模糊、音素脱落、习惯性口头禅如"这个这个"、"那个什么"、"是吧是吧"、"……的话"等等。这也提出了相应的口语规范训练问题,即规范的口语表达训练需要在语义控制和结构严谨方面树立明确的训练目标,并通过具体可为的训练流程、训练方法付诸实施。

与口语相比,书面语具有保守的一面,其发展节奏总是要落后于口语,口语常常要充当书面语发展的急先锋、过滤器和审判官。然而,由于书面语可以不受时空条件和交际环境的限制,故而可以对语言进行仔细的推敲与斟酌,按照民族共同语的科学要求,对语言运用进行规范化管理,并引导和调整口语领域可能出现的偏误和散漫倾向,使语言发展更加纯洁、健康。书面语因之也便具有了语言庄重文雅、结构规范严谨的特点。

在词汇选择方面,书面语讲究准确、精密。除运用必须的口语词外,更多地需要使用书面语词及古语词、专门术语等。在遣词造句方面,由于受众有条件、有可能去平心静气地进行思考和体味,书面语除必要地运用大量短句外,可以较多地使用长句,所以书面语句子的修饰限制成分和关联词语也用得更全面、更多样、更准确。另外,书面语表达通过正确地使用标点符号、图表等非语言手段以求表意周详严密的特殊功能,也是口语表达不能相提并论、难望其项背的。

书面语言为文学语言的产生奠定了基础。文学语言是经过加工和规范化的书面语，它比书面语更丰富，更富于表现力，它是书面语的高级形式。口语和书面语虽然是语言的不同存在形式，彼此之间却有密切的联系。在文字产生之前，人们只有口语，没有书面语；有了文字之后，人们才在口语的基础上创造出书面语。因此，口语是第一性的，书面语是第二性的。书面语以口语为源泉，不断地汲取口语中的新鲜成分；反过来，书面语也不断地对口语施加影响，二者互相促进，共同发展。

二、教师口语特点

教师口语是在特殊的交际环境下与特定的交际对象之间发生的具有特定表达目的的特殊言语交际活动。它既发挥了口语与书面语各自的长处，又规避了二者的短处，具有二重性。由于教师口语是讲给学生听的，可充分发挥口语在表情达意上的优势，可以运用各种语音因素和体态语来加强表现力，所以，教师口语具有一般口语的通俗性和生动性；同时，由于经过精心准备，它是以讲稿作后盾的，因此，教师口语避免了一般口语的不足，比原始状态的口语更准确精练、丰富生动和条理明晰。教师的教案、讲稿都要经过精心推敲，它又具有书面语的严密性和规范性。教师在课堂上的讲授并不是照本宣科，而是以讲稿作"备忘录"，充分发挥口语在表情达意上的优势，又弥补了书面语表现单一的缺陷，使教师语言表达成为一门完美的语言艺术。

对此，高名凯、石安石二位先生在《语言学概论》中早就指出："在书面形式的文学语言的基础上，可以产生口头形式的文学语言。例如，今天我国广播电台上、课堂上、话剧舞台上、各种政策报告会上等等所用的往往就是口头化形式的现代汉语的文学语言。口头形式的文学语言事实上是书面形式的文学语言的口头或口语化。在有书面形式的文学语言之前，并没有口头形式的文学语言，只能有口语中的文学语言的萌芽或某些因素。有了书面形式的文学、语言，人们才能按照这种文学语言的'规格'来使口语成为一种口说的'书面语'。"

这段论述精辟地阐明了教师语言的语体属性，"事实上是书面形式的文学语言的口头化或口语化"，是一种"口说的'书面语'"。口说是其表现形式，实质则是书面语。教师语言作为口说的书面语，应该是准确、鲜明、生动、简练的，是口语和书面语的完美融合。教师口语特点主要表现在如下几个方面：

（一）科学性

教师口语的科学性是指教师口语思想内容的正确性、语言表达的规范性以及专业术语使用的准确性。从思想内容上讲，教师口语应该是健康的、优美的；应反映正确的、积极向上的人生观和世界观，应具有进步的政治倾向；应该是富于激励性的、催人奋进的。教师口语切忌不文明的、低级趣味的倾向，更不允许有消极的、生硬冷漠的、讽刺性的言辞和语句。

从口语表达上讲，教师口语不仅要语音规范，使用标准的、流畅的普通话，而且要求教师的口语表达在遣词造句方面不能有错误,要尽量避免用词不当、语句不通、半截话、重复语等。这就要求教师要掌握丰富的词汇、正确的组词成句的规则,根据特定的语境恰到好处地选择和调整词语,给词语熔铸进更丰富、更新鲜的含义,使之更富于表现力,从而取得更佳的表达效果。

从传授知识的科学性来看,教师口语应具有严密的学术性。每一学科都有自己特有的概念和范畴,从语言角度来讲就是专业术语。教师在课堂上传授的是科学知识,教哪一门课,就应该使用哪一门课的专业术语,一般不能用日常用语来代替。如不能用橘子皮来代替中药学里的"陈皮",不能用食盐来代替化学中的"氯化钠",不能用钱、钞票来代替政治经济学中的"货币"。

(二) 针对性

班级里的学生具有不同的性格。有的热情活泼,有的沉稳淡泊;有的心思细腻,有的粗心大意;有的外向好动,有的内向喜静。这就要求教师在运用语言时要看清对象,要因人而"语",因事而"言"。一般来说,学校教育都是多学科同时进行的。中学有文科有理科,有职业中学和普通中学。这就要求教师在教育教学活动中,应根据不同的学科特点来突出自己的语言特点、语言风格。文科教师的语言多是叙述性、描写性和说明性的,因此要求其具备准确鲜明、生动形象的特点。理科教师的语言多是论证性、推理性和结论性的,因此要求其具有准确、精练、严密的特点,要求其富于逻辑性。

学校里的学生有不同年级。不同年级的学生在年龄上有一定的差距,知识水平不同,对语言的接受能力也不同。教师在教育教学过程中如果能针对不同年龄的教育对象、不同年级的教育特征确定、变化不同的语言表达特点,将会收到事半功倍的效果。如低年级或年纪小的学生接受能力低,他们的听课兴趣往往多从个人喜好和感性认识出发,教师应多用形象化的、生动性的语言去影响、教育他们。如教师口语表达的速度宜慢,语调要讲究抑扬顿挫,停顿可多一些,表情、动作也可活泼、夸张一些。中学高年级的学生接受能力强,教师则宜用生动活泼的、说理性的语言去教育他们,使之"亲其师,信其道"。

学生由于生理特点、学习方法和社会家庭环境的不同,必然在思想上、学习上有上、中、下等次的差别。教师在进行教育教学工作时,应充分注意到这些,有针对性地变化口语表达风格。对于那些思想积极要求进步、学习成绩优秀的学生,因为他们或多或少会存在着一些优越感、好胜心较强,教师在运用语言时宜多用激励的话语,同时也要注意适当指出他们在思想认知和知识获取方面的不足,使其能够客观、正确认识自己,百尺竿头,更进一步。对于那些由于某种原因思想消沉、学习成绩较差、心理存在自卑感的学生,教师就不宜说带有强烈刺激性的话语,语气要平和、关爱,多表扬少批评,防止学生产生逆反心理。如何对待差生,是最能衡量出教师口语表达水平高下的重要标志。

男女学生对语言的接受能力也有区别。一般来说,男生性格粗犷,说话直率,接受外界事物刺激反应较小。女生则性格温和,感情细腻,对外界刺激更为敏感。当教师用同样的话语批评男生时,他可能感到不痛不痒,毫不在乎;女学生则会感到老师太严厉、太不讲情面,可能会受不了甚至哭鼻子。因此,教师在做男生思想工作时,宜用较为直率的、坦白的语言,而对女生则宜用温和细腻的、委婉含蓄的语言。

(三)启发性

教师口语的启发性是指教师的语言能对学生起到调动其自觉性和积极性的作用。富于启发性的语言可以开启学生智慧之门,引导学生走上探索知识、探索人生之路。

启发性首先要求教师口语应起到激发学生自觉性和上进心的作用。教师应多说激发学生积极进取、好学上进的话,少说单纯批评斥责的话。不仅要让学生"知其然",还要让学生"知其所以然"。应让学生多想、多说、多做,教师则应多想、少说,尤其要注意教师话不可多,贵在说一句算一句,句句中的,说到点子上,给学生以深刻的启发与教益。

启发性还要求教师的语言应起到调动学生积极学习、主动学习的作用。教师口语的启发性在于能够引发学生学习兴趣,促使学生积极思考,善于提出问题。教师不应只教给学生呆板的知识、现成的答案,而应该通过提问、点拨来引导学生独立思考、独立分析、独立解决问题,从而调动其学习积极性,真正将知识变为学生自己的东西。

教师口语特点在某种程度上规定了教师口语表达的内容范畴和方向追求,但也为教师个人语言风格的锤炼与形成提供了无限可能性。那些优秀的教师无不是在教师口语共同特点的基础上形成独具特色的个人语言风格,并以此征服了成千上万的学生的。教师个人语言风格是一块独具魅力的领地,是一门有待探讨的学问,是一门复杂艰深的艺术。它并不是一个单纯的语言技巧问题,它与教师自身的思想觉悟、道德修养、思维能力、知识水平等都有直接的关系。每一位教师、教育工作者都可以通过修身养性和实践锻炼,形成自己独特的语言风格,成为深受学生欢迎的、记忆深刻的老师。

教师口语表达按其在教育教学环节中不同的运用场合和功能作用,主要可分为两类:教学口语表达和教育口语表达。

三、教学口语表达内容

教学口语表达是指用于对学生进行学科专业知识教学时的教师口语表达,一般是在课堂上使用的。按其在教学过程中的不同教学阶段和不同表达作用,它又可分为导入语、讲授语、提问语、结束语、应变语等几种。

(一)导入语

俗话说,"良好的开端等于成功的一半"。有效地导入新课,是任何课堂教学中的重要环节。正确、巧妙地导入新课不仅可以点燃学生思想的火花,激起其强烈的求知欲望,引发其浓厚的学习兴趣,进而开拓其思维的广阔与灵活,而且可以借此为学生打开进入新课、获得新知的大门,使课堂教学收到事半功倍的效果。因此,教师必须根据一定的教学目的、教学内容、课程特点和教学对象来精心设计导入语,达到开"窗"窥"室"的目的。

导入语是某篇、章、节内容正式讲授之前,教师为引入新课而精心设计或专门思考后所表达的内容。导入语或介绍有关教学内容的背景材料以故事或悬念导课,或将前后、新旧知识有机地联系起来通过温故、比较而引出新课,或摘要本课所讲内容设疑、引趣,或为渲染一种气氛而激情勃发,或为引发一段思绪而创设情境,总之,精彩的导入语往往都要经过教师的精心揣摩和苦心营造。

导入语的语言切忌空泛、平淡。如"今天我们要讲的这部分内容非常重要,大家要认真听"。这种导入语肤浅而空泛,言之无物。又如,"今天我们学习第×课(或×内容),现在请大家打开书,翻到第×页"。这种导入语显得沉闷、消极,缺乏活气、灵气,更无帅气,根本不能引发学生积极向上的学习兴趣。哲人云,因势而利导。离开必要的"势"做铺垫和衬托,给人以生拉硬拽之嫌,是起不到导入语应有的"导"的作用的。成功的导入语语言应该是生动的、优美的、充满激情而富有启发的。

有一位语文教师在讲白居易《卖炭翁》时,恰值雪后天晴。他便这样即景生情地导入新课:

同学们,断断续续飞舞了近一周的雪停了。今天天气晴朗,阳光照耀,"红装素裹,分外妖娆",在我们看来美极了。但是,一千多年前,有一个穿得十分单薄、在寒风中瑟缩发抖的老人却不喜欢这样和暖的冬日,他希望大雪纷飞,朔风凛冽。他为什么会有这样反常的心理呢?请大家看白居易的《卖炭翁》(板书课题)。

像这样巧妙联系现实即景生情的导入语,一方面会令学生敬佩老师的教学智慧和独到用心,另一方面更能以卖炭翁的反常心理激发学生的好奇心理,使他们对教学内容发自内心地产生一种求知渴盼,并能更深刻地理解课文的中心思想。

一位数学老师在讲几何课——线段公理时,所设计的导入语是从一个饶有兴趣的问题开始的:

"如果在平坦的操场上我把一个肉包子扔出去,身边的小狗发现后,它是绕着圈儿跑过去还是一直奔向肉包子呢?"

同学们不假思索地笑答:"一直奔向肉包子。"

"为什么?"

"因为这条路最近。"

"答得好。连小狗都知道两点之间线段最短,何况我们聪明的同学呢?"接着,教师边板书边讲解:"这句话可以简单地说:两点之间线段最短。这就是我们今天要学习的内容。请同学们打开书。"

这则导语幽默风趣,将本来枯燥的数学问题变得生动直观,使学生在轻松愉快的气氛中准确地理解了问题的本质。

富有启发性地导入新课,不但能激发学生的求知欲和兴趣,还能起到培养学生定向思维的作用。教师在设计导入语时,要将它与教材的重点难点等因素联系起来考虑,使学生的思维在教师开场白中迅速定向,进入预定的教学轨道。

导入新课毕竟只是一个开始,不是教学过程的主体。有了良好的开端,还必须对教学的各个环节都进行认真研究,才能获得令人满意的效果。

(二) 讲授语

讲授语是课堂教学中使用频率最高的一种教学语言。它是教师系统地向学生传授知识和技能，介绍与教学内容有关的情况和资料，对教学内容进行分析、阐释时的语言表达。讲授语的目的在于将学科的基本理论、基础知识和基本技能等讲清楚、讲明白。教师的课堂讲授不单单是在完成本节课的教学任务，更在启发和培育学生对知识的探究兴趣，培养学生思维品质的正确形成，因此，讲授语要力求简洁明快、清晰流畅、准确生动。由于讲授语在课堂教学中所占比重较大，直接影响着学生的听课状态和教学效果，这就要求讲授语除内容翔实、逻辑谨严外，还应注意在语言形式上有所追求，如根据课堂状态调控节奏，使语速快慢适中，声调高低适度，对重点问题、重点词语、重点句子要通过重音加以强调或重复。讲授语切忌口头禅、半截话或毫无意义地多次重复。

一位化学老师在讲活化能的高低与活化分子百分数大小关系时，形象地讲道："活化能越低，活化分子的百分数越大，这就像跳高，横杆越低，能跳过去的人所占比例就越大一样。"当发现学生对离子化合物和共价化合物电子式产生混淆时，老师对学生讲道："离子化合物中的成键电子是'私有制'（归阴离子所有），因此用'篱笆'（括号）围住，同时标出'贫富'（得失电子数目）；共价化合物中的成键电子是'股份制'，合股经营，围不得'篱笆'，分不出'贫富'。"

生动形象的比喻，深入浅出的讲解，将抽象的学科理论化为具体的生活感知，寓晦涩的专业知识于通俗、自然的阐释之中，让学生对这样的化学老师和化学课不喜欢、不感兴趣、不认真听讲，简直是不可能的。

一政治教师在讲到"事事有矛盾，时时有矛盾"这个矛盾普遍性原理时，为了讲清学生提出的"'0'是否有矛盾"的质疑时，这样讲道："乍看起来，'0'就是无，似乎没有矛盾，其实不然，从'0'的产生上说，'0'是无和有的对立统一。'0'是在公元9世纪时印度人为了解决记数法中的进位问题而被迫首先使用的。在印度语中，'0'是空无的意思，并且从'0'是对任何一个数的否定上说，'0'就是无。但是，把一个'0'写在正整数后边，就是原数的十倍……并且'0'作为唯一的中性数还有划分正数与负数的特殊功能。在几何学中，'0'在坐标轴上是实实在在的点，即坐标原点；在物理学中，'0'不是没有温度，它是标准状态下水结冰的关节点；在时间中，'0'不表示没时间，反而是一天开始的时间。可见，'0'不是纯粹的无，而是无和有构成的矛盾统一体。在世界万事万物中，像'0'这个特殊的东西都是矛盾的，那么，矛盾是普遍的，没有矛盾就没有世界的道理，岂不是不言而喻吗？"

教师没有纠缠于"矛盾普遍性"这一深奥的哲学命题，而是从这个看起来简简单单、很不起眼甚至有些冷冰冰的"0"的来龙去脉讲起，挖掘并展示其中所蕴藏的丰富、深刻而又温暖可感的"大学问"、"大道理"。这则讲授语不惟体现了教师高超的教学口才，更令人叹服其学识之渊博、学养之深厚。

"问渠哪得清如许？为有源头活水来。"枝繁叶茂的大树从来都根植于肥沃丰饶的土壤,令人击节称赞、拍案叫绝的课堂讲授语也从来都是发源于精深、厚重的学科知识和人文知识基础。

(三) 提问语

提问语在教学过程中有着十分重要的作用。我国古代著名教育家孔子在教学过程中非常重视提问的作用。他坚持认为:"不愤不悱,不启不发。"翻开《论语》,几乎没有孔子作为教师的长篇大论,更多的则是孔子与学生彼此之间的"问""答"。通过提问,孔子在培养学生的思维品质、锻炼学生的思维能力、启发学生积极思考、引导学生探索和寻找结论。爱因斯坦曾说过:"提出一个问题,往往比解决一个问题更重要。"可见提问语自古而今,无论中外,在求知过程中都具有重要地位。

提问语是启发式教学的一种重要形式,种类也多种多样,但不管是客观知识性提问还是主观分析性提问,都要求教师根据教学要求和学生学习实际精心设计并正确实施。提问的目的在于通过环环相扣的解疑释问、追根求源,激发学生的求知欲,促进其深入思考,不断增强分析问题和解决问题的能力。成功的提问语应该成为教学过程由浅入深不断展开的教学推进器。美国著名心理学家布鲁纳指出:"教学过程是一种提出问题和解决问题持续不断的活动。"

下面一堂课中是我们中国某重点学校的校长在美国随团进行教育考察时随机听到的课堂教学过程,美国老师巧妙的提问语设计应该能够给我们更多的启发——

上课铃响了,孩子们跑进教室,这节课老师要讲的是《灰姑娘》。老师先请一个学生上台给同学讲这个故事。学生很快讲完了,老师向他表示感谢,然后开始向全班提问。

老师:你们喜欢故事里面的哪一个?不喜欢哪一个?为什么?

学生:喜欢辛黛瑞拉(灰姑娘),还有王子,不喜欢她的后妈和后妈带来的姐姐。辛黛瑞拉善良、可爱、漂亮……后妈对辛黛瑞拉不好。

老师:如果在午夜12点,辛黛瑞拉没有来得及跳上她的南瓜马车,你们想一想,可能会出现什么情况?

学生:辛黛瑞拉会变成原来脏脏的样子,穿着破旧的衣服。哎呀,那就惨啦!

老师:所以,你们一定要做一个守时的人,不然就可能给自己带来麻烦。另外,你们看,你们每个人都打扮得漂漂亮亮的,千万不要邋里邋遢地出现在别人面前,不然你们的朋友要吓着了。女孩子们,你们要注意,将来你们长大和男孩子约会,要是不注意,被你的男朋友看到你很难看的样子,他们可能就吓昏了。(老师作昏倒状,全班大笑)好,下一个问题:如果你是辛黛瑞拉的后妈,你会不会阻止辛黛瑞拉去参加王子的舞会?你们一定要诚实哟!

学生:(过了一会儿,有孩子举手回答)是的,如果我是辛黛瑞拉的后妈,我也会阻止她去参加王子的舞会。

老师:为什么?

学生:因为我爱自己的女儿,我希望自己的女儿当上王后。

老师：是的，所以，我们看到的后妈好像都是不好的人，她们只是对别人不够好，可是她们对自己的孩子却很好，你们明白了吗？她们不是坏人，只是她们还不能像爱自己孩子一样去爱其他的孩子。

孩子们，下一个问题：辛黛瑞拉的后妈不让她去参加王子的舞会，甚至把门锁起来，她为什么能够去，而且成为舞会上最漂亮的姑娘呢？

学生：因为有仙女帮助她，给她漂亮的衣服，还有南瓜马车，把老鼠变成马……

老师：对，你们说得很好！想一想，如果辛黛瑞拉没有得到仙女的帮助，她是不可能去参加舞会的，是不是？

学生：是的。

老师：如果老鼠不愿意帮助她，她可能在最后的时刻成功跑回家吗？

学生：不会，那样她就可以成功地吓到王子了（全班同学再次大笑）。

老师：虽然辛黛瑞拉有仙女帮助她，但是，光有仙女的帮助还不够。所以，孩子们，无论走到哪里，我们都是需要朋友的。我们的朋友不一定是仙女，但是，我们需要他们，我也希望你们有很多很多的朋友。下面，请你们想一想，如果辛黛瑞拉因为后妈不愿意她参加舞会就放弃了机会，她可能成为王子的新娘吗？

学生：不会！那样的话，她就不会到舞会上，不会被王子看到、认识和爱上她了。

老师：对极了！如果辛黛瑞拉不想参加舞会，就是她的后妈没有阻止，甚至支持她去，也是没用的，是谁决定她要去参加王子的舞会？

学生：她自己。

老师：所以，孩子们，就是辛黛瑞拉没有妈妈爱她，她的后妈不爱她，这也不能够让她不爱自己。就是因为她爱自己，她才可能去寻找自己希望得到的东西。如果你们当中觉得没有人爱，或者像辛黛瑞拉一样有一个不爱自己的后妈，你们要怎么样？

学生：要爱自己！

老师：对，没有一个人可以阻止你爱自己，如果你觉得别人不够爱你，你要加倍地爱自己；如果别人没有给你机会，你应该加倍地给自己机会；如果你们真的爱自己，就会为自己找到自己需要的东西——没有人能够阻止辛黛瑞拉参加王子的舞会，没有人可以阻止辛黛瑞拉当上王后，除了自己。对不对？

学生：是的。

老师：最后一个问题，这个故事有什么不合理的地方？

学生：（过了一会儿）午夜12点以后，所有的东西都要变回原样，可是，辛黛瑞拉的水晶鞋没有变回去。

老师：天哪，你们太棒了！你们看，就是伟大的作家也有出错的时候，所以，出错不是什么可怕的事情。我担保，如果你们当中有谁将来要当作家，一定比这个作家更棒！你们相信自己吗？

孩子们欢呼雀跃。

这是美国一所普通小学的一堂阅读课实录。在这个课堂上，提问语是主宰，是贯穿，是指南针,是方向盘,简直可以说是教学的全部。每一个问题的提出都能既从教学内容实际出发因"材"制宜,又时刻注意密切联系学生的心灵成长和思想认知实际而因的放"矢";既开放、灵活又简洁、高效。由此可见,提问语在教学中的分量与地位不容忽视。

需要明确的一点是,提问语在不同年级的教学中表现的形式和所占的比例不可能是相同的。低年级教学中的提问语大都表现在教师为引导学生积极思考和有意注意而对其进行巧妙设计上,往往以形象思维为主,用趣味性带动知识性,在环环相扣中解决问题;中、高阶段的教学提问语则较注重精练和准确,更倾向于抽象思维的训练与培育。总之,提问语应注意体现启发性、准确性等特点。

(四)结束语

自古以来,我国的文人学士一直都很讲究为文之道,尤其强调文章的开头和结尾,并形象地指出:"起句当如爆竹,骤响易彻;结句当如撞钟,清音有余。"实际上,令人难忘的课堂通常就像一篇词丰意美的文章。如果说开头的导入语当如"骤响易彻"的"爆竹",刹那间夺人魂魄,那么,结束语则如"清音有余"的钟声,绕梁不绝,久久回荡,注入心灵,渗透肺腑。而且,比较而言,即使是开头不尽如人意,教师仍然可以通过后面的教学环节进行补救,而结束语如果设计不周、使用不当,则可能导致整体教学满盘皆输。那么,到底应该如何组织结束语呢?

作为教师针对本节教学内容所作的一个"收场"性总结,结束语常常出现在整个教学过程即将结束的时候,一般下课铃响之前的三两分钟。结束语应是对这一堂、这一课或这一章教学内容进行提纲挈领地归纳、概括,使学生能够对复杂的教学内容简单化、条理化,把握教学重点,简化储存信息,建构知识体系,培养和提高逻辑思维能力。对此,特级教师于漪的经验是:"用点睛之笔,把文章的精髓鲜明地突现在学生眼前。"

全国特级教师李镇西曾凭借一堂《孔乙己》在1997年10月举行的四川省青年教师课堂大赛中征服四座,轰动赛场,并理所当然荣登榜首。他那极富创造性的精彩结束语也已成为业内经典:

同学们,今天我和大家一起学习了鲁迅先生的《孔乙己》,倾听了鲁迅先生在本世纪初发出的改造中国的第一声"呐喊"!这声呐喊,到了40年代末,发展成为以闻一多《最后一次讲演》为代表的全民族的"呐喊",一个崭新的中国由此诞生!现在,我们又来到了21世纪的门槛,在就要告别20世纪之际,我们通过《孔乙己》回眸本世纪初中国那充满冷漠、麻木的病态社会,进而展望即将迈进新世纪的社会主义现代化中国,同学们也许会情不自禁地认识到今天改革开放事业的巨大成就以及自己肩上所负担的历史使命。愿鲁迅先生的"呐喊"成为永远留在20世纪的绝唱!

凭借这段理性深刻而又激情澎湃的结束语,我们似乎又回到了当年四川那个"激情燃烧的课堂"。从中,我们也似乎可以感知到青年教师李镇西在教学中充溢着鲁迅般深沉的理性思考,并彰显着一个热血男儿的超拔风范。这样的教师和这样的结束语带给学生在知识追求与思想启蒙上的巨大影响力和感召力,将不仅仅停留于这一节课、这一天,它将是长期的,甚至可能是终身的。因此,结束语的作用与地位应该得到教师的足够重视。

（五）应变语

课堂教学虽然常常处于方寸之间、一隅之地,但由于教学内容包罗万象、教学手段丰富多彩、教学对象是活泼好动的青少年以及天体的阴晴、地理的圆缺等种种因素的可能影响,课堂教学并不是静止的、封闭的。对于突然出现在课堂教学过程中的意外变化,如果教师处置不当,轻则折射出教师应变能力不足,重则会对教育教学效果带来负面影响。优秀的教师往往能够处变不惊,善于化"害"为"利",变"废"为"宝",取得化腐朽为神奇之效,并凭借这些命运赏赐的难得"机遇"和进步"阶梯",锤炼敏捷思维,培育应变能力,丰富阅历经验,实现跨越性成长。

在一节化学公开课上,李老师告诉学生:"当我们把燃烧着的金属钠伸到装满氯气的集气瓶中时,将会看到钠剧烈燃烧并生成大量白烟。"谁知,当他做演示实验时,从集气瓶中却冒出了黑烟。学生们惊奇地睁大了双眼。怎么办？李老师灵机一动,从容地说道:"这块金属钠为什么没有冒出白烟,反而冒出了黑烟呢？请同学们回忆一下金属钠的化学性质及其贮存方法。"听老师这么一说,学生们似乎马上就从刚才的讶异中惊醒过来,教室里的气氛也顿时活跃起来。一位学生举手发言说:"金属钠性质活跃,不能裸露在空气中,而应贮存在煤油中。"

"你说得对。"李老师怀着歉意对全班学生说:"由于我的疏忽,实验前没有将金属钠在贮存时所沾的煤油擦干净,致使它在燃烧的过程中冒出了黑烟。为了揭示上述现象发生原因并验证金属钠的性质,我不打算擦掉煤油重新进行实验,而是让沾有煤油的金属钠继续烧下去。请大家想一想,在继续燃烧的过程中,沾在金属钠上的煤油数量和烟的颜色将会发生怎样的变化？"学生们异口同声地说:"煤油的数量将会逐渐减少,烟的颜色将会逐渐由黑色变成白色！"当实验结果最终证明了学生们的判断时,李老师以欣喜的语气祝贺道:"同学们,你们的预言实现了！"教室里顿时响起了热烈的掌声。

这热烈的掌声有学生的,也有听课老师的,但大家都知道,这掌声肯定不只在"祝贺"学生"预言"的准确,更在"祝贺"李老师高超的教学机智和敏锐的应变能力。

在一堂关于"中国加入世界贸易组织"问题的高中政治课上,当教师提出"WTO是什么意思？"这一问题想引起学生思考时,一男生顺口回答:"就是打屁股呗！"立刻引起全班学生哄堂大笑。

课堂秩序就这样被这种并无恶意的随意性回答破坏了。怎么办？是以雷霆之怒还之以严肃挞伐,还是"大人不计小人过"而听之任之呢？似乎都不合适。这个政治老师也果然没有采取以上措施,他不但没有责怪学生,反而和蔼亲切地问道:"你说说,为什么呢？"

学生站起来大声说:"落后就要挨打。中国到2001年才终于加入WTO,这无形中不是被打屁股了吗？"

老师听后笑着点了点头,肯定道:"WTO是'世界贸易组织'的英文缩写,刚才这个同学从读音展开联想,说得特别精彩!现在让我们都插上想象的翅膀,就WTO这一英文缩写发表自己新颖独到的见解吧!"

课堂顿时活跃起来。有的说:W代表我们,T代表T型舞台,O代表完善自我,就是说,中国入世之后,要在世界贸易的T型台上充分展示一个完美的中国;有的说:W代表我们,T代表钉子精神,O代表与世界的通道,中国经过锲而不舍的开凿,终于凿通了与世界贸易接轨的通道;有的说:W代表我们,T代表踢进,O代表全球,中国经过15年的艰苦等待,终于打进一粒金球;有的说:O代表圆圆的世界,T代表天平,W代表由两个V组成的双赢,意思是说,只要双方共同遵守世界贸易的游戏规则,就能互惠互利达到双赢的目的。

作为教师,面对课堂上学生插嘴引起的秩序混乱,心里一般都很不舒服,但处理起来却不尽相同。有的一笑置之,随意放过了;有的忍而不发,秋后再算账;有的恶语相向,冷嘲又热讽;有的则如这位政治教师,妙手推招,借力打力,不但使"矛盾"化解于无痕,而且双方的"武功"都能因"相长"而增强。实践表明,如果教师能善于抓住课堂上学生"插嘴"的契机,妙语引申,隽语利导,就好比作文过程中突然宕开一笔,插叙进精彩一段,其美学效果不啻"文似看山不喜平",增加的意外惊喜实在是可遇而不可求。

需要指出的是,应变语与其他类型教学口语有所不同。导入语、讲授语、提问语、结束语都可以通过查阅资料、融通思考、精心准备而做到成竹在胸,箭在弦上,当发则发,或怀而不发;唯有应变语,常常是"有心栽花花不开,无心插柳柳成荫"。因为任何教师都无法预测课堂上偶发事件发生的时间、指向、频率等,所以,再好的应变语也不是教师事先巧思妙想的结果,而往往是教师深厚的专业知识积累、丰富的教学阅历陶冶、敏锐的教学思辨能力以及日积月累的对学生关爱与欣赏之情的结晶。对于这些偶发事件能否恰当处理,往往更能折射出一个教师教学水平的高低和教学智慧的高下。

四、教育口语表达内容

有道是:"学高为师,身正是范。"教师之所以不但要"学高"还要"身正",就是因为教师被赋予了关系到社会发展和民族兴衰的人才培养的重要使命,因此,教师的工作本质不惟教书,更要育人。作为人民教师,在完成各项教育工作的过程中,都应将对学生进行政治思想品德教育放在首位。教育口语表达就是教育者根据德育、美育任务有目的地对学生进行政治思想品德教育时的口语表达。它多用于课堂之外,亦可穿插于课堂教育之中。

教育口语表达水平的高低不仅仅停留在规范清晰、简洁优美等外在的语言形式上,更重要的在于教师是否对学生的成长怀有一腔关注之情、一片护佑之心,是否表现为情真而意切。真正爱学生的老师,不管是表扬还是批评,其语气、语调总能因充满责任心和期待情而温和、中肯,其语言总能富于商量性和指导性而纠偏端正;反之,缺乏事业心、责任感的教师则不分时间、地点、场合地对学生冷言恶语,不惜以讽刺、挖苦的语言去打击、损伤学生的自信心和自尊心。结果只能适得其反,小则损害学生学习积极性,致使师生关系紧张,教师威信扫地;大则影响学生身心的健康成长,从长远看,甚至会破坏社会的稳定与发展。教师的育人之责决定了教师的教育口语训练十分必要。

教育口语的内容是比较简单的。从表达目的上看,教育口语是单纯、明确的,万变不离其宗,千言万语只为寓"育"于"教";从表现形式上看,教育口语可主要分为说服性口语、表扬性口语和批评性口语等。

(一)说服性口语

说服性口语是教育表达的最基本形式,也是教育口语中运用最多、所占比重最大的一种口语表达。它主要是通过摆事实、讲道理、辨是非、明曲直、规言行、释心怀,改变学生不正确的思想行为,获得正确认识,使其成为符合我国新时期教育方针的中国特色社会主义的建设者。

说服语具有鲜明的教育特点,首先就是针对性强。一旦在学生中发现或整体或局部的某一方面问题,就要洞幽察微,查找源头,摸清根源,把握问题实质;而后有的放矢,对症下药,最终正本清源,达到解决问题的目的。其次,应掌握以理服人、以情感人的说服技巧。说服语旨在"说"而使之"服","说而不服"是说服语的大忌。这就提示说服者要注意采取或正面引导或旁敲侧击等方式方法,从尊重、爱护学生的角度出发,从关心其身心健康成长的目的出发,晓之以理,动之以情,从而收到令其心悦诚服的效果。因此,说服的态度要热情、诚恳;说服的方法要因人而异。教师的说服语言不但要实事求是,言之有物,言之成理,更要寓情于理,通俗生动,语重心长;似春雷乍响,似警钟初鸣,长梦惊醒,涤荡心魄;如春雨沙沙,如泉水淙淙,温声细语,浸润心扉。

例1:在学校举行奏国歌、升国旗仪式的时候,某班教室内有一个同学仍在走动,另一个同学则在嬉笑逗趣,被值日老师检查发现后扣去10分。班主任老师得知后,没有对这两个学生简单训斥,而是面向全班同学讲了两件事:

盛夏酷暑,骄阳似火,一个老太太蹲在地上抠一枚深陷在柏油路面的硬币。一个学生见到后付之一笑,说:"老太太,不就是一分钱吗?大热天,值吗?"老太太抬起头来,擦了擦汗,说了一句话。大家猜一猜,老太太说了一句什么?有的学生猜"要勤俭节约",有的学生猜"要把这钱捐给希望工程"。其实,老太太说的是:"这一分钱上有咱们国家的国徽呀!"

据《人民日报》报道,美国政府不断攻击中国的爱国主义教育是煽动民族情绪,缓和国内矛盾。那么,美国是否进行爱国主义教育呢?请看:凡是美国公民看到自己国家的国旗,总要行注目礼,其情其景令许多外国人也肃然起敬。

最后,班主任老师说:"爱国是抽象空洞的吗?如果不是,我们该怎么做呢?"在以后的升旗仪式上,这个班再也没有出现过不尊重国旗的行为。

例2:下午第二节课下课同学们回到宿舍后,突然,一个同学惊叫起来:"我放在枕头底下的100元钱不见了!"宿舍里顿时议论纷纷,寝室长急忙去办公室找班主任老师。

看到老师来了,在场的同学气愤极了,有的提议要立即"搜查"。面对同学们的要求,老师明确表示不同意,并恳切地对同学们说:"宿舍里丢了钱,说明我班主任工作没做好。但我要郑重告诉大家:金钱是有价的,一个人的人格是无价的。我希望每一个同学不能因为一时糊涂,让有价的金钱吞没了无价的人格!"

第二天下午,同学们上完两节课又回到宿舍。丢钱的那个同学又叫了起来:"我丢的100元钱有了!"听到这个消息,老师又来到宿舍,非常激动地说道:"尽管我不知道是哪位同学将钱送回来的,但我为你感到高兴!因为你送回的不只是100元钱,而是一个人的尊严!同学们,你们要记住'金钱有价,人格无价'!"从此,宿舍里再也没有发生过类似的事情。

综上可见,教师的说服语不管采用何种语言风格,也不管选择何种表达方式,只要能真诚给予学生设身处地的尊重和理解、推心置腹的关心和爱护,单纯、可爱、幼稚、鲁莽的学生大都会"立地成佛",回归"此岸"。

(二)表扬性口语

表扬是教师为强化学生优良的思想品质和行为表现所给予的肯定性评价,它是一种积极的教育形式。在学校教育过程中,表扬是一种比较常用的教育手段。一方面是对个别或集体先进思想、模范行为的表扬,以树立学习榜样;另一方面是对思想品德不良而有些微进步学生的表扬,以鼓励其继续进步,增强前进的信心和力量。

古语云:"数子十过,不如奖子一功。"好学生通常是老师与家长合力肯定、称赞出来的,而不好的学生则往往是家长或老师实施棍棒教育、否定批评的直接后果。有这样一个故事:

在一幢宿舍楼后面,停着一部废旧汽车,大院里的孩子们每天晚上放学后都要攀进车厢蹦跳打闹,喧闹声使住户们无法安静地休息。一天,一位老人走到孩子们面前,对孩子们说:

"小朋友,今天咱们举行蹦跳比赛好吗,蹦得最高最响的奖励玩具手枪一支。"孩子们听后情绪更加高涨,争相蹦跳,优胜者果然获得玩具手枪一支。第二天,老人又来到车前,说:"今天继续比赛,奖品是两粒奶糖。"孩子们见奖品太不起眼,纷纷不悦,几乎无人卖力蹦跳,声音又少又小。第三天,老人又对孩子们说:"今天奖品是两粒花生米。"孩子们听后很不来劲,懒洋洋地纷纷跳下汽车:"不蹦了,真没意思。回家看电视去。"从此,宿舍楼里的大人们可以安静地休息了。

这是一则看起来十分简单有趣的故事,但其中却蕴涵着深刻的教育之道:老人(教师)适时、适度的表扬刺激了孩子们(学生)"蹦跳"(强化优秀思想品质与良好行为习惯)的热情;相反,一旦离开家长和老师的认可与鼓励,学生们的思想行为就注定会逐渐丧失其存在的积极的物质基础与精神力量。

准确、恰当的表扬性口语会使学生产生积极向上的前进动力,形成"比学赶帮"的教育氛围;而失准、失当的表扬则可能使事物走向其发展的对立面。所以,教师也要讲究表扬的艺术。一般来说,教师的表扬性口语应注意以下几点:①要具体而微,不能抽象空洞。事不怕小贵有心,话不怕少贵含情。教师的表扬越具体,学生越清楚努力方向。②要恰如其分,不能夸大其辞。善不隐,恶不扬;既是非分明,又实事求是。③要因人而异,不能千篇一律。可直白,可婉曲;可人前高调激励,可背后平实寄语。④要适可而止,不能漫无边际。此人长,彼人短;此时长,彼时短;可以热情洋溢,但要冷静适度,不妨点到为止。⑤尽量选择公开场合,不要吝啬表扬场面。根据不同的表扬对象和接受群体,适时地面向多数运用表扬,会产生表扬的"涟漪效应"、"一石激起千层浪",激发更多学生的上进欲望。

王老师新学期开始接了个新班,班里有一"差"生,从小父母娇生惯养,一旦谁得罪了他,张口就骂,抬手就打。原班主任对他的结论是道德败坏!

刚开始,王老师对他以批评为主。从表面看,他比以前老实多了。可一暗访,发现他"恶习"未改。硬的不行,王老师就来软的。只要一发现他一个哪怕小小的优点,就在课堂上大大表扬一番。谁成想,他对人说老师是"硬的不行,想来软的哄我,哼!我就不吃这一套"。王老师听了,心里一凉,难道这个孩子真是顽石一块?

有一次,他又因一件小事打了同学,家长来校道歉,谈起了教育孩子的难处:"哎,都是我们从小把他惯坏了,将来怎么办呢?"

王老师跟他的家长说:"其实他有很多优点……我相信他慢慢会改掉打人骂人的坏习惯的!"

过了一段时间,大家突然发现,这段时间没有同学告他的状了。家长也很纳闷:"似乎变了一个人,回家就写作业。"

为了寻找他变好的原因,王老师单独和他谈了一次话:"以前……老师经常批评你,也经常表扬你,但你为什么不接受呢?"

他不出声,不回答。

王老师又问:"你是从什么时候下决心改掉坏习惯的?"

"从……从你对我爸爸说我成绩不错,还有很多优点……"

"这些话在班上我对你也说过多次啊?"

还是没有回答。

王老师猛然记起《中国教育报》上的一篇文章——《"遗忘"在讲台上的班务日志》,讲的似乎是一样的道理。文中所引学生的一段话颇发人深思:"这些话老师曾对我说过多次,那时我以为老师是当面奉承我,甚至敷衍我,是企图使我听话和就范的'招数'。自从看了班务日志,我才知道,这些话是老师真心说的……"

每个学生都希望得到老师的表扬,但又怀疑老师正面表扬的真实性,尤其是那些所谓的"差生";每个学生都讨厌老师背后说自己的缺点,但又都愿意听到老师背后说自己的优点。这就要求教师要善于发现,并抓住差生的些许进步不失时机地进行热情中肯的表扬,让学生循着老师表扬的踪迹不断端正努力的方向,将崇尚真、善、美的思想和愿望化为实实在在的具体行动,心情舒畅地争取下一次表扬。

(三) 批评性口语

批评语是教师针对学生的错误思想倾向和不良行为表现所发表的否定性评价,其目的在于帮助学生知错而后改。因此,批评时千万不要口无遮拦地说那些辣味十足、刺激强烈的刻薄话,不负责任地乱"扣帽子"、乱"打棍子",更不能将批评变成教师个人不良情绪宣泄的渠道,想什么时候用就什么时候用,想怎么用就怎么用。要本着防微杜渐、治病救人的方针,既严肃、严厉又关心、爱护,做到"宽严相济"、"严中有爱",在指出缺点的同时也要肯定其优点。

学习成绩不好往往是引起教师批评学生比较集中的原因,此时,千万要记住:不能随便拉来学习成绩优秀的学生作陪。那样只能适得其反,不但达不到教育目的,反而会激化矛盾,恶化师生关系,甚至也会引起学习成绩优秀学生的反感。例如,刘洋是韩老师花了不少心血的学生,这次考试看到刘洋的成绩还是排在班内20名开外,焦急的韩老师认为应该狠狠地刺激刺激他了:

"这次考试人家一班进入年级前百名的就有23人,可你呢?同样的老师、同样的时间,在班内还闯不进20名呢,更别说年级的排名了!不跟别人比,就说你同桌孟蕊吧,学习多踏实,进步多快!再看看你,一个大小伙子不脸红啊?"训得来了兴致,老师又加上了句:"我就感到奇怪了,你父母还是老师呢,怎么你就这么不开窍?"

结果可想而知,刘洋并没有因为韩老师的训斥而变得努力,反而抱着破罐子破摔的心态,成绩越来越差。

我们有许多老师平时为了学生的教育贪黑起早,没日没夜,自认为呕心沥血、奉献多多,可学生就是不领情、不买账,自己"好心换来驴肝肺"。究其原因,不能不承认,我们少数教师管理学生和班级的手段过于简单、粗暴,缺乏人性化思想统摄和个性化技术设计,缺乏对批评语言分寸感和批评对象差异度的准确把握,常常表现为泛滥性批评、失当性批评、破坏性批评等。例如,面对学生犯错,有的教师不分青红皂白,首先"扣帽子",定下"永世不得翻身"的基调;再"算旧账",列举学生出世以来种种"不思悔改"的积习;最后一通"乱棍加身",劈头盖脸地无情训斥。这非但不能达到让学生改正错误的教育目的,反而极易激起学生的无声反抗,导致学生思想状态消极、学习状态低迷,总打不起精神来,久而久之,便会厌学、逃学甚至辍学、退学。

相反,一提起那些优秀的老师,学生的脸上常常会涌现出无限向往之情,笑漾脸庞,津津乐道其行,敬爱有加其德,多年之后仍念念不忘。细细观察,并不是那些教师从不批评学生,而是他们能够深刻领悟并卓越践行批评之道。做到近话远说,直话婉说,正话反说,微言而大义,让那些时常暴躁地尥着蹶子的"小毛驴"乖乖地走上了"正道"。总之,富有成效的批评语一定是建设性的、委婉含蓄的、令人愿意接受的。

"良言一句三冬暖,恶语伤人六月寒。"常人交往尚且要时时以"打人不打脸,说人不揭短"的古训警醒自己,教师在教育学生的过程中对青少年学生的批评更没有理由随心所欲地实施语言暴力,往学生"伤口"处撒盐。教师如果能在教育口语训练方面下一番研究的工夫，做到"良药"未必"苦口"，"忠言"并不"逆耳"，和谐的校园秩序、和谐的课堂情境、和谐的师生关系、和谐的教育氛围一定会给我们每个人的生活增添更多舒心的笑容和更加明丽的色彩。

第二节　口语表达训练

一、朗读

（一）朗读概说

朗读是一种有声的语言艺术，是将文学作品转化为有声语言的一种再创作活动。朗，是说话声音的清澈响亮；读，就是读书，念文章。朗读，也可以叫诵读。朗读不是机械地将文字变成声音，有别于简单的念读；念读只是大声地念书，不管语气、重音和感情的起伏，使人感觉平淡、枯燥。朗读是一种创造性的读书活动，朗读者要认真分析理解文学作品，然后可以运用有声语言的各种技巧给书面语言注入新鲜血液，使其"起死回生"，再现作品的具体情景，使作者没能写出的气氛、语气、感情等充分表达出来，给人留下具体、生动、难忘的印象。所以说，朗读文学作品是朗读者的再创造。

朗读的过程是一个融合复杂心理、生理变化的驾驭语言的过程，它涉及"文字—视觉—思维—情感—气息—声音"，是一个相互联结又互相融合的环节。而哪一个环节也离不开口语表达技巧的正确运用。

朗读作为一种社会现象，早已从生活语言中脱颖而出了。它不但有表情达意的功能，它还体现出人们对语言完美的追求。朗读由文字语言转化而来，比生活语言更准确、更生动、更具美感，不能认为会说话又识字的人就等于掌握了朗读的本领。朗读过程中蕴含着把握文字语言、驾驭有声语言的深厚功力。

（二）朗读的基本要求

1. 准确把握作品

准确把握作品的思想内容和感情基调是关系到朗读成败的关键。朗读者明晰的思想和饱满的激情均来自朗读材料本身。其一，要理清作品的脉络、层次，胸中装有全文。只有这样，才便于恰当运用各种技巧，层次分明、有条不紊地表达作品的思想感情。其二，归纳主题思想，确定基调。主题是文章的中心。记叙文的主题是从人物的言行和事件的发展过程中挖掘出来的；政论文的主题即中心论点，一篇文章的主题就像一首歌曲的主旋律，它决定着朗读语言的感情基调。无基调，朗读语言就没有目标，没有着落。朗读要主次分明、轻重有别。将自己的感情溶于其中，读起来才能感情鲜明，有声有色。

2. 语音规范清晰

掌握普通话的标准发音，是朗读者必备的基本条件。字音读不准，甚至读错，将会影响朗读的效果，影响听众对作品的正确理解，甚至会产生歧义。例如：有人未能正确掌握

《普通话异读词审音表》,还常常将"创伤"(chuāngshāng)读成(chuàngshāng),将"呆板"(dāibǎn)读成(áibǎn),将"确凿"(quèzáo)读成(quèzuò)等。有些方言区的人或声母或韵母或声调不够准确,以致以音害文,以音害意。如果教师课堂教学中以这种语音面貌出现,就会给教学内容表达、学生语音规范甚至普通话推广等带来不良影响。普通话中的声、韵、调都有区别意义的作用,应该按照普通话的语音标准,将每个字音都能读准确,做到"七不":不错字,不丢字,不添字,不颠倒,不中断,不回读,不拖腔。通过一定的朗读训练,把握朗读语言规范、清晰的特点,就可以不断提高朗读水平。

3. 正确运用技巧

在准确把握作品和语音规范清晰的基础上,如何将作品的思想内容和自己的思想感受准确地融为一体,化为有声语言,是至关重要的。朗读技巧包括停顿、重音、语调、节奏等,它们各有侧重,互相区别又互相联系,相得益彰;正确运用朗读技巧关键在于准确理解作品的思想内容和感情基调。做到恰到好处,变化有致,否则也会适得其反。

(三)不同体裁作品的朗读

选择朗读作品的体裁不同,对朗读的要求也不尽相同。下面就结合不同体裁的作品分别提出朗读指导。

1. 记叙文和小说的朗读

记叙文,无论记人、叙事、写景、状物,总要给人以启迪,而这启迪是在清晰、真切的记叙之中隐约流露的,很少说教。小说,总是围绕一个核心展开情节,刻画人物,给人以形象的感染,甚至哲理的启发。因此在朗读记叙文、小说时,要求抓住核心,塑造人物要有个性,因事明理,以事感人,立意求具体。例如,王鲁彦的《我爱故乡的杨梅》(记叙文):

我的故乡在江南,我爱故乡的杨梅。

细雨如丝,杨梅贪婪地吮吸着这春天的甘露。它们舒展着四季常绿的枝叶,开放着一簇簇褐色的花朵。一片片狭长的叶子,一朵朵美丽的花儿,都在雨雾中欢笑着。这就是我故乡的杨梅。

端午节过后,杨梅树上挂满了果实,它的形状颜色和滋味,都非常惹人喜爱。杨梅圆圆的,和桂圆一样大小,只是遍身生着小刺。等杨梅渐渐长熟,刺也渐渐软了、平了;摘一个放进嘴里,每一根刺平滑地在舌尖上触过去,使人感到细腻而且柔软。杨梅先是淡红的,随后变成几乎黑的了。它不是真的变黑,因为太红了,所以像黑的。你只要轻轻咬开它,就可以看见那新鲜红嫩的果肉,嘴唇上舌头上同时染满了鲜红的汁水。

没有熟透的杨梅又酸又甜,熟透了就甜津津的,叫人越吃越爱吃。我小时候有一次杨梅吃得太多太饱,发觉牙齿又酸又软,连豆腐也咬不动了。我这才知道。杨梅虽然熟透了,酸味还是有的,因为它太甜,吃起来就不觉得酸了。吃饱了杨梅再吃别的东西,才感觉到牙齿被它酸倒了。

【朗读提示】

这篇记叙文描写故乡的杨梅树和杨梅果,表达了作者热爱故乡和喜爱故乡杨梅的深厚感情。朗读本文的基调要充满亲切喜爱之情。

第一段提出"我爱故乡的杨梅",用一句话总起,突出全文中心"爱"家乡,"爱"杨梅,所以读得舒缓响亮。

第二段描写家乡的杨梅树,"舒展着"和"开放着",需用舒缓的语调读得自然真切,情意深厚。

2. 议论文和说明文的朗读

议论文在于论事说理,说明文在于说明解释。这两种文体的朗读都不需要注入过多的感情成分。关键在于议出道理、得出结论和说明理由、解释清楚。在朗读这两种文体时,一般都采用态度平稳而明朗、语气缓和而平展的读法,一字一句都要读得客观准确,论点或数据等关键的地方要读得缓慢、有力,前后的逻辑关系要表达得清清楚楚,多用重音、停顿来表示重点,语气要肯定,重音要坚实。

(1) 胡绳的《想与做》(议论文)节选:

人在劳动中不断地动脑筋,想办法,才清清楚楚地知道自己做这件事为什么目的,有什么意义,有什么缺点,才渐渐想出节省劳力,增加效率的方法。人类能够这样劳动,能够一面做,一面想,所以文化能够不断进步。要不,今天的人类就只能像几万年以前的人类一样,过着最原始,最简单的生活了。

【朗读提示】

朗读时停顿要平稳,态度要明朗。

(2) 茅以升的《中国石拱桥》(说明文)节选:

石拱桥的桥洞｜成弧形,就像虹。古代神话里说,雨后彩虹｜是"人间天上的桥",通过彩虹就能上天↗。我国的诗人爱把拱桥比作虹,说拱桥是｜"卧龙"、"飞虹",把水上拱桥｜形容为"长虹卧波"。

【朗读提示】

①用启发式教学,让大家想象心目中的桥。②要感到为我国几千年的文化而自豪,赞美之情要充分表达出来。③语气要舒而不散、平而不板,给人一种从容感。

3. 诗歌和散文的朗读

诗歌和散文是最适合朗读的体裁,诗歌有激情澎湃、想象丰富、意境深邃、韵律和谐的特征。读起来节奏鲜明,琅琅上口。因此在读诗时,一定要把握住诗的内涵,表达出作者的思想感情。例如郭沫若的《天上的街市》:

远远的街灯明了,
好像是闪着无数的明星。
天上的明星现了,
好像是点着无数的街灯。
我想那缥缈的空中,
定然有美丽的街市。
街市上陈列的一些物品,

定然是世上没有的珍奇。
　　你看,那浅浅的天河,
　　定然是不甚宽广,
　　那隔着河的牛郎织女,
　　定能够骑着牛儿来往。
　　我想他们此刻,
　　定然在天街闲游。
　　不信,请看那朵流星,
　　是他们提着灯笼在走。

【朗读提示】

　　这首诗写于1921年,作者对美好生活的憧憬流露在字里行间,感情朴素、真挚,奇特的构思、大胆的想象,朗读时应以亲切舒缓的基调,使人仿佛在星空下听讲一个动人的故事,将听众带入一个动人的意境。

　　散文一向有"形散神聚"之说,不拘于诗的平仄格律,却能表现出诗的感情与意境,既能议论、抒情,又能写景、记事。准确把握散文的主题与线索,读起来才会层次分明、回味无穷。例如,陈淼的《桂林山水》:

　　人们都说:"桂林山水甲天下。"我们乘着木船,荡舟漓江,来观赏桂林山水。

　　我看见过波澜壮阔的大海,欣赏过水平如镜的西湖,却从没看见过漓江这样的水。漓江的水真静啊,静得让你感觉不到它在流动;漓江的水真清啊,清得可以看见江底的沙石;漓江的水真绿啊,绿得仿佛那是一块无瑕的翡翠。船桨激起的微波,扩散出一道道水纹,才让你感觉到船在前进,岸在后移。

　　我攀登过峰峦雄伟的泰山,游览过红叶似火的香山,却从没看见过桂林这一带的山。桂林的山真奇啊,一座座拔地而起,各不相连,像老人,像巨象,像骆驼,奇峰罗列,形态万千;桂林的山真秀啊,像翠绿的屏障,像新生的竹笋,色彩明丽,倒映水中;桂林的山真险啊,危峰兀立,怪石嶙峋,好像一不小心就会栽倒下来。

　　这样的山围绕着这样的水,这样的水倒映着这样的山,再加上空中云雾迷蒙,山间绿树红花,江上竹筏小舟,让你感到像是走进了连绵不断的画卷,真是"舟行碧波上,人在画中游"。

【朗读提示】

　　(1) 找出主题。桂林山水确实甲天下。

　　(2) 确定基调。喜爱、赞叹贯穿全文。

　　(3) 划分层次。第一自然段为第一层次,交代为什么去观赏桂林山水,用平叙的语气来读。第二层,分说水美、山美。漓江的水"真静啊"、"真清啊"、"真绿啊",读时应怀着无比喜悦的心情来读。"静"为主要重音,因"喜"而着意感受其"静",故声音要轻,起伏要小,宜用波谷类语调高起低落,重音位于波谷;"感觉不到"为强调性重音,轻轻扬起。读这几句排比句时,面部表情要舒展,与内心感受要协调。"峰峦雄伟,红叶似火"等要重读,"像老人"应想到老人的慈祥;"像巨象"应想到巨象的庞大;"像骆驼"应着力于惊奇。第四自然段为第三层,综合全文,得出"桂林的山水确实很美"的结论。"这样"一词连用四次,意在反复咏叹,应重读。"空中"、"江上"后稍顿,以突出后面的内容,结尾要强调"碧波"、"画中",节奏放慢,语调扬起,使听者细细回味桂林山水的诗情画意。

4. 寓言和童话

寓言和童话的篇幅短小,寓意明显,语言通俗明快,因此最适宜初步的朗读训练。朗读时应首先弄清寓意,适度夸张,对话要有个性,语调要活泼。例如,寓言《乌鸦和狐狸》:

关于阿谀拍马的卑鄙和恶劣,不知告诫过我们多少遍了,然而总是没有用处,拍马屁的人总会在我们的心里找到空子。

上帝不知怎么赏给乌鸦一小块奶酪。乌鸦躲到一棵枞树上。它好像已经安顿下来,准备享受它的口福。但是它的嘴半开半闭着,含着那一小块美味的东西在沉思。

不幸这时候跑来一只狐狸,一阵香味立刻使它停住了。它瞧瞧奶酪,舔舔嘴。这坏东西踮起脚偷偷走近枞树。它卷起尾巴,目不转睛地瞅着。它那么柔和地说话,一个字一个字都是细声细语的:

"你是多么美丽呀,甜蜜的鸟!那脖子,唷,那眼睛,美丽得像个天堂的梦!而且,怎样的羽毛!怎样的嘴呀!只要你开口,一定是天使的声音。唱吧,亲爱的,别害臊!啊,小妹妹,说实话,你出落得这样美丽动人,要是唱得同样地美丽动人,在鸟类之中,你就是令人拜倒的皇后了!"

那傻东西被狐狸的赞美搞得昏头昏脑,高兴得连气也透不过来了。它听从狐狸的柔声劝诱,提高嗓门,尽乌鸦之所能,叫出刺耳的声调——呱!

奶酪掉下去了!——奶酪和狐狸都没影了。

【朗读提示】

要把握好夸张的"度",不要大喊大叫,眉飞色舞,特别是狐狸对乌鸦的赞美,语调语气有所变化即可,注意停顿和重音。

二、演讲

(一)演讲概说

演讲是在特定的环境中,借助有声语言、态势语言,就某个问题对听众讲明事理,发表见解,从而感召听众的口语表达活动。

演讲广泛适用于广播电视、各种集会、法庭、课堂,也适用于凭吊、庆贺、迎来、送往等不同场合。演讲可以命题,也可即兴。因此可以说,在人类社会生活的广阔领域里,演讲是一种灵活、方便、高效的口头交际方式。政治家就职施政、争取民众需要演讲;军事家发号施令、激励斗志需要演讲;企业家管理企业、安排生产、调动员工需要演讲;教师传道授业解惑,同样需要演讲。不论是古希腊演讲始祖智者派的雄辩,还是中国春秋战国时代的百家争鸣;不论是第二国际政治舞台上列宁的风采,还是莱比锡法庭上季米特洛夫的雄辩；从李燕杰点燃生命之灯的演讲魅力，到邵守义老师的《演讲与口才》从不名一文到成为业内核心期刊，所有这一切都充分显示了演讲在新时代具有着强烈的吸引力、说服力、感染力、凝聚力与战斗力。正因为如此，第二次世界大战期间，美国人提出了"原子弹、金钱、演讲"三大战略武器的崭新理念。在当今知识经济、信息经济时代，人们则将"舌头、美元、电脑"作为新的三大战略武器加以强调。由此可见，演讲无论是过去、现在还是未来，都具有着不可忽视的重要意义和不可估量的崇高价值。

（二）演讲的特点

1. 鼓动性

演讲的目的是说服、教育现场的听众。演讲的内容不论是涉及现实生活中具有重大社会意义的政治问题，还是人民群众普遍关心又迫切需要解决的社会生活问题，演讲者都必须做到：立场坚定，态度鲜明；论据有力，论证严密；语言生动，满怀激情。只有这样，才能感召听众，鼓舞听众，给听众以勇气和力量。

2. 综合性

演讲包括演讲主体（演讲者）、演讲客体（听众）、演讲内容、演讲环境、有声语言和态势语言等要素。没有演讲主体，演讲就无法达成；没有演讲客体，演讲就失去了着力的对象；没有演讲内容，演讲就失去了核心和支撑，没有意义和价值；离开演讲环境，演讲主体和客体就无法融合沟通，演讲活动就无法进行；离开有声语言和态势语言，演讲就没有工具，就无法体现。虽然各个要素之间是互相依存、互相制约、缺一不可的，但是成功的演讲，必然是五种要素的自然配合和完美运用。

演讲是一门综合艺术，演讲者要具备多方面的综合知识和才能。例如：哲学、社会学、语言学、逻辑学、文学、美学、心理学等方面的知识和记忆力、观察力、想象力、创造力、综合能力和应变能力等等，还要借鉴朗诵、话剧、相声、说书等表演艺术中的一些表达技巧和方法等。这是演讲所能顺利进行并取得成功的必要条件。

3. 艺术性

演讲既"讲"又"演"，它一方面要通过语言来塑造一定的听觉形象，使演讲的内涵站立起来、活动起来，走进听众的心灵中去，使听众受到德的熏陶、智的启迪、美的洗礼；另一方面，它又吸取戏剧、小说、诗歌、曲艺、舞蹈、绘画等多种艺术样式中的技巧，将它们有机地统一起来。在演讲伊始，要有相声般的幽默；在演讲过程中，要有小说般的形象；在演讲高潮时，要有戏剧般的冲突；在结束之前，要有诗歌般的激情。成功的演讲无不通过如此完备的艺术手段展示其完美的艺术表现力。

（三）演讲技巧

1. 出奇即制胜

演讲的开篇是奉献给听众的第一束鲜花，是抛向听众的第一条彩带。中国古话说："善于始者，成功已半。"开头开得精彩，能迅速缩短演讲者与听众之间的感情距离，与听众建立初步的友谊。因此，演讲者要想使自己的演讲获得成功，就非要精心设计、巧妙安排好演讲的开头不可。下面介绍几种演讲开头的方法。

(1) 提问式开场白,发人深思。提问式开场白也叫"问题引路",这样能引起听众注意,启发听众和演讲者一道思考。如《我从玫瑰色的梦境中醒悟》(张勤)的开头:

朋友,你听到过激越深沉的苗鼓吗?你听到过悠扬悦耳的木叶吗?你听到过土家人欢乐的"咚咚喹"吗?你听到浩浩莽莽的松涛和叮叮咚咚的山泉吗?那是一曲曲多么美妙的乐章!

这样的提问使人一下就想到了那令人心驰神往的苗岭山寨,风光离奇,引人联想,扣人心扉,促人奋进,促人深思。

(2) 新闻式开场白,引人关注。这种演讲往往是以一条引人注目的新闻、消息或新奇事件的发布来作为开头,以引起听众的高度注意。如《人生的航线》这篇演讲的开头:"在 4 月 22 日的上午,一架飞机越过了台湾海峡,那是他——李大维,驾机起义,飞向祖国大陆。可是,时间仅隔 13 天,却有歹徒劫持中国民航飞机,强使其改变航向。蓝色的天空,划出两道方向不同的航线。我突然觉得,这航线不正是人生的航线吗?"在短短 13 天内发生的两起事件,当时在国内、国外都是重大新闻,听众自然想听听演讲者究竟是如何评价的。

(3) 道具式开场白,辅以说明。道具式开场白也叫"实物式开场白"。即开讲前先展示实物或图画,给听众以新鲜、形象的感觉,引其注意,从而一下子抓住听众注意力,收到意想不到的效果。如《请捐一份爱吧》:"我是一个孩子的妈妈(怀抱着刚满一岁的孩子),我想对在场的所有孩子的妈妈讲几句话:大家看到了吧,照片上这个男孩,长得多么可爱(募捐倡议书上贴着孩子十二寸照片),大大的眼睛,圆圆的脸,他正在向您微笑,笑得那么甜,可是,有谁会想到……"这类开头增强了演讲的直观性和实体感,听来简直催人泪下。

(4) 引用式开场白,统领题旨。哲理名言是实践经验的结晶,运用得好,可使演讲纲举目张。如《生我是这块土地》的开头:"别林斯基曾说过一句话:'爱是理解的别名。'知之愈深,才能爱之愈切。今天,带着这种爱,我要讲一讲我们的祖国,讲一讲生我的这块土地。"引用语所蕴含的深刻哲理像一条看不见摸不着的红线,统摄着整个演讲。此外,警句、格言、诗歌、谚语、俗语、成语、典故、逸闻趣事、寓言故事、笑话、灯谜等也都可用来作演讲的开头。只要引用得恰到好处,就可使演讲开头生辉,引人入胜。

(5) 点题式开场白,开宗明义。这是一种最简便、最直接的开头方法,它能使听众一开始就抓住要领,明确演讲的内容。如《信念的力量》的开头:"有这样一种力,它可以使人在黑暗中不停止摸索,在失败中不放弃奋斗,在挫折中不忘却追求。在它面前,天大的困难微不足道,无边的艰险不足为奇。这种力就叫信念。"这个开头首先就点出题目,一下子就钳住了听众。

(6) "套近乎"式开场白,结友传情。演讲者根据听众的社会阅历、兴趣爱好、思想感情等方面的特点,描述自己一段与听众相似的生活经历或在学习工作上遇到的问题,甚至是自己的烦恼、喜乐或对听众说几种赞美的话,使人听了心里热乎乎的,这样容易给听众一种亲切感,他们会自然而然地把你当作"自家人"而乐于听你演讲。如《我爱教师这一行》的开头:"这儿是我的母校,几年前,我就在这里度过了几百个难忘的日日夜夜。敬爱的老师,你们一定想知道你的学生毕业之后的情况吧?即将毕业的校友们,你们一定想了解当教师的甘苦吧?今天我汇报的题目是《我爱教师这一行》……"短短的几句话,拉近了演讲者与观众之间的距离,表达了自己与母校的亲密关系和深厚情谊,创造了亲切和谐的演讲气氛。

古人说:"文有文法,然文无定法。"邵守义老师对此也深有同感:"讲究演讲的开头是重要的……但文是无定局、无公式的,全在演讲者根据情况灵活地安排。"

2. 内容有分量

演讲的成败主要取决于演讲的内容是否具有真实性、独创性和深刻性。因此,演讲者必须在内容选材上狠下工夫,努力做到求真、求新、求深。

(1) 求"真"。演讲者要有科学的态度和实事求是的精神,不虚伪,不做作,说真话,讲真情,现真心。要"用自己的话说自己的意思",要言之有物,言之有理,言之有据,才能令人叹服,才能教人向往美善,因为真实性是一切真理的灵魂,是肝胆相照的体现。无论阳春白雪,还是下里巴人,只有那些有血有肉、有情有义、真实感人的演讲,才会深深拨动听众的心弦,实现启发、教育的演讲目的。

(2) 求"新"。一是立意新,演讲者要有自己独到见解,要阐前人所未发,给人以新鲜感。二是材料新,演讲者论证自己的观点时,要选择现实生活中新近发生的事情或不为人知的材料,有代表性、说服力强的材料,讲人人欲讲,发人人未发,使听众听起来新鲜有趣,觉得"他确实比我知道得多,听听有好处"。三是论证角度新,演讲者要善于从事物内在联系中、从一事物与他事物的多方联系中去寻找论证角度,并以此为突破口来阐发自己的主张,使演讲产生出奇制胜的效果。

(3) 求"深"。演讲的内容要有分量,信息容量要大,要有一定的论证深度。通过翔实、广博的资料引用,通过深入细致的分析和合乎逻辑的论证,使演讲满蕴并迸发一种巨大的逻辑力量。如果说典型的案例、感人的事迹是演讲获得成功的基础,那么,深刻的思想性则是演讲成功的关键。只讲道理而无生动的事例,演讲则会空洞无力、干巴巴,不能打动听众的心灵;只讲事例而缺乏深刻分析,演讲则会因过于浅易而失去必要的教益。只有二者的紧密结合,才能使演讲既有深刻的哲理性、思想性,又有血有肉、生动感人,使听众受到应有的启发和教育。

3. 语言是关键

(1) 演讲是一种有声语言的艺术。演讲者要想取得演讲的成功,必须具有较高驾驭语言的能力和技巧,要善于"用语言把人们的心灵点亮"。

演讲的语言要通俗易懂,可使用那些流行的口头词语,以及适合听众习惯和兴趣的语言;要恰当地运用虚词,以造成活泼生动的气势;要注意语言的准确性,多用口语形式。总之,演讲的语言必须是大众化、口语化的语言。

(2) 演讲的语言要简洁精练,用恰当的词语、简洁明快的语句来表达丰富、复杂的思想感情；用普通的话语将深奥复杂的道理说得明白透彻，要毫不客气地删去那些可有可无的、重复啰唆的语言成分。

（3）演讲的语言要形象生动。生动的语言能将抽象的道理具体化，将抽象的概念形象化；要善于运用图画般的语言，使听众从形象中了解寓意；要注意运用比喻、比拟、对偶、排比、设问等修辞格以增强语言的表达效果。

4. 心理把握准

要使演讲富有吸引力，就必须把握听众的心理。一般听众的心理可概括为"九求"、"九厌"。即求新厌旧、求精厌杂、求实厌空、求奇厌平、求近厌远、求短厌长、求知厌乏、求活厌呆、求情厌教。对于听众这种心理活动，只有投其所好，你的演讲才能收到预期的效果，反之则不能。要迎合听众的心理，就必须尽力满足听众的"九求"，而力戒"九厌"。

5. 以情感召人

唐代大诗人白居易说过："动人心者莫先于情。"演讲者要征服听众，首先，要抒发真情实感，"只有热诚的心力与情感，才能发出磁电的影响"。虚情假意是永远征服不了听众的。常言说，"情不通，则理不达"。感情相悖，即便是金玉良言，也难以为听众接受。只有爱憎分明的感情和旗帜鲜明的立场，才能使听众"侠者掀髯，愤者扼腕，悲者掩泣，羡者色飞"。其次，还要注意感情要自然、要适度、要有较高的格调。

6. 声美添魅力

演讲是一种鼓动性的口语表达活动，它不仅要求准确地表达出演讲者丰富多变的思想情感，而且要求声音清晰响亮、娓娓动听，具有美感。要做到：①语音纯正、咬字清晰；②共鸣得当，音质优美；③声随情动，富于弹性。这样才能有效地感染听众，使演讲发挥更大的宣传效应。

7. 态势助表达

态势语是演讲成功的辅助手段，运用得恰当、适度、自然、得体，可增强演讲的表现力和感染力。

（1）眼神。眼睛是心灵的窗户，演讲中眼神运用的方法有环视法和点视法两种。环视法即有节奏或周期性地将视线从会场的左方扫到右方，再从右方扫到左方；从前边扫到后边，再从后边扫到前边。运用此方法可及时发现和掌握整个会场的动态，起到照顾全场、统率全局的作用。点视法是指演讲者用的眼神是有目的、有针对性的。例如，在演讲中发现某个地方有随便说话、议论声等，可用深沉的、严肃的目光盯向那里，自觉的听众应会触目知错，说话声、骚动声就会戛然而止。

（2）面部表情。表情是心灵的镜子、思想的荧光屏。演讲者的面部表情要与情境气氛相应，要自然，真诚发自内心，灵敏而且鲜明，达到"喜则眉飞色舞，怒则切齿圆睛，哀则蹙额锁眉，乐则笑逐颜开"的境界。

（3）手势动作。可胜过千言万语，要训练有素、柔软灵便。手势可分为上、中、下三个区域，胸部以上为上区，可表示希望、胜利、喜悦、欢呼、祝愿、抗议等积极宏大、激昂的感情;胸部到腹部为中区,可表示叙事说理等较平静和缓的情绪;腹部以下为下区,表示否定、鄙视、憎恨等内容和感情。从手势的形式上看,手势动作可分为手掌动作、手指动作、拳头动作;从手势的表达内容上看,手势动作可分为情意手势、象形手势、指示手势、象征手势等。这些手势动作要运用得协调、准确、精练。此外,演讲者还要注意自己的姿态、仪表和服饰,下台时,神情、步态要从容自然、大方有礼,给听众一个美好的印象。

8. 结尾有余味

结尾犹如撞钟,清音有余,绕梁三日。常见的结尾方式有以下几种。

(1) 概括总结式。对所讲内容综合小结,使观众对整个演讲有清晰明确的印象。也可点题,归纳中心思想,使听众得其要而悟其旨。例如《我们的事业在中国》的演讲结尾:

祖国,这块中华民族赖以繁衍、生存、兴旺、发达的神州大地,她和我们的命运紧紧相连。我们不能背弃我们的祖国,正像祖国属于我们一样,我们也属于祖国。祖国是我们的依靠,是我们的太阳。我们、你们和他们,千千万万个中华儿女,都是祖国的一部分。祖国的振兴,民族的昌盛,社会的进步,靠谁?靠我们!靠我们这些既有共产主义觉悟,又有文化知识的新一代青年!祖国的事业就是我们的事业!我们的事业在中国!

可以看出,演讲者总结了中心思想,给听众一个清晰完整而深刻的印象。

(2) 号召希望式。这可激起听众感情的波涛,产生一种蓬勃向上的力量。例如:

同学们,在我们这一代肩上,担负着民族振兴的重任。我相信,每个同学都是有志青年,我们应更加努力,立志成才,为中华民族的腾飞而拼搏,让它重新屹立于世界东方。这样我们才能前不愧对祖先,后不愧对来者。"弃燕雀之小志,慕鸿鹄之高飞。"炎黄子孙,是从来不甘落后的,同学们,努力奋斗吧!

在这里,演讲者的深沉、炽热的感情,引导听众,鼓舞士气。

(3) 决心誓言式。例如《我愿做一支燃烧的蜡烛》的演讲结尾:

请相信我,一名教育战线上的新兵的誓言吧——燃烧自己,照亮他人;燃烧生命,得到永生。

这种结尾,表达了演讲者的鲜明立场和不达目标不罢休的决心,深深鼓舞了听众。

(4) 展开想象式。例如《我的理想》的演讲结尾:

朋友们!当你的科研项目取得突破的时候,当你的产品打进国际市场的时候,当你在奥运会上取得金牌的时候……我一定来。请不要忘记告诉我一声!写信请寄"新华社记者,李婷婷收"。请注意:是"女"字边的"婷",不是停止的"停"!——因为,我既然树立了一个崇高而宏伟的理想,那么,我的学习就决不能"停",我的追求也决不能"停"!

这一结尾,演讲者巧妙地利用了语境,做了谐音发挥,新颖别致、妙趣横生,给人以别开生面、耳目一新的感觉。

(5) 首尾呼应式。在结尾处回应开头,不仅使这篇演讲首尾圆合、结构完整,更使人回味无穷。例如《自豪吧,师范生》的结尾:

别再将"师范"二字偷偷盖住,挺起你的胸膛,让"师范"二字在灿烂的阳光下闪光,自豪吧！师范生！

同演讲开头一样，结尾的方法多种多样，要选择适合自己的结尾方式。演讲结尾是为演讲的思想和目的服务的，所以一定要精心安排。

9. 自信促成功

自信是演讲成功的第一秘诀。克服怯场心理，相信经过自己认真、充分准备的演讲，是能够博得听众的欢迎的。自信心也是经过训练培养起来的一种心理素质，对自己的演讲词熟悉，背得滚瓜烂熟，心理压力就会小，从而为演讲奠定良好的心理基础。有信心的演讲者往往表现为：①在演讲前，情绪饱满，意气风发，精力旺盛；②在演讲时，情绪镇静，神态自若，思维敏捷，言语流利；③对演讲内容有着深刻的理解和精当的把握；④对自己的能力、气质、风度和技能有着恰到好处的控制；⑤对自己的演讲结果有着稳操胜券的信心。只有这样，才能取得演讲的成功。

三、讲述

讲述是用讲解、说明、论证的方式来传授知识，用简明生动的语言来系统地复述事实材料，具体地描述所讲内容。复述是一种基本的用途广泛的口语表达形式，主要用于对故事情节、历史事件、人物生平等进行完整系统地介绍。它可分为详细复述、简要复述和创造性复述。描述主要用来对人物形象、环境和场景特征、各种器物的形态与构造进行描绘和刻画。复述和描述在运用中相互渗透，二者相辅相成。

讲述的语言要能创设情境，以情感人。通过绘声绘色的讲使平面的、"死"板的文字转为立体的、鲜"活"的画面。比如，自卫反击战中收复老山战斗主攻营长臧雷的演讲《我的身后是北京》中一个场面的描述：

战斗中，我看到了一个个悲壮的场面：从56号高地到老山主峰的进攻道路，被鲜血染红，十几位牺牲的同志都向前倒下，紧握武器和拳头，没有一个同志闭上眼睛，周围是敌人的100多具尸体。

这样的讲述，不仅生动地再现了当时的壮烈场面，表现了我们的战士誓死与敌人血战到底的英雄气概，而且也使观众受到情绪上的强烈感染。

讲述应该通俗易懂，准确精练，变深奥为浅显，化抽象为形象，以便学生理解接受。一位教师是这样对学生讲解"引人注目"这个成语的：

老师：同学们，昨天我们学校开表彰大会，给先进班发奖，大家一走进会场，都看见什么了？

学生：看见主席台上放着一面面的锦旗。

老师：为什么大家都看见了呢？

学生：那锦旗鲜红鲜红的，配着金黄色的花边，下边还有漂亮的流苏……

老师：对，大家说得很好，锦旗是美丽的，获得锦旗是班集体的荣誉，因此，大家一进会场，目光都集中在锦旗上，这就说明锦旗"引人注目"。

接着教师在黑板上写：引人注目——吸引人的视线集中到某一事物上。

这样的讲述解释很适合初中学生的心理特点,用形象化的语言引导学生去理解比较抽象的词语含义,使学生很快就领会在心了。

四、会话

(一) 会话概说

会话是两人或多人之间的对话或交谈。语言是人类最重要的交际工具,而会话则是社会交际的最基本的言语形式。人们利用会话来交流思想、增进友谊,也利用会话来获取知识认识世界。据统计,每人平均每天至少要用去一个小时的时间同别人交谈。英国大文豪萧伯纳说:"倘若你手中有一只苹果,我手中有一只苹果,彼此交换一下,那么你我手中仍然各有一只苹果;但倘若你有一种思想,我有一种思想,彼此交换一下,那么各人将有两种思想了。"这就是社会进步的动力,也是人们交际会谈的价值和真谛。

人们会话的种类是多种多样的,可分为两个方面:一是日常会话,包括家人、亲朋之间的交谈,朋友之间、同事之间及一般交际场合的会话;二是正式会话,包括座谈、讨论、谈判、对话会、记者招待会、论文答辩、贸易洽谈等正式场合的会话。从会话交谈者主观愿望来说,无不想使自己的谈吐具有强烈的感染力和巨大的征服力,以期达到话出人服、言到事成的效果。要做到这一点,必须努力学习会话的学问,掌握一定的说话艺术和技巧。

(二) 会话的特点

1. 双向性

会话中,听、说是同等重要的,是双方的交流。听说兼顾,紧密配合,围绕着话题发表自己的意见,不能各说一套,互不相干。任何一方都既是听者,也是说者,处理好二者关系,是会话中不容忽视的问题。

2. 应变性

处于社会中的人,都无可避免地要与各式各样的人打交道,针对会话对象、情境等的复杂性,要求会话者要有较强的观察、分析和应变能力。这表现在文化修养、思想水平、社会地位、生活阅历、性格气质、职业特点、年龄大小等方面。语言信息的被接受程度,要根据对方的素质、当时语境及情绪等要素,有的放矢地运用相应的谈话方式,才会丝丝入扣、声声入耳。如对知识分子交谈,言辞不妨典雅,但对农民就不能追求高雅;对久经风霜的老人和涉世不深的青年,也不能用同一种说话方法;对情窦初开的姑娘与有夫之妇,在说话上更应有区别。

3. 口语性

会话不能像演讲那样,可以有充分准备。主要是先想后说,边想边说,语言信息的传输非常快捷。人们在交谈中往往来不及对说出的语言加工润色,一旦说错,还可以随时补充和纠正,说出的话最富朴实特点,不太讲究完整和严密,以表意为主。会话语言是自然的生活语言,具有鲜明的口语特征,不要求像朗读朗诵那样"字正腔圆"。

4. 实效性

俗话说："一句话使人笑，一句话使人跳。"这就是说会话的实效性。这是因为会话是谈话者的直接接触，对言谈神态的感受非常具体、深刻，在交流思想感情方面的实效性比其他语言形式更为直观、更为明显。

（三）会话技巧

1. 倾听法

会话中不仅要会"说"，还要会"听"。只有会"听"，才能对别人的话进行分析、概括，抓住中心，理出头绪，听出弦外之音，从而决定该如何回答，如何接着话茬说下去。听者先要做到以下几点：

（1）要聚精会神，不可三心二意。试想，如果一个领导在听一个工作人员汇报工作时边"听"边看报纸，那位工作人员的心情会是怎样的呢？生活中，每个人都希望面对专注的听众说话。我们常有这样的体会，遇到心情不好时，总想找一个知心朋友一吐为快，对方甚至可以一句话不说，只要认真听、耐心听就行了。

（2）不无端插话，以免影响谈话人的情绪和思路。如果对方正说得兴致勃勃时，你突然拉出一个不相关的问题，就未免有些杀风景。比如，两位朋友热情地约你去家中做客，你当时突然问他："你的上衣在哪儿买的？"这就太让人扫兴了。另外，与别人谈话时不要抢别人的话，等他说完后再作补充或说明。

（3）要听其言，观其态，全面领会谈话者的感情和谈话内容。学会倾听别人的谈话，既是对对方的尊重，也是自己能说好话的需要。一个善谈的人，首先应该是一个善听的人。

2. 看对象

说话要看对象。由于交际对象的年龄、性别、职业、文化程度等不同，说的话也应因人而异，否则，同一句话会导致截然不同的反应。

例如《成功在于情通理顺》一文中有一段对话：

"唉——"铁柱妈叹了一口气，"铁柱这孩子，三岁上死了父亲。他还有一个小妹妹。"说着，铁柱妈流下了眼泪，"我一个妇道人家，顾了这个，顾不了那个。这不，日子一久，铁柱的性子也给放野了。"

智老师听了深表同情："是啊，大嫂！管了吃的，还得想着穿的；打发了单的，还要做棉的。做一个母亲不容易呀！"这时，铁柱妈感动地说："智老师，你可真会说话。"

因为智老师完全使用农村语言讲话，称呼恰当，语言亲切、通俗，话一出口便受到学生家长的称赞，收到良好的效果。因此，运用交际语言，必须看清对象，做到有的放矢，"见什么人说什么话"。

3. 审语境

不同的会话环境对会话有着不同的要求。例如，在拥挤的公共汽车上乘客与售票员有这样的对话。乘客买票说："火车站一张。"售票员马上会意，没必要说清楚买一张去火车站的汽车票。有一乘客更简单:"八分两张。"意思是两张八分的汽车票。这是因为在特定的语境中,不会发生误会,而在拥挤的环境中,要求说话要简练、准确、重点突出。

4. 把握时机

炒菜讲究火候,言谈贵在把握时机。所谓时机,就是对方愿意听你的话,接受你的观点的那一瞬间或一段时间。例如,某校一青年班主任对工作不负责任,但打台球很出色,于是校长就和他一起打台球,并在这一娱乐过程中对他说明班主任工作和打台球一样,需要专心致志才能成绩显著。因为选择的谈话时机好,这位教师情绪好,易于接受校长善意的提醒,收到了很好的效果。如果他正忙得不可开交,或者正为某件事伤心,你却急于和他谈其他事,那肯定让他反感,收不到应有的效果。所以,说话者要"识时务"、讲效应,要善于捕捉时机,力求弹不虚发、百发百中。

5. 发挥幽默的力量

(1) 借助幽默,造就良好的谈话气氛。如有一对男女恋人相约,小伙子因故迟到了,姑娘面带愠色,小伙子气喘吁吁地说:"刚才大街上很多人在追我。"姑娘不由地问:"怎么了?"小伙子说:"他们看我赶得那么急,就猜前面肯定能捡到金子,等我向你招手,他们才发觉上当了。"姑娘转怒为笑。小伙子的几句话,既说明了怕迟到而急匆匆赶路的心情,又幽默地将姑娘比做"金子",一下子就将姑娘逗乐了,对他的埋怨情绪也烟消云散了,双方紧接着开始了愉快的交谈。

(2) 借助幽默,委婉地进行批评。批评和意见怎样才能使批评更有效、更易被接受呢?除了占有真理、实事求是外,还可以借助于幽默。例如,吃过晚饭,几位同学在宿舍闹着玩,将盛满水的塑料袋放到门上边,专等着一位同学进门。不料这时辅导员老师到这屋找人,看门虚掩着就随手推门而进,只听"哗"的一声一袋水顺身而下,衣服全湿了。房间里的人被这突如其来的场面吓得目瞪口呆,只等着老师暴跳如雷了,谁知辅导员老师却笑着说:"今天是泼水节吗?我怎么不知道呀?再说,咱们这儿也不兴过这个节的啊!"几位同学不好意思地笑了,辅导员便又说:"同学之间说个笑话,开个玩笑是可以的,但弄这样的恶作剧就有些过分了。"几位同学非常真诚地接受了老师的批评。

6. 联结情感纽带

要使会话顺利进行,首先要有诚意。美国的著名政治家林肯就非常重视真诚的意义和作用。他在1885年的竞选中说道:"你可能在所有的时候欺骗某些人,也能在某些时候欺骗所有的人,但不能在所有的时间欺骗所有的人。"这句话,已成为人们言谈交际、待人处世的格言和座右铭。在言语交际中,唯有真意、真情才能产生磁石般的吸引力,唤起听众的热情,具有震撼人心的力量。正如谚语所说:"有了巧舌和诚意,你就能用一根头发牵来一头大象。"

其次,要友好,要给对方一个好的印象,除了得体的衣着打扮、落落大方的举止风度外,还应使用文明的语言,彬彬有礼。要理解别人,尊重别人,同时严以律己,宽以待人。

俗话说:"种瓜得瓜,种豆得豆。""你敬我一尺,我敬你一丈。"有这样一个例子:一小学的张老师因家离学校比较远,一天未能按时到校,之后,她也不好意思找校长认错。校长在课后请这位老师留下,诚恳地说:"张老师,我给你算过了,你家离学校二里多路,来回就四五里,每天往返十几里。家里七口人吃饭,全靠你一人操劳,你又不会骑车,每天早上四五点起来。你能够这样做就已经很辛苦了,要批评首先应批评我,我对你的生活关心不够,我这个当校长的工作没做好啊!"校长的一席话,使张老师感动得流下泪来,从此,她上班早来晚去,兢兢业业,工作做得更加出色了。

联结情感纽带还有很多方法,比如寻找话题,搭起交谈的渠道;从风土人情、名胜古迹,以及职业、兴趣、爱好、生活经历等等谈起,都可收到制造良好谈话气氛的效果,使谈话双方都感到亲切、随和。

总之,会话也是一门需要研究和探讨的学问。真正掌握了会话的艺术,就可以使人们在生活中更容易接近、了解,从而建立良好的人际关系,促进社会和谐与健康发展。

第三节 口 才 训 练

一、模仿

模仿是人类学习各种技能的重要途径。从幼儿的咿呀学语,到成人社会的唱歌、跳舞、做操、练武等等,无一不从模仿入手。练习书法要临帖,学习画画要临摹,学习写作要观察生活、参照范文,所有这些都是不同的模仿。模仿能让人在对摹本进行反反复复仿照的过程中,不断调动眼、耳、鼻、口、身等各种器官,强化所得到的信息,形成某种能力,进而转变成技能,运用自如,不断内化为自己的生活与文化习惯。人类口语属于第二信号系统,必须经过反复多次的练习,才能逐步形成技能。

模仿就像鹦鹉学舌一样,是我们进行口语表达训练的第一步,是入门之法。要反复地模仿那些口才出众者的语气、语调和说法,才能将他们的一招一式及各种技能潜移默化变为自己的本事,不断提高口才水平。模仿训练方法主要有以下几种:

1. 模仿名人

选择某一位业内专家或自己最崇拜、最欣赏的名人,如 20 世纪 80 年代即开始名满全国的李燕杰、曲啸、刘青以及近年来因中央电视台"百家讲坛"而崭露头角、蜚声海内的一批"名嘴"、"大家",如易中天、于丹等,将他们最精彩的演讲录音或录像反复播放,从语气、语调、语速、重音、态势语等方面反复琢磨,从分析、研究其表达技巧入手,进而在平时的课前演讲训练、课堂表达中有意识地去应用。通过不断地研习与模仿,建立起符合自身性格特点与气质类型的语言表达方式和语言风格,从而全面提高自己的口语表达能力。

2. 即时模仿

即时模仿的特点是随时随地,时时处处都做语言表达训练的有心人。比如听广播、看电视、电影时,不妨既动口又动手,比比划划,"耳听嘴跟"模仿电台、电视台播音员、主持人或电影演员等的动作、神态等。做这种训练时,一般为了不影响他人的收听与收看,往往要注意声音轻、动作幅度小。通过这种经常性的即时模仿,久而久之,训练效果就会不断地呈现出来。例如,说话时不再像以前那样紧张、拘谨了,胆量大了,自信心增强了,表达也变得流畅生动了,普通话水平也有明显提高了。

3. 专题模仿

专题模仿可以以班级或寝室、训练小组为单位,或者先请一人讲故事等,然后其他在场的人站起来"鹦鹉学舌",仿照复述;或者播放故事录音等,然后每个人轮流讲述、复述。这种训练方式可使每个参与者都能得到"学舌"、"模仿"的锻炼。专题模仿融教与学于一体,并寓教于乐。

4. 看稿模仿

有些教材及文学名著,已被一些知名演员及专家配音制作成磁带。对此,可以边看书,边听录音,边模仿。眼、耳、口并用,印象特别深。有些录音带配有悦耳动听的音乐,是看稿模仿的好教材。另外,还可看着报纸上的新闻、社论、文章等,跟着电台、播音员的新闻广播,做看稿模仿。训练时要做到:①区分好坏,唯优是取;②要有主见,注意创新;③坚持练习,多管齐下。口才的形成不是一朝一夕的事,要涉及思想、知识、修养、经历等很多方面,要不断丰富自己的生活,扩大眼界,多读书看报,提高思想认识,长期坚持多种方法练习,方能奏效。

二、"写—背—讲"三段法

这是一种简单、有效的口才训练法。其主要方法是,第一阶段,先一字一句地将要讲的内容写成讲稿;第二阶段是一节一段地背出讲稿;第三阶段是甩掉讲稿登台讲述。"写—背—讲"三段法为一个循环,经过一段时间的反复训练,将会获得令人羡慕的口才。

例如,上海特级语文教师于漪,当她刚走上教师的岗位时,讲课经常结结巴巴。她下苦功练习,用的方法是"写—背—讲"三段法。她曾这样总结过:"为了纠正啰唆、重复的毛病,我把上课要说的话和要讲的内容全部写下来,先进行修改,把不必要的字、词、句删去,然后背下来,再口头复述,用书面语言来改造自己不规范的口头语言。每天去学校的途中,利用步行的时间,把要讲的话一句句在脑中'过电影'。几年锻炼下来,运用语言的能力提高了。"以至于现在讲起课来生动、形象、出口成章,学生毕业多年还念念不忘她惊人的口才。在几百人、几千人的大会上,她也能不用讲稿,滔滔不绝地讲上几个小时,赢得全场阵阵掌声了。同样,河南周口地区特级教师于宗诚,口才非凡,上台只几句话,就能使喧闹嘈杂的会场顿时鸦雀无声。他也是用了"写—背—讲"三段法的训练法。他总结说:"为了使自己的语言纯净、洗练,就努力用最简洁、最准确的文字书写教案,再背熟它,避免掺杂任何多余的字词,以此培养自己的语言习惯。"

英国著名作家狄更斯很会讲话,从46岁起曾举行4次规模盛大的巡回说书,足迹遍及英国大小城市,还曾去法、美等国说书。在美国演说76场,将美国总统、内阁部长、部队将领、外交使团等都吸引到他的说书大厅,可见狄更斯多么有口才!他的口才也是在"写—背—讲"三段法的训练中得到提高的。他从自己写的中、长篇小说中选出片断,根据说书的要求一字一句改写,然后背熟全部脚本,再登台讲述。他说:"我白天常常刻苦地练两遍,到夜里再苦练一遍,不行就两遍、三遍。"

"写—背—讲"三段法的训练方法之所以能有效地提高口才,主要原因是:第一,在写的过程中训练了思维,使之严密化、清晰化,而这正是提高口语能力的重要因素;第二,在背的过程中,强化了规范的语言习惯,提高了普通话的水平,纠正了不规范的语言习惯,如口头禅、重复语、啰唆话,以及不通顺的语句等;第三,在讲的过程中,使思维灵敏,更熟练地掌握了大量词汇、短语、句式、警句和其他各种丰富的语言材料。

"写—背—讲"三段法训练的具体做法是:

(一) 写

写要注意三个环节:

1. 写前要做到心中有数,列提纲。不要提笔就写,应该"意在笔先"。①要对听讲的对象心中有数。对什么人讲什么话、怎么讲,都要有针对性。②讲话的内容要做到心中有数。说些什么观点,运用哪些材料,都应该精细整理,分门别类排列出来,以便用时得心应手、灵活方便。③讲话的结构安排要心中有数。分清轻重缓急,巧妙穿插。先说什么、后说什么、再说什么、最后说什么,先后顺序要排列得当,都得一一思考,恰当安排。

2. 写时有宗旨。这个宗旨就是时时不忘所写的是讲话稿。遣词造句要注意:①要注意口语化,多用一些通俗易懂的口头语言,少用那些深奥难懂的书面语;②多用简洁明快的短句,少用转折繁复的长句,恰当运用比喻、比拟、排比等修辞手法;③力求讲稿简短明快、层次清晰、前后连贯,使人一听就明白;④力避冗长拖沓、条理不清、内容混乱,让人不知所云。

3. 写完要细修改。写完了不等于写好了,修改这一环节是不可缺少的重要环节。要根据讲稿的要求来仔细推敲,做到增、删、改、换,即内容不丰富、不充实、不完整、不全面的要增添和补充。选例显得臃肿、拖沓、不集中的要削枝强干,毫不吝惜该删的材料;文句不通、用词不当、干瘪、拗口的要下工夫推敲改正;思路不清、主次不明的段落要重新组合更换。

(二) 背

写好了讲稿,并不等于万事大吉了。这只是第一步,还要下工夫将讲稿背出来。背诵讲稿要讲究以下方法。

1. 提纲挈领背诵。背诵前先理清层次,列出全文提纲,牢记它等于抓住了全文总纲。要以纲带目,循序背诵。

2. 分段背诵。将全文分成片断、段落来背,先化整为零,然后再合成整篇背诵。

3. 间歇背诵。不要用整段时间来背,一背一天或几个小时,而是每次一刻钟、二十分钟,反复多次,中间还可以穿插一些活动。这样既不费时,效果还好。

4. 抓住零星时间背诵。散步、外出、茶余饭后、睡觉前等零碎时间,都可利用起来进行背诵。

（三）讲

讲是一个重要环节，要充满信，甩掉讲稿，娓娓而谈。请注意，这是讲话，不是背诵或朗读。初学者常会出现以下几种情况。

1. 刚张嘴就忘词。不用紧张，可以瞟一眼讲稿，那早已背熟的词句，只要有个头，自会诵到嘴边的。

2. 讲到中间忘了词。此时，不要去翻讲稿，可将忘的部分跳过去。只要态度从容，不慌不忙，听众是听不出的。最好列简单提纲，必要时扫一眼，便会清除心理障碍，引出下文。

3. 讲的内容与背的文句不太一样。只要讲的流畅即可，部分段落文句的变动是完全可以的，不必紧张。否则会变成背诵式的讲话，反而涣散听众的注意力，影响讲的效果。为了避免以上现象的发生，可运用"思路先行"这种方法。因为"讲"的过程，同时也是"想"的过程，并且是先想后讲，想不到，当然就讲不出。自己写的讲稿要有一套观念，讲前一句时想到后一句，讲前半句时想到后半句。如果思路未到，当然会不知所云了。

要及时总结，不断提高。每次讲完，要认真回顾，讲稿写得好吗？背诵得熟练吗？讲得镇定自如吗？听众反应怎么样？吸取教训，总结经验，以利再战。

通过上述方法反复训练，口才有所提高，便可将原来的写全部讲稿改成只写头尾和提纲，进而只写提纲。再进一步，只想好腹稿，最后达到只要稍作思考，便能即席发言的程度。此时，口头表达能力就有了长足进步。

三、口语修辞练习

口语修辞是将话说得准确、鲜明、生动、得体的一种手段。在整个口语训练过程中，处处都渗透口语修辞的内容。口语修辞的练习，对于推动口才训练、丰富并完善师范大学生的口语表达技能是很有必要的。下面就来介绍几种练习方法。

1. 快速朗读

训练方法：选择一篇十分熟悉且不太拗口的文章，进行快速诵读并限定时间，逐次加快，以至极快（用秒表计时）。不强求表达出文章的感情，但读时要字字清晰、句句完整、口形稳定、气流均匀、节奏鲜明，声音比平时说话略高一些。

训练目的：是为了练习说话时的口齿伶俐和语流通畅。这是口语修辞的起码要求。强调"快"的训练不主张将话说得像连珠炮那样，它不同于绕口令，而是一种快速、清晰的朗读强化训练。附练习材料——杨朔的散文《荔枝蜜》：

我不禁一颤：多可爱的小生灵啊！对人无所求，给人的却是极好的东西，蜜蜂是在酿蜜，又是在酿造生活；不是为自己，而是为人类酿造最甜的生活。蜜蜂是渺小的，蜜蜂却又多么高尚啊！透过荔枝树林，我望着远远的田野，那儿正有农民立在水田里，辛勤地分秧插秧。他们正用劳力建设自己的生活；实际也是在酿蜜——为自己，为别人，也为后世子孙酿造生活的蜜。

这天夜里,我做了个奇怪的梦,梦见自己变成一只小蜜蜂。

2. 把握重音

训练方法:从日常口语现象中归纳出重音或者以作品中的重音为例子。然后分别进行语法重音、逻辑重音、感情重音等方面的专项训练。例如,张大爷的录音机坏了,他想起邻居马杰正在上电大,就走去敲他的门。

张:马杰,你会不会修录音机?

马:我不会修录音机。

张:敢情你是会装录音机,那——

马:我不会修录音机。

张:那好,我的闹钟也坏了,帮我——

马:我不会修……

张:那你找别人帮我修一下吧!

请思考:马杰三次答非所问,重音误落在哪个词上了?应该将重音放在哪个词上?

例如,闻一多的《最后一次讲演》:

这几天,大家晓得,在昆明出现了历史上最卑劣、最无耻的事情!李先生究竟犯了什么罪,竟遭此毒手?

今天,这里有没有特务?你站出来!是好汉的站出来!你出来讲!凭什么要杀李先生?杀死了人,又不敢承认,还要诬蔑人,说什么"桃色事件",说什么共产党杀共产党,无耻啊!无耻啊!这是某集团的无耻,恰是李先生的光荣!李先生在昆明被暗杀,是李先生留给昆明的光荣!也是昆明人民的光荣!

训练目的:是要了解重音的概念,找准重音,运用好重音,可以突出话语重点,将语意表达得更加准确、鲜明。

3. 巧设停顿

训练方法:训练要从语法停顿、强调停顿等概念的理解和各种标点如何停顿的方法介绍,深入到具体语言现象的分析上来,让学生自己归纳出语流中的间隙停顿的规律,在此基础上,进行语段训练。

根据以下几种要求做停顿设置练习。

(1) 做领属性停顿练习。例如,"她|当过教师,在报社干过记者,还做过服装设计。"(在"她"后做较逗号更长的停顿)

(2) 做呼应性停顿练习。例如,"我们必须强调|学习马克思主义理论的极端重要性。"("强调"后停顿且与"重要性"相呼应)

(3) 做并列性停顿练习。例如,"一个夏天,太阳|暖暖地照着,海在很远的地方奔腾怒吼;绿叶|在树枝上飒飒地响。"(在"太阳"和"绿叶"后安排停顿表示并列关系)

(4) 做强调性停顿练习。例如,他急忙地赶印,到早晨5点钟,突然|听见一阵急促的脚步声。"(在"突然"后停顿强调情况的紧急)

(5) 做区分性停顿练习。例如,"中国队打败了美国队|获得冠军。"(在"美国队"后停

顿,在"了"后停顿会产生歧义)

(6) 做情绪转换性停顿练习。例如,"满以为可以看到辉煌的日出｜却淅淅沥沥下起雨来"(在"日出"后延长停顿,表达热切希望心情的延续与情况突变的心理暗示)

(7) 做回味性停顿练习。例如,"心灵中的黑暗｜必须用知识来驱除。"("暗"字后停顿,给人以思辨回味的余地)

(8) 做生理性停顿练习。例如,"我……我丢了｜佛莱思节夫人｜的项链了。"(在"丢了"、"夫人"后增设停顿,表现因惊惧而口舌不灵的情况)

训练目的:不要受标点符号的限制,根据语义合理地停顿,更能使话语表达显豁,增加语言的节奏感。

4. 语气训练

训练方法:通过具体实例的尝试练习,懂得语气即运用"声"与"气"传情的道理,气随情动,因情用气,以气托声,以声传情。掌握"声气传情"的语气表达规律。第一出示题例,独立练习;第二技巧提示,个别辅导;第三指定演示,集中评议;第四教师示范,总结规律。例如:

(1) 表示"爱"的语气。例如:"我爱北京天安门。"(声气状态:气息满而流畅,气深声柔,吐字宽松,以鼻腔共鸣为主)

(2) 表示"恨"的语气。例如:"可有人竟敢在天安门前制造动乱和暴乱!"(声气状态:气足声硬,吐字有力,口腔富有力度,气流较足)

(3) 表示"悲"的语气。例如:"车队像一条河,缓缓地流在深冬的风里……"(声气状态:气沉声缓,口腔欲紧又松,吐字如负重,气息如尽竭)

(4) 表示"喜"的语气。例如:"漓江的水真静啊,静得让你感觉不到它正在流动……"(声气状态:"气满声高",口腔松欲紧,吐字轻快,气息畅流,语气有一种跳跃感)

(5) 表示"疑"的语气。例如:"她磕磕巴巴地说:'可是……太太……我不知道……你一定是认错了。'"(声气状态:"气细声黏",口腔先松后紧,气息欲连又断)

训练目的:通过语气表达技巧的训练,要与感情的自然流露融为一体,表达时要合情合理,适度才行。

5. 一语多调

语调是由音量的轻重强弱、音调的抑扬顿挫、节奏的起伏快慢和语速的停顿连接构成的一种调式,可分为句末语调和整句语调两种。

训练方法:教师找出几句话,要求学生尝试用不同的语调,表达不同的语意与感情。先单人练,后双人练,由一个人说,另一个人讲语意,看是否与表达者的本意相当,最后作演示评议。例如:

(1) a 到这里来。

　　b 你来得好。

　　c 你来得太晚了。

(2) a 同学们,我今天给大家说个笑话(亲切感,语调呈弱上升状)。

b 有个小女孩,爬上了山冈,采了几朵红花(欢乐感,语调呈起伏跳跃状)。

c 可见,那小女孩迷路了,找不到家了(忧伤感,语调呈衰减滑落)。

训练目的:①可以用平、降、升、曲四种声调及其微妙变化表达不同的感情与语意。苏联教育家马卡连柯说:"只有学会用 15～20 种声调说'到这里来'的时候,只有学会在脸色姿态和声音的运用上,做出 10 种风格和韵调的时候,我才变成一个有技巧的人。"②进行整句语调训练,是为了力求每说一句话时,语调随语义语势出现轻重起伏的变化,避免效仿港台片对白中出现的固定语调模式。

6. 语速控制

语速受表达环境、对象和内容等诸多因素的制约,通常情况是浅显快于艰深,描摹快于阐释,欢乐快于忧伤,紧张快于轻松,激动快于平稳。一段话的感情强烈,语速起伏变化的幅度可大一些。

训练方法:①讲清语速控制的基本原则;②进行课题训练,师生商量一般的语速控制;③进行演示并评议;④各人自拟题,说一段语速富有变化的话,并评议;⑤可以指导学生作文稿分析,用相应的符号表示语速的快、中、慢变化等,然后做模仿练习。

下面是演讲稿《一个残废姑娘的心愿》中的一段话,可以试着让学生通过揣摩作者的思想感情,然后加上适当的语速标记。

在一个风雨交加的日子里,我独自一个人赶到百里之外的重庆赴考。负责报名的老师见到我,惊奇地打量着我,和蔼地说:"你真行,去吧。"初试结束后,我和十几名参加录音的考生一起挤在门外,焦急地等待着结果。就在我抬头张望的时候,我的心,一下子被揪紧了,触痛了。——一位主考女教师正在学着我跛脚走路的姿势,与其他人说着话。望着那滑稽可笑的样子,我为这女教师的浅薄气恼,也为我自己不争气的腿痛苦,泪水刷刷地流了出来——。我伤心地哭了。那位女教师发现了我,赶忙上来说:"我正想告诉你录音的结果,只有你一人参加复试。"听了这个消息,一种悲喜交集的感情促使我一句话也说不出来——这是在几百名考生的实力角逐中,一个残废人获得的胜利呀!

7. 拟声练习

拟声是通过改变音色,将事物的不同声响和人物不同的说话声音摹拟出来的技巧。

训练方法:①拟物声:可用近似实际声响的象声词造句自练,然后让学生逐个演示,再通过比较进行分析和评比;或自由组合,用象声词串连成一段话,登台一人一句地表演,最后评议。②拟人声:读剧本,一人拟数人对话,表达不同人物的年龄、身份、性格、感情;也可以分角色朗诵有多人对话的短文,演示后评议。

(1) 小马嗒嗒嗒跑过去,河水哗哗地流着;踏踏踏,他大步走了过来,路旁的老母鸡扑楞楞地飞了起来;远处,呜——腾腾吐吐,腾腾吐吐……火车进站了;叮铃铃铃……,小王骑自行车来了。

(2) 大王庄的敌人乱腾开了。那双堆集上的榴弹炮,咕隆隆、咕隆隆地轰响起来。在火炮轰鸣中,坦克出动了,排成横队吱吱嘎嘎地轧将过来;哧!火柴烧起来了;除夕夜里,刚过零点,就听见通通、啪啪、通啪、劈劈啪啪、噼里啪啦,鞭炮声响成一片。

(3) 大家披好衣服,扛着锄头上山。在路上,玉宝瞪起小黑眼珠说:"叔叔,你们别再怨鸡,该怨人啊。"大家奇怪地问,"怎么回事?"玉宝就把周扒皮学鸡啼鸣的事全告诉了叔叔们。一听这话,伙计们火了,都气愤地说:"半夜学鸡叫,这就是要扒我们的皮呀。"刘万忠气得瞪着眼睛说:"今天不干了,到地头睡觉去。"这个主意没有一个不同意的。走到了地头,大家放下锄头,打火抽了一袋烟,倒在地上就呼呼地睡了。

伙计们躺在地头上睡得正香,忽然感到身上疼,就一骨碌爬起来。一看,周扒皮拿着棍子,正挨着个儿狠狠地打他们。太阳出来有一人高了。周扒皮瞪着眼说:"你吃我的饭挣我的粮,就这样给我干活?今天上午不把这块地给我铲完,就别想吃饭。"回头对牛馆说:"把饭给我担回去。"

8. 婉语曲词

训练方法:①事先确定训练话题,使之有备而来。②确定训练顺序,并进行录音。③组织训练座谈,教师进行指导。

(1)《说说我的优点》(婉语练习)。

我这个人有些稀里糊涂,连自己有什么优点都闹不清,这可算是个缺点。不过我听人家说我待人热情,有舍己为人的长处。其实这个说法有点言过其实。我只不过喜欢帮人家做点小事;看别人遭偷,我就把自己节省的几十元都给了他。这也配得上那么高的评价吗?

(2)《如何"问客杀鸡"比较合适》(曲句练习)。

问的关键是避免吝啬之嫌,避免客人不爱吃而勉强奉陪的情况。应该超越以下这两个问题:"我把鸡杀了您看好不好?"和"您喜欢吃鸡吗?"而直接提出:"今天我们吃鸡怎么样?喜欢吃红烧还是清炖的比较合适?"。

训练目的:是为了培养学生适应语境的能力。

9. 手势设计

训练方法:先做分解训练,根据规定的几句话设计手势,让学生登台演示后评议;再做综合训练,以一段讲词为素材,设计象形手势、情感手势、指示手势、象征手势。初练时,手势幅度可以大一些。

(1) 形象手势。例如:"请相信我吧,我有一颗忠于祖国的红心!"(配合语音,右臂抬起,手抚心区,表示忠诚)

(2) 情感手势。例如:"嫖娼、吸毒这些旧社会遗留下来的腐败事物,必须彻底清除。"(配合语音,右手臂向胸前,然后迅速向斜下方打出,表示厌恶和鄙弃)

(3) 指示手势。例如:"抗战胜利后,在中国人民面前摆着两个前途,一个是光明的中国,一个是黑暗的中国。"(配合语音,右手在胸前握拳,伸出食指与中指,引起听众对两种前途,两种命运的关注)

(4) 象征手势。例如:"什么是爱,爱不是索取,而是奉献!"(配合语音,双臂向胸前平伸,臂微弯,手心朝上,模拟献物状)

下面是《高山下的花环》中雷军长的台词,设计手势语要显示其犀利的语言风格和所向披靡的凛然正气(重点是情感指示手势)。

我的大炮就要万炮轰鸣,我的装甲车就要隆隆开进!我的千军万马就要去杀敌,就要去拼命!就要去流血!!可刚才有那么个神通广大的贵妇人,竟有本事从千里之外,把电话打到我这前沿指挥所,她来电话干啥?她来电话是要我给她儿子开后门,让我关照关照她儿子!奶奶娘!走后门,她竟敢走到我这流血牺牲的战场!我在电话里臭骂了她一顿!我雷某不管她是天老爷的夫人,还是地老爷的太太,走后门,谁敢把后门走到我这流血牺牲的战场,没二话,我雷某要让她的儿子第一个扛上炸药包去炸碉堡,去炸碉堡!!

训练目的:通过手势这种态势语训练,能够更丰富地表达作品的内容,具有极强的表现力和吸引力。

10. 眼神训练

眼神是心灵的窗户,分类练习,然后给学生一段演讲词,让学生登台表演,教师给予评议指正。

(1) 表示勇气和决心——两眼向前注视。
(2) 表示高兴、希望、兴奋——两眼轻轻上抬。
(3) 表示乞求、尊崇、祝福——目光抬起。
(4) 表示羞愧、胆怯、谦卑、悔恨——两眼向下。
(5) 表示视而不见——两眼死死盯着。
(6) 表示憎恶、讨厌、反感——两眼向侧面。
(7) 表示恐惧、气愤及勃然大怒或兴高采烈——两眼圆睁。
(8) 表示绝望——两眼茫然凝视。
(9) 表示快乐、幸福——半闭双眼。
(10) 表示轻蔑、冷落、怀疑、厌倦——横眉斜眼。
(11) 表示不予考虑——眨着眼睛偏向一边。

训练目的:是为了充分发挥眼神表达情感的作用,效果是有声语言所不及的。

四、微格训练

微格教学是通过简缩教学实践培养教师的教学技能的系统方法,它是由美国斯坦福大学于1963年首先开发的。

微格训练中的"微"的意义是,将通常复杂的"宏观"课堂集体训练变为缩减了的"微型"课堂,对师范专业学生进行口才训练。这种微型课堂有自己的训练要求。

1. 微缩的训练内容。将训练目标和内容主要集中在一个或几个口语技能的训练上。
2. 微型的班级。一般可组成10人左右的班级组织训练。
3. 缩短的课堂训练时间。每次课进行的时间为20分钟左右。

微格训练中"格"的意义是,在各种技能的训练过程中,让师范生分别扮成角色进行模拟的课堂训练。进行微格训练的方法有以下几种。

1. 理论指导。指导教师对学生讲解各种口语技能的理论,并结合教材从理论上阐述各种技能的特点及在训练中应注意的地方。

2. 制订计划。学生结合口语技能的各项训练,要制订出微格训练的实施方案,训练的过程、时间及达到何种程度等都要写出。

3. 教师示范。指导教师为师范生选择一些优秀的材料讲解,并放录像、录音或用自己的表演让学生注意学习,给学生以直觉、感知的印象,启发学生在训练过程中有创造性地吸收和运用。

4. 进行模拟训练。在分角色地朗读、朗诵、演讲等活动中,要求学生要真正地投入,按照作品中的内容主题要求感受和体味。

5. 反馈评价。将学生的训练情况录音、录像,然后让老师和学生共同欣赏评议,肯定成绩,找出存在的问题,及时纠正,大家共同提高。

第三章 规范汉字书写技能训练

【学习提示】

根据《国家中长期教育改革和发展规划纲要(2010—2020年)》及《教育部关于中小学开展书法教育的意见》(教基二[2011]4号),中小学教师应承担起中小学生书法教育的重任。作为学校书法教育的指导者与示范者,教师应全面了解并掌握汉字形体演变的发展历史、汉字的规范知识、汉字的书写知识、汉字楷书的结构原则、汉字的结构方式、书写训练方法以及书法的美学特征等,能够给学生以必要的书写与书法指导。

第一节 汉字的形体演变

任何一种文字都是代表有声语言的,这是世界上一切文字的共性。而汉字更有其独特的一面,即汉字有着"字形藏理,字音通意"的表意性。

汉字作为汉语的书写符号,最早起源于图画,由写实的象形图画演变成由笔画组成的符号,并具有了象征意义。汉字是一种非常典型的表意文字,即文字与语音方面不发生直接联系,每一个字只表示一个音节,不能明确表示读音,却能表示一个意思。例如,"宿"字上部的"宀"代表房屋,下面是一个人和一个代表草席图形的变体,意即在一间屋子里有人在草席上睡觉,此乃"宿"之本意;再如"旦"字,上部是表示太阳的"日",下部是代表地面或水面的指事符号,从地面上升起太阳,表示早晨之意。从造字方法上看,中国人造字往往"近取诸身,远取诸物",即多以人的整体或某一部位,以及动作、语言为描绘对象,或以自然界实物为描绘对象而大量造字,所描绘的人或物或事多为客观存在的实体或现象。这种造字法,体现了中华汉民族实用、理性的思维方式和具象思维的特征。

一、汉字的构造

东汉许慎在《说文解字》中将汉字的构造规律概括为"六书",即象形、指事、会意、形声、转注、假借。严格来说,"六书"的前四种与后两种本质是不同的。清代学者戴震认为,"指事、象形、形声、会意四者,字之体也;转注、假借二者,字之用也"。"六书"是古人研究汉字构造而整理出来的汉字造字原理与用字规律,我们应对其中的规律加以认识和总结,而且这对我们今天正确认识汉字、使用汉字也是至关重要的。

1. 象形

象形就是根据客观事物的形体面貌所创立的一种汉字形体。古人在长期的社会生活中,根据客观世界中事物的外在形体特点,依物"象形"而描画出一些表意符号,即后来的象形字,如"日"、"月"、"人"、"山"、"水"、"木"、"鹿"、"象"等。

2. 指事

指事是用符号表示意义或在象形字的基础上加上一些指事符号而构成新字的造字方式,如"一"、"二"、"三"表示简单的数,"上"、"下"表示相对的位置,"刃"表示刀最锋利的部分,"本"、"末"分别表示树根和树梢等。

3. 会意

会意是由两个或两个以上的象形或指事字共同表达一个含义而构成新字的造字方式,如"日"、"月"相映生辉构成"明","人"依靠树"木"之上歇息构成"休","屋子"里有一张"床"并人"手"拿东西扫床等而构成"寝"等。

象形字和指事字都属于在形体构造上不能再细分的单独形体,故称为独体字;而会意字在字形构造上可以再分,故属于合体字。会意字和象形、指事字一样,都没有表音成分,属于纯粹的表意文字。

4. 形声

形声就是由形旁和声旁两个或两个以上偏旁部首共同构成新字的造字方式,如"枯"、"河"、"惧"等。"枯"乃"木"之将死,"木"表意,"古"表声;"河"中"水"表意,"可"表声;"惧"乃"心"中恐惧、害怕,"心"表意,"具"表声。在汉字演化和简化过程中,某些形声字中用来作为形旁或声旁的字,有人嫌它笔画太多,不取全字,只取其一个部分,这就是所谓的省形或省声。例如"恬"字,形旁是竖心,声旁是"甜","恬"字省了右边声旁"甜"的"甘";"纣"本从"丝"从"肘",结果"肘"去掉了"月",只剩下了"寸",为何读作 zhòu,令不知者迷惑不解;再如"星"字,"生"是声旁,而形旁不是"日",是"晶",省写形旁后成目前形态。

现代汉字的新造字法基本不用象形、指事方法,新造的会意字也十分有限,如"汆"字,由"人"和"水"两部分构成,表示将食物放到沸水里煮,"汆丸子"就是这个意思。现代汉字大量应用的是形声造字法,在现代汉字中,形声字比例已占到了90％以上。形声字具有两大突出优点,一是有表音成分;二是造字简单。当然,其缺点也还是有的,即声旁表音不确切,形旁表意太笼统,形旁、声旁位置不固定而难以辨别等。

5. 转注

许慎在《说文解字》中给"转注"下的定义是:"建类一首,同意相受,考、老是也。""建类一首",即转注出来的字和本字属于同一个部首;"同意相受",即转注字和本字意义相同;从"考、老"举例可见,转注字和本字声音相近。形似、音近、义同,这是转注产生的前提条件。一个词,读音变化了,或由于各地方音不同,为了在字形上反映这种变化或不同而给本字加注或改换声符,这就是转注。如"老",甲骨文像长发、屈背老人扶杖的样子,后来读音有了变化,为了反映这种变化,于是加注声符"考"的下边部分,成为"考"。"老、考"同属"老"部,先有"老",后有"考","考"是"老"的转注字,是从"老"分化、派生出来的,所以二者意义相同,可以互相解释。

6. 假借

许慎在其《说文解字》中同样有解释:"假借者,本无其字,依声托事,'令'、'长'是也。"语言中产生了新词,要有新字去记录,为了不去增加太多的新字,就在已有的字中,选取声音相同的字去记录。"令"字是会意字,古文字从"亼"从"卩","亼"像人张口形,"卩"像人跽跪形,表示发号施令。后来这个"令"字被假借去用在与它声音相同的语词上,如用作官名的县令、太史令等;又用作"使"讲,如令人发指、令人肃然起敬;还有用作敬词,如令尊、令堂、令兄、令郎、令爱等。"长"字是合体象形字,甲骨文字形像一手持拐杖的老人头上长了长发,后来被假借为对地位高于一般人的称呼,如县长、省长、家长、兄长;用于时间相隔久远,如长期、长途跋涉、细水长流;此外,还有专长、擅长等。假借情况有下列几种:

(1) 借而不还,本义另造新字。另造新字方法之一是在本字上加上表示本义的形旁,如"其"是簸箕的象形字,后借为代词,本字加竹字头而为"箕";其他如"埶—熟"、"自—鼻"、"北—背"、"新—薪"、"莫—暮"、"然—燃"、"队—坠"、"县—悬"等。方法之二是另造一个和本字结构全然不同的新字,如"亦"本义是腋下,假借为文言虚词后,本字另造了一个结构完全不同的新字"腋"。

(2) 借而又还,借义另造新字。另造新字方法之一是改换本字形旁,如"说话"之"说"(本字),借为表示喜悦的"说"(借字),后改言字旁为竖心旁,为借字新造了一个"悦";"奔赴"的"赴"(本字),借为表示告丧的"赴"(借字),后来改为言字旁,为借字另造了一个新字"讣"。方法之二是在本字上加表示借义的形旁,如"究竟"的"竟"(本字),借为表示边境的"竟"(借字),后加上"土"旁,另造了一个新字"境"。类似的还有"解—蟹"、"禽—擒"、"内—纳"、"弟—悌"、"昏—婚"、"田—畋"等。

(3) 一身兼二职,本义和借义并行使用。"征"本义是"征伐",假借为征税后,本义和借义都没有另造新字;"会合"和"会计"中"会"一字兼二职。不少多音字就是由于假借义的分化而出现的。

(4) 被借后本义消失,借义独存。如"难"从"隹"(zhuī),本是鸟名,假借为"难易"的"难"后,本义消失,借义独存;"骗"字从"马",本义是"跃而上马",假借为"欺骗"的"骗",本义基本消失,只在某些方言词中有"骗腿"之说,仍保留着原意,但正式场合仅存借义了。又如,"之"本义是小草出土,"即"是就食,"在"是草木初生,"笑"本与竹有关,"演"本义是长长的流水等等。随着时间的流逝,这些字的本义已经"昔人已乘黄鹤去,此地空余黄鹤楼"了。

二、汉字形体演变

从甲骨文到现行汉字,汉字形体大致经历了由甲骨文、金文、籀文、小篆等古文字到隶书、草书、楷书、行书等今文字的演变过程。汉字形体演变的总趋势是由繁趋简,形体由图画到笔画、由象形到象征、由复杂到简单,简化一直是汉字发展的主流。

1. 甲骨文

甲骨文是通行于殷商时代的文字,因其刻在龟骨或兽骨上而称为甲骨文。就已认识的甲骨文字来看,象形字、会意字占的比例最大。甲骨文的图形性很强,象形程度很高,有些字就是直接描摹事物的形状得来的。甲骨文的形体还很不固定,同一个字的笔画有多有少,写法有反有正,偏旁的位置也不固定。笔画特点是线条纤细,方折与圆转相间,而方笔居多,字形瘦长。

2. 金文

金文是指铸刻在铜器上的文字,因古代人称铜为吉金,故称铜器上的文字为金文。青铜器的礼器以鼎为代表,乐器以钟为代表,因此金文也叫钟鼎文。从形体上看,金文是承甲骨文发展而来的,笔画和结构比甲骨文简单些。与甲骨文笔道细、直笔多、转折处多为方形有所不同,金文笔道肥粗,弯笔多,字形趋向工整。

金文

甲骨文

3. 小篆

小篆是从大篆发展而来的,是秦统一六国后,在全国通行的标准字体。小篆的显著特点是简化和定型化,小篆的产生是汉字形体演变的一大进步。从甲骨文演变为小篆,字形开始统一。绝大多数汉字基本丧失象形意味,变成了只是由点画、线条等组成的符号,无规则的线条变成了有规则的笔画,由字无定形(随物画形)而为清一色的方块字,从而奠定了汉字"方块形"的基础。

4. 隶书

从小篆演变为隶书,字符的写法发生了更大的变化。字形由长形而为扁方形,变长线条而为点画,变圆转的笔画而为方折,变瘦笔而为肥笔,而且有了粗细、波势,文字线条化了。从字形上看,通过合并、省略、省并等方式,汉字的结构被简化了,笔画减少了。这种隶变使汉字形体大大简化了,也使汉字的图画意味完全消失了。隶变是古今汉字的分水岭,是汉字发展史上的一次飞跃性进步。

小篆

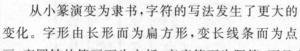
隶书

5. 草书

草书是跟汉隶并行的一种字体,是汉隶的潦草写法。这种字体求快求速,笔势连绵。草书的发展可分为章草、今草、狂草三个阶段。章草略带草意,有些连笔,但仍保持隶书的"波磔",字字独立,不相连属,布局较为匀称。同章草相比,今草取消了章草保留的隶书的"波磔",并吸收了楷书的笔势,一字的点画亦多相连,一笔到底;字与字也常牵连不断,偶有不连,亦贯通一气;书写起来疾速流畅,字形潇洒,但不易辨认。草书到了狂草,简直越草越凶,龙飞凤舞,信笔所之。草书发展到狂草,已失去文字作为交际工具的实际意义,而只在书法艺术上保留一种独特风格,供人欣赏。

草书

6. 楷书

楷书

楷书是由隶书演变而来并取代隶书而通行的一种字体，又叫真书或正书。楷书将隶书的波势挑法变得平稳，将隶书的慢弯变成了硬钩，笔画书写起来比隶书更加方便。楷书所以能被长期并广泛使用，就在于楷书字体端正秀丽，方便易认。从楷书始，楷书的笔画形式和方块字形，均已基本定型。楷书自汉末兴起，至今已有1 700多年的历史，成为历代正规使用的一种典范文字。目前，楷书已成为当代书籍、报刊印刷的主要字体。

7. 行书

行书是"楷书的流动"，是介于楷书、草书之间的一种字体。行书写得规矩一些，接近于楷书的叫做行楷；而写得放纵一些，接近于草书的叫做行草。行书兼取楷书和草书的优点，比楷书易写，比草书易认。

行书

行书虽笔画连绵，但各字又是独立的，不但书写效率高，而且灵活自如、美观大方，自产生以来沿用至今，成为应用最为广泛的字体。

汉字字形的历史演变，主要表现为笔画化、规范化和简化，可见下表。

汉字字形的历史演变

甲骨文				
金文				
籀文	車			
小篆	車			
隶书	車	馬	為	見
草书	车	马	为	见
楷书	車	馬	為	見
行书	车	马	为	见
楷书（简化字）	车	马	为	见

文字的线条，从曲折无定变为形式稳定，叫做笔画化。笔画就是线条形式的归类和定型。汉字从甲骨文到小篆都不容易分清有多少种笔画。变成隶书的所谓隶变以后，就可以将笔画归纳为"七条笔阵"或"永字八法"。

一个字由有多种写法,变为一个字只有一种标准写法,就是规范化。一个汉字拥有多种形体而造成的异体现象,只能给汉字使用带来更大的麻烦,没有保留的必要。

任何文字在使用频繁的时候,都会发生简化,这是提高书写效率的自然趋势。秦并六国,统一天下,公文大量增加,篆书大规模使用起来产生诸多不便,这样就由民间开始首先改圆转的笔画而为方形笔画,隶书于是产生,后逐渐规范起来,成为一种重要书体。隶书的"蚕头燕尾"后来又逐渐伸直,从而简化为更为方便、更为简单的楷书。

任何改革都是有利有弊的,汉字简化也是如此。汉字简化的利是清晰度高,容易辨认。汉字简化之弊主要有三:一是近形字增多,匆促难辨;二是草书楷化字难写,归部和排序也较为不便;三是旧书和新书繁简不同,增加了阅读和学习古籍的难度。

第二节 汉字的结构

汉字是由不同部件并按一定的方式搭配起来的。构成汉字的是什么样的部件、这些部件又是按怎样的顺序与方式搭配成字、结字遵循哪些原则等,都属于汉字结构问题。这里所说的汉字结构,主要指现行汉字楷书结构,而不涉及汉字其他形体。

一、汉字的结构部件

汉字的结构部件包括笔画和偏旁。汉字可由笔画直接组成,也可由偏旁组成;而偏旁是由笔画组成的,所以笔画是汉字的基本结构部件。

(一)笔画

汉字的形体结构是靠笔画作为区别标志的。写字的时候,由起笔到抬笔,叫做一笔或一画,通称笔画。笔画是构成汉字的基本材料,也是汉字书写的最小单位,汉语字典的各种检字法,大都跟笔画关系密切。不同的笔画构成汉字时,其结构形式也多种多样,有的相离,有的相接,有的相交。某个字究竟由哪些笔画构成,只有辨认清楚了,才能完成其正确的书写。汉字主要有以下八种基本笔画:

点　横　竖　撇　捺　提　钩　折

以上八种基本笔画,因其在字体结构中位置、作用等的不同,会产生长度或角度的变化,这就使得同一种笔画具有了不同的写法。如"中"字中的竖画有长短之别,"之"字与"大"字中的捺画有角度之别等,这些笔画变体直接关系到字形是否美观得体,所以书写时应认真对待。另外,因位置不同,某些笔画也会产生变形,甚至显得很复杂,如"专"的第三笔是"竖折撇","乃"的第一笔是"横折折折钩",这样的笔画有人称为复杂笔画。事实上,不管如何复杂,只要是一次性起笔抬笔,就仍属于一笔,如"钩"、"折"等也是笔画变形所致。常见笔画名称如《笔画名称表》中所列,应准确把握。

由基本笔画派生出来的相关笔画,多达三十余种。在计算笔画时,应注意将从基本笔画派生出来的笔画看作是一画,具体应注意以下几点:

1. 写横画一定从左至右,写竖画则应从上到下,由横竖组成的笔画也应遵循此原则。例如,"匡"是六画,其中最后一笔"竖折"是一画;而"鼎"是十二画,其中左侧笔画是"竖折折"等共三画,而右侧则是四画。再如,"凸"、"凹"都是五画完成,"凸"第一笔为左上之短竖,第二笔为短横,第三笔为左下竖,即分三画完成左半部,而第四笔则为"横折折折",最后一笔为下部长横;"凹"第二笔为"横折折",第三笔为短竖,第四笔为"横折",有人只用三笔就写完"凹"字是不规范的。

2. "巨"字的第四笔是"竖折",为一笔。而在其他四面包围或与之类似的笔画结构中,"竖折"之形通常分开书写,应算作两画,如"凸"、"凹"的最后一笔横都要与左竖分开完成,再如"口",第一笔也不是"竖折"。

笔画名称表

笔画	名称	例字	笔画	名称	例字
丶	点	六	亅	竖提	长
一	横	十	⼀	横钩	农
丨	竖	中	𬺻	横折	口
丿	撇	人	𬺰	横折钩	月
丶	捺	八	𠃍	横撇	水
一	提	虫	𠃋	撇折	去
亅	竖钩	小	乀	撇点	女
丿	弯钩	子	乙	横折弯	船
乀	斜钩	民	乙	横折弯钩	九
乚	竖弯	四	𠃍	竖折	山
乚	竖弯钩	儿	𠄎	竖折折钩	马

3. 过去,有些字居中的一撇通常分写成上竖下撇两笔,现在通常是连成一笔作一画,如"象"、"差"、"养"、"卑"等,要格外注意。

在《新华字典》以前的所有旧字典上,旧印刷体跟手写体很多地方不一致,给计算笔画造成了不少麻烦。现在,新印刷体跟手写体基本一致,计算笔画也就方便多了。

(二) 偏旁与部首

如果说笔画是最小的汉字书写单位,那么偏旁则是构成汉字的预制构件,是高一级的构字单位,是构成合体字的基本单位。一个合体字一般由两个或两个以上的偏旁构成,如"日"、"月"构成"明","禾"、"火"构成"秋"。在组合成合体字时,偏旁具有以下特点:

1. 某一偏旁放在字的某一部分是比较固定的。例如:

上:如 艹(草、茶),雨(露、霜),竹(笛、符),宀(安、宅)

下:如贝(贡、贺),心(思、想),灬(热、杰),皿(盛、盖)

左:如亻(作、休),氵(波、浪),扌(打、把),纟(纪、红)

右:如刂(判、利),欠(欣、欢),殳(殴、设),攵(故、放)

外:如囗(国、围),门(问、闷),匚(区、医),勹(勾、匈)

2. 偏旁的位置不能随便变动,变动就不成一个字或成为另一个字了。例如:

杏—呆　架—枷

3. 同一偏旁,由于组合位置不同,往往有不同的形状。例如:

人(令)—人(以)　手(拿)—扌(捡)

心(念)—忄(怕)　火(灯)—灬(煮)

按照能否独立成字来划分,偏旁可分为成字偏旁与不成字偏旁两类,前者如"岩"、"思"等字中的"山"、"心",后者如"字"、"放"等字中的"宀"、"攵"等;按照能否再切分成更小的偏旁来划分,偏旁可以分成单一偏旁和复合偏旁两类,例如,"分"、"仍"中的"八"、"刀"、"亻"、"乃"不能再切分,而"湖"中表音的复合偏旁是"胡","胡"可切分出"古"、"月","古"还可切分成"十"和"口"。

汉字数量很多,而偏旁却是有限的。掌握汉字偏旁,有利于识字,也利于书写。汉字偏旁的名称应相对统一,这样更有利于推进汉字规范化进程。具体如下:

汉字偏旁名称及例字

偏旁	名　　称	例　字
冫	两点水儿(liǎngdiǎnshuǐr)	次、冷、准
冖	秃宝盖儿(tūbǎogàir)	写、军、冠
讠	言字旁儿(yánzìpángr)	计、论、识
厂	偏厂儿(piānchǎngr)	厅、历、厚
匚	三框栏儿(sānkuànglánr)　三框儿(sānkuàngr)	区、匠、匪
刂	立刀旁儿(lìdāopángr)　立刀儿(lìdāor)	列、别、剑
冂	同字框儿(tóngzìkuàngr)	冈、网、周
亻	单人旁儿(dānrénpángr)　单立人儿(dānlìrénr)	仁、位、你
勹	包字头儿(bāozìtóur)	勺、勾、旬
厶	私字儿(sīzìr)	允、去、矣
廴	建之旁儿(jiànzhīpángr)	廷、延、建
卩	单耳旁儿(dān'ěrpángr)　单耳刀儿(dān'ěrdāor)	卫、即、却
阝	双耳旁儿(shuāng'ěrpángr)　双耳刀儿(shuāng'ěrdāor) 左耳刀儿(zuǒ'ěrdāor)　右耳刀儿(yòu'ěrdāor)	阳、队、附 邓、部、郊

续表

偏旁	名称	例字
氵	三点水儿(sāndiǎnshuǐr)	江、汪、活
丬(爿)	将字旁儿(jiàngzìpángr)	壮、状、将
忄	竖心旁儿(shùxīnpángr) 竖心儿(shùxīnr)	怀、快、性
宀	宝盖儿(bǎogàir)	宇、定、宾
广	广字旁儿(guǎngzìpángr)	庄、店、席
辶	走之儿(zǒuzhīr)	过、还、送
土	提土旁儿(títǔpángr)	地、场、城
艹	草字头儿(cǎozìtóur) 草头儿(cǎotóur)	艾、花、英
廾	弄字底儿(nòngzìdǐr)	开、弁、异
尢	尤字旁儿(yōuzìpángr)	尤、龙、尬
扌	提手旁儿(tíshǒupángr)	扛、担、摘
囗	方框儿(fāngkuàngr) 国字框儿(guózìkuàngr)	因、国、图
彳	双人旁儿(shuāngrénpángr) 双立人儿(shuānglìrénr)	行、征、徒
彡	三撇儿(sānpiěr)	形、参、须
夂	折文儿(zhéwénr)	冬、处、夏
犭	反犬旁儿(fǎnquǎnpángr)	狂、独、狠
饣	食字旁儿(shízìpángr)	饮、饲、饰
子	子字旁儿(zǐzìpángr)	孔、孙、孩
纟	绞丝旁儿(jiǎosīpángr) 乱绞丝儿(luànjiǎosīr)	红、约、纯
巛	三拐儿(sānguǎir)	甾、邕、巢
灬	四点底(sìdiǎndǐ)	杰、点、热
火	火字旁儿(huǒzìpángr)	灯、灿、烛
礻	示字旁儿(shìzìpángr) 示补儿(shìbǔr)	礼、社、祖
王	王字旁儿(wángzìpángr)	玩、珍、班
木	木字旁儿(mùzìpángr)	朴、杜、栋
牛	牛字旁儿(niúzìpángr)	牡、物、牲
攵	反文旁儿(fǎnwénpángr) 反文儿(fǎnwénr)	收、政、教
疒	病字旁儿(bìngzìpángr) 病旁儿(bìngpángr)	症、疼、痕
衤	衣字旁儿(yīzìpángr) 衣补儿(yībǔr)	初、袖、被
夫	春字头儿(chūnzìtóur)	奉、奏、秦
罒	四字头儿(sìzìtóur)	罗、罢、罪
皿	皿字底(mǐnzìdǐ)	盂、益、盔
钅	金字旁儿(jīnzìpángr)	钢、钦、铃
禾	禾木旁儿(hémùpángr)	和、秋、种
癶	登字头儿(dēngzìtóur)	癸、登、凳
米	米字旁儿(mǐzìpángr)	粉、料、粮
虍	虎字头儿(hǔzìtóur)	虏、虑、虚
竹	竹字头儿(zhúzìtóur)	笑、笔、笛
足	足字旁儿(zúzìpángr)	跃、距、蹄

说明：(1) 本表只列举一部分汉字偏旁的名称。

(2) 本表收录的汉字偏旁,大多是现在不能单独成字、不易称呼或者称呼很不一致的。能单独成字、易于称呼的,如"山"、"马"、"日"、"月"、"石"、"鸟"、"虫"等未收录。

(3) 有的偏旁有几种不同的叫法,本表只取较为通行的名称。

偏旁是一个相对概念,可以独立成字的偏旁,当它们独立成字后便不能再叫偏旁,而只有成为构字部件时才能叫偏旁。偏旁不是字,只是构字部件。

偏旁与部首的概念要注意区分。具有同一偏旁的字是很多的,在编纂字书时,常将这些字归为一部,而作为这些字的同一偏旁便成为一部之首,称为部首。偏旁有表意的和表音的,部首是表意的偏旁。部首可以表示它所统领部的字的义类,或它所统领部的字的意义同它本身的意义有关联,如"忄"部的"愉"、"快"、"悦"、"忆"、"忖"、"怡"、"慌"等字,其意义都与心理活动有关。部首也是偏旁,但偏旁不一定是部首。表音偏旁如"种"、"怅"、"但"等字中的偏旁"中"、"长"、"旦",就不能做部首。

部首作为辞书编纂查字的依据,有主部首和附形部首之分。主部首是有不同写法的部首中具有代表性的书写形式。附形部首是附属于主部首的书写形式,有繁体(如"門"、"貝"、"馬")、变形(如"刂"、"氵"、"辶")和从属(如"曰"、"白")三种。

根据中华人民共和国教育部、国家语言文字工作委员会2009年1月12日发布、2009年5月1日实施的《GB 13000.1字符集汉字部首归部规范》,汉字部首归部规则有如下五点。

1. 从汉字的左、上、外位置取部首。如果左和右、上和下、外和内都是部首,则只取左、上、外位置的部首。如"彬(木)"、"旧(丨)"、"裹(亠)"、"圆(囗)"等。

2. 如果汉字的左、上不是部首,右、下是部首,则取右、下位置的部首;半包围结构的字,如果外不是部首,内是部首,则取内。如"颖(页)"、"荆(刀)"、"载(车)"、"岛(山)"等。

3. 如果汉字的左和右、上和下都不是部首,则按照先左后右、先上后下的顺序,从偏旁的位置取部首。如"蠲(皿)"、"罊(田)"、"赜(贝)"、"赢(月)"等。

4. 如果由上述位置取不到部首的左右结构、上下结构、包围结构的字或其他字,则从起笔的位置取单笔部首。如"碓(一)"、"畅(丨)"、"粤(丿)"、"举(丶)"、"承(乛)"等。

5. 如果在取部位置上少笔与多笔几个部首出现叠合时,则取多笔部首,不取少笔部首。例如,"赣"左旁的上头有"丶"、"亠"、"立"、"音"等部首叠合,取"音";"靡"外框有"丶"、"广"、"麻"等部首叠合,取"麻"。

二、汉字的结构顺序

这里所谈的结构顺序,是指笔画或偏旁结构成字的顺序,其中笔画结字的顺序最为主要,这是因为笔画是构字的最基本部件。任何字、任何偏旁都是由笔画构成的,偏旁结构成字同笔画结构成字的顺序基本相同,所以,弄清笔画顺序,偏旁结字顺序也就迎刃而解了。

(一) 笔顺的一般规则

笔顺就是写字下笔的先后顺序,即笔画书写的先后顺序。汉字是由不同的笔画按照一定的规则组合而成的,在书写时,先写哪一笔,后写哪一画,都是有规律可循的。笔顺是前人根据汉字书写特点总结出来的,其目的是为了写字时视看方便、书写顺手。遵循汉字书写的笔顺规则,容易将字写正、写快、写美,还有助于避免写错别字,所以笔顺问题不容忽视。最基本的笔顺规律有一首《写字笔顺歌》可做参考:

写字应当讲笔顺,掌握要领笔有神。
先横后竖上到下,先撇后捺左右分。
从外到内记得住,进了屋子再关门。

汉字的数量虽然很多,结构也复杂多样,但归纳起来,笔顺规律主要有以下几条。

1. 自上而下。如:工 乡 宁 举 寻
2. 从左到右。如:州 以 格 塔 湖
3. 先横后竖。如:十 车 丰 木 土
4. 先撇后捺。如:人 史 金 米 文
5. 先外后内。如:月 问 凡 司 母
6. 先内后外。如:廷 道 凶 幽 函
7. 先外后内再封口。如:田 四 目 因 国
8. 先横后撇。如:大 不 在 友 丈
9. 点在右上角,最后写点。如:犬 成 武 贰 书
10. 点在里边,最后填点。如:瓦 勺 雨 寸 叉
11. 中间竖为对称轴,先写竖。如:小 水 山 幽 乘

对于汉字构成部件的安排,大致来说,上下结构字先上后下,如"岩"、"集"等;左右结构字先左后右,如"格"、"靴"等;有的独体字则先中间后两边,如"永"、"木"、"函"等;许多包围结构先里后外或后封口,如"远"、"田"、"围"等。更多字的笔顺是对以上各种原则的综合运用,所以,具体的笔顺原则执行起来并不能整齐划一,不能绝对化。至于先横后竖(如"十")、先撇后捺(如"人"),则是笔画安排上应该遵守的一般性和最为简单的原则,更多时候需要具体问题具体分析,具体字具体对待,不可教条僵化、照本宣科。

(二)笔顺的编号规则

对于那些笔顺较为特殊的汉字,还可以通过给笔顺编号的规则来加以识记,即通过给汉字排序时的五种基本笔画进行汉字书写时笔顺的区分,这一点在语文出版社的《现代汉语通用字笔顺规范》中介绍得十分明确。具体方法就是根据"横—竖—撇—点—折"这五种基本笔画出场的先后顺序,来为每一个汉字进行编号。

首先,要用1~5这五个阿拉伯数字,与"横—竖—撇—点—折"这五种基本笔画一一对应,对其分别进行编号。即:

横(提)——竖(竖钩)——撇——点(捺)——折(所有折笔)
  1   2   3   4   5

其次,根据"横—竖—撇—点—折"的编号来为每一个汉字的笔顺进行总的编号。下面我们就选取现代汉语常用汉字中那些容易出现笔顺错误的字,通过笔顺编号来具体分析笔顺的规范问题:

九：2笔，笔顺编号是【35】（先写"撇"，后写"横折弯钩"），而不是53（先写"横折弯钩"，后写"撇"。相关的字有"仇"、"轨"、"馗"、"丸"、"执"、"热"、"鸷"等。

为：4笔，笔顺编号是【4354】（点—撇—横折钩—点）。很多人因为笔顺错误，写不出"为"的行书样式。相关的字还有"伪"、"妫"等。

匕：2笔，笔顺编号是【35】（撇—竖弯钩）。凡有"匕"为部件构成的字笔顺皆如此，如"比"（"批"、"皆"、"毕"、"毙"、"庀"、"屁"、"毗"、"妣"等）、"化"（"花"、"华"、"桦"、"哗"等）、"乘"（"乖"等）、"北"（"背"、"褙"）、"瘪"等。

万：3笔，笔顺编号是【153】，不是【135】。凡由"万"构成的字的笔顺都应注意规范，如"迈"、"厉"、"励"、"劢"、"砺"、"虿"、"傲"、"熬"、"鳌"、"虿"等；相关的字还有"方"，以及由"方"构成的如"放"、"房"、"防"、"访"、"仿"、"纺"等众多常用字。

必：5笔，笔顺编号是【45434】（左点—卧钩—中点—撇—右点），不是【45443】，相关的字还有"秘"、"泌"、"祕"、"密"、"蜜"、"宓"、"谧"等。

巨：4笔，笔顺编号是【1515】，不是【1551】。需要注意的是，这类字的最后一笔是外侧的"竖折"；其他相关的字如"区"、"臣"、"匡"、"匣"、"呕"、"卧"、"框"、"枢"、"距"（"拒"）、"砸"、"唖"、"颐"、"熙"等字，笔顺规则与之相同。

里：7笔，笔顺编号是【2511211】，其中的第五笔为"竖"。相关的字还有"理"、"厘"、"哩"、"量"、"重"、"董"、"懂"、"踵"、"童"、"憧"、"瞳"、"潼"等。

肃：8笔，笔顺编号是【51123234】。相关的字有"潇"、"萧"、"啸"、"箫"等。

戍：8笔，笔顺编号是【52131534】。要想写对"戍"的笔顺，其前提是正确掌握"爿"字的笔顺，而"爿"的笔顺是【5213】。

鼎：12笔，笔顺编号是【251115132125】。先写上边"目"，并先完成左边部分（竖折折—横—撇），然后完成右边部分（竖—横—竖—横折）。

敝：11笔，笔顺编号是【43252343134】。左边部分笔顺为"左点—右小撇—左竖—横折钩—左中竖—撇—点"，相关的字还有"弊"、"撇"、"蔽"等。

垂：8笔，笔顺编号是【31212211】。第三笔开始的笔顺为"竖—横—左短竖—右短竖—横—横"，相关的字还有"锤"、"捶"、"陲"等。

率：11笔，笔顺编号是【41554413412】，第三笔是中间的"幺"，然后是两边的"点—提—撇—点"，最后是"十"。相关的字还有"摔"、"蟀"等。

独体字"车"字与合体字中的车子旁的笔顺编号是不同的，"车"字的笔顺编号是【1512】，车子旁的笔顺编号是【1521】。究其原因，应该是在汉字结体中，结笔为"提"时，车子旁与右侧的笔画易于连接与处理。类似的还有"牛"字与牛字旁，"牛"字的笔顺编号是【3112】，牛字旁是【3121】，其中的道理应大体相同。具体字如"军"、"库"、"阵"、"裤"、"辈"、"辉"、"挥"、"晖"、"浑"、"荤"、"诨"、"珲"、"晕"、"恽"、"郓"字之"车"与"辆"、"转"、"轱"、"辘"、"斩"、"惭"、"暂"、"毂"、"韬"等字之车字旁；"件"、"牢"、"牟"、"眸"、"哞"等字中的"牛"字与"特"、"牧"、"牡"、"牝"、"牯"等字中的牛字旁的规范写法，都应认真识记。

但也有个别字，记住了笔顺编号也无法起到区分笔顺的作用，需要准确记忆这些字书写时正确的笔画顺序。如"爽"字的笔顺编号是【13434343434】,其第二、第三笔的笔画与其最后两笔笔画的笔顺编号完全相同,都是【34】("撇—点"与"撇—捺")。这时,就应该准确记住其书写时正确的笔顺了:先写横笔,然后完成两边的四个撇点相交的叉,最后是一撇一捺的"人"字。

类似的字如"凸"、"脊"。"凸"的笔顺编号是【21251】,其中的第一笔与第三笔都是"竖",一上一下,编号完全相同;"脊"的笔顺编号是【4134342511】,其第三、第四笔与第五、第六笔的笔顺编号也是不具有区分作用的。另外,如"火"以及与"火"有关的"秋"、"炎"、"淡"、"灸"、"炙"、"灰"、"恢"等所有字,都涉及笔顺问题,因为"火"的第二笔笔画短撇与第三笔笔画长撇的笔顺编号都是【3】,不具有笔顺区分价值,在《现代汉语通用字笔顺规范》中,也都表现为撇的代表笔形——长撇。像这种情况,就需要我们在汉字书写方面下一番工夫,掌握扎实的笔顺基本功,从而通过准确记忆来完成对于这些字的规范书写。

三、汉字的结构方式

汉字结构是汉字部件构成汉字的方式和规则,古人也称汉字结构为结字。以楷书为例,从结构方式来说,汉字主要可分为两类,即独体字和合体字。

(一)独体字

独体字就是由一个或几个基本笔画构成的汉字。从其本身存在看,没有偏旁部首的互相组合与复杂搭配,不能从结构与偏旁上做进一步分析,甚至其本身就是偏旁,如"一"、"乙"、"九"、"夕"、"凸"、"凹"、"串"、"重"等等。

(二)合体字

顾名思义,合体字就是由两个或两个以上的偏旁部首组合而成的汉字。从偏旁部首的组合关系与复杂搭配上看,合体字往往可以做进一步的结构分析:由左、右两部分构成的称为左右结构;由上、下两部分构成的称为上下结构;构成合体字的各个部件间具有包围或包孕关系的则称为包围结构。其中,左右结构又可分为左右和左中右结构,上下结构可分为上下和上中下结构,包围结构可分为全包围和半包围结构。

在以上汉字的结构方式中,最为复杂的当属半包围结构,因其还可以继续细分出至少六种构成方式:左上包右下,如"原"、"屋"、"庄"等;左下包右上,如"运"、"建"、"赵"等;右上包左下,如"句"、"司"、"包"等;左包右,如"区"、"匪"、"臣"等;上包下,如"同"、"周"、"风"等;下包上,如"凶"、"画"、"幽"等。

第三节　汉字的规范

文字是历史的产物,几经发展和变化,必然会产生一些分歧和混乱。因此,对汉字进行规范化整理,使汉字的字形标准化、使用规范化,消除分歧,避免混乱,从而保证汉字传递信息、交流思想的作用更好地发挥,这既是社会发展的需要也是汉字本身发展的必然。作为中华民族文明程度重要标志的汉字,推进其规范化的进程更加重要。教师在推进汉字规范化进程中的作用更是不言而喻的。

一、正确使用简化字和繁体字

面对古汉字笔画繁多、使用不便的事实,简化成了汉字发展的总趋势。但在今天,我们在使用汉字过程中,随意简化现象也是屡禁不绝。所以,正确使用简化字势在必行。严格地说,简体字与简化字的概念也不尽相同。

汉字自产生以来,其形体一直缺乏严格的规范标准。有些字笔画较多,形体复杂,写起来很不方便,因此,在新中国成立前漫长的历史发展过程中,人们有时随意增减笔画,甲骨文中就有这类例证,使得一个字往往有两种或几种不同的写法,其中笔画简单的就叫简体字,也称简笔字,而简体字未必都是规范的简化字。

简化字是指新中国成立后经过中国文字改革委员会组织专家对形体复杂的汉字进行技术整理,减少字的笔画,然后报国务院批准实行的文字。1964 年,国务院公布了《简化字总表》,共简化汉字 2 236 个。《简化字总表》中所列各字是简化字的规范。

简化汉字的基本原则是"约定俗成",简化的方法主要是减少字数和笔画。简化的方法具体有以下几种。

1. 删繁就简。如"醫"字,删掉右上方的"殳"和下边的"酉",就成了简化的"医"字;"厭"字,只留下"厂"和"犬",就成了简化字"厌";"與"字,左、右、下全删去了,只留下中间的"与"。

2. 改换偏旁。如"獻"的左偏旁改为"南"而简化为"献";"礎"的右旁"楚"改为"出"简化为"础";"竄"的下部"鼠"改为"串"简化为"窜"等。这样一改换,减少了许多笔画。

3. 同音代替。如"出"代替了"齣","里"代替了"裹"等。汉字中同音字很多,用简体的同音字代替繁体的同音字是一个好办法,但是这种方法不能乱用,否则就会引起用字的混乱。

4. 草书楷化。如"書"写作"书","樂"写作"乐","車"写作"车","貝"写作"贝"等。

5. 会意造字法。如小土是"尘",上为竹管下为毛是"笔",目边有水是"泪"等。

6. 符号代替。用符号代替整体的,如"卫生"的"卫","兰花"的"兰","恐龙"的"龙","攻击"的"击"等;用符号代替局部的,如"又"这个符号可以代替"堇"构成"仅(僅)",又可以代替"莫"构成"汉",还可以代替"登"构成"邓",还能代替"耳"、"车"构成"聂"和"轰"等;再如,"师"、"帅"、"归"与"贤"、"坚"、"临"等都是符号代替简化的结果。

7. 偏旁类推。简化汉字中,偏旁类推的字最多,比如,"愛"简化为"爱",作偏旁用可类推出"嗳"、"瑷"、"嫒"等字。《简化字总表》第三表就是以第二表所列简化字和简化偏旁类推得出来的简化字,共 1 753 个,占《简化字总表》2 236 个字的 78.43%。

8. 采用古体字。有些字古时很简单,笔画很少,后来逐渐繁化了。比如"云"、"从"、"众"、"网"、"气"等,这些都是古体字,后来繁化了,今天简化是古为今用,让某些古体字恢复原形。

9. 删繁冗，留轮廓。如"鹵"简化为"卤"，"龜"简化为"龟"，"鳥"简化为"鸟"等，将一些繁杂、难写的笔画删掉，只留字的轮廓。

使用简化字要规范化。在这方面，社会上用字比较混乱，常见的有两种情况，一是不该简化的简化了，如20世纪70年代短暂通行的二简字；二是将甲字当作乙字的简体用，仅举数例：沏—澈、迂—遇、仃—停、亍—街、弗—费、笈—籍等等。这些都是用字不规范的典型案例，应该坚决杜绝。

简化字就是我们所说的规范汉字，《中华人民共和国国家通用语言文字法》规定，国家通用语言文字是普通话和规范汉字。

《中华人民共和国国家通用语言文字法》第十四条规定，在以下情形下，应以国家通用语言文字为基本的用语用字：

1. 广播、电影、电视用语用字；
2. 公共场所的设施用字；
3. 招牌、广告用字；
4. 企业事业组织名称；
5. 在境内销售的商品的包装、说明。

对于繁体字我们可以喜欢、可以学习，但要正确认识和使用。《中华人民共和国国家通用语言文字法》第十七条规定，有下列情形的，可以保留或使用繁体字、异体字：

1. 文物古迹；
2. 姓氏中的异体字；
3. 书法、篆刻等艺术作品；
4. 题词和招牌的手书字；
5. 出版、教学、研究中需要使用的；
6. 经国务院有关部门批准的特殊情况。

所以，除《中华人民共和国国家通用语言文字法》第十七条规定的情形外，我们都应使用规范汉字。

二、正确认识异体字

汉字历史悠久，存在着一些音同义同而形体不同的字，这类字叫做异体字。例如"村"和"邨"、"迹"和"跡"等。异体字之间的关系大体上有以下几类：

1. 加偏旁。如皃—貌。
2. 会意字和形声字。如羴（会意，从三羊）—膻（形声，从肉亶声），淚（形声，从水戾声）—泪（会意，从目从水）。
3. 同为会意字，偏旁不同。如躰—体。
4. 同为形声字而偏旁不同。如邨—村。
5. 偏旁相同而配置方法不同。如够—夠，咊—和。

6. 因省略字形而造成异体。如蚕—虵,蠍—蝎。

7. 笔画上稍有出入因讹变而造成的异体。如：祕—秘。

1955年,国家公布的《第一批异体字整理表》,将那些通行时间长、使用范围广以及笔画少的810个字定为规范字,另外一些不太通用、笔画也比较多的1055个字作为异体字已废除了。作为教育工作者,应该掌握全部规范字,不用已经废除的异体字。

对于异体字允许使用的情形与繁体字相同,以《中华人民共和国国家通用语言文字法》第十七条规定为准。

三、正确对待异形词

所谓异形词,是指现代汉语书面语中并存并用的同音、同义而书写形式不同的词语。异形词语的存在,给现代汉语书面语使用增加了负担,造成了混乱,给汉语教学、新闻出版、辞书编纂和中文信息处理带来了困难,影响了语言文字交际功能的发挥。

为了提高现代汉语书面语规范水平,国家语委于1999年7月开始组织制定现代汉语异形词规范。研制组根据"积极稳妥、循序渐进、区别对待、分批整理"的工作方针,对1500多组异形词语进行了收集研究,选取了普通话书面语中经常使用、公众取舍倾向比较明显的338组(不含附录中的44组)异形词(包括词和固定短语),作为第一批进行整理,给出了每组异形词的推荐使用词形。中华人民共和国教育部、国家语言文字工作委员会于2002年3月31日发布了《第一批异形词整理表》(试行)(具体内容请参看第九章)。

四、避免错别字

错别字是错字和别字的总称。错字是将字写得不成字的,别字是将甲字当作了乙字。产生错别字的原因主要应归于两个方面：一是主观上书写者自身学养不足；二是客观上汉字本身复杂难辨。我们在这里更注重的是,培养书写者对目前规范汉字应有正确的认识、理解和使用。错字的类型大致有三种：多笔画或少笔画；笔画不对；偏旁不对。别字的类型大概也有三种：音同或音近；形近；义近。

汉字有其突出的特点,即一个字一个形体。观其形未必能读出音,读出音未必能写出形；看清形、读准音又未必懂其义。所以,要想规范读写汉字,必须形、音、义三者并重,必须做到看清字形,读准字音,理解字(词)义。

(一) 看清字形

汉字构形非常严谨,笔画的起止位置不可随意改动,笔形的曲直程度不可妄加安排。比如"言"字,上面三横的长短是不可以随意安排的,第一横必须长于第二、第三横；再如,"举"、"觉"的字头是三点,绝不可写成"党"字头形态。还有一些字,有些人会习惯性地加一笔或减一画,如"步"字最后一笔的撇上本无点,有人会加点；"甸"字的围框中是一个"凶"字,可将它放在合体字中就会有人把"凶"的最后一笔竖画给丢了。如此等等,使错字屡见不鲜。只有看清字形并能理解造型的用意,才不至于写错。

据报载,新疆乌鲁木齐挂面厂花 16 万元人民币到日本印制塑料包装袋,结果,货发回来一看,"乌鲁木齐"竟成了"鸟鲁木齐"。仅仅一字之差,质量上乘的塑料袋也得全部报废。真是一字万金呢,这个教训的确够惨痛了。相信这个公司从此会格外注意"字形"之辨了。

"鸟"与"乌"都是象形字,为什么二者有一点之差呢?一般鸟的眼睛是黑的,身上羽毛的颜色则往往不是黑的,所以眼睛明显是一个小黑点儿,看得很清楚。但是,鸟类中的乌鸦就不同了,"天下乌鸦一般黑",全身都是黑的,看去,就好像乌鸦没有眼睛一样,因此,"乌"字的上部就没有那一个点儿。

汉字中形体相似、相近的字很多,要仔细辨别清楚,才不至于写错、读错、用错。《康熙字典》收字 47 000 多个,卷首专设有"辨似"一栏,列二字相似、三字相似、四字相似、五字相似等项,可见前人很重视辨别字形。

区分形近字,避免写别字,是当下规范使用汉字的重要内容之一。对于"己"、"已"、"巳"三字的区别,《聊斋志异》中就有这样一则故事:

两个狐狸精给一位书生出对子:"戊戌同体,腹中只欠一点。"书生对不出。狐狸精自己对成:"己已连踪,足下何不双挑。"

"戊(wù)、戌(xū)、戍(shù)、戎(róng)"、"己(jǐ)、已(yǐ)、巳(sì)",形体相近,使用起来的确很麻烦,可狐狸精运用自如,可见正确掌握汉字在古代读书人心目中是多么重要。有人编了"己开已半巳相连"的口诀来帮助记忆;关于"戊"、"戌"、"戍"三字的区别,有人编了"点戍横戌戊空虚"的口诀来帮助区分。

许多形近字是声旁相同、形旁不同的形声字,对于这类字,关键在于辨析不同形旁的意义,即通过不同形旁表示不同意义来辨析。如"狐"、"孤"、"弧"这几个字声旁相同,但用"犬(犭)"作形旁的字,原义一般与野兽有关;用"子(孑)"作形旁的字,原义一般与小孩有关;用"弓"作形旁的字,原义一般与弓箭有关。了解了几个形旁之间的意义区别,这几个字就不会用错了。这是辨析形近字很好的方法。

仔细分辨形近字,不仅可以避免写错别字,而且有助于读准字音。汉语中形体相近的字较多,使用时要格外注意,千万不能"秀才认字读半边",贻笑大方。

因字形相近而容易引起混淆的字还有很多,如:

乖—乘　恰—洽　焕—涣—换　躁—燥—噪
誉—誊　肆—肄　伦—纶—抡　糜—靡—縻
即—既　弩—驽　赢—赢—羸　踊—涌—诵
拨—拔　辨—辩　搓—磋—蹉　谍—牒—喋
纂—篡　掣—挚　浚—骏—俊—竣—梭—唆
粟—栗　籍—藉　欧—殴—呕—瓯—讴—鸥—沤
撩—僚—缭—嘹—燎—潦—镣　辍—啜—缀—掇

（二）读准字音

看清字形,未必就能读准字音。方块汉字是表意体系文字,和语音不直接发生关系。

由于某些字形体相似、偏旁相同、异义异读等原因,将字读错的情况比比皆是。

南宋初年,有个奸臣名字叫万俟卨,他的姓名往往被人读错。"万俟"是复姓,读如"末其"(mòqí),不读"千万"的"wàn"和"以俟来日"的"sì";"卨"更不读"wō"。

异读是读错字的重要原因之一。所谓异读,是指一个汉字有几种读音。如常用的"着"字,它有四种读音:zhuó、zhe、zháo、zhāo（见《现代汉语词典》)。异读字有两种,一种是多义多音字,即字形相同,字音字义不同,如"音乐"的"乐(yuè)"和"快乐"的"乐(lè)","传达"的"传(chuán)"和"自传"的"传(zhuàn)";另一种是同义多音字,即字形相同,字义相同或基本相同,字音不同,如"恐吓"的"吓(hè)"和"吓唬"的"吓(xià)","给东西"的"给(gěi)"和"供给"的"给(jǐ)"等。

至于因偏旁相同或相近而"秀才认字认半边",这样产生误读的情况也比较普遍。比如,将"臀(tún)部"误读成"殿(diàn)部",将"玷(diàn)污"误读成"沾(zhān)污",将"棘(jí)手"误读成"辣(là)手",将"酗(xù)酒"误读成"凶(xiōng)酒"等。

（三）理解字义

每个汉字作为一个单音节词或语素,无论是实词还是虚词,都具有一定意义。虽然有些字音同义近,但总是有区别的。比如,"颗"与"棵"音同,都可以作为量词,但"颗"多用于颗粒状的东西,而"棵"多用于植物,所以一颗珍珠、一颗红心、一棵树、一棵白菜等就不会用错了。再如,"必须"与"必需"音同,但前者是副词,后接动词等,表示能愿,"要想获得本国的更大发展,我们必须学习西方的先进科学文化";而后者是动词,可直接带宾语单独成句:"向西方学习,这是我们想获得本国发展所必需的"。

汉字绝大部分是多义而非单义的,也就是说,除本义、基本意义之外,还有词义的引申、词义的古今演变、词义的感情色彩等等。比如,"纲"是渔网的总绳,引申指事物的主要部分;"提纲"原意是提着渔网的总绳,引申为内容的要点;知道了"提纲"的意义,便可避免出现"题纲"之误了。

另外,来自古代寓言、历史故事或文化典籍的成语,有些字很容易被弄错。如"完璧归赵"、"破釜沉舟"、"滥竽充数"、"班门弄斧"、"世外桃源"、"兢兢业业"、"仗义执言"等,其中的某些字常常被其他同音字取代而造成张冠李戴的成语错误,甚至错误词形通行天下。对于这些成语,必须注意了解其出处,弄清字义,减少成语使用上的错讹。

要正确区别汉字的形、音、义,避免写错别字,需做到以下几点:一要细心,做到一丝不苟,不可粗心大意;二要虚心,要乐于请教,不可想当然,自以为是;三要耐心,知识的积累要一步一个脚印,要肯于下脚踏实地的工夫,要有日积月累的恒心与耐心。

第四节 汉字书写基本知识

文字是记录语言、表达感情和交流思想的工具,将字写得正确、工整、美观,能增强表达作用,提高汉字书写水平也是提高民族素质的一个重要方面。作为一名教师,课堂上写一手规范、美观的粉笔字,不但利于教学目的的顺利达成,也是展现在学生面前的"活字帖",让学生从老师无声的汉字书写中,潜移默化地得到最直接、最真实的文化熏陶与素质培育。由此可见,师范院校学生加强规范汉字书写训练,是教育教学工作的迫切需要。

一、书写与书法

我们所说的汉字书写是与书法艺术有显著区别的。

第一,目的不同。我们之所以提出汉字书写,是为了满足教师在教育教学工作中的现实应用,而书法艺术的目的则在于艺术美的创造。培养目的不同,训练要求也就不一样。通常对汉字书写的要求是笔画工整不乱,字形清楚易识。作为教师,其汉字书写水平应高于整体社会平均水平,即不但笔画工整,字迹清楚,不写错字、别字,而且要求笔顺规范,力求字形美观大方,体现出当代师范大学生的才学与风度、未来人民教师严谨的工作作风与深广的知识内涵。相比之下,书法艺术则在尊重字形结构的基础上,侧重于书家自我美学意识的追求与表现,而很少考虑其"书写"的客观接受效果。

第二,层次不同。书写是基础,书法是升华。我国的汉字已有几千年的历史,从历代书法家的作品看,每一个时代书法家的字,都在前人的基础上有所发展。所以,我们要想更好地继承和发展我国的书法艺术,必须打好写字的基础,离开了写字也就没有书法艺术。有人练字不从基础练起,过早地追求"狂"、"怪",结果是欲速则不达,书写水平得不到真正提高。

第三,研究内容不同。自有文字以来,无论哪一种书体创造,最初都是以实用为目的。在几千年的相递演变中,汉字式样越来越统一,文字形象越来越精美,书写的实用要求和艺术要求也从最初的两者并存,发展到后来两者差别越来越大,并逐渐演变为书写的两大体系,即书写与书法。书写以法为主,主要研究笔画变化、运笔方法、结体规律及书写技巧等,要求将字写得工整、美观,并具有一定的速度;书法则以意为主,主要研究笔法、墨法、章法的变化,并以之表达书者的思想、感情和个性。

第四,选帖不同。书写与书法目的的不同,直接决定了书写与书法在选帖上的不同。书写应选择规范、工整的字帖作为范本。教师练字选帖应适合其职业特点,应以教材中的印刷楷体作为练字范本,将规范作为选帖第一标准。印刷楷体的主要特点是字形规范,结构匀称,笔画舒展,形体端庄美观,既可以做毛笔字帖,也适合于钢笔、粉笔临摹。

我们之所以这样来界定和区别汉字书写与书法艺术的内涵与外延,意在指出汉字书写的社会规范性与工作实用性,与书法艺术强烈的个性追求以及书家为表现书法的艺术美甚至有违规范是不可同日而语的。考虑到教师职业的特殊性,尤其就其汉字书写的示范性与传承性而言,对于师范生进行汉字书写训练势在必行。主要应做到以下几点:

第一,端正态度。师范院校学生应对汉字规范书写抱着严肃认真的态度,真正认识到写字是与自己未来所从事的教师职业息息相关的,是完成教学任务的重要手段,是师范生重要的职业技能,是关系到民族下一代汉字书写水平高低的大问题。

第二,书写规范。由于师范院校学生进行汉字规范书写的起点相对较高,一般都能做到工整、清楚。因而,训练中应更多强调汉字书写过程中的笔顺规范,即不但字形规范,而且笔顺也要规范。汉字虽然数量众多,但现代汉语常用字只在3 500字左右。实践表明,通过掌握字根的笔顺规范进而去掌握其他合体字的笔顺规范,十分便捷有效。

第三,书写美观。具有了一定的汉字书写基础,就应该在更高层次上选取最适合自己的字帖,认真揣摩其用笔法则、结构系统,掌握汉字楷体的结体规律以及某些常用偏旁的书写要点等。经过一段时间的科学训练,要写一手美观、大方的钢笔字、粉笔字和毛笔字,是不成问题的。

二、写字姿势与执笔要略

(一)写字姿势

写钢笔字和毛笔字一般取坐势,写粉笔字和写较大的毛笔字一般取立势。坐势的基本要求是头部端正,稍微前倾,视线要正;身体坐直,腰部挺起,两肩要平;两臂自然撑开,左纸右笔,成均衡之势;两脚自然分开,平行履地,恰所谓"全身力量到毫端,定气先将两足安"。

从以上要求可以看出,坐势求正、求稳、求平衡,全身四平八稳,毫无挂碍,书写时方利于用心用力,笔稳字正。如果要写较大的毛笔字一般在桌前立写,要求头部自然俯向桌子,视线开阔照顾全局,身子则适当向前略弯,持笔右手臂全部悬空,两脚左前右后自然分开与肩同宽。写粉笔字的站姿一般两脚自然开立,站稳即可,左手应自然下垂或轻扶板面,右臂或伸或曲以方便书写为宜。

写字坐姿

立写姿势

写粉笔字站姿

（二）执笔方法

1. 钢笔执笔

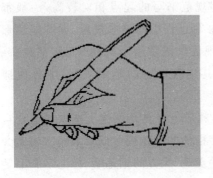

钢笔执笔法

因为大学生使用钢笔时间比较长，基本已经形成了一定的执笔习惯，这里只介绍执钢笔的关键几点，也往往是执笔方法失误所在。

第一，手握钢笔不能离笔尖太近，大约为1寸左右，太近则钢笔在纸面滑动的幅度受到限制，既影响书写流畅度、书写速度，又容易导致字的笔画、结构拘谨，不舒展。

第二，拇指不能摁住食指，钢笔靠近虎口处，这两点有一点做不到，都会使钢笔因被握得太死而不能自如活动，最终导致写出的字呆板无神，不流畅。

第三，小指要收回，不能伸直垫起整个右手，否则，右手将不能自如在纸面上移动，笔在手中也就不容易大幅度活动，这也会进一步影响自如地运笔。

另外，书写时应保证整个右手的外侧和右臂大部分都能着于桌面，比较忌讳的是手下垫一厚厚的书或本，如果手臂和手失去了支撑面，手腕就不能灵活用力。离开了自如运笔，要想写好字简直是难上加难。

2. 粉笔执笔

小小一支粉笔，长不足3寸，但很多人为这小小的圆柱体所困而百思不得其解：为什么笔画的粗细不能随心所欲？为什么力量的轻重总也控制不好？为什么用力就折、不用力又轻浮无痕？诸如此类困惑，使得很多人粉笔字书写水平因执笔不当而难得提高。粉笔的执笔方法是用大拇指、食指、中指抓住粉笔的一端（一般是较细的一端），无名指和小指自然弯曲，起辅助作用。

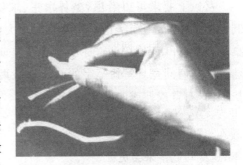

粉笔执笔法

粉笔执笔应把握以下关键：

第一，握笔。粉笔不能被握住，应是捏住。粉笔与板面之间形成的夹角不能过大，一般为45度左右。粉笔的笔尖距手指不宜太远，一般在1厘米左右，太近不便运笔，太远则粉笔易折且不便于书写用力，不能重按过度和随意顿挫。力量调控是写好粉笔字的重要学问。

第二，转笔。书写时粉笔需不断转动，绝不能握死。写粉笔字要想做到笔画粗细随心所欲，关键在于粉笔的灵活转动，这也是使用粉笔的奥妙所在。用新的粉笔写字，要先将笔头磨几下，即将平面磨成圆锥形，至少也要磨出一个斜面，然后用斜面的一个棱接触板面，并注意按顺时针方向不时轻轻转动，使粉笔与板面的接触点总保持在"棱"的状态。粉笔是圆柱体，转动并不难，如果书写时粉笔笔尖一直保持在圆锥形状，写出来的粉笔字就会线条生动，充实圆润。

第三，整支粉笔不便于执握，最好一分为二后分别使用。因为手执粉笔时，粉笔是位于掌中的，太长会顶住掌心，影响书写用力，而且也不便于粉笔在手中自如活动。

3. 毛笔执笔

毛笔字书写的关键是中锋行笔，为此合理地利用手的生理机能，使毛笔靠紧中指——手的中心部位，其他四指则围绕中指，力量分布均匀，这就是毛笔字书写中最常用的"五指执笔法"。这是应用最为普遍的一种传统执笔方法，五指在执笔中的位置和作用可以概括为"㧪"、"压"、"钩"、"格"、"抵"五个字。

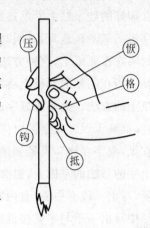

毛笔执笔法

㧪，即按。指大拇指的第一节指肉紧贴笔杆左后方。

压，指食指的第一节指肉与大拇指相对捏住笔管。

钩，指在食指下方的中指弯曲如钩，与拇指、中指成三鼎足之势，加强食指方面的力量，由左外稍向右内拉。

格，即顶。指无名指第一节指背、指盖连接处从内向外顶住笔管。

抵，即托。指小指贴在无名指下方，向上紧靠无名指，加强无名指的力量。

从以上执笔分工来看，笔管处于两股外力下，即大拇指、小指和无名指为一组，位于笔管后面，对笔管有个向外推的作用；食指则与中指为一组，位于笔管的前面，对笔管有个向里拉的作用。两股力量恰当配合，是中锋行笔的重要保证。

毛笔字书写的执笔除合理利用五指外，还需综合运用掌、腕、肘。五指间的松紧自如、配合默契，被称为"指实"。运笔时手掌空虚、虎口张开的状态称为"掌虚"，"掌虚"能够为流利畅快、圆转自如地运笔提供广阔的空间。而运笔的支点则是肘，即腕稍提，将肘放在桌面上支撑手腕，是为"提腕靠肘"。坐势执笔还可以"枕腕放肘"，即将左手放在右手腕下，这样写起字来会更稳便。当然，采取立势书写是完全不必这样用肘放腕的，而是腕肘悬起，右臂完全悬空，腕和肘都不靠在桌上，这样就更能发挥腕肘的作用，运笔也更为灵活。

三、字帖的选择与使用

字帖的选择是学习书法的重要内容之一。自唐宋以来，人们基本认同了从楷书起步的练字方法。作为师范生，从师任教的特殊性要求楷书是必学必备的基本功。所以，我们这里只谈楷体字帖的选择及使用。毛笔楷书可选的字帖有柳公权的《玄秘塔碑》、颜真卿的《多宝塔碑》、欧阳询的《九成宫醴泉铭》、赵孟頫的《胆巴碑》等，优秀的钢笔字帖书写者有田英章、顾仲安、司马彦、邹慕白等。

在选帖的基础上，还要经过读帖、描摹、临帖、背帖、创作五步。第一步，读帖。读字形，读结构，读笔画，分析揣摩字的笔画特点及笔画间的相互关系。认真读帖是练字非常重要的前提和基础。宋代的书法家黄庭坚说:"古代人学习写字不都是依靠临摹,他们常常把古人的书法作品张挂在墙壁上,专心致志地观看它,看准了才下笔。"唐朝的欧阳询发现了晋代索靖写的碑,爱不忍离,索性坐下读碑三天。读的帖越多,眼力就会越高,就知道了如何写才好,好在哪里。有一个成语叫"眼高手低",眼高是手高的前提。发现不了美,不知什么是美,就更谈不上创造美了。第二步,描摹。"描"指的是描红,即初学者在印好的红字帖上沿笔迹用蓝笔描写。"摹"指摹帖,即用透明纸覆在范字上,沿纸上的字影一笔一画地写,又叫写仿影。第三步,临帖。指将字帖置于一旁,看着字帖一字一字地写在作业纸上,这种方法有利于掌握字的笔法笔意,但不易掌握字的结构。第四步,背帖。指在临帖的基础上将字帖去掉,根据自己的记忆,回忆字帖上的字形,将其写在作业纸上的方法。这是练好字的关键一步,只有对所写的字精审细察,成竹在胸,才能下笔有神,准确无误。写字的时候,如能在所写的白纸上看到要写汉字的准确字形,做到"成字在纸,成字在胸",下笔如描红,写一手好字就不成问题了。第五步,创作。在掌握了字帖上字的写法的基础上,触类旁通,悟出字帖上没有的字的写法。根据自己表情达意的需要,写出一段有中心、有内容、自成体系的文字,这就是创作了。如果能在平时的学习生活中写出一手与字帖接近的字,练字的目的也就达到了。

四、书写训练的方法与步骤

如何练好字不仅仅是方法问题,甚至是一门科学,练字方法因个人基础、爱好、职业特点等不同而多种多样。下面就来介绍一下书写训练的具体方法与主要步骤。

(一)取法单一,兼顾其他

传统练字方法有描红、仿影、临格三步程序法,对于初学者来说,这种方法不失为一种行之有效的练字方法,但由于它需要根据临摹表面的难易程度,机械地一步一步走,不能按照汉字本身的内部组织规律进行分步练习,势必会功倍而事半。本书针对教师的知识水平和职业特点,主张采取"单一练字法",即按照先笔画、后结构的顺序,采用三笔临格的方法。这种方法是根据汉字的内部结构规律进行系统练习,也就是将练字的难点化整为零。既有分散,又有综合,最后整体解决。

汉字可分为笔画和结构两部分。笔画有八种基本笔画,每种基本笔画又有若干变化;结构有两种基本形式,每种结构形式都有其各自特点。练字时,要选择那些主要的、有代表性的笔画和结构进行训练,分清主次,综合把握,重点处理。比如,抓住有代表性的笔画,将其放在有代表性的字中进行训练,并在结构训练时继续巩固笔画训练成果。这种练字方法,每次面对一种主要矛盾,解决起来比较容易,当一个个矛盾都得到解决时,就可以积小胜为大胜,最后达到写好字的目的。

单一练字法不同于人们通常所说的"先笔画,后结构"训练方法,它主张将笔画放在有代表性的字里练,这样既掌握、巩固了基本笔画的书写方法,又掌握了笔画的变化规律,同时对结构原则也深有领会。这样双管齐下,便于练中用、用中练,起笔便是练字

"先笔画,后结构"的方法主张先将笔画练好后再练结构,这样既浪费时间又常常顾此失彼,以致训练效果不尽如人意。

所谓兼顾其他,就是练基本笔画时兼顾笔画的变体及字体结构。对于一些比较难写、难于掌握的笔画与结构,不妨采用描红、仿影、临格等办法进行辅助练习。

以单一为主、兼顾其他的方法进行书写训练,收效快,可以收到短期突破的功效,尤其是针对师范大学生进行的粉笔字、钢笔字训练。大量事实证明,这是一种经得起考验的、十分科学的练字方法。

(二) 以临为主,心手并用

临摹字帖是练好字的必由之路。临与摹实际是两种不同的练字方法,摹是将透明纸蒙在范本之上,一笔一画地逐字描画,过去也叫描影;而临则是将字帖放在一边、白纸放在另一边对照着临写,也有先摹后临的。对于师范大学生而言,多年写字经历加之较强的观察、分析、理解能力,练字应以临为主,学会心手并用,从而速见成效。

临帖贵在用心,除了勤学苦练之外,还要讲究临习方法。临帖要做到四多,即多读、多思、多临、多比照。读帖就是用心看字帖,多读指多观察字帖,观察得细、看得多自然会引发更多深入思考。多思即在多读的基础上用心思考每个字的笔画特点、结构特点等,细心观察,用心琢磨,从中找出该字的书写关键。多临则是在细心观察和深入思考之后,做到意在笔前,对笔画的长短、轻重、粗细等变化,各部件的比例及位置都要做到心中有数,然后落笔,反复临写;临帖时要注意养成每书写一个字都一气呵成的习惯,切忌看一笔写一笔,这样写字既导致笔断意断、松散无神,又影响对整个字结构的综合把握。多比照就是每临完一个字后,要将它和字帖上的字进行反复、细致比对,找出用笔和结构上的差距,然后再反复临写,达到完全像的程度后,再熟练几遍,如此才能最后形成技能。

(三) 先大后小,多笔齐用

练字应先大后小,这是人们在长期实践中总结出来的规律。原因主要有三:其一,先写大字,容易掌握运笔方法。运笔是练字的难点,一般书写者难以领会其过程中的力量变化。写大字,笔画的长度加长,就等于将运笔的过程加长加细了,便于书写者用心体会。其二,先写大字便于观察,找出问题。书法家在评一幅书法作品质量高低时往往用放大镜来观察作品,这正好说明了"小可以藏拙"的道理。只有发现问题,才能解决问题,所以先写大字,找出书写不足,才能最后臻于完美。其三,先写大字,能很容易地写好小字,而先练小字不练大字,则即使写好小字也难成就大字,这跟练字时的结字能力、腕力调控能力等都息息相关。大字的书写当然要求更高、更难,所以先写大字从能力培养角度来说也是科学的。

当然,先写大字,并不是不写小字,而应是大小结合。苏东坡在《论书》中说:"真书难于飘扬,草书难于严谨,大字难于结密无间,小字难于宽绰有余。"这个辩证法值得借鉴,所以,练字时大小结合,更易于至善至美。

多笔齐用,是对练字时大小结合这一原则的活用。钢笔、粉笔、毛笔,写字的大小因笔本身特点而自然有差别,运笔力量、结字方法自然也会有所不同。三笔字同时练习,可以互相取长补短,相互促进。

(四)突出重点,兼顾一般

汉字总量有几万字之多,即使是常用的和次常用的也有三四千字,练字不是也不能面面俱到,字字练遍,而应突出重点,兼顾一般。所谓突出重点,不是练难写的字,而是练那些笔画和结构有代表性、应用范围广、使用频率高的字,练好这些字后,就能举一反三、触类旁通地写好其他字。

笔画方面需把握基本笔画及每一基本笔画的变化形态,再选常用的、有代表性的独体字进行重点训练,若能够将这些有代表性的独体字写稳、写正、写美观,再重点练习一些包含常用偏旁的字,重点把握合体字的结构规则,这样既巩固了笔画,也掌握了结构,进而将汉字书写要领扩充到其他汉字,书写技能可成矣!

(五)精读熟背,重在应用

所谓精读熟背,是指练字不能贪多求快,每天临帖要在字数上忌多,而在练的遍数上求多。开始每天精练哪怕一两个字也不嫌少,逐步增加到每天练几个字,每个字都要反复写上几十遍,直到将所临写字的用笔和结构深深印在脑海之中,背帖能写得如同临帖一样好的程度为止。

精读熟背固然重要,更重要的是在应用时能否坚持练字时的书写状态。有人在练字时认真临帖,而平素写字又恢复原来面目,随随便便,练字前怎么写还怎么写,以往的写字习惯和状态一如既往,这样练字效果一定不会好。字帖中的字经过"精读熟背",已在头脑中"立形",那么在平时使用时就应该写出这一已立于头脑之中的字形,来代替练字前的不理想字形。只有做到练中用、用中练,练习效果才能显著,才能持久和稳固。

(六)学会用格,合理布局

随着汉字的演变和发展,书家根据汉字特点发明了不少练字的格,有效利用格临,能更好地把握汉字结构。学会利用各种格,对于汉字结构布局很有帮助。"多功能田字格"(如下图)是练字者必须了解的,因为它能转变成各种常用的格,从而帮助我们合理布局。

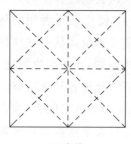

田字格

1. 具备田字格的功能。田字格中两条粗重相交的虚线,可以帮助书写者找到所写汉字的中线、中心所在位置;两条线的交点,可以作为所写汉字的中点所在,其竖线当然可以看作是重心所在。

2. 具备米字格的功能。将田字的对角线连接,就构成了米字格。米字格对于进一步调整撇、捺、提等斜势笔画的角度、起收的位置等有很大帮助。

3. 具有金字架格的功能。田字格的四部分再进一步画出对角线,就能迅速找到田字格中的金字架,这对于"合"、"忿"、"盆"等类型字的合理布局有很大帮助,既便于准确把握撇、捺的斜度,又便于找到斜笔的起、收结点。

4. 具有各种间架结构格的功能。每个汉字都有其一定的间架结构,间架又都有一定的比例。利用多功能田字格,在视觉上能形成各种比例下的暗线,从而迅速、准确找准比例,合理安排所写汉字的结构。

第五节　汉字书写训练

为了培养合格的基础教育师资,必须加强师范大学生书写及书法的基本功训练。钢笔和粉笔是教师职业生活中使用范围最广、使用频率最高的书写工具。根据教师职业的有关需求,师范大学生的书写基本功应更侧重于硬笔楷书、行书训练。下面就主要介绍一下有关硬笔楷书的基本训练方法。

一、基本笔画的书写

笔画是构成汉字的基本材料,是汉字书写的最小单位。汉字的笔画就是构成汉字的线条。写字时,从落笔到起笔所写的线条就叫一笔或一画。我国古代人民在长期的书法实践中,发现"永"字包含有八种基本用笔方法,便总结出来一种以简驭繁的笔画训练方法——"永字八法"。

根据前人的总结和补充,剖析汉字笔画的类型,现在我们将汉字的基本笔画归纳为:横、竖、撇、捺、点、钩、挑、折八种。只要掌握了这八种基本笔画的用笔及变化规律,就可以举一反三,贯通一切笔法。

侧:即点,如鸟翻身侧下,又如高山石坠。
勒:即平横,如勒马缰绳,又如千里阵云。
努:即竖,如万岁枯藤,势如引弩发箭。
趯:即钩,如人之踢脚。
策:即仰横、平挑,如策马扬鞭。
掠:即长撇,如梳篦掠发,又如利剑截斩象牙。
啄:即短撇,如鸟之啄物。
磔:即捺,如一波三折,又如钢刀裂肉。

永字八法

1. 点

汉字的笔画构成方法不管分成八种或更多,归根结底,只是点和线两种形式的演变,而线又只是点的引申和延续。由此可知,点画是汉字各种笔画的根源。任何笔画的开始,都有"落笔成点"之说,同时,点在字中往往起着画龙点睛的作用。

无论硬笔还是软笔,点的共同形态特点是头尖、身肥、尾圆,它的背部是拱起的,腹部是平展的,既像掰开的一瓣大蒜,又像飞溅出的一滴水珠。点画既有单独使用的,也有多点配合的,但最多用的是运笔方向向右下的,我们且称它为右下点。根据多点配合的不同状态,我们将之分为左右点、相向点、相背点、三点水、四点底等。

右下点(1)

右下点(2)

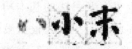
左右点(1)

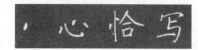
左右点(2)

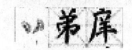
相向点(1)

相向点(2)

相背点(1)

相背点(2)

三点水

四点水

（1）右下点。起笔轻，向右下侧按，落笔慢而重，适度回锋收笔。毛笔中多称为圆点，顺锋向右下行笔，至笔转处稍顿，转锋向左上方收笔。全部运笔过程只转而无折，所以形成圆点。如"之"字的第一笔，"尤"字的最后一笔。

（2）左右点。如"小"中的左右两点即可称之为左右点。左点是右下点的反向行笔，如"心"的第一笔、"恰"的第一笔；右点就是"右下点"。写点画绝不能因为它短小而轻视，一旦败笔，一样会导致整个字都失去光芒。硬笔写右下点最容易出现的病笔一是收笔不作顿，或顿笔力量不够；二是行笔路线过于曲折，导致拱背过大。

（3）相向点。如"弟"字中的两点。左点起笔轻，向右下侧按，收笔时笔势方向应向下，免得与右点收笔相撞，导致两点不是呼应，而是针锋相对；右点有如短撇，起笔重按，转锋向左下轻出笔锋，如图中"平"的第三笔、"米"的第二笔。

（4）相背点。如"六"、"具"中的下边两点。左点恰好是"相向点"中的右点；右点是"右下点"。两点是背靠背，左右分开，左点长，似短撇。值得注意的是，这两点的收笔应在同一水平线上。

（5）三点水。第一、第二笔都是右下点，第三笔是提画。三点布势稍带弧势，第一点略偏右，第二点收笔与第一点中间对齐，第三点挑上后挑尖不高于第二点。如"温"的左偏旁。

（6）四点底。第一点是左下点，其余三个点都是右下点。第一点欲下先上起笔，折锋左下，再向右上回锋收笔。其余三点按右下点笔法书写，其中第二、第三点要写小一些，第一、第四点要写大一些。如"点"、"杰"字的底部偏旁。

2. 横

横法是最基本的一个笔法,在八种基本笔画中,横画应用最多。横在一个字中起着横梁的作用,无论是硬笔还是软笔都应写得既坚挺浑厚,又生动得势。起笔、行笔、收笔,每一个动作都要把握到位,不能含糊。

横(1)

横(2)

硬笔书写横画的要诀是,在起笔与收笔时尽可能缓慢、仔细地写,中间送笔时速度加快。这也就是运笔的节奏。如果起笔与收笔速度很快,就会造成笔画杂乱,写出来的字也不好看。软笔中横画的用笔特点是,逆锋起笔,中锋行笔,回锋收笔。"永字八法"中将"横"用一动词"勒"来表示,目的是说明写横的笔意就像勒住奔马中横铁两端拴住的缰绳,右行笔取迟涩,所以称之为"勒"。

横画有短横和长横之分。一般来说,短横应较为粗壮,如"三"的第一、第二笔;长横则较细一些,如"三"的第三笔。横画用笔可稍向上倾斜,其斜度一般掌握在 5~10 度之间。所谓的"横平竖直","平"并非水平之"平",而是对取斜势的横笔来讲,只能作"平稳"来理解。

用硬笔写横画最容易出现的病笔就是呈火柴棍状,这是没有运笔意识的结果。起笔没有稍微重按,收笔也没有缓慢作顿。另一种相反状况的病笔则是由于起笔作顿过重,末端收笔也太重,结果导致骨棒状——两头大,中间细。

3. 竖

竖在一个字中起着支柱的作用,因此要写得平正不歪,尽量做到垂直、挺拔有力。有的还把竖画称之为直画,只有这样写,才能做到不失重心,立地稳固。

"永字八法"中将竖画称为"努","努"也作"怒",指竖画的写法。唐代张旭说:"努过直则败力。"宋代陈恩说:"努不宜直其笔,笔直则无力。"这就是说对"直"和"努"要进行具体分析。竖画该"直"还是该"努"是受汉字结构变化决定的。例如,"中"、"个"、"年"、"申"等字中最后一笔为竖画,"门"、"月"、"田"的右部也都有竖,但在结构中的地位和作用显然有较大的差异。前者在字的正中,又是末笔,因此必须用"真直";后者的直就不是"真直",而应是"努"。这说明"直"和"努"是同等存在的,切不可偏于一方而否定另一方。

产生"努"与"直"的差别主要有两方面原因:一是书体不同,如印刷楷体就以"直"为主,而有的书体就以"努"为主;二是角度不同,从书写角度强调"直",而书法角度则强调"努"。

对书法上强调的"努",应该有正确理解。周汝昌在《书法艺术答问》一书中说:"直了就'无力'、'败力'。努的比喻来自弓,弓臂和弓弦的关系,本来就有两种力的'反劲儿'。"还说:"'努'法,好比你本要写一个真的直画,可左边好像有一种无形的力不让你直,要把它拉弯,你得和它'作斗争'往下拉这个直画。两个'反劲儿'同时运行,因此'努'法的表现常常是竖画微微有弯意。'努'的本意也就有'鼓着劲儿'、'绷着劲儿'的一面,即'贵战而雄'。你能这样写直了，'直'才有力，否则必然'无力'、'败力'。不是不要它直（故意地写成弯是大错），而是不能在纸上毫无意义地平拖顺拉成一个墨道道儿，那就不是书法，不是艺术了。"这段论述是说"努"在书法上是指笔意，而不是单指墨道道儿其形。只有正确理解"努"，才能"直"得苍劲有力。

竖画有"垂露竖"、"悬针竖"两种。凡竖在左旁者，多用"垂露竖"；在中间或右旁者，多用"悬针竖"。值得注意的是，这只是一般而言。实际上，"悬针竖"是要慎用的，一定要具体情况具体对待，如"个"字的竖就不适合用"悬针竖"。

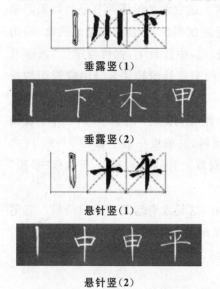

垂露竖（1）

垂露竖（2）

悬针竖（1）

悬针竖（2）

（1）"垂露竖"。逆锋起笔，由上而下至尽处再缩笔回锋向左上围收，在竖的左下角处呈垂露状态。这一笔写法，前人叫做"有往必收（指写横画），无垂不缩（指写垂露）"。意即不论写横写竖，当笔锋运行到尽处，都要回锋收笔。

（2）"悬针竖"。运笔方法是竖画运笔由上而下，徐徐行笔至末梢处，稍微停一下，引申出锋，空抢收笔，作针尖状。针尖要求居于竖画正中央。

"垂露竖"用"回锋收笔"，"悬针竖"用"出锋收笔"。垂露，如露之欲垂而复缩；悬针，如针之倒悬而头直。垂露，用笔欲疾，疾则利劲；悬针，用笔欲徐，徐则意足。

钢笔写竖画易出现"火柴杆"状，这是因为运笔时没有按笔法去做，而是起笔即向下行，行笔始终重按，收笔也没有缓慢作顿。当然，起笔也不能作顿过分，否则会像一支拐杖，这也是一用笔大忌。用软笔写竖画起笔过重、收锋顿笔作围停留时间长就会出现两头重、中间细的"竹节"状的病笔。这些是写竖画易犯的毛病，学习者须了解。

4. 撇

撇画是向左伸展的一笔，它的形态变化多样，一是长短变化，有长撇（"永字八法"中的"掠"），有短撇（"永字八法"中的"啄"）；二是斜度变化，有平撇、斜撇、竖撇；三是弯度变化，有直撇、弯撇。

撇的写法，从右上向左下，起笔稍重，行笔渐轻，收笔较快，使成尖角状态。它的运笔方法实际上是悬针竖向左斜下，惟收笔较悬针竖快，力需送到撇尖，要使末锋飞起，既像兰花叶子般潇洒，又如象牙般坚实。

在实际书写中撇画容易出现的问题，既不是长短，也不是弯度，更多的是因为斜度，所以这里我们重点谈因斜度变化而不同的撇。

（1）平撇。要求锋向左撇而不垂。行笔迅速有力，似宝剑出锋。如"手"字的第一笔。在实际书写当中，一定要把握好平撇平的特点，切忌写成斜的，所以在书法中有用向右上倾斜的短横来代替位置居上的短而平的撇。

(2) 斜撇。落笔稍微用力作顿,而后转笔向左下撇出。行笔之中可以略慢,接近出锋时行笔要快,笔画形态酷似兰叶。毛笔写斜撇要逆锋向左上方起笔,再折锋向右下按笔,提笔转向左下中锋行笔。行笔中用力均匀,保持笔力到撇的尖端,收笔时要迅速,如"合"字的第一笔。

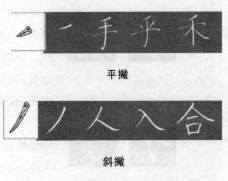

平撇

斜撇

(3) 竖撇。写法与斜撇大致相同,不同之处在于起笔处与行至中间一段是竖直的,到下段接近收笔处向左撇去,如"厂"、"月"之撇。

竖撇

5. 捺

捺,亦如人的手足。古人说,捺的"伸缩有度,变化多端,要如鱼翼、鸟翅,有翩翩自得之状"。它通常具有的特点是它所表现的"波折"和"捺脚",这是其他笔画无法与之相比的。它的主要作用是通过伸缩来达到结构平衡的目的。捺画依其长短有长捺和短捺;依其斜度变化主要有直捺、斜捺和平捺。

捺(1)

平捺与斜捺都属于长捺。写法大致相同,从左上到右下,逆锋起笔,下笔稍轻,转锋向下行笔时渐渐加重,然后轻轻提笔,向右捺出,捺脚稍长,呈燕尾状态。如"之"的第三笔,"天"的第四笔等。直捺严格说来也是斜捺,之所以要细分出来是为了强调其斜度不同,如"夫"字最后一笔就应写成"直捺",这是斜度不同于"金"字第二笔的捺画,书写者应对捺画角度的变化给予同撇画角度变化一样的重视。另外,还有一种反捺,形似长点,属捺的变体,如图中"衣"、"关"的最后一笔,均可处理成反捺。

捺(2)

捺(3)

捺(4)

6. 钩

钩画是承接别的笔画来书写的,接竖的是竖钩,接横的是横钩。它在"永字八法"中被称为"趯"。钩画的形态好像是一只鹅头,写的时候,要力求饱满健壮,尖挺锐利。力量要集中在笔毫尖端,势如用脚踢球,迅猛地一脚踢出去,这样出来的钩呈饱满锐利的三角形。

根据汉字结构的搭配需要,钩画在不同字中或平或直,或仰或俯,都是按照字的不同取势而形态各异。钩画大致可以分为竖钩、竖弯钩、斜钩、卧钩和横钩,具体写法如下:

竖钩

（1）竖钩。如"府"字的第七笔。起笔同竖，行笔时笔锋向上，行至作钩处，立即向右一宕，再向左下作围势还原。此时笔尖仍向上，待还原后，立即转笔，边转边将笔上提、微按，使锋尖向下稍顿，然后缩笔向左上蓄势提起作钩，成右圆左尖之势。

弯钩

（2）弯钩。如图中"乎"字第五笔。其写法、运笔方法与竖钩相同，差别仅仅在于竖画部分比竖钩的竖画略弯一些，由起笔开始从上左弯向下，弯度不要太大，其他钩画部分与竖钩的钩法相同。

竖弯钩

（3）竖弯钩。如"兄"字的第五笔。起笔、行笔同竖画，而后向右弯出，弯后平移到钩处，折笔向上钩出。行笔过程中，注意使竖画向左挫进，弯处要圆转而无棱角。写完后观察笔画形态，弯后横画下沿略带弧形，到出钩时稍向上翘。

斜钩

（4）斜钩。如"武"字第七笔。落笔稍顿，向右下慢慢行笔，到接近出钩时，蓄势后用力翻笔向上钩出。整个笔画要挺胸收腹，不要过弯。

卧钩

（5）卧钩。如"心"字第二笔。落笔轻轻，由细到粗，朝右下稍斜后向右平移，最后向右上昂起钩出。钩要朝左上，整个形态既要平又要有弧度，像人仰卧在地上一样。

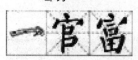

横钩

（6）横钩。如"官"字第三笔。起笔、行笔同横画的笔法，到出钩之前先向右下略顿，蓄势后快速向左下钩出。有人说，钩尖要对准字的胸膛踢出，取鸟嘴探胸啄样姿态。

7. 提

提画又叫挑，是汉字中从左下向右上角斜向挑出的一笔。它在"永字八法"中被称为"策"，"策"就是策马的意思，像打马的鞭子，要轻快有力，一鞭子打下去，再立即收回来。写提要回想写短撇的用笔方法，它实际上是短撇的反向。从左下向右斜上，藏锋逆入，起笔较重，在向右上行笔时，逐渐提笔，最后要轻快地向外出锋，笔势要足，力到锋尖。

提的形态好似打乒乓球时"海底捞月"的姿势，又好像张弓搭箭向外射出时的提拉动作。这种形态决定了提画在字的结构搭配中要有一定的斜度变化。有的平缓，有的陡峭，还有与其他笔画相承接的横折提、竖提等。

提（1）

提起笔要用力，稍顿后用力快速向右上方挑出。为了蓄势以增加笔力，可逆锋起笔，同时注意不要将挑拉得过长，显得软弱无力。

横折提，如"训"字第二笔。它是横、竖与提的组合,提的部分与竖提基本相同,需注意的是"横"不可长,"竖"要根据整个字的形态决定长度,"提"切不可写得太平。竖提,如"钱"字第五笔、"饼"字第三笔,是竖画与提画的组合,需注意提的角度,切忌竖与提之间夹角过大。

提(2)

提(3)

提画是汉字书写中最为简单的一种笔画。它的主要作用是改变横势方向,增加笔势呼应。

8. 折

折画和钩画一样,是附属在别的笔画上的,它虽然在"永字八法"中未设专论,但是经常在汉字中出现。

写折的时候,重要的是转角之处。在有了横和竖以及别的笔画书写基础之后,关键是横与竖连接处的一"折"。以横折为例,到转角处稍驻,笔向右上稍昂,再向下稍顿,然后提笔转锋直下,竖画要比横画加重运笔的力量,做到横细竖粗,横轻竖重。

折画主要有横折和竖折两种。

(1)横折。如"昌"字第二笔。其写法是从左向右写横,至转角处再折笔向下写竖。折笔处要稍停一下笔,向右上微昂转锋向下稍顿,然后提笔直下。写这一画易出现的病笔有两种:一是运笔至折笔处向上提笔太高,使上方多出一块棱角;二是运笔到折笔处顿笔速度过慢,导致由横到竖的折笔过于迟疑,乃至向右下拉出后才转而形成写竖画之势。写这一画运笔的力量变化是绝对不可忽视的。

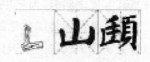

横折

(2)竖折。起笔同竖,在折处提笔微左,再折向下,稍顿后,再折笔向右行笔同横。转折处宜平,横笔与竖笔约呈90度直角。如"山"字第二笔。

竖折

以上仅是汉字书写时会遇到的最为基本的八种笔画书写方法说明。在汉字结构搭配中,有些笔画根据搭配方位或取势不同的需要,多用折笔连接起来形成复合笔画。大体可分为以下两组:

(1)横折钩、横折斜钩、横折弯钩、横撇弯钩等。

横折钩:如"力"字的第一笔;"月"和"永"字的第二笔;"门"字的第三笔。

横折斜钩:如"凡"、"风"、"凤"字的第二笔。

横折弯钩:如"九"字的第二笔。

横撇弯钩:如"队"字的第一笔。

(2)横折折折、竖折折钩、横折折撇、横折折折钩等。

横折折折:如"凸"的第四笔。

竖折折钩：如"与"、"马"字的第二笔，"鸟"和"张"字的第三笔；"弟"字的第五笔。
横折折撇：如"及"的第二笔。
横折折折钩：如"乃"的第一笔。

在复合笔画书写过程中，首先，要把握基本笔画的运笔规则，尤其是力量的轻重变化、取势的角度变化；其次，是该复合笔画在汉字结构中的作用，如大小比例等。由此我们应明白，笔画和结构是不能截然分开的，写好笔画是为结构服务的。

二、汉字的结构原则

书家常说，"点画生结构"。亦即点画是汉字结构的基础，结构离不开点画。点画在形态上的不同表现形式产生不同的字形结构。虽然结构、结体、结字或间架结构说法不一，但宗旨都是将如何将点画、偏旁、部首合理、巧妙地安排在一起，将字写得端正、匀称、整齐，进而达到美观的境界。比较著名的有唐代欧阳询的《结体三十六法》、清代黄自元的《间架结构九十二法》等，其中尤其归纳总结了古代文化先哲对楷书结构安排的具体规则。

1. 平稳端正

平稳端正是安排字体结构的基本要求，就是要把握住字的重心和中心。所谓重心，主要指字的分量的支撑点；中心则指字的中心部位。重心平稳是字形端正的关键，每写一字都应首先找出这个字的重心。如"平"的重心是当中一竖，"为"的重心是横折钩，"心"的重心是卧钩，"道"的重心是平捺，"少"的重心是长撇，"册"的重心一笔是长横等等。一般来说，凡形体平正整齐、笔画均衡对称的字，其重心容易就把握；反之，那些形体不够规则的，就不易把握。有些字如上下（上中下）结构的中线、中竖、交叉点等，常常就是这些字的重心，如"交"、"年"、"家"、"帝"等，只要上下部件在一条线上对齐，重心就平稳了。有的字如"勿"、"乃"、"力"、"母"、"乙"、"戈"等，字形本身略有倾斜，书写时要注意尊重其本质之斜势，而斜中取正。

汉字是中国传统文化的重要表征和具体体现，也是中国传统文化特色的鲜明反映。以儒家文化为代表的中国传统文化非常推崇"温柔敦厚"、"文质彬彬"、"举止有度"、"深沉稳重"、"风度翩翩"的"君子"，中国传统文化品质对其传统书法文化的形成具有重要的促进作用；反之，以书中"君子"楷书为代表的书法文化也对传统文化性格形成、传统人格养成起着不可低估的重要影响。"平心静气"既是楷书书写时的基本要求，也是儒家衡量"君子"日常举止是否符合行为规范的重要标准。"平稳端正"是中国传统文化的基础内核，因此，无论是哪一种书体，最后的落脚点当为"平稳端正"，否则就是败笔。

2. 疏密匀称

汉字的笔画有多有少，甚至相差悬殊。有的字只有一笔，如"一"、"乙"、"人"、"中"等；有的字则十几笔、二十几笔、三十几笔，如"裤"、"蠢"、"懿"、"麤"等。

这就要求我们在汉字的结构安排上，要注意笔画的疏密搭配。凡是笔画繁复的，笔画宜瘦，应处理得紧密而匀称；凡笔画少的，笔画宜肥，要安排得宽疏而不有分离，使疏密恰到好处。如"一曝十寒"四个字各占一个格的位置,要求每个字都体现出应有的风度和气质,要做到"笔画少而不单薄"、"笔画多而不臃肿"。因此,书写时,"一"、"十"两个字的笔画应写得粗壮有力;"曝"、"寒"两个字的笔画则要紧凑而清晰。有的字虽是在一字之中,间架结构的安排也要求有疏密之分,如"勤"字,左密右疏,因此,在"勤"的结字上,要做到该疏则疏,该密则密,尊重字形的原有特点,使笔画匀调,左右对称。

3. 比例适当

合体字的各个组成部分要按照一定的比例加以结构,否则就会因结构失调而不得要领。无论是左右结构还是上下结构,有些字的构成部件要平分天下,各占一半江山,如"朝"、"鲜"、"昆"、"禁"等字;有些字的部件是一比二的比例,如"海"、"到"、"花"、"意"、"烈"、"倒"、"候"等。其实,所谓的比例只是一个大概,并非绝对的,实际书写时应灵活安排。

字形的大小,笔画的粗细,都要根据字的笔画多少和繁简而有所区别。如"十"、"二"、"工"、"人"等笔画少的字,要写得粗壮些;"赢"、"藤"、"繁"、"藏"等字笔画众多,书写时笔画应纤细些;有的字如"四"、"两"、"西"、"回"字形呈扁形,书写时不能人为拉长;有的字形如"自"、"了"、"力"、"鼻"呈长形,书写时也不能故意放扁。结体成字时要注意笔画、偏旁等的安排各得其所,要顺其自然,不要做作。

4. 迎让避就

汉字结体时一定要考虑笔画的迎让与避就,就像人类社会中人与人之间的相处一样,要以和为贵,要讲究秩序,讲究层次;"礼让为先","合乎法度";该屈则屈,该伸则伸;不能冒犯别人尊严,不能侵占别人地盘;不能冲突,不能打架;不能自断手足,不能"窝里斗"。总之,"己欲立而立人,己欲达而达人",没有迎让避就,就没有"和谐"相处。

独体字要讲究点画间的迎让,如"入"的一撇不能大于一捺,"撇"再长也不能长过"捺",否则就不是"入"了,那就变成"人"了。在结构相对较为复杂的合体字中,更要讲究部件之间的迎让。左右结构的字,左边偏旁宜收敛些,为右边笔画的展开留出足够空间,相反,右边部分可适当舒展些,这样结体的字,收放结合,相得益彰。上下结构的字,要注意"天"与"地"的布局、"帽子"与"底座"的安排,使之上坐下托、天覆地载,如"宝"、"党"、"伞"、"写"等字上有"天"、有"帽子"覆盖,这就要求"天"或"帽子""笼罩"、"盖住"下面部件,不使下面笔画外露,另如"热"、"孟"、"思"、"垫"、"些"等字下有"地"、有"底座"作为托载,其"地"、"底座"应适当宽大些,充分发挥自己的"托起"作用,尽到"地载"义务,使上面部件安心地"坐"下。

三、独体字楷书训练

在整体的汉字集合中,独体字数量不多,笔画较少,结构更是十分简单,但由于独体字是合体字书写的基础和前提,所以,独体字训练对于整体书写水平提高十分重要。要想写好独体字,应该掌握如下书写规则:

(一) 重心平稳,斜中求正

每个字都其重心,稳定重心是汉字结构的关键。重心不平稳,写出的字就会歪歪斜斜,这是汉字书写一大忌。重心,乃书写重量的中心。我们写出来的字,无论笔画粗细、长短还是疏密布置,在感觉上都好像是有重量的。如何保证重心平稳,没有统一规定,要因字而异。

1. 找准中心,左右对称

凡是字形平正有中竖的字,书写时要将中竖写在该字的中线上,其他的笔画对称于这一中竖均匀安排。如:

中 单 主 东 平 申 丰

这类独体字,字形平正规则,且中间都有一竖或竖钩,只要保证这一竖或竖钩在该字的中线上,重心也就平稳了,所以,这类字找准中心线是保证重心平稳的关键。

许多字的形状是方形、梯形或菱形的,还有的是左右分开的。这类字虽然没有中竖,但也是能做到左右对称的。如:

月 日 豆 火 大 义 文

中心存在于所有汉字中,只是有的具有明显标志,有的模糊。以上这些字的中心不难把握,围绕中线左右对称,则重心平稳。如"月"、"日"的横画在中线左右基本相等、对称。"月"字重心平稳、使左右对称的关键还在于左边的撇画是竖撇,不宜斜度大,右边的竖钩要与撇画相呼应,写出一定的"背势",钩笔钩出不宜早于撇画所在的水平线。

如"豆"、"百"应写成梯形的形态。"豆"是上窄下宽的正梯形,下横宜长;"百"是上宽下窄的倒梯形,上横宜长。这两个字的中线即中心所在,亦为重心所在,左右两边的笔画被中线平分则重心平稳。又如,"火"、"大"、"义"、"文"等字为左右分开的形态。"火"、"大"的中线在撇画上半部起笔所在的竖线上,"义"、"文"的中线在撇、捺交叉点所在的竖线上。撇捺展开,左右对称,则这类字就能重心平稳。

以上两种方法适用于正势独体字,而对于斜势独体字,则很难通过中线确定中心从而保证重心平稳,这就需要斜中求正,险中求稳。

2. 斜中求正,险中求稳

所谓斜中求正是指有些字的笔画基本上是有斜度的或字的本身是斜势的(如"力"、"乃"向左侧,"戈"、"曳"向右侧),处理这类字要本着"斜中求稳、体斜心正"的原则,就是说,首先要随其体势,该斜则斜,然后求其平稳,斜而不倒,斜而稳重,甚至险中求稳。如:

飞 方 母 力 乃 戈 曳 也

手写体写"方"字斜中求正的关键是,第一笔点画的重心、横折钩的起笔处即与撇画的交点、横折钩的钩笔处、撇画的起笔处,这四点在同一条竖线上,可以保证"方"字重心平稳;"母"、"力"斜中求正的关键则在于,使其斜向笔画平行且下面的弯钩位于该字中心线上或稍右;"戈"、"曳"的主笔是斜钩,要求主笔撑住字身,其他笔画对称安排,主笔斜钩的斜势是很关键的,斜势太大就会向左倒,斜势太小则拘谨,缺乏神采。

写"也"字最忌讳两点,一是第一笔横折钩写得平直方正;二是竖弯钩写得拘谨、不舒展。由于这类字的笔画偏在一边,为了稳定重心,首先,要将横折钩写得险峻、陡峭一些,具体做法就是横要努力向右上斜出,折笔后又努力向左下发展再钩出,使横与折之间的夹角尽量小一点;然后,第二笔的竖画起笔位置可稍高,而收笔不能过晚;最后,竖弯钩向右拉出,舒展自如,使上半部成为偏左的力量,竖弯钩因其位置较低,所以向右舒展后加重了整个字的右侧力量,从而使整个字重心平稳。这种处理办法就是险中求稳的一个代表。

(二)突出主笔,中竖宜直

除个别字外,绝大多数独体字都有一个对汉字结体起主干作用的笔画,这一笔画我们就叫它为主笔。一般来说,一个独体字只有一个笔画是主笔,个别字也可能有两个主笔或没有主笔。

之 心 光 百 女 成 世 左
凡 上 午 木 果 串 于 韦

哪个笔画才是主笔呢?概括地讲,一个汉字中相对比较舒展的一笔通常对该字结构起到的作用较大,那么,常常这样的笔画就是主笔。凡横画处在字的顶部、中腰或底托部位时,若是比较舒展的笔画,则这个横画就是主笔。如"百"字顶部的长横,"上"字的托底长横,"女"、"于"等中腰的长横。凡长竖处在字的中间部位时,这个竖画一般是主笔。如"韦"、"书"等字的中竖。比较舒展的钩笔,如斜钩、竖弯钩、卧钩、横折弯钩等一般作主笔。如"凡"字的横折弯钩,"成"字的斜钩,"光"字的竖弯钩,"心"字的卧钩。长捺、长撇一般也作主笔,如"之"字的长捺、"左"字的长撇等。

主笔在汉字结构中占有十分重要的作用,特别是独体字结构中的关键一笔,是保持整体重心平衡的重要因素。突出主笔,就是将主笔写得长一些、大一些、重一些、结实一些。不能加强主笔,就等于加强了其他笔画,会导致主次不分甚或主次颠倒,该字结构必然失败。

中竖宜直是指字的中竖既要写在正中,又要写得笔直(不能有弯),如"中"、"午"、"木"等。如果不止一笔为竖,则它与两边的竖要在力量、取势上形成鲜明对照,如"果"、"串"等字中有多竖,除中竖要写得粗壮、笔直外,其他竖则写成斜竖或弧竖。

(三)疏密得当,肥瘦适中

疏密是指笔画间距的大小。汉字的笔画有多有少,因为都是写在同样大的方框内,所以笔画少的必然间隔就大,笔画就稀疏,如"丁"、"厂"等,这就是所谓的疏;笔画多的其间隔必然就小,笔画就紧凑,如"重"、"事"等,这就是所说的密。肥瘦是针对笔画的粗细而言,它与疏密密切相关。笔画疏者宜肥,笔画密者宜瘦。

丁 凸 凹 巴 毛 田 厂 占
子 羌 重 自 耳 世 事 由

要想做到疏密得当、肥瘦适中，一是凡横竖笔画重叠排列的字，笔画之间的间隙要大致相等，不能挤在一边或一头。如"重"字的横画较多，"凸"、"凹"二字竖画较多，要求既要紧密，又要匀称，笔画也要细一些；"田"字三横分隔出的两个空间与"世"字三竖所构成的两个空间都应基本相等。二是笔画不重叠排列的字，要有密有疏，疏密得当。汉字中横竖重叠排列的字只是一部分，有些字本身就疏密分明。总的来说，多数字是上紧下松，内紧外松，如"羌"、"耳"、"来"等；也有少数字上松下紧，如"由"、"占"等。这类字在书写时，往往在某个部位笔画较多，而这个部位在整个字中所占比例又很大，这就要求书写者对于疏密处理要心中有数，真正做到"疏可走马，密不穿针"。

（四）横有长短，稍有倾斜

横是汉字中出现频率最高的笔画。在具体单字中，横画不能一样长短，一样长短会使字显得呆若木鸡。横的长短变化有人总结出了一些规律可供借鉴："上下有横，上短下长"，如"至"、"互"等；"一字三横，中短下长"，如"玉"、"丰"等。有的一字多横又长短不一，如"里"、"言"等，"言"字上横长，"里"字下横长；还有的字中横长，如"舟"、"去"等。到底孰长孰短，具体要有主笔及其与主笔之间的关系来确定。

至 互 玉 丰 里 言 舟 去

横画在书写过程中，一般都会谨记"横平竖直"的原则，甚至加以绝对化理解，最终导致横画呆、竖画板，字写得缺乏生气与神韵。其实横平竖直都是相对的。就横平而言，与其说横画要写得平，不如说横画要写得稳更准确，尤其是长横。因为横画的完成从起笔、行笔到收笔，其轻重力量是变化着的，所以横画的平，一般应稍向右上方倾斜才能把握得更好。至于横的倾斜度，各家书体见解不一，印刷楷体倾斜度最小，我们书写训练时可自由把握，区别对待，以写稳为宜。

（五）撇捺对称，左低右高

撇、捺在汉字中相伴出现的几率是相当高的。很多字或上部、或中部、或下部会有较舒展的一撇一捺。这两画写好了，会使整个字显得风度优美，神采飞扬。如：

今 金 水 米 本 人 个 爪

撇、捺不仅要写得舒展有力，而且要写得左右呼应，一般应左低而右稍高，即撇收笔稍低，捺收笔稍高。写撇、捺对称主要应把握以下三点：

1. 撇、捺向两边撇出、捺出的角度基本相等

凡是撇、捺的交点或交叉点在中竖线上的，随着位置的改变，撇、捺与中竖线的夹角也有所改变。如"人"字头的撇、捺与中竖线的夹角最大，如"今"字。撇、捺下笔画仅为一竖或一点等笔画较少或无笔画时，撇、捺与竖中线的夹角一般是成45度，如"木"、"米"、

"本"、"人"等。如果撇出与捺出的角度不能保持大致相等,就会导致撇、捺一高一低,如同飞鸟被打断一个翅膀,既不平衡又不优美。

2. 撇、捺弯度基本相同

因撇、捺在汉字结构中的位置不同,其弯度一般也不会相同。如"人"字头的撇、捺,因有屋顶般的覆盖作用,所以弯度不能大,而撇、捺不做字头时,其弯度可加大一点,如"木"、"本"等字的撇、捺就可大于"今"、"个"等字的撇、捺弯度,而"爪"字的撇、捺弯度又会大于上举各例字的撇、捺弯度。但不管左右应对称的笔画具体为何种状态,撇、捺的弯度必须是一致的,以保证汉字结构的对称美。

3. 撇、捺长短基本相等

一字左右对称的撇与捺,从其相交或交叉处算起,长短基本上应是相等的,交点与撇、捺的收笔处连接,基本为等腰三角形。

撇、捺的左高右低是指收笔不在同一水平线上,撇稍低而捺稍高。这个高低尺度与横画倾斜时左低右高的斜度是基本相同的。

值得注意的是,撇与捺的对称并不是指力量的对称,因为一般情况下,应该是撇轻捺重,这样才符合汉字左轻右重的轻重变化规律。

四、合体字的书写训练

如果说写好独体字就奠定了写好合体字的坚实基础,那么,写合体字应是对笔画书写方法、独体字书写技法、汉字结构原则与结构方式等的综合运用。下面我们就结合合体字的不同结构方式,来探讨一下合体字的楷书训练问题。

1. 上下结构

上下结构可分为四类,即上下大小相当,或上大下小,或上小下大,或由上中下三部分构成的。

(1) 上下大小相当。上、下两部分笔画大小相当、高矮相当,因此繁简相当,二分天下。书写时注意相互平衡,上下所占比例基本相等。如:

男 留 杏 导 委 裂

上下结构字的结体关键是找准中心线,使上、下两部分的中心部位于中心线上,上、下对称,使字形平稳端正。如"导"字上、下两部分偏旁的中心都不明显,其上面部分"巳"字的主笔是竖弯钩,但其中心线则在其横笔的中间;下部分"寸"的主笔是横,但其中心是第三笔"点",这样"导"字上、下两部分中心对齐的直线就是"导"字的中心线。其他如"男"、"留"、"委"等中心线寻找起来则容易些。

(2) 上大下小。这类字上部分笔画繁多,安排要密;下部分笔画稀少,安排可疏,做到上坐下托,因而下宽于上。该类字下底部分一般都会有一长横或布排均匀的四点或有一个横向的斜钩来体现"托"的作用,因此,在书写练习时要注意写好这一力抵千钧的主笔。如:

惩　悲　墅　盛　热　墨

（3）上小下大。这类字与上大下小的字恰恰相反,上面部分约占整体的三分之一,下面则占三分之二;宽度则一般以上面部分为参照基准。如:

宝　常　前　罪　筋　崔

像这样上小下大的字,其重心在下,下部分中部常有较长的撇、竖等强调重心。一般来说,上面部分笔画少却舒展,下面部分的笔画则相对紧密而严谨,其宽度不宜太超出上面。如"宝盖头"、"秃宝盖"、"党字头"、"穴字头"等,下面的笔画必须安排在上面偏旁所限定的宽度之内,其他偏旁如"山字头"、"竹字头"等也是这样。

（4）上中下结构。书写这类字,要注意三部分在中心线上对齐,如:

意　素　慧　喜　幕　舅

有些字上下宽大中间紧缩,如"意"、"素"等;有些字则分布均匀,中间部分往往有长横或可以自由放纵一些的撇、捺,如"喜"、"幕"等。

同时,从宽窄变化角度而言,我们应注意到上下结构合体字上下两部分间的宽窄变化。有的上宽下窄,如"冒"、"育"、"赞"、"暂"等;有的上窄下宽,如"盟"、"品"、"点"、"柴"等。

2. 左右结构

左右结构由两个或两个以上偏旁以左右组合的方式构成的书写单位。在书写左右结构字时,要注意左右部件间的合理搭配,它既是两个相对独立的书写个体,同时,更是一个配合默契的整体。彼此间的"心领神会"贵在有收有放,有避有让。左右结构字可以分成以下四类进行训练:

（1）左右同宽窄。左、右两部分究竟孰宽孰窄,其判定标准就是看各构件间的笔画差别。如果左、右两个部件笔画数大致相当,仅差一二,那么,在空间的布排上也就平分秋色,基本相等。如:

放　秋　驭　船　粗　纠

像以上这类字,两个部件间的笔画差别仅仅如左三右四,那么其结体时宽度、高度也大致相等,只是个别笔画稍加收束而已。如"秋"、"粗"中的"禾"和"米"的长捺变短点即可,其他字结构道理亦然。只有这样,才能使这类左右结构的字既如双峰并立、秋色各半,又水乳交融、难解难分。如果笔画数目相差悬殊,则需采取以下两类结构方式,或左宽右窄,或左窄右宽。

（2）左宽右窄。这类字一般右偏旁笔画不多,因其结构的左繁右简而必须左迎右让。如:

到　彭　耐　引　部　励

由上可以看出,像"刀"、"寸"、"耳"、"口"、"力"等偏旁居右时,其用笔应向左靠拢,劲往中心使。其宽度为整个字宽的三分之一,其高度则等于整个字的高度,或与左侧大体持平,或稍稍高一点也无伤大雅,只要记住左大右小、右依左傍,保持字形平稳守衡就可以了。如"到"的右旁一竖书写运笔时可以笔势稍向右涨,竖钩钩时慢而有力力向中心;"立刀旁"可与左边同高矮。但"部"的右旁则不能与左侧齐高,相反,下面可稍长,上边则需低于左偏旁约三分之一或四分之一为好,"阝"旁也是这样,如"却"字。

(3) 左窄右宽。以"亻"、"氵"、"扌"、"纟"、"彳"、"忄"等为偏旁的字,书写时要注意左侧的偏旁高度就是该字的最大高度,宽度则约占字宽的三分之一,左右之比为1∶2,左瘦而右肥。如"摸"字,左侧的"扌"书写时,起笔一横要准确,不能太长,竖钩亦不能马虎,横上应是其整体高度的三分之一,且竖钩穿过横中心偏右处,使横足以盖住下面的"提"笔;提笔起时则不要超过横起笔处,收时恰好位于横下面竖钩长度的三分之一处。整个左旁写得恰到好处,是整体字形美观合理的前提,"木"旁、"禾"旁的写法与此大同小异,不难把握。如:

地 峰 吃 巧 珍 摸 慢 流 红

还有一些字中的左偏旁虽然其宽度在整个字中的比例不变,但其高度却不再等于整个字的高度。因为"土"、"工"、"王"、"口"、"山"等偏旁书写时应居中而偏上,上边基本与右侧持平,下边则为右侧提供足以用笔的空间。这类字的右侧一般笔画较舒展,往往其笔力一直涉及左下方,因此在书写时应注意这类左偏旁的安排。

(4) 左中右结构。左中右结构字的比例安排依旧是根据笔画的繁简来决定的,主要有以下三种情况。一是左中右三部分宽窄、高低基本相等。这三部分互相间笔画数目相近,用笔范围大致相同,只要笔画安排匀称、左中右呼应顾盼就可以了。但要注意像左中右这类笔画较多的字不能出现乱笔,以致影响整个字形的清晰与醒目。如:

粥 缴 膨 嫩 游 衔

"嫩"字左中右三部分结体时,左侧"女"字旁斜长点收敛缩小,避免与中间"束"的长撇交叉,而"束"为给右边"文"让笔,又化长捺为短点,于是,在"嫩"字这一整体中,左边与中间部分有避有就,同时中间与右边部分有迎有让,左边和右边部分又以中间部分为媒介,三者和谐地统一起来,联成一体。其他如"粥"、"游"等结构道理亦然。

二是两边宽中间窄。这类中间部分或纤细或短小的字,笔画应挺拔、清晰,用笔不宜虚弱模糊,损害其整体美。两边部分宜以中间部分为对称左呼右应,左舒右展;中间部分高度不太规则,有的要高出左右,如"班";有的则与左右大体持平,如"狮";有的则稍低于左右,如"辩"等。这就需要我们在书写训练时多做比较,尊重字形实际的同时,选择最恰当、最合理、最美观的结构处理方式。如:

班 辩 鞭 糊 狮 衍

三是两边窄中间宽。这类中间宽两边窄的字,左、右两侧笔画少的部分宜紧密围绕中间部分用笔。书写时中间部分笔画应清晰,层次分明,紧而不乱;两边笔画少则要布排均匀松而不散。如:

衡 傲 撕 谢 嘟 撒

"衡"中间明显繁于两边,但与左右搭配一起却给人匀称、平稳感,就在于左边"彳"旁上边两撇平行且起笔上下对齐,一竖立于两撇中心线上,给人以展目右望之感;右边"亍"旁上边两横上短下长本身已很平稳,加上竖钩短而有力且呈左围之势的配合,使中间部分被紧紧包裹起来。两侧强烈的向心力就这样使互不关联的三个各自独立的部分团结一心聚到了一起。

以上是就左右部件宽窄比例而言的,另外,左右结构的合体字还有左、右两部分的高低、长短、大小等变化。有左高右低的,如"细"、"却"、"红";有左短右长的,如"料"、"野"、"顶"等,有左小右大的,如"比"、"双"、"林"、"羽"等。对于左中右结构的字,也要充分考虑到各部分的高矮、大小、疏密等因素,书写时应注意紧凑而不拥挤,遵守迎让避就的结构原则。

3. 包围结构

包围结构字的情况较为复杂,具体可分为两面包围、三面包围和全包围三种。

一是两面包围结构。这种结构由内、外两部分组成,主要有三种形式。左上包右下,如"左"、"庄"、"病"、"原"、"虎"、"展"、"后"、"房"、"眉"、"肩"等;左下包右上,如"造"、"连"、"延"、"翅"、"处"、"赵"、"题"、"毯"、"魅"、"尬"等;右上包左下,如"包"、"司"、"句"、"勿"、"戌"、"虱"、"武"、"氧"、"栽"、"截"等。

二是三面包围结构。这种包围结构也是由内、外两部分组成的,也主要有三种形式。左包右,如"巨"、"医"、"匡"、"匹"、"匣"等;上包下,如"同"、"周"、"闻"、"风"、"凤"等;下包上,如"画"、"函"、"凶"、"幽"、"凼"等。

三是全包围结构。这种结构的外边是四框,根据被包围部分笔画的多少、繁简不同,有方形和扁形之分。方形如"国"、"围"、"图"、"圈"、"固"等;扁形如"回"、"四"、"曰"、"田"等。

通过下列字我们可以思考一下包围结构字的结体特点。

(1) 田 回 因 国 图 固

(2) 周 闪 函 画 医 巨

(3) 历 庆 虎 疲 屋 眉

(4) 远 赵 勉 建 翅

(5) 句 司 或 氧

通过以上五类字的对比分析,我们可以看出第一类字呈闭合之势,由于被包围部分的笔画繁简不同而呈现出或扁方或长方的形态,其用笔规则也随之不同。扁方形字呈两开肩结构,如前所述这类字应上宽下窄,两侧相对竖笔上展下敛。长方形字两侧竖笔则需左细右粗,保持平行,上、下两横亦需平行同长短;里面被包围的部分要匀称、丰满,位于中间,所以用笔时比全包围扁方形字的外框要自由一些。第二类中下包上字的外框用笔不可太高耸,其竖折之折笔不可太平实,可略向右上提去,最后一笔竖则稍稍下压,此即提得上按得下,左上右下势均力敌,字形当然平稳端正。

第三、第四、第五类字皆属半包围结构,第三类为左上包右下,第四类为左下包右上,第五类为右上包左下。这三类字要求在书写时,包围部分一定要覆盖住或托得起。第三和第五类字一般都是先写包围部分,因其高度、宽度几乎等同于整个字的高度与宽度,因而被包围部分安排有了一定规定和限制,用笔也不难。第四类字如"远"字,要先写被包围部分,先将"元"安排在格子中间偏右上,这样首先树立了用笔参照物,然后与之照应完成左下走之旁,注意"之"旁用笔规则是右斜点抬笔后轻带至平捺起笔处变慢,由轻渐重,近"元"结笔处时由重转轻平笔捺出,稍稍翘起,托起中心之"元"。对"之"旁笔法的把握,是这类偏旁字结体的关键。

这里只是围绕钢笔、粉笔楷书端正、美观这一特点来介绍其结体的一般规律,更重要的还是习字者本人对于楷书字帖的反复研读,对其结构深刻体会、准确把握、认真揣摩,做到下笔之前,心中有数,胸有成字,不但领其形,而且会其神。只有将结体的规矩与用笔的法度密切结合起来,才可能真正写好楷书。

五、钢笔、粉笔行书概要

楷体书写比较严谨且书写速度慢,在日常实用上要稍逊于行书。行书是介于楷书和草书之间的一种字体。它既不像草书那样潦草,又不像楷书那样工整。其用笔简练,笔势流动,体态活跃,利于书写。但是在书写时如何做到多、快、好、省,易写易识,提高书写效率而不是易写难识以至于影响人们之间的正常交往,也是应该遵循一些用笔法度和书写规则的。

首先,在点画姿态上,行书的笔法轻巧流利,多以点代替其他笔画。笔画间增加的钩挑、点画间牵连着的游丝,不但减少了楷书起笔、收笔的繁杂技法,加快了汉字书写速度,而且使行书显得生动、活泼。

其次,在结构形式上,多以钩笔、挑笔和游丝来加强笔画间的联系,使整个字形结构有虚有实,有血有肉,节奏分明。

再次,在章法布局上,行书一向以"有行无列"或"有列无行"既方便又流畅美观的形式为人乐用。日常应用中多是"有行无列",字与字间大小穿插,体态姿势上动静结合,左右相邻的字笔画上的收放变化,是构成行书整体美的关键;"有列无行"式多用于书法艺术创作中,其结构方式同上述一般无二,只是必须保证字的中心不偏离"列"式中间,否则便将无"列"可言。具体的行书结体可注意以下三点:

(一)字形上——变正为偏

行书的整体感很强,字与字之间笔画的呼应味很浓,因此,行书在结构安排上多忌整齐呆板的排列,与楷书庄重严肃的静态美完全不同,而呈现出一种活泼洒脱的动态美,其外在表现就是字形变正为偏,求敧侧变化。但是,行书的字形偏却不等于重心偏、字形歪,因为行书用笔的关键在于,其重心一笔往往起着扭转乾坤、变"偏"为"正"的作用。在行书用笔过程中,一些比较次要的笔画往往可以虚笔带过,点到为止,主笔则必须平实、有力、持衡。如"中"、"丰"类字中的竖笔和"女"、"每"类字中的横笔等,都承担着江山稳固的作用。只有这样,才能使行书字形斜而不倒,整个字流动、飘逸又丰满、挺拔。

（二）笔画上——变断为连

行书的笔画是在楷书基础上快速简约的写法。笔画间的连贯要比楷书明显得多、强烈得多,是与楷书用笔所讲究的"笔断意连"之"无形之连"迥然相异的"有形之连",但也应讲究章法,该连的连,不该连的不可强连。行书用笔上大多笔画都变方为圆、变断为连,但要注意圆转不是简单地画圈,绵软无骨;曲笔也不可因盘带过多而拖泥带水,如春蚓秋蛇,不爽利,不整洁,不劲健,从而损害了行书快捷、简便的特色。相反,在运笔的起承转合中自然流露出的草意,则会使笔画神气毕现,声色皆备,笔势酣畅淋漓,映带生动,美观悦目。如：

行书（1）

行书（2）

（三）结构上——变庄重为洒脱

合体字行书的结体规律亦如楷书,要注意上下、左右、内外组成部分的比例适当。有就有让,但由于行书用笔以上两方面的特点决定了行书结构上与楷书之庄重、严谨有所不同,更偏重于起止灵便,在不失重心情况下,俯仰自由,向背随意,可长可短,可肥可瘦,使书写者得以充分发挥其想象力和创造力,流利而洒脱,整字、整篇姿态横生。

针对以上三个方面行书练习的关键点,我们在选好字帖、认真分析其笔画和结构处理、深入品味其字形结体特色基础上,应选取某些具有代表性的常用字有条不紊、循序渐进地做笔法拼合练习,久而久之,举一反三,就会感到笔势流利、笔意纵横,行书练习真谛也便了然于胸。

有人总结说：学好行书,用笔最难。繁要化为简,断可变成连;字形有偏正,笔画有方圆;左右有映带,上下要照看;起承转合中,变化蕴万端;开笔定基调,首字领全篇;重心若不稳,功皆为过焉。

由此可见,行书用笔的基本技法有章可循,只是不要忘记,行书结体的关键,仍是重心平稳。而"稳"恰恰是我们民族优秀传统文化重要的审美内核,书法作为中华优秀传统文化精髓的具体表征,既博大精深又纤毫毕现,对于中华民族"稳"文化精髓的传承与表现在从点画到结体的方方面面,可谓无处不在。对此,各专业的师范大学生都应深有体会。

第四章 书面表达技能训练

【学习提示】

了解书面表达技能训练的三个方面基本要求：一是准确使用和书写标点符号；二是行文行款格式正确；三是行文内容符合相应文体的要求。在此前提下，了解常用公文的基本常识；掌握《国家行政机关公文处理办法》所规定的13类公文，尤应准确掌握常用公文的基本写作格式和写作要点。掌握操行评语、作业批语的基本写作原则，掌握教育随笔和学术论文的具体写作方法，并进行相应的写作训练。

第一节 常用公文基础知识

一、行政公务文书

1. 概念及分类

行政公务文书，简称公文。它是国家机关、企事业单位、人民团体在处理公务活动中所使用的具有某种特定格式的文件，是传达贯彻党和国家的方针、政策、发布行政法规和规章、请示和答复问题、指导和商洽工作、报告情况及交流经验的重要工具。除形成书面文字以外，具备上述性质而用技术手段形成的电报、设计图纸、文献照片、录音等也属于行政公务文书范围。从不同角度，公文可分为若干类。

（1）按照行文关系和行文方向，公文可分为上行文、下行文、平行文三种。

（2）按照紧急程度，公文可分为紧急公文和普通公文两大类。紧急公文又分为特急和急件两种。

（3）按照有无保密要求及秘密等级，公文可分为无保密要求的普通文件和有保密要求的保密文件两大类。保密文件又分为绝密文件、机密文件和秘密文件三类。

（4）按照具体职能，公文可分为法规性公文、指挥性公文、报请性公文、执照性公文、联系性公文、实录性公文六大类。

（5）按照公文使用范围，公文可分为通用公文和专用公文两大类。通用公文指通用于全国各级党政机关、企事业单位、人民团体的文件，即《国家行政机关公文处理办法》所规定的13类公文。专用公文指具有专门职能的机关部人民团体根据特殊需要所使用的其他公文文种，包括外交公文（如图书、照会、备忘录、条约、外交声明、外交函件等）、司法文书（如立案报告、起诉书、抗诉书、调解书、判决书等）以及军事公文等。

（6）按照写作角度，公文可分为指示性公文、知照性公文、规范性公文、报请性公文、记录性公文、决定性公文。

2. 公文的种类

按照国务院办公厅2000年8月24日发布的《国家行政机关公文处理办法》，行政机关的公文种类主要有以下13类：

(1) 命令(令)。适用于依照有关法律公布行政法规和规章；宣布施行重大强制性行政措施；嘉奖有关单位及人员。

(2) 决定。适用于对重要事项或者重大行动做出安排；奖惩有关单位及人员；变更或者撤销下级机关不适当的决定事项。

(3) 公告。适用于向国内外宣布重要事项或者法定事项。

(4) 通告。适用于公布社会各有关方面应当遵守或者周知的事项。

(5) 通知。适用于批转下级机关的公文；转发上级机关和不相隶属机关的公文；传达要求下级机关办理和需要有关单位周知或者执行的事项；任免人员。

(6) 通报。适用于表彰先进，批评错误，传达重要精神或者情况。

(7) 议案。适用于各级人民政府按照法律程序向同级人民代表大会或人民代表大会常务委员会提请审议事项。

(8) 报告。适用于向上级机关汇报工作，反映情况，答复上级机关的询问。

(9) 请示。适用于向上级机关请求指示、批准。

(10) 批复。适用于答复下级机关的请示事项。

(11) 意见。适用于对重要问题提出见解和处理办法。

(12) 函。适用于不相隶属机关之间商洽工作，询问和答复问题，请求批准和答复审批事项。

(13) 会议纪要。适用于记载、传达会议情况和议定事项。

3. 公文的格式

公文一般由秘密等级和保密期限、紧急程度、发文机关标识、发文字号、签发人、标题、主送机关、正文、附件说明、成文日期、印章、附注、附件、主题词、抄送机关、印发机关和印发日期等部分组成。

按照中华人民共和国国家标准(GB/T 9704-1999)，《国家行政机关公文格式》将构成公文的诸要素划分为眉首、主体、版记三个部分。其中，眉首部分又称文头部分，通常有公文份数序号、秘密等级和保密期限、紧急程度、发文机关标识、发文字号、签发人诸要素构成；主体部分又称行文部分，通常是由公文标题、主送机关、公文正文、附件说明、成文日期、公文生效标识、附注等项目构成；版记部分又称文尾部分，通常是由主题词、抄送机关名称、印发机关和印发时间等项目构成的。

二、社会事务文书

为了总结经验、交流情况、制订计划、沟通思想、保证各项社会活动的正常进行，促使上、下级之间工作协调等所使用的应用性较强的文书，即谓社会事务文书。

根据其不同的性质，社会事务文书可分为计划类(计划)、总结类(总结)、调查类(调查报告)、简报类(简报)、议论类(教育短论)、规章类(规章制度)、公关类(广告、海报)、经济活动类(经济活动分析)等。

三、日常应用文书

在日常生活、学习和工作中,机关、团体或个人为了联系事情、处理事务、解决实际问题而经常应用的,并具有一定惯用格式的实用性较强的文书,即谓日常应用文书。

根据其不同用途,日常应用文书可分为书信类(一般书信和专用书信)、条据类(便条和单据)、演讲类(演讲稿、发言稿、开幕词)、笔记类(日记、笔记)、礼仪类(请柬、题词、匾幛)、电文类(电报、传真)等。

第二节 常用公文写作训练

一、请示、报告类写作训练

(一)请示

1. 请示的概念及分类

请示是下级机关向上级机关或业务主管部门请求对某项工作或某个问题做出指示、答复、审核和批准的一种陈请性的上行文书。它可分为两类,一类是政策性请示,它是对上级机关文件规定中的某些政策界限把握不准,需要上级机关答复的一种公文;另一类是工作性请示,它是下级机关在实际工作中遇到难以处理、情况特殊、不能擅做决定或按规定必须先请示的问题,需要上级指示或批准的一种公文。

2. 请示的特点与写作

1)请示的特点

(1)请求性。其目的是就某一问题请求上级批示、答复、审核、批准,待上级批准后才能办理。一般而言,凡向上级请示的问题,大体属于以下几种情况:一是上级主管部门明确规定必须请示、批准才能办理的事项;二是对现行方针、政策、法令、法规不甚了解,需待上级明确答复后才能办理的事项;三是工作中发生了新情况、新问题,而又无章可循,有待上级明确指示后才能办理的事项;四是因本地区、本单位情况特殊,难以执行现行的某种政策或规定,有待上级重新指示才能办理的事项;五是因意见分歧,无法统一,难于工作,有待上级裁决才能办理的事项;六是虽有法可依、有章可循,可以开展工作,但因事由重大,为防止工作中失误,需请上级审批的事项;七是按上级明文规定,所要完成的任务需要报请上级审核的有关事项。

(2)针对性。一般只有本单位权限范围内无法决定的重大事项,如机构设置、人事安排、重要决定、重大决策、项目安排等问题,以及在工作中遇到新问题、新情况或克服不了的困难,才可以用请示行文,请示上级机关给予指示、决断或答复、批准,所以请示行文具有很强的针对性。

（3）呈批性。请示是有针对性的上行文，上级机关对呈报的请示事项无论同意与否，都必须给予明确的批复回文。

（4）单一性。请示应一文一事，一般只写一个主送机关，即使需要同时选其他机关，也只能用抄送形式。

（5）时效性。请示是针对本单位当前工作中出现的情况和问题，求得上级机关指示、批准的公文，如能够及时发出，就会使问题得到及时解决。

2）请示的写作

请示一般是由标题、主送机关、正文、请示机关名称、发文时间、印章等部分组成。

（1）标题。标题一般由发文机关名称、请示问题和文种三部分构成。标题可省略发文机关名称，但落款时要署上。标题常用"关于×××的请示"这种句式，"关于……"后面请示的问题要用准确明快的文字概括，让人一看标题，便一目了然。如《关于下放税收管理权限的请示》、《××市第二商业局关于增设地下消防栓需用资金的请示》等。

（2）主送机关。主送机关是接受请示的上级机关的名称，从标题下面一行顶格写起，如"国务院"、"××省教委"。

（3）正文：请示的正文一般由开头、主体和结尾三部分组成。

开头：写请示的缘由。主要是陈述请示的原因、问题的来由和依据，这部分虽然不是重点，但它是下面请示问题的基础，要尽量写得简明扼要、准确充分、层次清楚。

主体：写请示的事项，即要求给予指示、批准的具体问题和事情。换言之，就是请示单位办这件事情的意见、办法和设想。这部分是全文的重点，要分层或分项写清具体要求，并说透理由，提出充足的事实和理论根据，切忌含混不清、前后矛盾。

结尾：写结束语，根据上文的内容分别写："当否、请批示。""妥否，请批复。""以上请示，请予审批。""以上意见是否妥当，请指示。""以上如无不当，请批准。""以上意见如无不妥，请批转各地执行。"等祈使语。

一般的请示在正文后的右下方需署上请示单位的名称，署名下一行注明请示时间并加盖公章。但值得注意的是，有些列为政府公文的请示，其单位名称、请示时间与公章等内容等往往需在正文之前、公文开头部分体现。如下示例。

【请示例文】

财政部　国家税务总局关于商业企业增值税有关问题的请示

财税字[1998]97号

颁布时间：1998-5-21　　发文单位：财政部　国家税务总局

国务院：

1994年税制改革以来，商业增值税的运行情况总的看是好的。1994年至1997年，商业增值税平均增长11%，年均增收66亿元，高于1990年至1992年年均增长6.1%，年均增收18亿元的水平。但商业增值税在运行中也出现了一些不容忽视的问题。商业增值税税负逐年下降,负担率由1994年的1.34%下降到1996年的1.2%,1997年的负担率尚未统计出来,但肯定进一步大幅下降;收入增幅由1995年的16.4%下降到1997年的3.7%;1998年1月至4月份商业增值税收入完成229.9亿元,比上年同期下降5.8%。我们认为,商业企业增值税收入下滑,税负下降,主要有经济和税收两个方面的原因。从经济因素看,随着买方市场的形成和价格指数逐年回落,商业环节销售额虽然不断增长,但毛利率逐年下降。1994年至1996年商业增加值的增幅分别为29.3%、20.8%和11.7%,年均下降8.8个百分点;另外,一些大中型商业企业采取互相等量对开发票的办法虚增销售额,致使税收负担率下降。

从税收因素看,主要表现在税收政策和税收征管不适应商业经营的发展变化。对大量存在的现金交易不入账,税基受到侵蚀的现象缺乏必要的监控手段;对年销售额180万元以下的商业企业一般纳税人认定标准在政策上不易操作,实际执行中掌握不严,导致商业企业一般纳税人普遍存在着增值税申报异常现象。据调查,无税负申报、负税负申报的商业企业占商业一般纳税人的比重高达50%以上,其中,80%以上是年销售额180万元以下的小型商业企业。实行新税制以来,使用假增值税专用发票和虚开增值税专用发票偷税的案件也大多数发生在小型商业企业。同时,一些地区为保证收入任务的完成,对商业企业采取自定征收率等变通做法征税,这对税法的统一和增值税专用发票的管理产生了不利影响。

针对当前商业企业增值税存在的问题,我们建议应尽快采取措施解决。从长远来看,根本性的解决办法是要改善税收执法的社会环境,对企业和居民存款实行实名制,进一步严格控制现金管理,并从法律上规定银行等部门对税务执法各个环节应承担的法律责任和义务。在当前,建议采取以下措施,完善有关税收政策和征管办法。

一、调整商业企业增值税一般纳税人税收政策,取消年销售额在180万元以下的商业企业财务核算健全可核定为一般纳税人的政策规定。应明确规定,凡1997年年销售额不足180万元的商业企业一律按小规模纳税人征税。同时,为减少政策出台阻力和便于落实到位,对商业小规模纳税人的征收率由6%降至4%。

二、增值税一般纳税人(包括工业和商业)出现申报异常且无正当理由的,或有比较严重偷税行为和违反专用发票使用规定的,在一定时期内按小规模纳税人征税。

三、对增值税一般纳税人全面推行防伪税控机,对零售行业强制推行税控收银机。

四、强化税收征管,明确税务处罚的具体标准。目前规定罚款数额为查补税款5倍以下,应尽快补充规定,按违章程度、偷骗抗税占查补税额比例,制订具体的处罚标准,从制度上排除执法干扰,减少执法的随意性,保证税务处罚落实到位。

以上妥否,请批示。

(资料来源:http://www.chinaacc.com)

(二)报告

1. 报告的概念及分类

报告是下级机关向上级机关或业务主管部门报告工作、反映情况、提出建议时所用的陈述性的上行文书,一般产生于事后和事情过程中。

这里所谓的"报告"属于行政公务文书范畴,一般调查报告、会议报告、读书报告等不对上行文的,不属此类。

从不同角度,报告大体可分为以下几类:

(1) 从性质上分,有呈报性报告、呈转性报告。呈报性报告只需上级了解下情而不需向其他下级机关或业务部门批转的报告,如《教育部关于〈高等教育自学考试试行办法〉的报告》。呈转性报告即需经上级机关或业务主管部门审核并批转给有关机关或部门执行的报告,如《国家教育委员会、财政部关于改革普通高等学校人民助学金制度的报告》。

(2) 从内容上分,有综合性报告、专题性报告。综合性报告是向上级全面地汇报某一时期工作情况的报告,如国务院总理在全国人大代表会议上做的《政府工作报告》,就属于此类报告,这种报告具有定期的特点,内容全面,综合性较强。专题性报告是向上级汇报某一项工作或某一方面情况,或回答上级询问某一问题的报告。这种报告没有定期制发的要求,而是根据需要撰写,其特点是突出一个"专"字,内容单一,专指性强,是典型的一事一报的公文,如《民政部关于5·12汶川地震救援情况专题报告》。

(3) 从时间上分,有年度报告、季度报告和月份报告等。这类报告统称为例行性报告,例行性报告即定期向上级机关汇报工作的报告,如《××年度述职报告》。

(4) 从形式与职能上细分,还有合同文本、领导讲话、会议发言、述职报告、竞聘演讲、礼仪致辞、入党申请、法律文书、计划规划等。

2. 报告的特点及写作

1) 报告的特点

报告具有两个基本特点,即汇报性和陈诉性。其宗旨在于向上级汇报工作、陈诉情况、定期或不定期向上级传递信息,以便上级及时了解下情,从而更好地贯彻党和国家的方针和政策。

2) 报告的写作

报告一般由标题、主送机关、正文、发文机关名称、发文日期等部分组成。

(1) 标题。标题包括事由与公文名称,一般由发文机关名称、报告的主要内容和文种三部分组成。主要标题也可省略发文机关名称,但要在落款时署上,如《关于××学院学生考试集体舞弊的处理报告》、《关于高考招生工作有关政策的报告》等。如果是联合报告、紧急报告亦须在标题上注明,以引起受文单位注意,便于及时处理。

(2) 主送机关。主送机关是接受报告的上级机关或主要领导人,从标题下面一行顶格写起,如"国务院办公厅"、"省政府"或"某领导"。

(3) 正文。报告的正文结构与一般公文相同。可采用"三段式"结构法,一般由开头、主体、结尾三部分组成。报告的开头通常写报告的缘由,主要是阐明报告目的,要求简明直陈。报告的主体写报告的事项,一般分三个层次,一写主要情况;二写经验教训;三写今后工作意见。报告的结尾在正文主体部分后面另起一行写"特此报告"、"以上报告,如有不当,请指示"、"请审议"、"请审阅"等;呈转性报告的结语要写上"以上报告,如无不当,请批转各地执行"等惯用语。

最后,在正文的右下方署上报告单位的名称,署名下一行注明报告的日期,并加盖公章。

(三)请示与报告的区别

1. 相同点

在行文方向上,请示和报告都属于上行公文。在表达方法上也有其相似之处,如都采用以叙为主、叙议结合的表达方法。

2. 不同点

(1)行文时限不同。请示必须在事前行文,待上级机关批准和答复之后方可进行工作,不可先斩后奏;而报告在事前、事后以及工作进程中都可以行文。

(2)行文意图不同。请示是为了请示上级机关解决处理或解答有关问题,并要求上级给予明确的批复;报告只是为了向上级机关汇报工作、反映情况或提出建议,让上级机关及时掌握和了解情况,而不需要上级作批复。

(3)行文写作要求不同。请示写作要求一事一文,行文较短,不允许几件事混在一起写进一份请示内;而报告内容往往较多,行文较长,允许将几件事分层次、有侧重地写进一份报告。

总之,请示和报告是两种不同的公文,绝不能混用,在行文中,必须严格加以区分。如要求上级指示和批复的请示文件里,有的将标题写成"关于×××的请示报告"或"关于×××的报告",有的请示文件结尾写"以上报告当否,请批示"等都是不规范的。

【报告例文】

国家旅游局发布2009年旅游经济运行报告

说明:国家旅游局季度旅游经济分析会议制度,建立于2009年二季度,相关数据库建设还在不断完善过程中,其中企业经营和区域旅游经济运行数据还有待进一步充实。该报告是根据现有数据资料进行整理分析并首次发布。

日前,国家旅游局召开四季度旅游经济分析会,依据公安部出入境管理局提供的入出境统计数据、国家旅游局与国家统计局城市司和农村司联合开展的城镇居民和农村居民国内旅游抽样调查资料、国家旅游局各司室调查研究资料和中国旅游研究院的旅游经济分析报告,对2009年全年旅游经济运行情况进行了分析。主要情况如下:

一、旅游业总体发展情况。

2009年,我国旅游业总体保持较快增长,旅游总收入实现较大幅度增长。预计全年旅游总收入约为1.26万亿元,比上年增长9%。其中,国内旅游市场持续快速增长,入境旅游市场逐步恢复,出境旅游市场平稳发展。同时,旅游投资规模大幅增长,企业经营业绩开始回升,旅游产业对经济社会带动作用进一步加强。

二、旅游业发展环境:全球国际旅游随经济复苏开始景气回升,国内经济稳定增长奠定了国内旅游快速增长的基础。

持续受金融危机影响,预计2009年全球经济将下降2.2%。联合国世界旅游组织公布,随着经济复苏的迹象日渐明显,全球入境旅游景气指数开始攀升,四季度达到92,比一季度提高35个点。世界旅游组织对全年全球入境旅游者人数的最新预测也从年初的下降8.4%调整为下跌5%左右。

在党中央、国务院的正确领导下,我国全面实施并不断丰富完善应对国际金融危机冲击的一揽子计划,经济回升向好趋势不断巩固,经济社会发展取得显著成效。预计2009年我国GDP增速将超过8%。国内经济稳定增长,支撑了我国旅游业的较快发展。大众化国内旅游市场成为我国旅游业发展的坚实基础,一直保持蓬勃发展的势头。

三、三大市场"两升一降",国内旅游市场持续快速增长。

1. 国内旅游市场

根据国家旅游局和国家统计局城市司与农村司联合开展的城镇居民和农村居民季度国内旅游抽样调查资料,2009年前三季度,国内旅游人数为14.3亿人次,比上年同期增长9.4%;国内旅游收入7 673亿元,增长15.4%。据此预测,全年国内旅游人数约为19亿人次,比上年同期增长11%;国内旅游收入有望突破1万亿元,增幅超过15%。

2009年,城镇居民出游率大幅攀升,前三季度出游率分别为56.8%、50.6%和49.9%,比上年同期的42.2%、39.4%和41.3%分别高出14.6、11.2和8.6个百分点;过夜游人均花费分别为1 445元、1 539元和1 677元,低于上年同期的1 642元、1 651元和1 690元;一日游人均花费分别为306元、279元和283元,一、二季度与上年同期基本持平,三季度小幅上扬,增幅为9.5%。

农村居民出游率整体稳定,前三季度出游率分别为35.8%、25.6%和24.6%,与上年同期基本持平;人均花费分别为311元、275元和287元,比上年同期分别增长16.2%、2.2%和7.8%。

2. 入境旅游市场

根据公安部出入境管理局提供的入境统计数据,以及2009年在全国31个省(自治区、直辖市)开展的入境游客花费抽样调查资料,2009年1月至11月,我国入境旅游人数为1.15亿人次,同比下降3%;入境过夜人数4 645万人次,下降4.8%;旅游外汇收入362.3亿美元,下降3.9%。据此预测,全年入境旅游人数约为1.26亿人次,同比下降3%;其中过夜旅游人数约为5 050万人次,下降5%;外汇收入约为390亿美元,下降4.5%。

2009年,入境旅游市场整体处于低位运行状态,除4月份和8月份分别出现2.2%和3.1%的短暂性增长,其他月份均呈下降态势,最大跌幅出现在3月的-11.3%,最小跌幅为10月的-0.8%。但是从全年态势来看,月度降幅在不断收窄,整体入境旅游市场在逐步恢复。预计全年入境外国游客下降12%左右,香港和澳门游客分别下降1%左右,台湾游客增长约2%。

3. 出境旅游市场

根据公安部出入境管理局提供的出境统计数据,2009年1月至11月,我国公民出境

4 341万人次,同比增长3.3%。据此预测,全年出境旅游人数约为4 750万人次,同比增长3.6%。

2009年,出境旅游市场总体运行平稳,尽管5月至7月份连续3个月同比下降,但从三季度开始加速增长,四季度增速接近9%,保持了全年出境人数实现一定幅度的增长,增长的总体趋势没有发生改变。

四、旅游产业供给:投资规模大幅增长,产业发展更具活力。

根据国家统计局发布的统计数据,2009年1月至11月,全国城镇固定资产投资额同比增长32.1%,其中与旅游业密切相关的住宿和餐饮业增长38.6%,批发零售业增长45.4%,铁路运输业增长80.7%,道路运输业增长48.7%,城市公共交通运输业增长55.0%,水上运输业增长35.5%,均高于全国平均水平。旅游相关产业投资规模的大幅度增长,直接带动了旅游投资的快速增长,各地旅游投资出现了生机勃勃的繁荣景象,为旅游业发展注入了新的活力。

五、企业经营业绩:企业经营业绩开始回升,景区类企业经营状况较好。

根据国家统计局发布的统计数据,与旅游密切相关行业经营效益保持较快增长。2009年1月至11月,住宿和餐饮业销售收入同比增长16.9%,批发和零售业零售额增长15.3%,民用航空旅客运输量增长19.6%。

旅游管理部门监测的行业信息显示,景区类企业经营状况好于旅行社和饭店行业。其中,西部地区企业经营状况要好于受金融危机冲击较大的中部地区和东部地区;城市和城市周边景区比长线旅游景区经营形势要好;成熟的顶级景区的经营状况比无资源优势的一般景区要好。

旅行社方面,由于入境旅游业务锐减,纯粹的入境游地接社和以入境旅游业务为主的小型旅行社,因产品结构单一,抗风险能力较弱,经营最为困难,而随着对台旅游的兴起,具有台湾游组团社资质的旅行社经营情况普遍较好。

饭店方面,受金融危机影响,以商务客人为主的饭店受到的冲击大于以休闲度假团队客人为主的饭店;以入境客源市场为主的饭店受到的冲击大于以国内客源市场为主的饭店;外资饭店受到的冲击普遍大于内资饭店。

附1(略)

附2(略)

(资料来源:http://www.baidu.com)

二、通报、通知类写作训练

(一)通报

1. 通报的概念及分类

通报是表彰先进、批评错误、传达重要情况及告知各机关需要知道的事项的知照性公文。

1) 按内容性质分,通报可分为表彰性通报、批评性通报和情况性通报三类。

(1) 表彰性通报。一般是将好人好事通报给有关单位,并对其进行表彰和奖励,号召大家向先进模范学习,如《共青团××市关于表彰肖××等同志英勇抢救列车的通报》。

(2) 批评性通报。一般是将发生的重大事故或严重错误,通报给有关单位,教育工作人员,引起警惕,改进工作,以防止类似事故发生或避免错误。这类通报使用比较普遍,如《关于××单位在建房分房中营私舞弊的通报》。

(3) 情况性通报。一般是领导机关将发生的新情况、新问题通报给有关单位。有的是为了下级单位了解全面情况,统一认识,推动工作的深入开展;有的是将新发生的情况通报给有关单位,督促有关单位加以注意,研究解决。

2) 按写作方法分,通报可分为直述式通报和转述式通报两种

(1) 直述式通报。直述式通报是发文机关直接叙述通报事件并加以评议、提出要求的写法,如《中央纪委检查委员会关于不准干扰大学生毕业分配工作的通报》。

(2) 转述式通报。转述式通报是转发其他机关发出的通报或报告,加以评议并提出要求的写法。这种通报对通报的事实另有专题报告,作为附件附在通报的正文之后,如《××省人民政府关于××市民政事业费管理使用情况的通报》。

2. 通报的特点及写作

1) 通报的特点

(1) 典型性。通报的事项(好的或坏的)必须是重大的、典型的、影响较大的。

(2) 真实性。通报的具体人物、事项内容必须实事求是,奖励必须恰如其分。

(3) 及时性。通报的时间性很强。典型的人或事必须及时通报,时过境迁就会失去应有的教育作用。

2) 通报的写作

通报一般由标题、主送机关、正文、发文机关名称、发文时间等组成。

标题由发文机关、通报内容和文种组成,有时可省略发文机关(但必须在正文后署上),有时发文机关和事由两项都省略,只写"通报"即可。发文日期可写在标题下面,也可写在落款处。主送机关即受文单位,从标题的下一行顶格写,有时可以省略。

正文由主要事实、说理分析、决定或要求三部分组成。主要事实是通报的缘由和依据,即应写明什么单位或什么人物,在什么时间、地点、背景下,有什么典型事例,其主要经过和情节是怎样的,其结果如何等等;要求查核清楚,准确无误,且叙述时简明扼要,抓住关键和本质,不须过多铺陈。说理分析是对通报主要意图的表述,即依据通报的事实,进行恰如其分地分析和评说,无论表彰先进还是批评错误,都要一分为二,既肯定成绩,又指出问题,分析要分寸得当,不要说过头话。决定或要求是发文机关对事件或人物提出的要求、做出的决定和采取的措施;根据通报的不同意图,有的号召学习先进,有的希望以错误为鉴戒,有的提出对工作的意见和要求等。

【通报例文】

国务院安委会办公室关于甘肃省庆阳市"11·16"重大道路交通事故情况的通报

安委办〔2011〕43号

各省、自治区、直辖市及新疆生产建设兵团安全生产委员会：

2011年11月16日9时15分许，甘肃省庆阳市正宁县榆林子小博士幼儿园一辆号牌为甘MA4975的运送幼儿的校车（核载9人、实载64人），由西向东行驶至正宁县正（宁）周（家）公路榆林子镇下沟村一组砖厂门前路段时，与由东向西行驶的号牌为陕D72231的重型自卸货车发生正面相撞，造成21人死亡（其中幼儿19人）、43人受伤。据初步调查分析，事故原因是甘MA4975小客车严重超员，在大雾天气下逆向超速行驶，导致事故发生。该事故暴露出一些地区存在车辆违法严重超载、非法擅自改装车辆以及有关部门在校车安全管理方面责任不落实、措施不到位、监管有漏洞等突出问题。

事故发生后，国务院领导同志高度重视并做出重要批示，要求相关部门全力以赴做好伤员救治和善后处理工作，认真查明事故原因，依法依规严肃处理相关责任人员，切实加强校车安全管理工作。依据有关规定，国务院安委会已对该事故查处实行挂牌督办，查处结果将及时向社会公布。为认真贯彻落实国务院领导同志重要批示精神，进一步加强校车交通安全工作，有效防范和坚决遏制此类事故的发生，现提出以下要求：

一、高度重视中小学和幼儿园校车交通安全工作，建立完善校车交通安全监管的长效机制。中小学（幼儿园）校车安全工作是当前交通安全管理工作的一项重要内容。各地区、各有关部门要切实把保护广大中小学和幼儿园学生上下学安全摆在突出位置，以高度的责任感、使命感和紧迫感，全面构建校车安全监管工作的长效机制。要坚持谁主管、谁负责的原则，切实落实相关主管部门的监管责任和属地监管责任，依法严格监管，促进各类中小学校（幼儿园）落实校车安全主体责任；要加大校车购置经费投入力度，引导学校（幼儿园）购置符合国家安全技术标准的校车；要创新校车经营管理模式，完善公共财政支持补贴政策，提高校车的普及应用程度；要细化校车安全管理规章制度，确保校车安全出行。

二、全面开展中小学和幼儿园校车安全隐患大排查。地方各级教育部门要逐校逐园逐生对学生上下学乘车情况进行全面检查了解，对学校（幼儿园）租用的车辆进行安全检查，存在安全隐患的要立即停用维修；公安交通管理部门要加大路面巡视检查力度，结合公安部开展的集中整治超速超员超载和疲劳驾驶违法行为专项行动和"护卫天使"行动，通过警力下沉、区域联勤联动、交叉巡逻等措施，严查校车超速、超员等违法行为，对违法行为实行"零容忍"，发现一起、处理一起；交通运输部门要认真核实交通运输企业的包车情况，对于被租赁从事接送中小学生（幼儿）业务的车辆，要严把运输经营者市场准入关、营运车辆技术关和驾驶员资格关，督促运输企业切实落实安全生产主体责任。

三、进一步加大对中小学和幼儿园校车安全的宣传教育力度。各地区、各有关部门要集中进行一次中小学生及其家长交通安全教育,以这起事故为反面教材,教育中小学生坚决不乘拼装车、报废车、农用车、货运车等非法运营车辆和超员车辆上下学,教育提醒步行上下学的中小学生遵守交通规则,主动安全避让行驶车辆,并要提醒学生家长提高安全意识和监护人责任意识,不得租用不符合安全规定的车辆接送学生。要认真开展对校车驾驶员的安全教育,增强驾驶员的安全意识、责任意识和守法意识。要督促中小学、幼儿园注意防范冬季大雾、降雪及路面结冰对学生和幼儿上下学交通安全的不利影响,严格遵守雪、雾天气安全驾驶的规定,必要时可采取停运接送学生上下学车辆或调整上课、入园时间等安全措施。

四、认真执行事故查处挂牌督办制度,严肃事故查处。各地区、各有关部门要严格按照《生产安全事故报告和调查处理条例》(国务院令第493号)的规定,坚持"四不放过"和"依法依规、实事求是、注重实效"的原则,在查清事故原因、认定事故性质的基础上,严肃处理对事故负有领导、监督、管理责任的单位和人员。要认真执行事故查处挂牌督办制度,确保按期结案,及时向社会公布查处结果,并跟踪督促事故责任和整改措施的落实。要认真吸取事故教训,举一反三,切实搞好道路交通安全尤其是中小学(幼儿园)校车安全工作。

国务院安全生产委员会办公室
二〇一一年十一月二十三日

(资料来源:http://www.gov.cn)

这份批评性通报首先简明扼要地交待了甘肃省庆阳市"11·16"重大道路交通事故发生的时间、地点、事故发生的经过、事件的性质、事故造成的严重后果,并简明扼要地剖析了事故发生的表层原因及深层原因;第二部分旗帜鲜明地表明了国务院对此事故处理的严明态度以及处理办法;最后希望各地认识此次重大道路交通事故的深刻教训,并从四个方面提出了"进一步加强校车交通安全工作,有效防范和坚决遏制此类事故的发生"的具体要求。

这是一篇典型的直述式批评通报,它结构严谨,事例典型,表达清晰,分析评价恰如其分、实事求是,较好体现了通报的写作要求。

(二) 通知

1. 通知的概念及分类

通知是发布行政法规和规章,转发上级机关、同级机关和不相隶属机关的公文,批转下级机关的公文,要求下级机关办理和需要周知或共同执行的具有知照性的一种公文文种,也是一种应用范围较广泛,使用频率较高的公文文种。通知可分为发布性通知、批示性通知、指示性通知、知照性通知四类。

(1) 发布性通知。即上级机关发布行政法规和规章,可用发布性通知,如《国务院关于颁发〈中华人民共和国商标法实施细则〉的通知》等。

(2) 批示性通知。即上级机关批转下级机关的公文,转发上级机关、同级机关和不相隶属机关的公文,用批示性通知,如《国务院办公厅转发民政部〈关于进一步加强生产救灾工作的报告〉的通知》等。

(3) 指示性通知。即上级机关在对下级机关某一项工作有所指示和安排,而根据公文内容又不必用命令或指示时,用指示性通知,如《国务院关于进一步宣传贯彻婚姻法的通知》等。

(4) 知照性通知。上级机关要求下级机关或同级机关知道某一事项,一般不对受文单位提出贯彻和执行的要求。常见的有关于机构的设置与变更、人事任免以及某些事项性通知,如《中共中央、国务院关于成立国务院科技领导小组的通知》、《中共××市委员会组织部关于×××等同志任免通知》等。

2. 通知的特点和写作

1) 通知的特点

各类通知的共同特点在于其告知性。写通知时,必须将告知的事情、需要做的工作、做这项工作应注意的事项以及做这项工作的原因都交代清楚,不得含糊其辞,告而使人不知。

2) 通知的写作

通知一般由标题、主送机关、正文、发文机关及发文日期几部分构成。

(1) 标题。标题由发文机关、通知的主要内容和公文文种三要素组成。如果是几个单位联合发出通知,或事情紧迫、紧急发出的通知,或对以前发出通知的内容进行补充的通知,都要在标题上标明,如《关于×××的联合通知》、《关于××× 的紧急通知》、《关于×××的补充通知》等。

发文机关:因为标题不能省略,所以正文后可以署上发文机关名称,也可以省略发文机关名称。

(2) 主送机关。被通知的单位名称或个人姓名,一般写在正文上面一行的顶格处,但有些写给许多单位和个人的周知性通知,或不写具体的主送机关,或用泛称。

(3) 正文。通知正文一般包括缘由、事项和结尾三部分。但不同种类的通知,由于其性质和内容的差异,其正文写法也各有不同。发布性通知的正文往往比较简单,通常只写两部分内容,一是发布的行政法规和规章(或会议文件、领导人讲话等)的名称;二是对如何执行所发布的行政法规和规章提出要求。另外,发布性通知后面须带上附件,即附上所发布的法规文件的原文。

批示性通知正文通常有两种形式,一种是对所批文件有照批照转的,由转发(或批转)的态度(如"同意"、"基本同意"、"原则同意")及执行要求(如"遵照执行"、"参照执行"、"研究执行")两部分构成;另一种是对所批文件作出评价,提出要求,强调重要性,加以补充说明或做出补充规定,由转发(或批转)的态度、转发(或批转)指示(对被批文件具体内容的评价、强调、补充说明等议论或叙述性文字)及执行要求三部分构成。最后,在正文的后面附上被转发或批转文件的原文,这就构成了完整的批示性通知。

指示性通知是上级机关要求下级机关执行或办理某些事项时,直接将通知的原因、事项的内容及执行要求写进通知里。因此,它的行文显得更灵便,表述更加明确具体,其行文一般包括通知缘由、通知事项和执行要求。

知照性通知分两种,即传达事项的通知和会议通知。传达事项的通知,其正文由通知缘由和通知事项两部分构成,不提出执行要求;缘由部分写清通知的理由和依据,通知事项部分写明知照的具体内容。会议通知的正文须简明地写清会议名称、会议目的、开会时间、会期、会址、参加人员,以及与会者的要求事项等内容。

正文的结尾部分常用"特此通知"之类的习惯用语,有的则省略此用语。

(4) 发文日期。发文日期写在标题的下面,也可写在正文的右下方。

【通知例文1】

教育部　中国教科文卫体工会全国委员会
关于印发《高等学校教师职业道德规范》的通知

教人[2011]11号

各省、自治区、直辖市教育厅(教委)、教科文卫体(教育)工会,新疆生产建设兵团教育局、教育工会,有关部门(单位)教育司(局),教育部直属各高等学校:

为贯彻落实党的十七届六中全会精神,全面提高高校师德水平,教育部、中国教科文卫体工会全国委员会研究制订了《高等学校教师职业道德规范》(以下简称《规范》),现印发给你们,请结合实际认真贯彻执行。

教育规划纲要明确提出,要加强教师职业理想和职业道德建设,增强广大教师教书育人的责任感和使命感。制订并实施《规范》,对于加强和改进高校师德建设,引导广大教师自觉践行社会主义核心价值体系,加强自身修养,弘扬高尚师德,提高高等教育质量具有重要现实意义;对于深入开展社会主义荣辱观教育,全面加强学校德育体系建设,提高全民族文明素质也具有广泛的社会意义。

长期以来,广大高校教师自觉贯彻党的教育方针,学为人师、行为世范、默默耕耘、无私奉献,为我国教育事业发展和社会主义现代化建设做出了重要贡献,涌现出一大批优秀教师和先进模范人物,在他们身上集中体现了新时期人民教师的高尚师德,体现了教师职业的崇高和伟大,赢得了全社会广泛赞誉和普遍尊重。但也应该看到,在市场经济和开放的条件下,高校师德建设还存在一些亟待解决的突出问题。有的教师责任心不强,教书育人意识淡薄,缺乏爱心;有的学风浮躁,治学不够严谨,急功近利;有的要求不严,言行不够规范,不能为人师表;个别教师甚至师德失范、学术不端,严重损害人民教师的职业声誉。这些问题的存在,虽不是主流,但必须高度重视,采取切实措施加以解决。

《规范》是推动高校师德建设的指导性文件。当前和今后一段时期,要把学习贯彻《规范》作为加强高校师德建设的首要任务,与深入贯彻落实胡锦涛总书记在庆祝清华大学建校100周年大会上讲话精神结合起来,与深入贯彻落实教育规划纲要、全面提高高等教育质量的实践紧密结合起来,建立健全自律与他律并重的师德建设长效机制,引导广大教师切实肩负起"立德树人、教书育人"的光荣职责。

一要认真抓好《规范》学习宣传。各地各校要组织宣讲会、讨论会、座谈会等形式多样的学习活动,迅速掀起学习宣传、贯彻落实《规范》的热潮。充分利用报刊、电视、网络等各类媒体平台,大力宣传《规范》精神,努力营造重德养德的浓厚氛围。通过学习宣传活动,帮助广大教师全面理解《规范》的基本内容,准确把握《规范》倡导性要求和禁行性规定,使师德规范成为广大教师普遍认同和自觉践行的行为准则。

二要全面落实师德规范要求。各地各校要根据《规范》要求抓紧制订或修订本地本校的师德规范实施细则,进一步完善教育教学规范、学术研究规范、校外兼职兼薪规范等配套政策措施,将师德规范要求落实到教师日常管理之中。要大力营造尊师重教的良好环境,将教师权益保障与责任义务要求相结合,科学引导和规范教师言行。

三要切实加强师德教育。各地各校要将学习师德规范纳入教师培训计划,作为新教师岗前培训和教师在职培训的重要内容。积极探索典型宣传和警示教育相结合的有效形式,全面加强和改进师德教育。通过定期开展评选教书育人楷模和师德标兵等活动,大力宣传和表彰奖励优秀教师,激励广大教师自觉遵守师德规范,树立高校教师良好职业形象。

四要改进和完善师德考核。各地各校要将师德纳入教师考核评价体系,并作为教师绩效评价、聘任(聘用)和评优奖励的首要标准,严格执行"一票否决制"。完善师德考核办法,将《规范》作为师德考核的基本要求,结合教学科研日常管理和教师年度考核、聘期考核全面评价师德表现。建立健全师德考核档案。对师德表现突出的,要予以重点培养、表彰奖励;对师德表现不佳的,要及时劝诫、督促整改;对师德表现失范的,要依法依规严肃处理。

五要加强师德建设的组织领导。各地各校要紧密结合实际,制订本地本校贯彻实施《规范》的工作方案,提出落实的具体措施,精心实施,扎实推进,务求实效。要以实施《规范》为契机,及时总结交流好经验好做法,加快推进师德建设的改革创新。要紧密结合创先争优活动,充分发挥高校基层党组织的政治核心作用和广大党员教师的先锋模范作用,不断把师德建设工作引向深入。各地各高校学习宣传和贯彻落实《规范》情况要及时报送教育部和中国教科文卫体工会。

附件:高等学校教师职业道德规范

中华人民共和国教育部 中国教科文卫体工会全国委员会
二〇一一年十二月二十三日

附件:

高等学校教师职业道德规范

一、爱国守法。热爱祖国,热爱人民,拥护中国共产党领导,拥护中国特色社会主义制度。遵守宪法和法律法规,贯彻党和国家教育方针,依法履行教师职责,维护社会稳定和校园和谐。不得有损害国家利益和不利于学生健康成长的言行。

二、敬业爱生。忠诚人民教育事业，树立崇高职业理想，以人才培养、科学研究、社会服务和文化传承创新为己任。恪尽职守，甘于奉献。终身学习，刻苦钻研。真心关爱学生，严格要求学生，公正对待学生，做学生良师益友。不得损害学生和学校的合法权益。

三、教书育人。坚持育人为本，立德树人。遵循教育规律，实施素质教育。注重学思结合，知行合一，因材施教，不断提高教育质量。严慈相济，教学相长，诲人不倦。尊重学生个性，促进学生全面发展。不拒绝学生的合理要求。不得从事影响教育教学工作的兼职。

四、严谨治学。弘扬科学精神，勇于探索，追求真理，修正错误，精益求精。实事求是，发扬民主，团结合作，协同创新。秉持学术良知，恪守学术规范。尊重他人劳动和学术成果，维护学术自由和学术尊严。诚实守信，力戒浮躁。坚决抵制学术失范和学术不端行为。

五、服务社会。勇担社会责任，为国家富强、民族振兴和人类进步服务。传播优秀文化，普及科学知识。热心公益，服务大众。主动参与社会实践，自觉承担社会义务，积极提供专业服务。坚决反对滥用学术资源和学术影响。

六、为人师表。学为人师，行为世范。淡泊名利，志存高远。树立优良学风教风，以高尚师德、人格魅力和学识风范教育感染学生。模范遵守社会公德，维护社会正义，引领社会风尚。言行雅正，举止文明。自尊自律，清廉从教，以身作则。自觉抵制有损教师职业声誉的行为。

（资料来源：http://www.moe.edu.cn）

【通知例文2】

国家安全监管总局办公厅关于征集安全生产公益广告的通知

安监总厅政法函[2011]225号

各省、自治区、直辖市及新疆生产建设兵团安全生产监督管理局，有关中央企业：

为深入贯彻落实党的十七届六中全会精神，根据《国务院关于坚持科学发展安全发展促进安全生产形势持续稳定好转的意见》（国发[2011]40号）关于"加强安全公益宣传，大力倡导'关注安全、关爱生命'的安全文化"的要求和《安全生产"十二五"规划》（国办发[2011]47号）的相关工作部署，不断加大宣传教育工作力度，充分发挥电视、广播、报刊、网络等各类媒体的优势，大力播放安全生产公益广告，强化宣传效果，在全社会形成强大的安全生产宣传声势，切实服务于安全生产工作大局，国家安全监管总局决定组织开展安全生产公益广告征集活动。现将有关事项通知如下：

一、公益广告作品的创意主题

以人为本、安全发展。

公益广告作品的创意要体现引导全社会牢固树立安全发展的科学理念，提升安全意识，珍视人的生命安全和健康；增强法制观念，自觉遵守安全生产法律法规；提高防范技能,提升安全生产保障能力;创造和谐氛围,在全社会形成有利于安全生产的舆论环境。

二、公益广告作品的内容

公益广告作品要以宣传安全发展理念、普及有关法律法规、培养安全意识、传播安全知识为主要内容,包括:

(一)安全理念篇。弘扬安全发展的理念,突出"安全第一,预防为主,综合治理"的安全生产工作方针,营造"关注安全、关爱生命"的舆论氛围。

(二)安全意识篇。宣传国家有关安全生产工作的方针政策和"不伤害自己、不伤害他人、不被他人伤害"的安全生产原则以及安全愿景、安全目标等内容,体现"安全至上"的核心价值观,提升全民安全意识。

(三)法律法规篇。宣传普及安全生产相关法律法规、政策、标准等,强化安全责任重于泰山的法制观念,增强从业人员的法律意识。

(四)安全知识篇。重点针对煤矿、非煤矿山、交通运输、危险化学品、烟花爆竹、民爆器材、建筑施工、消防、校园、人群聚集场所、居家生活、旅游安全等方面,贴近群众生活,普及基本安全常识,提高百姓防范事故和自我保护的能力,实现"我要安全、我会安全"的目标。

三、公益广告作品分类及相关要求

所征集作品分为影视作品(分专业组和业余组)、平面作品(宣传画)和动漫作品三大类。

(一)影视作品。

专业组:主要以各级电视台为播放平台,使用 PAL 制式,画面尺寸 720mm×576mm,广播级数字设备,成片制作成数据 AVI 格式,以 DVD 数据光盘方式存储。片长不超过1分钟,并剪辑成30秒、15秒、5秒成片各一版。

业余组:主要以网络为播放平台,片长不超过1分钟,并剪辑成30秒、15秒、5秒成片各一版,使用设备不限。

(二)平面作品(宣传画)。规格 520mm×760mm。分别提供 CMYK、RGB 两种模式,分辨率不低于300点,存成 TIF 格式或者 JPG 格式(JPG 格式图像品质须为"12、最佳")。

(三)动漫作品。以电视台、网络为播发平台,标清画面;自行定义安全框,播出画面尺寸为 720mm×576mm;传统二维、Flash、3D 制作均可。片长不超过1分钟,并剪辑成30秒、15秒、5秒成片各一版。

四、公益广告作品的报送和筛选使用

(一)请各省级安全监管局和有关中央企业于2012年3月底前将优秀公益广告作品报送全国安全生产月活动组委会办公室(国家安全监管总局宣传教育中心),每类作品不超过5件。其中,影视、平面及动漫作品必须以邮寄方式报送光盘。

联系人及电话:(略)

电子邮箱:(略)

通信地址：(略)

(二)国家安全监管总局宣传教育中心负责组织有关方面领导和专家进行作品筛选，每类筛选出30件作品，免费发送至各省级安全监管局和有关中央企业播放。

五、其他要求

(一)公益广告作品要紧扣主题、创意新颖、内涵丰富、寓意深刻，贴近实际、贴近基层、贴近生活，通俗易懂、生动活泼、亲和力和感染力强，适于在电视、广播、网络、报刊和公共场所传播。

(二)各单位要高度重视，认真组织在本辖区和系统内向有关社会团体、组织、公众和广大职工开展安全生产公益广告作品征集活动，并对征集的作品进行筛选，确保质量。各省(区、市)报送公益广告作品的数量和质量将纳入全国"安全生产月"活动先进单位的考核内容。

国家安全生产监督管理总局办公厅
二○一一年十二月十六日

(资料来源：http://www.chinasafety.gov.cn)

三、计划、总结类写作训练

(一)计划

1. 计划的概念及分类

(1)计划的概念。计划是机关团体、企事业单位或个人根据党和国家的路线、方针、政策以及上级的指示精神，结合本单位或个人的实际情况，制订出一定时期内的工作要求、指标、步骤、措施和完成期限的一种书面材料。

计划，这是一个统称，常见的"安排"、"打算"、"规划"、"设想"、"意见"、"要点"、"纲要"、"方案"等也属于计划的范围，由于内容上的差异而选用不同名称。大体来说，预定在短期内要做的一些具体事情，用"安排"；准备在近期要做的事情而对其中的指标或措施等考虑得还不周全的，用"打算"；拟订比较长期的计划而涉及面广，又只有一个大轮廓的，称"规划"；为长远的工作或某种利益着想做个非正式的粗线条的计划，称"设想"；上级对下级部署一个阶段的几项工作或一项重要任务，需要交代政策，提出具体要求的，称"意见"或"要点"；如果对某一项工作从目的要求、方式方法到具体进度都做了全面计划的，称"方案"。

(2)计划的种类。按性质分，计划可分为综合计划和专题计划；按内容分，计划可分为工作计划、学习计划、科研计划、广告策划等；按范围分，计划可分为国家计划、单位计划、班组计划、个人计划；按时间分，计划可分为长远计划、年度计划、季度计划、月计划等。

2. 计划的格式和写法

计划的格式没有明文规定，一般可采用条文形式或表格形式，也可既有条文又有表格。如果是大单位、时限长的计划,还可用文件形式。不论是哪种形式,它一般都由标题、正文和结尾三部分构成。

(1) 标题。标题是计划的名称,应写在第一行的正中。这部分应写明计划单位、适用期限、计划内容、计划种类。有的单位名称可省略,但需写在结尾处;有的可在标题中省略适用期限或计划内容,不一而足,要视具体情况而定。但计划的种类在标题中不得省略。如果计划尚未正式确定是征求意见稿或讨论稿,应在标题后用括号注明。如果是机关作为文件上报或下达的计划,还须在标题下面注上公文编号。如《国家高技术研究发展计划(863 计划)》、《高等学校哲学社会科学繁荣计划》、《××学校学生工作改革试点方案》(草案)、《××学校 2011 年至 2012 学年度第一学期教学工作计划》等。

(2) 正文。正文是计划的具体内容,也是计划的主体部分。一般先写前言,后写计划的具体事项。

前言要简明扼要地说明制订计划的依据。前言常常用"为此,本年度(或本季度等)要抓好以下几项工作"来结束,并领起下述的计划事项。这部分如无必要,也可不写,直截了当写计划事项。

计划事项是计划完成的任务项目,一般分项来写。首先要写明目的、任务、指标、要求、完成时限等,然后写出完成任务的具体措施,即提出相应的办法和步骤。简言之,这部分要求写清做什么、怎样做、何时完成,而且,写时要求具体明确、主次分明、条理清晰、简明扼要。

此外,如果有些与计划有关的材料在正文里不便表达,可在正文后另起一行写上"附表"、"附图"、"注释"等字样,然后在下面将表、图或注释文字列出。

(3) 结尾。在正文的右下方,写上制订者单位名称或个人姓名,并写明制订日期。作为文件下发的计划,应加盖公章;需要上报或下达的计划,应在日期的后面左下方写出抄报、抄送单位。

此外,与计划密切相关的一些材料,不便于在正文里表述的,可以附表、附图,作为附件放在最后。还有,写计划应注意,要以党的路线、方针、政策以及本行业的具体方针、任务为指针,以本部门、本单位的实际情况为依据,要从实际出发。本着需要与可能相结合的原则制订计划。要实事求是,量力而行,注意留有余地。做到既积极又稳妥,切实可行;切忌说大话,追求高指标。要定得具体、明确,便于执行,便于检查。

【计划例文 1】

2003—2007 年教育振兴行动计划

(教育部 二〇〇四年二月十日)

百年大计,教育为本。要实现全面建设小康社会和中华民族伟大复兴的宏伟目标,必须坚持实施科教兴国战略和人才强国战略,把教育摆在现代化建设优先发展的战略地位。近年来,在党中央、国务院的正确领导下,教育事业实现了跨越式发展,教育改革取得了突破性进展,国民受教育程度逐步提高。但是,教育面临的挑战依然十分严峻,整体水平离实现全面建设小康社会目标还有很大差距。为了贯彻党的十六大精神,在顺利实施《面向21世纪教育振兴行动计划》的基础上,特制订本行动计划。

今后几年,我们要高举邓小平理论伟大旗帜,以"三个代表"重要思想为指导,坚持教育为人民服务的宗旨,巩固成果,深化改革,提高质量,持续发展,办好让人民满意的教育。努力实现党的十六大提出的历史性任务,构建中国特色社会主义现代化教育体系,为建立全民学习、终身学习的学习型社会奠定基础;培养数以亿计的高素质劳动者、数以千万计的专门人才和一大批拔尖创新人才,把巨大的人口压力转化为丰富的人力资源优势;加强教育同科技与经济、同文化与社会的结合,为现代化建设提供更大的智力支持和知识贡献。

一、重点推进农村教育发展与改革(略)

1. 努力提高普及九年义务教育的水平和质量,为2010年全面普及九年义务教育和全面提高义务教育质量打好基础。
2. 深化农村教育改革,发展农村职业教育和成人教育,推进"三教统筹"和"农科教结合"。
3. 落实"以县为主"的农村义务教育管理体制,加大投入,完善保障机制。
4. 建立和健全助学制度,扶持农村家庭经济困难学生接受义务教育。
5. 加快推进农村中小学教师队伍建设。
6. 实施"农村中小学现代远程教育计划"。

二、重点推进高水平大学和重点学科建设(略)

7. 继续实施"985工程"和"211工程",努力建设一批高水平大学和重点学科。
8. 加大实施"高层次创造型人才计划"力度。
9. 推进"研究生教育创新计划"。
10. 启动"高等学校科技创新计划"。
11. 实施"高等学校哲学社会科学繁荣计划"。

三、实施"新世纪素质教育工程"(略)

12. 加强和改进学校德育工作。
13. 深化基础教育课程改革。
14. 以全面推进素质教育为目标,加快考试评价制度改革。
15. 积极推进普通高中、学前教育和特殊教育的改革与发展。
16. 加强和改进学校体育和美育工作。
17. 加强语言文字规范化工作,优化国家通用语言文字的应用环境。

四、实施"职业教育与培训创新工程"(略)

18. 大力发展职业教育,大量培养高素质的技能型人才特别是高技能人才。
19. 以就业为导向,大力推动职业教育转变办学模式。
20. 大力发展多样化的成人教育和继续教育。

五、实施"高等学校教学质量与教学改革工程"(略)

21. 进一步深化高等学校的教学改革。
22. 完善高等学校教学质量评估与保障机制。

六、实施"促进毕业生就业工程"(略)

23. 健全毕业生就业工作的领导体制、运行机制、政策体系和服务体系。
24. 面向就业需求,深化教育系统内外的各项改革。

七、实施"教育信息化建设工程"(略)

25. 加快教育信息化基础设施、教育信息资源建设和人才培养。
26. 全面提高现代信息技术在教育系统的应用水平。

八、实施"高素质教师和管理队伍建设工程"(略)

27. 全面推动教师教育创新,构建开放灵活的教师教育体系。
28. 完善教师终身学习体系,加快提高教师和管理队伍素质。
29. 进一步深化人事制度改革,积极推进全员聘任制度。

九、加强制度创新和依法治教(略)

30. 加强和改善教育立法工作,完善中国特色教育法律法规体系。
31. 切实转变政府职能,强化依法行政,促进决策与管理的科学化和民主化。
32. 健全教育督导与评估体系,保障教育发展与改革目标的实现。
33. 推进教育管理体制改革,为教育发展提供制度保障。
34. 深化学校内部管理体制改革,探索建立现代学校制度。

十、大力支持和促进民办教育持续健康协调快速发展(略)

35. 认真贯彻《民办教育促进法》,积极鼓励和支持民办教育的发展。
36. 注重体制改革和制度创新,多种形式发展民办教育。

十一、进一步扩大教育对外开放(略)

37. 加强全方位、高层次的教育国际合作与交流。
38. 深化留学工作制度改革,扩大国际间高层次学生、学者交流。
39. 大力推广对外汉语教学,积极开拓国际教育服务市场。

十二、改革和完善教育投入体制(略)

40. 建立与公共财政体制相适应的教育财政制度,保证经费持续稳定增长。
41. 拓宽经费筹措渠道,建立社会投资、出资和捐资办学的有效激励机制。
42. 完善国家和社会资助家庭经济困难学生的制度。
43. 严格管理,不断提高教育经费的使用效益。

十三、加强党的建设和思想政治工作(略)

44. 加强和改进学校党的建设工作。
45. 实施高等学校马克思主义理论课和思想品德课建设计划。
46. 增强高等学校思想政治工作的针对性、实效性和吸引力、感染力。
47. 抓好党风廉政及行风建设,保证教育事业持续健康发展。

十四、构建和完善中国特色社会主义现代化教育体系(略)

48. 努力建设和完善中国特色社会主义现代化教育体系。

49. 加大对西部地区、少数民族地区、革命老区和东北地区等老工业基地的教育支持力度,促进东、中、西部地区教育协调发展。

50. 立足全面建设小康社会目标,研究制订《2020年中国教育发展纲要》。

(资料来源:http://www.edu.cn)

【计划例文2】

"十二五"时期安全生产奋斗目标

(国家安全生产监督管理总局,2011/01/13)

遵循党的十七届五中全会《建议》和国务院即将提出的"十二五"规划纲要草案,从我国安全生产的现状和实际出发,按照主要控制指标不低于《安全生产"十一五"规划》目标的总体要求,国务院安委会全体会议确定了"十二五"时期安全生产奋斗目标。主要由以下五部分组成:

一是相对指标:主要是亿元GDP事故死亡率下降36%以上,工矿商贸十万从业人员事故死亡率下降26%以上,煤矿百万吨死亡率下降28%以上,道路交通万车死亡率下降32%以上。

二是绝对指标:共计26项,包括各类事故死亡人数下降8.1%以上,工矿商贸事故死亡人数下降12.5%以上,煤矿事故死亡人数下降12.5%以上等。

三是较大以上事故下降指标:各类较大事故起数下降15%以上,重大事故起数下降15%以上,特别重大事故起数下降50%以上。

四是职业健康工作目标:要求达到国家职业病防治规划规定的目标。

五是煤矿瓦斯抽采量,安全监管部门基础设施达标率等预期性指标。

(资料来源:http://www.chinasafety.gov.cn)

【计划例文3】

端午节活动方案:弘扬民族精神 共度和谐端午

一、指导思想

中华民族传统节日是民族文化的宝贵财富,每一个传统节日都蕴涵着我们民族独特深层的精神价值观,是我们中华民族文化的根。在弘扬和培育民族精神的教育活动中,我校以传统节日教育为切入点,将其纳入学校教育教学活动之中。通过开展传统节日教育,弘扬传统美德,提高学生对民族文化的认同感和自豪感。

二、活动主题

弘扬民族精神 共度和谐端午

三、活动目标

1. 让学生了解端午节的由来、有关传说和习俗。

2. 让学生了解屈原的故事。

3. 通过活动,激发学生爱国进取精神,培养学生好奇心和求知欲。

4. 通过活动,培养学生合作意识与动手能力。

四、活动时间

2012年6月11日至6月22日。

五、活动内容

(一)上一节主题班会课

各班主任老师在6月20日前带领学生上一节主题班会课,让孩子们了解端午节的相关来历、传说故事和习俗活动,感受中华民族传统节日中折射出的浓郁文化气息,激发学生对爱国诗人屈原的敬仰之情,培养学生爱国进取精神(6月15日前上交班会课设计)。

布置学生课余时间搜集各地过端午节有关知识和风俗资料,制作手抄报,6月18日前以班级为单位上交(学校将按年级组织手抄报展览)。

(二)学一首端午节的诗

组织开展中华经典诵读活动,引导学生感受传统文化魅力,增强爱国主义情感。每班至少自选一首关于端午的诗词,要求全班都能背诵。学校将于6月18日开始抽查学生掌握情况。

(三)写一篇文章

结合学校端午节系列活动,或个人端午节感想,面向全体学生开展"端午节里话端午"征文活动,6月22日交稿,抄写在学校统一印发的16开正规稿纸上。一、二年级每班3份,三至五年级每班5份。

(四)体验一项端午风俗

6月20日下午第五节课,全校开展体验端午风俗活动。各班主任根据要求提前做好准备,活动结束后,各班自主选择5张照片集体冲洗,并做好活动记录,6月22日放学前上交。建议各年级开展端午风俗活动分工如下:

一、二年级:拴五色丝线

三年级:做咸蛋彩绘

四、五年级:包粽子

(资料来源:http://www.docin.com)

(二)总结

1. 总结的概念及分类

总结是机关团体、企事业单位或个人对一定时限内的学习、工作、生产、科研等某项或多项实践活动的回顾、分析和研究,从中找出经验和教训,引出规律性认识的书面材料。

根据不同的划分标准,总结可作以下分类:按性质分,可分为综合总结和专题总结;按内容分,可分为工作总结、学习总结、生产总结、思想总结、科研总结等;按范围分,可分为地区总结、单位总结、个人总结等;按时间分,可分为年度总结、季度总结、月份总结、阶段总结等。

2. 总结的格式和结构形式

1）总结的格式

总结的格式通常包括标题、正文和结尾三部分。具体如下：

（1）标题。常见的标题有三类，一类是标题上标明总结的单位、期限、总结的内容或总结的类别，如《××学校1991—1992学年度上学期教学工作总结》；一类是由正、副标题组成，正标题标明总结内容，副标题对正标题加以限定、说明或补充，以显示总结的体裁特点（如《一枝红杏出墙来——××班级工作总结》）；还有一类标题虽未写明"总结"字样，但其本身就体现出总结的特征，如《努力探索教学规律，不断提高教学质量》。

（2）正文。这是总结的中心部分，也是总结的主要部分。它一般包括以下几方面内容：基本情况概述；主要成绩及经验；存在问题和教训；今后努力方向。

（3）结尾。在正文右下方署上总结的单位名称或个人姓名，并写明总结日期；如果在标题下面已署名，结尾处可不再重复。

2）总结的结构形式

总结常见的结构形式有条文式、小标题式、全文贯通式。

（1）条文式。即按内容的性质或主次轻重逐条排列，将要说明的问题，用一、二、三、四的条例形式，逐一进行阐述。如毛泽东同志的《三个月总结》（见《毛泽东选集》第四卷第1205页，1991年6月第2版）。

（2）小标题式。即按所写内容的逻辑层次分成若干部分，并在每一部分前面冠以概括式的小标题。

（3）全文贯通式。即按时间、事物发展的顺序，全文贯通，一气呵成，不分一、二、三，也不拟小标题，只用分段表示层次。

无论采用哪种结构样式，都要根据具体的总结内容来确定，而不能整齐划一。一般来讲，综合性总结多采用条文结构；经验类总结、专题类总结多采用小标题式结构；内容较单一、篇幅较短的总结，多采用全文贯通式结构。

3. 总结的写作要求

（1）突出重点，写出特点。总结的种类不同，内容的重点也就不一样。比如，介绍经验的总结就要将经验和办法作为重点，对一般情况则作简要概括。检查问题的总结需要将存在的问题及其原因作为重点，如果面面俱到，生怕有所遗漏而贪多求全、泛泛而谈，就难以突出重点、抓住中心。在总结中，还要力戒公式化、刻板化的弊病，不能千篇一律。

（2）实事求是，辩证看问题。实事求是是写好总结的重要原则。总结的内容要真实可靠，如实反映客观实际，既不夸大，也不缩小，不人为拔高或贬低。

辩证地看问题，就是要防止片面性和绝对性。在总结中，既要看到成绩，也要看到缺点；既要看到经验，也要看到教训。当然，辩证并非平分秋色，而是要求既全面地看问题，又要有所侧重，突出总结的重点。

（3）找出规律性的东西。总结的目的就是要从过去的实践活动中获得经验和教训，用以指导今后的实践活动。因此,只有对过去的实践活动进行全面回顾,再将广泛征集的材料进行整理,选择真实、具体、典型的材料,通过科学分析、概括和提炼,才能找到事物的内在联系,引出规律性的东西,从中悟出道理。

(4)语言要朴实、准确、生动。

【总结例文】

吉林省第 13 届推普周活动工作总结

吉林省语委办

2010年9月12日~18日是第13届全国推广普通话宣传周,本届推普周的宣传主题是:规范使用国家通用语言文字,弘扬中华优秀文化传统。为贯彻落实《中华人民共和国国家通用语言文字法》和《吉林省国家通用语言文字条例》,向社会广泛宣传和大力推广普通话,我省结合实际情况,在推普周期间继续依托学校、党政机关、新闻媒体和公共服务行业等重点领域,广泛动员,开展了一系列丰富多彩的活动,取得了良好的效果。为了今后更好地做好推普宣传工作,有利地推动语言文字工作向纵深发展,现将本届推普周活动情况总结如下:

一、领导高度重视,组织安排合理有序

为了使本届推普周活动深入开展,我省成立了以省语委主任省教育厅副厅长孙鹤娟同志为组长的第13届"推普周"活动领导小组,使我省"推普"活动做到了有计划、有安排、有落实。本届"推普周"活动分为三个阶段进行:

1. 9月6日~11日为前期准备和宣传发动阶段,主要是制订第13届全国推广普通话宣传周活动方案;成立"推普周"工作领导小组,组织大家学习有关的文件精神,部署"推普周"期间的各项工作任务;编写和印制"推普周"宣传手册和"一法一例"知识问卷。

2. 9月12日~18日为活动实施阶段,主要是向各市(州)、各大中院校等语委成员单位发放吉林省语委编印的"推普周"宣传手册和知识问卷。要求各成员单位和各级各类学校挂贴"推普周"宣传标语、开展形式多样的推普宣传活动;以《国家通用语言文字法》颁布10周年和《吉林省国家通用语言文字条例》颁布5周年为契机,组织师生走上街头,做宣传,搞活动,向社会广泛宣传国家语言文字相关法律法规、方针政策和规范标准,大力宣传推广普通话对社会主义现代建设的必要性、迫切性和重要性。

3. 9月19日~25日为活动总结阶段,要求各有关部门、各大中小学校对本届"推普周"工作认真总结、全面分析、集思广益、积极探索,为今后更好地做好推普工作提供经验、奠定基础。

二、制订具体的活动实施方案,进行积极有效的舆论宣传

根据教育部、中宣部、人力资源和社会保障部、文化部、国家广播电影电视总局、国家语言文字工作委员会、解放军总政治部、共青团中央印发的《关于开展第13届全国推广普通话宣传周活动的通知》精神和要求,结合我省实际情况和本届"推普周"的指导思想

和宣传主题,我省教育厅、语委协调省委宣传部、人事厅、文化厅、省广电局、省军区政治部、团省委等部门,研究制订并联合下发了《吉林省第13届全国推广普通话宣传周活动方案》。认真部署全省第13届"推普周"期间的各项工作。

吉林电视台和吉林教育电视台以及《吉林日报》等省内多家平面媒体对"一法一例"座谈会进行了宣传报道。

吉林电视台和吉林教育电视台及各市州电视台滚动播出了国家语委制作的公益广告。各级广播电台及各频道也滚动播放了公益广告的音频。各市州的宣传媒体也对当地的推普宣传活动进行了及时报道。

各市(州)教育行政部门和学校的网站都挂了"推普周"宣传画图片。

各高等学校也充分利用校刊、校报,以及学校广播,对本学校举行的推普宣传活动进行了大量的宣传报道。

各个层次的媒体宣传,为"推普周"活动造了"势",烘托了气氛,收到了非常好的宣传效果。

三、丰富多彩的活动推进普通话规范工作

1. 2010年9月14日,为了纪念《国家通用语言文字法》发布10周年和《吉林省国家通用语言文字条例》颁布5周年,吉林省语委、省教育厅、省人大教科文卫委员会和省政府法制办联合在长春召开座谈会,吉林省语委各成员单位的负责人和吉林省语言文字专家出席了此次座谈会。省语委成员单位的负责人和省内语言文字专家就我省语言文字工作和社会语文生活发生的重大变化进行了深入地探讨和交流。

2. 根据省语委的号召,各市州语委办组织中小学校在中心城市主要街路举行了内容丰富的宣传活动,通过摆放板报、张贴宣传画、宣传标语和条幅、面向市民开展咨询等形式,向社会广泛宣传语言文字规范化知识和推广普通话的意义。

3. 各市州以推广普通话为主题的各种活动,如长春市开展了经典诵读师资培训班,以经典诵读带动推广普通话宣传活动。松原市开展教师基本功比赛、教师用语用字规范化自查活动,强化了师生们的用语用字规范意识。

4. 全省各高等学校举办了以宣传《国家通用语言文字法》和《吉林省国家通用语言文字条例》为主题,以讲座、朗诵、演讲、辩论、语言文字基本功比赛等形式,面向本校全体师生开展宣传活动。如北华大学举行"说普通话从我做起"主题活动,学生们自编自演了形式多样的推普节目,既推广了普通话,又促进了各地区各民族和谐团结,同时也将推普活动推向了新高潮。长春大学以"我身边的不规范"为主题,面向全校同学征集图片作品。引导同学们主动寻找,发现生活中用字不规范的现象。要求参与本活动的同学提供图片和简短的说明,指出该图片中不规范之处并写出与之对应的规范汉字。本活动的优秀作品于校园内展出,收到良好的推普效果。吉林师范大学博达学院在第13届"推普周"活动中深入开展"中华颂·经典美文"普通话诵读活动,组织全校性的大型"中华颂·经典美文普通话诵读比赛暨颁奖晚会"活动。

推普工作是一项持久的工作,推广普通话对于构建和谐社会、提高人民素质、实现人的全面发展具有特别重要的意义,我们将不断运用新的方式加强对教师、学生及广大人民群众进行推普宣传,让普通话成为校园语言,成为职业语言,成为面向现代化的必需语言,成为人与人情感的纽带、沟通的桥梁。

(资料来源:http://www.jyb.cn)

四、书信类写作训练

(一)书信的概念及分类

书信是个人与个人之间、个人与组织之间、组织与组织之间,用以交流思想感情、表达意愿、研究问题、互通情报的一种常用书面工具。

书信大致可分为一般书信和专用书信两种。一般书信是亲戚、朋友、同志之间彼此联系、互通消息、交流思想、表达感情、研究问题、商讨事务时使用的;专用书信是用来联系工作,具有一定使用范围和特定格式的公开性质书信。它包括介绍信、证明信、感谢信、表扬信、慰问信、祝贺信、申请书、决心书、倡议书、挑战书、应战书、聘书等。

(二)一般书信的格式与写法

1. 信瓤

一般书信的信瓤由称呼、正文、结尾、具名和日期五个部分组成。

(1)称呼。称呼写在信纸的第一页第一行的顶格处,后面用冒号,且单独成行。

(2)正文。第二行空两格写正文。这是书信的主要部分,对收信人要说的话都写在这部分。如果要写的事项较多,可按不同的内容分段写。写正文时要注意条理清晰,表达准确,语言简洁,措辞得体,书写规范。

(3)结尾。结尾写祝颂语,表示礼貌。祝颂语的内容要根据不同对象或不同职业、不同时令恰当选用。结尾最常见的格式有三种,第一种是紧接正文结尾与祝颂的前半句(如"此致"、"祝"等),不加标点,然后另起一行顶格写祝颂语的后半句(如"敬礼"、"健康"等);第二种是正文结束后,另起一行空两格写祝颂语的前半句,再转一行顶格写祝颂语的后半句;第三种是正文结束后,另起一行空两格,将祝颂语连写(如"祝你工作顺利"等),或者是只写祝颂语的后半句(如"敬礼"、"健康"、"平安"等)。

(4)具名。正文和结尾写完后,在结尾下面另起一行的偏右处写上写信人名字。具名写法应与前面的称呼相对应。

日期。在具名的下方写上年、月、日,有时还在日期后面标明写信的地点(如"×年×月×日于北大未名湖")。

2. 信封

信封分横式和竖式两种。信封的写法应注意格式,横式信封上边(或竖式信封右边)写收信人的地址,中间写收信人的姓名及称呼,如"××同志收"、"××先生收"等,这些都是写给邮递员看的,因此,不能将瓤内的称呼写在信封上(如"×××父收"、"×××女儿收")。右下侧(或竖式信封的左下方)写寄信人的姓名与地址。

寄往国外的信,其信封的书写要求和格式各有不同,要根据具体情况而定,不可想当然。

(三) 专用书信的格式与写法

专用书信的格式和一般书信基本相同,但在写法上与一般书信是有区别的:专用书信一般要求在第一行正文中标明书信名称(如"感谢信"、"介绍信"等);专用书信的称呼是收信单位的名称(也有个人名称)。专用书信具有各自专门的、较为单一的内容;专用书信结尾处的祝颂语较简单,一般只用"此致敬礼",有时也不用祝颂语;专用书信的具名多为单位名称(也有写个人名称),要加盖公章。下面介绍几种专用书信正文的写法。

1. 介绍信

介绍信是介绍本单位的人外出联系工作、出席会议时所用的一种专门书信,它具有介绍和证明两种作用,一般以单位名义写。其正文部分主要写被派遣人员的姓名、职务或职称、接洽事项、对对方的要求和希望等。必要时,还要写明被派遣人员的年龄、性别、政治面貌等。有的需在介绍信的左下方单起一行空两格,注明有效期限,并加上括号。

2. 证明信

证明信是用以证明有关人员或事项真实情况的一种专用书信。一般以组织或个人名义写。其正文部分应主要如实写清对方所要求证明的事项,若是作为证明被派遣人员身份的证明信,其写法与介绍信相似。有的以个人名义写的证明信,须在后面签署组织意见,如"此材料可供参考"、"此材料仅供参考"等。

3. 感谢信

感谢对方所给予的关心、照顾、祝贺或勉励所写的专用书信。一般由当事人、当事人的亲友或单位来写。其正文部分要写清何时、何地、何人、何因、得到对方何帮助及其产生的效果,赞扬对方的可贵精神以及客观影响,最后表达向对方学习的态度和决心。

4. 表扬信

表扬信是表扬好人好事的一种专用书信。可由任何了解情况的人执笔写。其正文部分用叙述、议论相结合的方法,真实具体地写清被表扬事件的时间、地点、人物、经过以及所体现的精神实质。如果写给被表扬者的所在单位,可向有关领导提出建议和希望。

5. 慰问信

慰问信是向遇到特殊情况的同志和(或)其亲友等表示关切和问候的专用书信。一般以集体名义和个人名义写。其正文部分应首先说明写慰问信的原因(对方所取得的成绩、获得的成功;或对方所蒙受的意外损失、遇到的困难);其次叙述对方的先进思想、先进事迹或在困难时期表现出的高尚品德和高尚风格;再次向对方表示慰问和学习的态度;最后写上鼓励和祝愿的话。

6. 祝贺信

祝贺信(又叫贺信)是领导机关、兄弟单位向具有纪念意义的大会、在某一方面取得优异成绩的集体或个人表示祝贺的专用书信。一般以单位名义或个人名义写。其正文部分先写明对方值得祝贺的成绩或喜事、祝贺的原因，接着热情地褒扬，最后提出希望和鼓励。

7. 申请书

申请书是个人向组织或下级单位向上级单位提出某种要求、请求解决问题、希望求得批准而写的专用书信。以个人或下级单位名义写，一般是一事一书。其正文部分要写明申请的事情（即内容），陈述申请的理由，表明申请者的态度。

8. 决心书

决心书是集体或个人为了响应上级号召，完成某项任务，接受监督和检查时，向领导或上级组织表示决心和态度而写的专用书信。以集体或个人名义写。其正文部分主要写表示决心的原因和目的，决心做到的具体事项，实现决心的详细措施。

9. 倡议书

倡议书是集体或个人发起和倡导某种建议或提议做某些有意义的事情，以引起人们响应而写的专用书信。以集体或个人名义写。其正文部分主要写倡议的根据、原因、目的，倡议的具体内容，倡议者的决心和希望。

10. 挑战书

挑战书是个人、集体或单位为了开展竞赛活动，向有关方面提出挑战和竞赛的目的、内容条件的专用书信。以个人集体或单位的名义写。其正文部分要写明挑战的目的、内容及条件，评判、监督和检查的人员或单位，挑战者的希望和祝愿。

11. 应战书

应战书是个人、集体或单位为响应有关方面的挑战而给予答复的专用书信。以相应的接受挑战一方的（个人、集体或单位）名义写。其正文部分先要表明自己一方对挑战的态度，同时，对挑战的条件要明确表态（完全同意或协商修改或增加补充），最后写上祝愿的话。

12. 聘书

聘书一般分聘请书和聘任书两种。聘请书是一个单位需要延请外单位的人才担任本单位某项职务，或承担某项工作时所使用的一种特殊文书。聘任书是在执行任期的单位里，命某人担任某项职务时的一种凭证。其正文部分要写清聘请或聘任的理由、职务、期限、希望等。

第三节　教师常用文体写作训练

除以上通用性常用公文，还有一些专业性较强、使用效率更高的常用文体，也需要教师掌握，例如，学生操行评语和作业批语、教育随笔和学术论文等的写作。因此，撰写学生操行评语和作业批语、教育随笔和学术论文的能力，既是一名合格教师必备的专业基本功，也是师范专业学生教师职业技能的重要组成部分。

一、操行评语与作业批语

（一）操行评语

1. 操行评语的概念及分类

操行评语是班主任对学生一学期的思想品德、学习劳动、健康状况等做出的全面总结和评价。现代教育观认为，教育评价不是教育目的，而是教育手段。充分发挥评语的激励作用，使学生心悦诚服地接受老师对自己的正确评价，主动扬长弃短，追求进步，积极向上，是当前素质教育背景下操行评语应奉行的宗旨。从评价内容上看，操行评语可主要划分为三类，即品德评语、学习评语、活动评语。

2. 操行评语的特点及写作

1）操行评语的特点

（1）个性化。操行评语在内容上要避免模式化、程式化、千人一面，在语言上要避免套话连篇、空洞模糊、千篇一律。

（2）情感化。师爱不仅仅意味着教师有爱学生的情感，更重要的是要将这种积极、肯定的情感融入学生的心田，以情感人、以情育人，使其受到鼓舞、教育，并产生迎头赶上的信心。

（3）艺术化。教师要学会使用艺术化的操行评语让学生兴奋，让学生对自己的不足产生内疚，进而积极改正。

（4）连续性。操行评语要承前启后，既要能反映前期优点的发扬程度、缺点的克服程度，还要能反映当前又有哪些新发展，不要孤立地看一时一事，要以发展的眼光看待每一个学生。

2）操行评语写作

（1）内容上，一份完整的评语应至少包括三部分，即赞扬进步、指出不足、提出建议。先讲优点，再指出存在的问题，从心理上易被学生接受，能够主动配合老师，按照老师的建议去努力，从而达到教育目的。

（2）方法上，应避免命令式、指责式、鉴定式，多采取谈心式、对话式、商讨式，建立平等和谐的师生关系，使学生保持积极心态和健康情感，利于师生间的思想交流。

（3）语言上，对学生优点的评定要有感染力；对学生缺点的评定要少直多婉，含蓄些，避免伤其自尊心；对学生建议时不乏来点幽默，这样会收到意想不到的教育效果。

总之，作为一种教育手段，操行评语应向富于个性化方向发展。人皆不同，各有其面，教师应集中笔力，抓住实质，突出重点，惟妙惟肖地写出一个个活生生的学生面貌来。同时，操行评语还要能够一方面指出后进生的优点，另一方面也能够指出优等生的缺点；评价内容则从平凡小事入手，越具体越好。评价内容不应仅仅涉及学习方面，也应涉及德、智、体、美、劳诸方面，更重要的是要使学生学会做人、学会做事、学会竞争、学会关心，要从学生最闪光之处入手，做具体生动描绘。如果教师的操行评语贴近学生生活，富有个性,它会勾起学生的美好回忆,学生一旦发现自己点点滴滴都被老师关注,他就会更加努力、更加自信。这就为教育创造了一个最佳时机。如以下操行评语:

学生特点:家庭条件较差;热爱劳动,自理能力强,爱动脑筋,有一双巧手;但好动,课堂上爱做小动作,爱讲闲话,书写潦草。

操行评语:你是班上最懂事的孩子,不是吗?在家里,你是爷爷、奶奶、姑姑的好帮手,你能把衣服洗得干干净净,叠得整整齐齐;你能把饭烧得香喷喷;你能把地板擦得一尘不染。在学校里,你是老师的好帮手,大扫除时,最脏最累地活你抢着干,你坚持天天为班级打扫卫生,最后一个离开教室的总是你。你是那么勇敢,课堂上同学们不敢举手时,你却把手举得高高,回答起问题来滔滔不绝。你的手工作品精致极了,它总能为艺术节增添光彩。老师多么希望你在课堂上也最懂事,字写得也像手工作品一样漂亮,那么你的亲人和老师该有多欣慰啊!

(二)作业批语

1. 作业批语的概念及分类

布置作业是教师检查教学效果和获得信息反馈的一个重要手段,是教师了解和检查学生学习的必要途径。因此,作业批语是教师在课后与作为个体的学生进行信息和情感交流的有效方式,是教师情感和知识输出的载体,体现着教师对学生作业的意见和态度,体现着教师对学生学习的成果的认可或否定。在作业批改中,教师应该针对不同层次的学生、不同类型的作业,有目的地写批语,从而激发学生学习的积极性,优化课堂教学效果。作业批语的类型主要有如下几种:

(1)赞扬鼓励式。每个学生都有自尊心,无不希望自己的作业得到老师的肯定和赞赏。所以,教师的作业评语要从赏识教育出发,利用有针对性的批语,对于学生学习能力、独创精神等给予充分肯定,对于学生的每一点进步,教师都要设法给以鼓励。富有情感的作业批语,可使学生备受鼓舞,从而激发其学习积极性,产生新的学习动力。

(2)启发指导式。针对不同题目和不同学生,可写出指导式批语。在写作业时,有的学生审题不够细致,粗枝大叶、马虎草率,结果对题意似懂非懂,解题时思路不清,走了弯路,甚至错误百出。对于这样的作业,教师应该写下启发、指导式评语,点出学生错误或缺点,一语中的,使之茅塞顿开,知道不足之处,从中吸取教训,以使作业更完整规范。

(3)警钟鞭策式。在教学中,教师会发现,有很多学生对同样的错误会一犯再犯,这时,教师应该使用警钟鞭策式批语,敲击、震醒糊涂的学生们,使他们明白学习知识需要严密的推理和认真的态度,来不得半点马虎,从而培养学生严谨的学习态度。

2. 作业批语的特点、要求

1)作业批语的特点

教师应从实际出发,针对学生在作业中出现的正、反两方面的问题,坚持为学生写出恰如其分又情深意切的批语,使教学信息在传递与反馈中产生最佳效果,最大限度地调动学生学习的主动性、积极性和创造性。作业批语应该具备以下三个特点：一是生动活泼，热情洋溢，表扬要有针对性；二是幽默风趣，委婉动情，批评要有艺术性；三是关注后进，持之以恒，批语要有连续性。

2) 作业批语的要求

学生作业批语是一项烦琐而沉重的系统工程，要求教师要有耐心和责任心，而且，这项工作最能了解学生对知识掌握的程度，有利于教师及时调整教学。因此，教师的作业批语应做到以下几点：

（1）按照教学要求设置的作业，要做到全批细改；其他作业亦应及时批阅，认真评分，并写出批阅日期。

（2）每次作业批改后，特别是单元考试，要做简要记录，并及时进行总结或讲评。

（3）对于书写整洁或潦草、解题具有独到之处或解题混乱的学生，教师要有针对性地做出批注；批改时，要尽可能查找作业中的错处，进行规范的圈划和改正。

（4）学生中英文习作，教师要精批细改，改通句子，理清层次，根据作文内容写出眉批、总批。

（5）熟练掌握作业批语的各种形式，并灵活运用，务求最佳修改效果。

【作业批语示例】

"你的作业写得很认真，字也比以前写得有进步，小伙子，你真棒！"

"你这次作业只错了一道题，和前几次相比有了很大的进步，老师相信你下次作业会打满分，加油啊！"

"What a beautiful handwriting! If only be more careful!"（多漂亮的书法呀！要是作业再仔细一点就好了！）

"思路开阔，思维清晰，方法灵活，具有综合利用知识解决物理问题的能力。"

"马虎不改，难有作为"，"计算，应一丝不苟，慎之又慎。"

"学习是老老实实的学问，来不得半点虚伪和骄傲。"

二、教育随笔

（一）教育随笔的概念及分类

教育随笔，顾名思义，就是谈教育思想观点的随笔，也称为教学心得，主要是写教学中某一点体会最深的心得。它的主要特点是题目小，篇幅短，层次和结构比较简单，内容单纯，涉及面比较小，写作材料便于收集、整理和使用。教育随笔主要有记叙性随笔、议论性随笔、说明性随笔三类。

（1）记叙性教育随笔。大多取材于教师日常教学生活中的片断或作者的偶然经历，基本内容是叙事写人。随笔主旨是写情见性，其抒写往往融入作者的主观感受，有时直截了当说出，有时是隐藏在文字背后。它描写的往往是教学过程中的平凡小事，但仔细体味后，会体会到教学中的酸甜苦辣。

(2) 议论性教育随笔。重点在于"感"和"议",作者要有感而发,哪怕是一点思考、一点感受、一点闪光的意念都可带到文章中去,虽然不摆做文章的架子,看起来风格随意、漫谈散谈,但教育教学体会却跃然纸上,令人感同身受。

(3) 说明性教育随笔。这类随笔要求教师具有精细而敏锐的观察力,能捕捉到学生及教学事件的特色来加以解释说明,以期获得收获。

(二) 教育随笔的特点及写作

1. 教育随笔的特点

教育随笔的最大特点在于"随"——随便、随时、随手、随心等,也就是随时记录教学生活中有意义的人或事,或反思课堂教学,或感悟教育心得,或讲述教学专业知识,或发表学术观点,或评析学生人情,启人心智,引人深思。

2. 教育随笔的写作

在写法上,它们往往旁征博引,不作理论性太强的阐释,行文缜密而不失活泼,结构自由而不失谨严,因此,富有理趣和启发性是其突出特点。教育随笔写作并无定式,主要应注意以下两点:

(1) 写作内容上,无论是课堂教学中的得失与成败,还是教育过程中的感悟与偶得,都可以尽录文中,抒发个人感情,引发他人思考,共品教育教学甘甜。

(2) 写作方法上,应注意观点独到,立意新颖;举例生动,具体可感;以小见大,寓意深刻;行文简约,样式活泼。

(三) 教育随笔示例

1. 关注着他的进步

小豪一个人坐一个座位已一个月了,说句实在话,我一直关注着,也很想知道这个效果如何。几个星期以来,我看到小豪的表现,心中还是很欣慰的,他真是进步了不少。

最让我感到高兴的是,他的学习态度有了明显转变。上课时,不再像以前那样开小差了,而是坐得很端正,偶尔也会举手回答简单的问题。作业本上的字更是让我刮目相看。每个字都是工工整整,第一次看到他写这么工整的字,我还不太相信。因为,以前他的字写得很大、很草。每次批他的作业,我总觉得很费劲。虽然一直在让他认真写字,可效果不是很明显,然而最近是大不一样了。

还有,我发现他和同学吵架的次数少了。我知道让他这么一个不肯吃亏的孩子一下子改变,那是很难做到的。好在他已认识到自己的缺点,也正努力地改正着。孩子们都说小豪最近的表现好了,有时和同学吵架了,会主动认错。小豪也高兴地对我说:"我现在有很多好朋友。"为了鼓励小豪,我还让他为班级做事,每天中午,同学们吃好饭,叫他整理饭盒。他干得很起劲,每次都把饭盒整理得整整齐齐。

那天,小豪的爷爷碰到我,问我孩子的情况,我如实地告诉他,孩子最近进步很快。他爷爷也高兴,也告诉我,孩子在家的表现也好多了。

看着小豪的进步,我也在想,无论怎样的孩子,都会进步的,只要我们给孩子时间和机会。在老师的引领下，他们总会有飞跃的一天。

2. 不要吝啬表扬

教平行班很容易拿两个班级作比较，总体上来说，二班的学生要比一班活跃，每次在二班上课，我只要一提出问题，立刻就有十几只小手高高举起了，有些小朋友嘴巴里还一个劲儿地叫着"我！我！我！"，生怕自己被老师忽略了。因此，课堂气氛十分活跃，在这样的情况下上课让我很有激情，越上越来劲，常常不知不觉铃声就响了。而在一班上课就显得有点"冷清"了。一个问题常常需要我多次地重复，也难得有几只小手举起，课堂氛围也始终没有二班那么活跃富有激情。

这样的情况让我也产生怀疑，是不是自己的教学方法有问题，一班学生们不接受或者不爱听。

可课后作业反馈过来，两个班又差不多，没有太大的差别。这说明他们都听懂了。事实上面对一班"冷场"的情况，我也会试着叫几个不举手的同学。但他们都会回答而且出色地回答出来，一点儿也不逊色。这真的让我很无奈，所以每次上一班的课我都有种紧张感，生怕自己唱独角戏。

于是我开始找对策改变这样的状况，关注班里的每位同学，只要他们一有做得好的地方，我就毫不吝啬地加以表扬。接着就会发生连锁反应，被表扬到的学生会乘胜追击，试着举手回答问题。我当然不能放过这可爱的动机，美美地表扬了他。不知不觉中，我表扬的方式多了起来，有时候连自己也觉得有点不可思议，我竟然这么会说话。

渐渐地，班里的小手多了起来，虽然被我表扬到的学生每次都会不好意思地低下头害羞一阵子，但从他们甜甜的微笑里我看到了知足。同时，我自己也尝到了满足，学生们不再那么"耍酷"了，课堂氛围也活跃了。

3. 静待花开

寒假女儿见了她初中最要好的同学，我问起她同学现在怎么样，女儿半羡慕半感慨：她在家太幸福了，想看电视就看电视，想上网就上网，她妈妈对此视而不见，妈妈越不管，她越心里发怵，玩了几天有一种犯罪感，自觉地学习去了。我女儿将这种教育方式说成是"放养"。我调侃那你属于什么？——"圈养"。的确，在我眼里女儿一心想着放松，一得空就上网、听MP3，明年就考大学了，一点紧张感也没有，学习只是一个副业，我想起来就急，看着就催，恨不得替她学，结果女儿的成绩还是不尽如人意。

静下来想想，女儿说得有道理。孩子的成长就好比放牧牛羊，老师和家长就是"牧者"。牧者的职责首要就是把牛羊放牧到水草丰美之处，而让它们恣意吃草，然后就需要静待的工夫。当孩子按照自己的规律去学习和成长的时候，我们任何时候都想去检查它，结果是常常错误百出。就像树木的成长，不管你什么时候去测量，都会发现它的生长指标存在着种种的不完善。但是，我们隐忍不住，非得要孩子每个月、每段时间都呈现华美，于是，在外力之下，所有的时间、所有的意向都指向了开花，甚至从幼儿园起就要孩子们开花！

柳宗元笔下的种树师傅郭橐驼说，自己并非有什么点石成金的妙招，无非就是根据

"其本欲舒,其培欲平,其土欲故,其筑欲密"的"植木之性",能"顺木之天,以致其性焉尔","勿动勿虑,去不复顾。其莳也若子,其置也若弃",从而使"其天者全而其性得矣"。而我们自己却常常像郭橐驼所批评的那样:"爱之太殷,忧之太勤,旦视而暮抚,已去而复顾,甚者爪其肤以验其生枯,摇其本以观其疏密,而木之性日以离矣。虽曰爱之,其实害之;虽曰忧之,其实仇之。"因此,柳宗元说:"故吾不害其长而已,非有能硕而茂之也;不抑耗其实而已,非有能蚤而蕃之也。"把它折射到教育,我们会发现,儿童的成长是生命的自成,外因必须通过内因起作用,外部的过分干扰往往是适得其反。

教育的本质是帮助孩子成长,帮助学生学习。"人"——教育成长的对象,是当然的主体,这是大自然的赋予,是教育本身的规定。就像园丁旁边的一棵树,是它自己在生长,它自己在进行光合作用,我们所有的行动都应是维护、促进这种生长,而不是侵入和干扰。我们的教育对象拥有成长的主动力、原动力,为帮助他们自然释放,我们应将侵入其内在成长活动的"超责任",交回给大自然,交回给生命,消弭了大量由此而生的不必要的碰撞和矛盾,也就会走向宽厚。做家长和老师的也就不再急功近利,甚而拔苗助长。

拔苗助长的问题,在于作用方式,进而是作用领域的误判。园丁固然可以对小苗进行作用,但他的作用必须转化为小苗可以接受的,可以进入小苗的生命活动的过程。违反这一规律的作为,均是多余的和有害的。也就是说,园丁的行为需以研究小苗的生长方式为依归。我们最大限度地依靠小苗,会使整个育苗过程变得直接而简单。

教育也同样,教者要以学生的需要来确定自己教什么和如何教。也就是如今提得很响的"生本教育"。生本教育强调在教育的体系中,学习者才是真正的主体,学习者的成长规律就是教育的基本规律。在教育中不能冒犯的是人之本性,是人的成长规律。一切为了学生,高度尊重学生,全面依靠学生,让学生绿色地自由成长。张九龄诗曰:"兰叶春葳蕤,桂华秋皎洁。欣欣此生意,自尔为佳节。"是说人达有时,花开有季。认识到这一点,我们就可以舒缓地等待了。释然地走进生命葱绿的原野,静待花开。

(资料来源:http://www.jy135.com)

三、学术论文

所谓学术论文,简而言之,就是将自己的理论研究和科研成果写出来的文章样式。它属于论说文的一种。一般来说,它融理论性、科学性、指导性和实用性于一体,其目的是通过摆事实、讲道理,阐明自己对某一亟待解决问题的独特见解,为问题的解决提供理论依据和具体方法。

(一)论文的种类

1. 学年论文

这类论文是作者经过一年时间的学习,具备相关专业知识后,初步运用所学知识去解决某一方面、某一学科的学术问题。其题目不宜太大,篇幅不宜太长。它主要是为今后写其他学术论文打好基础。论文写作时,不是汇总前人所知,而是运用前人所知来解决当今未解决的问题。因可能是初次撰写,一般需要老师确定选题、确定中心,论文完成的过程一般也需要有经验的老师加以专业指导。这类论文一般可以作为本科以上教育阶段学生课程考核的一种必要手段。

2. 毕业论文

这类论文是作者运用所学的全部知识来分析、解决本学科内某些基本的学术问题,但并非无足轻重、无意义的问题,而是本学科带有基本性的某一难点、焦点、热点、争点等亟待解决的问题。这类论文比学年论文的写法更难,更需要有经验老师的指导。这类论文一般可以作为本科教育阶段完成时考查受教育者知识水平的一种检测手段。

3. 学位论文

这类论文反映作者掌握某一专业知识的深度和广度。作者对某一学科的有关领域有着丰富或渊博的知识,并能探讨研究疑难问题和提出新的或创造性的观点。对本学科、本专业的发展有推动作用或有突破。它是作者具有了渊博的专业知识和熟练的研究能力后独立撰写的学术论文。学位论文一般分学士学位论文、硕士学位论文和博士学位论文。

4. 学术论文

学术论文指独创性论文。它能提出和发现前人没有发现过的客观实际或客观规律,对某一学术问题有所创新。一般来说是自己或与人共同研究和创新的成果报告,这类论文要求具有科学性、创新性、专业性。

(二) 论文的选题

选题是研究的起点,是成功的关键,因此要注意选好、选准。

1. 论文选题的原则

一般来说,论文选题的原则有以下几点:

(1) 有现实指导意义的原则。选题时,要选那些对现实具有指导意义的课题。就是说,要注意选那些对理论的深化、对事业的发展、对生产生活实践具有实际意义的课题。

(2) 有可能出成果的原则。即选自己有能力、有条件(从资料、时间、技术力量、财力、人力方面考虑)写好的课题。就是说,要量力而行。同时所选的题不要太大太难,也不要太小太易,更不要选人家已写过的已经解决的课题。

(3) 现实亟须解决的原则。即要选当今国内外亟须解决的问题或中外研究空白区域的课题,尤其是选择那些关系到人类当前和长远利益的课题,并突出"新"和"难"的问题。

(4) 扩大加深原则。可选那些人家已写过但自己有新观点、新材料、新解决办法,能扩大加深、升华题旨的课题。

(5) 创造性解疑原则。即要选自己具有独创性见解的课题。起码要有一己之见,提供一般人没有提出的观点、证据、规律、结论。总之,要力争选自己有能力独立解决的课题,使题目、论点、论据、论证都有可能标新立异、与众不同。

2. 论题的范围

论题一般应适中,太大、太难都会因论述不深入导致失败;太小、太易则不值一提,即使写出来其效益也不大。因此，论题范围应选适中为宜。

3. 题目和篇幅

论文题目要简练、新颖、合时，能吸引人，并能和论题紧密相关，有严密的科学性和实用性。一般论文常用"论"、"试论"、"浅论"、"略论"、"谈谈"等作首语或用"初探"、"管见"、"思考"、"对策"等作尾语。如《论如何端正办学思想》、《职业中学学生思想教育初探》、《关于民族师范实行双轨制的思考》。还有大题目加小题目的，如《遵循教学规律，深化教育改革——论如何大面积提高教学质量》。

题目一般不宜过长，但从题意中要让人知道解决问题的旨意。论文篇幅则要根据论题的容量来决定。

（三）论文的资料准备和提炼

写论文要准备充分的资料。一个小小的题目往往要有几十万字的资料，要做上千万张的卡片。列宁在《列宁全集》中引用自己阅读过的书，据统计共有 16 000 多册，马克思和恩格斯的著作几乎全都读过。简单地说，收集资料就是要尽可能全面地调查、了解、研究古今中外所有的有关资料。其具体方法有以下几种：

1. 查阅有关资料

（1）有关的经典著作。

（2）全国报刊索引和有关文献。

（3）全国高校学报总目录及有关文章。

（4）中外有关年鉴及有关论述。

（5）有关论文集及有关著述。

2. 阅读方法

1）OK、4R 阅读法

（1）O——总览。查看书名、前言、综述、标题、段落、黑体字、重点处、图表。

（2）K——要点。浏览正文要点；了解作者解决问题的方法。

（3）R1——阅读。快速通读全文或有关章节、有关名句。

（4）R2——笔记。将要点、关键句、有用的段落记下来。

（5）R3——联想。将看到的与已知的和相似的问题对比联想。

（6）R4——复习。复看所记并加深理解，准备筛选应用。

2）拉网读书法

第一步，"水"情勘察。通过几个方位扫描浏览，寻"鱼"。

第二步，拉网捕"鱼"。力求大小鱼都捕捉，然后去粗存精，做卡片、摘要，而且要做读书札记。

第三步，分档拣选，分类消化，进入创作过程。

3）带题求解法

带题求解法主要包括三个方面，一是带着要写的问题去寻找理论依据；二是带着要写的问题去寻找论证事例;三是带着要写的问题去寻找结论和规律。

　　4)鲸鱼牛食法

　　鲸鱼牛食法即快读泛读,细读精读,含英咀华。

　　5)同类比较法即博采众长,集思广益,类比取精

　　6)"一总二分三合"法

　　(1)一总。即浏览书的前言、后记、编后等总述性的东西,再看其目录,以概括了解书中的结构、内容、要点、体系等,从而对全书有个总的印象。

　　(2)二分。即读目录后,先略读正文,着重看大小标题、画线、加点、黑体字或特殊标记的句段,然后选择所需的内容来读。

　　(3)三合。就是在阅读了全书的基础上回头再读目录,并加以思考、综合,使其条理化、系统化,以利于吸收。

　　3. 资料收集的范围

　　能收集到的资料都收集,主要包括下列十个方面:有关文献;有关数据;有关事例;典型成语;名言佳句;历史故事;有关观点材料;思想火花;必要的调查资料;必要的实验资料。

　　4. 收集资料的原则

　　收集资料的原则有:内容定向;系统收集;择优选取;薄古厚今;全面积累。

　　5. 整理提炼材料

　　(1)指导思想。要坚持以辩证唯物主义的观点和历史唯物主义观点为指导。

　　(2)整理原则。整理原则有条理化、系统化、分类化、综合化、完整化。

　　(3)整理方法。一是注意汲取他人研究成果,确定自己的研究角度;二是整理过程中要特别注意围绕主题选择典型的具有重要意义和说服力最强的论点和例证;三是对收集的资料要分类归档,按题目提纲列出本人要提出的观点、论据;四是整理中要注意不断章取义,不乱摘滥引,或歪曲事实、曲解名人名言的原意,对实验材料要实事求是,如实叙述,同时注意摘取材料时要记清出处,以便引用时准确注明。整理材料时要做到以下五个尽可能:

　　一是尽可能整理古今中外那些对本人要写的问题的异同观点及取得的成就,正确地吸收、继承、发展。要注意,前人正确体系中可能有某一错误观点,错误体系中可能有某一合理因素或内核。

　　二是尽可能列出权威人士对本人所研究的问题的基本观点或精要论述。

　　三是尽可能整理出当今国内外学科领域内对该问题的各种看法,且无论正确的、错误的、片面的都列出,以便于分析对比,决定取舍。

　　四是尽可能列出该问题的有关方针、政策、指示等。

　　五是尽可能多收集国内外各种论文的写作方法,以便借鉴。

　　(4)提炼方法。材料提炼的基本方法是同中求异,异中求同,由表及里,去伪存真,去粗存精,精中选新。所以在提炼中要注意做到以下四性:

一是逆众性,即对大众的材料从新的角度去思考、分析、审查、"挑剔"并"扬弃";

二是多维性,即纵横思考,怀疑猜测,多方联想,取优弃差;

三是探索性,即要大胆探索、试探,去伪存真,推陈出新;

四是开拓性,即以开拓者的精神,大胆独创、设计、提炼、开拓创新。

(四)论文的撰写和定稿

撰写,就是作者对论题提出自己的看法和具体做法。一般来说,从宏观和微观两方面考虑,在理论上阐明,在实践上论证。也就是说在回答问题时,从宏观上去考虑,从理论上去概括,从实践上去验证,达到"言之有据,说之有理"。为此,撰写论文除准备材料外,一般还要经过五个阶段才能完成。

1. 撰写的几个阶段

第一阶段:构思[确定论题]　即　[深化题旨]
　　　　　　　[精心组材]　　　[列出提纲]
　　　　　　　[酝酿结构]　　　[全面论述]
　　　　　　　[迅速连贯]　　　[提出论点]

第二阶段:起草[一气呵成]　即　[科学论证]
　　　　　　　[写出初稿]　　　[阐明见解]
　　　　　　　[围绕题意]　　　[突出主题]

第三阶段:修改[理清层次]　即　[加强逻辑]
　　　　　　　[脉络清晰]　　　[充实论据]
　　　　　　　[反复推敲]　　　[校正标点]

第四阶段:炼词[修改语句]　即　[斧正字词]
　　　　　　　[加强修辞]　　　[润色辞意]
　　　　　　　[复阅全篇]　　　[再次复查]

第五阶段:定稿[综观全局]　即　[确审无误]
　　　　　　　[全面修正]　　　[最后定稿]

2. 列提纲的方法

列好提纲可以帮助作者树立全局观念,明确论文的层次重点,以便在写作时从整体出发,让各部分更好地为论文的主题服务。一般来说,提纲要制订好开头、中间、结尾的蓝图。其步骤有以下几个:

第一步,分析论题的重点、特点和材料。

第二步,分清主次、从属、详略和热点。

第三步,拟出与众不同的独特见解和论据。

第四步,列出最有说服力的辩证论证和事实。

第五步,得出科学结论,提出创新和独特见解。

要注意,列提纲要反复地取舍—增删—调整,直到认为最优为止。

3. 撰写要求

学术论文贵在提出独特见解，题旨切中现实疑难或亟待解决的实际问题。因此，学术论文写作时要注意以下几点：

(1) 观点必须明确

写明要以"论"为纲，阐明正确的观点。这个"论"要发挥自己独特的见解，在"论"中要做到四个不说，一不说废话、套话；二不说众所周知的话；三不说不科学的话；四不说对问题没有独特见解的话。

(2) 符合逻辑性

即在论述中要运用逻辑思维法，即采用演绎法——从一般到特殊；采用归纳法——从特殊到一般。即论证要环环相扣、层层紧追，像剥笋一样，直到剥到核心。要注意，不要光罗列事实；要不断追问，多问几个为什么；要将材料放在这些问题的回答之中，将问题的答案融在材料之中，使论点明确、论证充分，从而揭示事物的本质及规律。

要注意，某些学术论文容易在论述中出现绝对判断、草率概括、牵强附会、前提矛盾、文不对题、类比不妥等错误。在撰写论文时一定要注意克服这类毛病。

(3) 写作中要注意理论联系实际并运用生动的例证

为此，就要选择最能阐明题旨、最典型、最精彩、最有说服力的生动实例来论述，通过论述使人感到"山重水复疑无路，柳暗花明又一村"。

(4) 层次要分明

即先写什么后写什么要清楚，要注意使论文的内容和形式达到辩证统一，也就是整篇论文要布局合理、段落分明，一环扣一环，层层深入。

(5) 详略主次要恰当，文字表述要准确、精炼和通顺

这就需要不断地提炼材料，对材料要去粗取精，精中选新；文字表达亦要力争精辟、合乎规范，亦可风趣而不落俗，切忌故作高深、装腔作势。

4. 修改定稿

论文初稿写出后，要反复修改，突出其独特性、科学性、真实性、感召性、时代性和艺术性。

(1) 要看所写的观点是否正确和明确，材料是否充分，观点和材料是否统一。特别要注意克服下列三种情形：①有观点无材料；②有材料无观点；③材料与观点不相干。通过修改力争让所写的论文独特超众，处处有新意，发前人之所未发，在材料使用上准确无误。

(2) 尽量让论文论证更充分，论据更可靠，处处"说之有据，言之有理"。

(3) 通过修改，力争让文章的用词造句、谋篇布局都超众出色，使文章文字通畅、简明、精炼。

总之，要将论文写好，务必要注意下列几点：①要有独创性，即题目、观点、论证都要有所创新。②主题要突出，论点要鲜明、正确。③占有大量资料。④论文结构要严谨，层次要分明。⑤语言要通畅、简练、生动、活泼。

第五章 教学工作技能训练

【学习提示】

了解教学工作技能的具体内容及教学工作技能训练的重要意义;全面了解并科学掌握教学设计技能、教学实施技能、教学检查与评价技能的具体内容及其训练要点;全面了解并科学掌握说课的具体内涵与训练要点。

第一节 教学设计技能训练

教学设计技能是指教师在课堂教学工作正式展开之前,为达成教学目标而预先制订教学方案的能力。它要求教师以现代教学理论和学习理论为依据,以尊重学生的学习主体地位为前提,以强调学生自主探究性学习为依托,以培养学生创新精神和实践能力为指归,本着规划性、超前性、创造性的设计原则,充分发挥新理念、新技术、新课程在教学中的重要作用,确定并满足学生的学习需求。教学设计是实现教学目标的可靠保证,是沟通教学理论和教学实践的必由之路。它主要包括以下三方面内容:

一、教学分析技能

所谓教学分析技能,就是指教师课前认真分析教材并整合教学内容,以及在把握教材基础上根据教学对象实际制订一系列教学计划的能力。一般来说,教学分析技能主要体现为:教学内容——教材分析;教学对象——学生分析;教学主体——教师分析。

(一)教学内容——教材分析

教材是教师的首要认识对象,是教师形成教学能力的工具,是教师实现教学目标、完成教学任务的主要凭借和基本依据。无论哪一学科的教师,要想出色地完成教学任务,收到良好的教学效果,就必须以一丝不苟、精益求精的态度认真研究、分析教材,做到既能全面理解、熟练驾驭教学内容,又能准确确定和解决教学内容的重点和难点。只有这样,教师才能以胸有成竹的面貌出现在学生面前,游刃有余地面对学生的提问。能否深刻分析教材与熟练把握教学内容是衡量教师教学分析水平高低的重要指标,是其课堂教学能否获得成功的关键要素。

首先,教学内容分析应该是对于现行课程标准的准确解读。课程标准的出现,绝不仅仅是一个名称的寻常改变,它内在地反映了素质教育实施过程中课程理念的崭新变化。与教学大纲相比,课程标准的特点主要表现为以下几方面:①课程标准不再是对教学内容的具体规定,而是侧重于对某一学段学生学习结果的行为描述,从而培养和指导教师教学行为的个性化与多元化;②课程标准不再直接规定教学材料,而是通过对学生学习结果的关注来间接影响教学材料的选择与使用;③课程标准不再是国家提出的最高的、唯一的要求,而是对某一学段学生学习目标提出的共同的、统一的基本要求,启发并指导教师在具体教学工作中要根据学生的个性差异因材施教;④课程标准不再漠视学生个体之间的固有差异,不再"一刀切"地要求所有学生掌握所有规定的教学内容,甚至最弱的学生也要达到最高的要求,而是只关注学习结果,至于其中的教学过程以及获取学习结果的教学材料,则不做限制。新课程标准的颁发,一方面,为有条件的学校和有能力的教师开发校本课程提供了更广阔的舞台和更多的余地,为教师的教学设计与教学实施提供了更宽松的环境和更大的自由,也为学生个性化发展留出了足够的空间;另一方面,由于统一规定性的模糊与减弱,教师对于教材建设与教学内容的选择要下更大的工夫去研读与把握,对于教学内容与教学方法要具有更为积极主动的创造力量、更为开放多元的创新意识和更为准确、灵活的驾驭能力。

其次,教学内容分析应该是在课程标准指导下通读教材,准确把握整体的教材编排思想。在课程标准指导下,从整体到个体,从宏观到微观,从统观全局地通读教材到分析具体文本,从对具体文本的精到分析到对局部教学内容的科学厘定,通读教材是科学、准确把握教学内容的必要前提。以高中语文课本为例,现行新版教材一反从前课文安排散漫无序、零乱排列的格局,而是以体裁类型为单元划分依据。不同体裁的文章绝不混杂,体裁相同的文章则共处一室,构成一个单元整体;丰富多彩、各个不同的单元个体又构成教材整体。教材编写体例上的逻辑分明、条理清晰使得教师在进行教材分析时,可以很容易把握单元特点及教学重点,学生在领受过程中也会因学习内容上的体裁单纯、特点鲜明而对学习上的重点与难点更容易消化理解。通过通读教材,可以全面透彻地领会课程标准的着力点,并按考试大纲要求来把握教学内容以及各要素之间的内在联系、教育作用、科学地位和文化价值。教学内容分析是教师教学分析技能的重要组成部分。

最后是教学内容的确定。教学内容确定应注意两个方面关系的处理,一是在单元教学重点统帅下,要明确同一单元的不同篇章之间既各自独立又彼此贯通的内在联系;二是在具体教学内容的处理上,不能"眉毛胡子一把抓",要有主有次、详略得宜。如前所述的现行中学语文教材,体例安排与篇章布局上一反从前各类体裁文章的推门即入、章法上缺乏清晰的逻辑脉络,以及一味先今后古、先中后外的呆板布局,而表现出以体裁为经、以体裁特点为纬的清晰醒目而又科学合理的编排方式。这就要求我们教师备课时首先要从整体上把握单元教学重点,对于本单元的所有篇章都要统筹兼顾,从精读到阅读,从重点到一般,点面结合,而不能将眼光仅仅局限在一篇文章之内。同时,又要注意将单元教学内容重点、难点科学地分布于各个具体篇章的微观教学当中,逐一落实,一一解决。例如,通过每一单元篇章之后的"单元知识和训练",了解到单元教学中的重点、难点和关键知识点,从而指导自己备课,准备教学内容;通过对每一篇课文前言简意赅的"预习提示"和课后题型多样、目的明确的"思考与练习",来指导自己正确处理篇、章、句、段等具体教学内容,做好充足的教学准备。

(二)教学对象——学生分析

任何形式的教学活动都是一种双边运动过程,都离不开教师与学生这两个最重要的"教""学"元素。早在两千多年前,我国历史上伟大的教育家、思想家孔子就提出了"教学相长"的教学原则。孔子老人家告诉我们,"教"与"学"从来都是相辅相成、二位一体的。教师要想成功地组织教学,就必须全面了解教学的受体——学生,做到"知其心"、"长其善"、"救其失";同时,教师也会在学生的积极参与、主动配合中,有所增益,有所提高。

首先,如果我们将教材分析、教学内容把握都算作是教学之"战"的"己"方,那么,学生的实际情况就是教学活动的"彼"方。因此,在认真研读教材、选用恰当的教学方法的同时,应将目光更多地投入到教学对象——学生身上,注意了解学生的学习实际和思想实际。著名语文教育理论家和教学实践家于漪认为,"广大青少年学生是能思善想、具有主观能动作用的人,而我们有时却把他们当作'容器'放在被动地承受'我讲'的位置……(教师)剥夺了他们课内练习、思考的权利。把学生当作被动的人,实质上还是目中无人",要想改革课堂教学,提高课堂教学效率,就必须注意研究学生的特点,扬其长,避其短,做到胸中有书、目中有人,"让学生做学习的主人"。于漪先生不但深刻认识到学生在学习过程中"主人"的重要地位,也在教学过程中积极发挥学生的"学习主体"作用,她的"教师主动作用和学生主动精神相结合"语文教学指导思想的成功贯彻,不仅活化了课堂气氛、优化了教学效果,更成功地调动了学生学习的积极性、主动性。事实证明,教师任何成功的教学活动都离不开学生的积极配合与主动参与,优秀教师也总能针对学生的共同特点和个性差异提出解决问题的有效办法,激发学生的学习热情。

其次,任何教学活动的宗旨从来都是既要教书,更要育人,这就要求教师要寓思想教育于知识传授和技能训练之中。特别是当下的青少年,视野开阔、思想活跃、个性鲜明、兴趣广泛,敢于标新立异,有着强烈的求知欲。课堂已不再是他们登上知识殿堂的唯一通道,书本也不是他们认识外部世界的唯一凭借。面对这样敢于思索、敢于质疑、敢于表态的一代新人,作为教育工作者的广大教师应该认真分析并正确引导,使其无论是思想方法还是现实行为都能保持"活而不乱"的积极状态。

最后,由于生理发育高峰带来一系列青春期的心理"症候",使其心理成熟滞后于生理成长,大多数青少年会被自己突然间长大的"表象"所迷惑而自以为是,不再"孩子"般听命于家长、学校和老师的训斥、批评甚至苦心教导而叛逆十足。这就要求我们教师能够通过课堂表现、课后个别交流和与家长沟通等途径,多角度捕捉学生思想脉搏,并结合教学实际,千方百计引导其青春期躁动、迷惘与叛逆归于安静、稳定和理智的发展道路,开始崭新的学习过程,并真正走向成熟与长大。

(三) 教学主体——教师分析

自从20世纪上半叶著名美国教育家杜威针对19世纪德国教育家赫尔巴特"学生必须对教师持绝对的服从状态"的"教师中心论"而提出"儿童是太阳,教师必须围着学生转"的"儿童中心主义"以来,无论国际还是国内,关于课堂教学中的主次地位的论"争"一刻也没有停息过,仁者说仁,智者说智,传统观点较为倾向于教师一方。20世纪90年代以来,随着素质教育、创新教育、现代教育观等概念的不断提出,随着人们对现行教育体制和教育质量的质疑,包括业内人士也开始格外关注学生并给予其重要的主体地位。

我们认为,在学校教育中,学生不应成为接受教师"倾倒"的"容器"、"填鸭"的被动"受体",学生理应成为而且应该成为学习的主体;同时,也不能因为"解放"了学生的"双足",便由着他们的"性子",不加任何约束地任其"疯跑",并以此削弱教师应有的教学决定地位和主导作用。虽然从本质上讲,课堂教学是为学生而设置的,但不能否认,不管采用何种教学模式,实行何种教育改革,任何离开教师主导作用发挥的课堂教学都将是不完善和不成功的。课堂教学的主体一定是教师。

教师是教学设计和教学分析的主要策划者和执行者,教师自身不同的个性特征决定着教学设计思路与教学分析切入点的不同,并体现着不同的教育理念、不同的课堂组织能力和不同的教学风格等。教学主体分析要求教师在充分理解教学内容、充分了解教学对象的基础上,能够结合自身的个性特点,扬长避短,通过对不同教学方法、教学手段、教学语言的选择、整合与运用,营造出独具特色的课堂氛围,取得独树一帜的教学效果,形成与众不同的教学风格,以优秀地完成教学任务。

总之,熟练地驾驭教学内容,并且能够在主动、认真地了解教学对象的思想实际与学习实际的基础上,设计、选择适合自己个性特点的教学形式,是教师教学分析技能的重要内容,也是衡量一个教师教学分析能力高低的重要标志。

二、政策制订技能

所谓政策制订技能,是指教师在课程标准和考试大纲的指导下,为完成教学任务而制订教学计划并顺利实施的能力。政策制订技能是教学分析技能的更高阶段和深入表现,是完成教学任务的重要阶段和不可或缺的必要环节。政策制订技能主要是指确定正确的教学目标,制订相应的教学计划,选择恰当的教学手段。

(一) 教学目标确定

教学目标就是在客观教学目的的指导下,通过具体的教学活动所欲达成的教学愿望。教学目标对于整个教学活动具有鲜明的引领性和很强的规定性,它是教学活动的出发点和落脚点,没有目标或是目标不正确的教学活动如同一团乱麻、一锅粥,是不会收到优秀的教学效果的。与宏观、抽象、以教师为主体描述对象的教育目的不同,教学目标以学生作为描述的主体,更着眼于学生的学习结果,是对学生学习行为结果及其评价标准的一种规定。既有利于发挥教师的教学主导作用,更有利于发挥学生的学习主体作用,因而它不仅适用于教师的教学活动开展,对学生学习亦十分必要。

教学目标的确定首先必须明确课程标准(包括考试大纲)。我国现行课程标准以更为务实的态度和更为开放的胸襟,根据不同的学科特点,对不同阶段的教学目标进行了周到的设计。以语文教学中的"综合性学习"为例,课程标准不但对整个义务教育阶段的综合性学习教学提出了总目标,而且针对不同学段学生的年龄特点、接受水平等提出了若干分项要求。

例如:

学 段	教 学 目 标
1~2年级	1. 对周围事物有好奇心,能就感兴趣的内容提出问题,结合课内外阅读,共同讨论。 2. 结合语文学习,观察大自然,用口头或图文等方式表达自己的观察所得。 3. 热心参加校园、社区活动。结合活动,用口头或图文等方式表达自己的见闻和想法。
3~4年级	1. 能提出学习和生活中的问题,有目的地搜集资料,共同讨论。 2. 结合语文学习,观察大自然,观察社会,用书面与口头结合的方式表达自己的观察所得。 3. 能在老师的指导下组织有趣味的语文活动,在活动中学习语文,学会合作。 4. 在家庭生活、学校生活中,尝试运用语文知识和能力解决简单问题。
5~6年级	1. 为解决与学习和生活相关的问题,利用图书馆、网络等信息渠道获取资料,尝试写简单的研究报告。 2. 策划简单的校园活动和社会活动,对所策划的主题进行讨论和分析,学写活动计划和活动总结。 3. 对自己身边的、大家共同关注的问题或电视、电影中的故事和形象,组织讨论、专题演讲,学习辨别是非善恶。 4. 初步了解查找资料、运用资料的基本方法。
7~9年级	1. 能自主组织文学活动,在办刊、演出、讨论等活动过程中,体验合作与成功的喜悦。 2. 能提出学习和生活中感兴趣的问题,共同讨论,选出研究主题,制订简单的研究计划,从报刊、书籍或其他媒体中获取有关资料,讨论分析问题,独立或合作写出简单的研究报告。 3. 关心学校、本地区和国内外大事,就共同关注的热点问题,搜集资料,调查访问,相互讨论,能用文字、图表、图画、照片等展示学习成果。 4. 掌握查找资料、引用资料的基本方法,分清原始资料与间接资料的主要差别;学会注明所援引资料的出处。

需要注意的是,同类教学内容的目标要求,虽然分散在不同学段中的表述形式和难易程度不尽相同,但只要将各学段的目标要求联系起来,便构成一个联系密切、主次分明、循序渐进的目标体系。如数学课程标准中"数学思考"分布于各学段之间的既彼此联系又自成体系的教学目标:

第一学段(1~3年级)	第二学段(4~6年级)	第三学段(7~9年级)
① 能运用生活经验,对有关的数字信息做出解释,并初步学会用具体的数描述现实世界中的简单现象。 ② 在对简单物体和图形的形状、大小、位置关系、运动的探索过程中,发展空间观念。 ③ 在教师的帮助下,初步学会选择有用信息进行简单的归纳与类比。 ④ 在解决问题过程中,能进行简单的、有条理的思考。	① 能对现实生活中有关的数字信息做出合理的解释,会用数、字母和图表描述并解决现实世界中的简单问题。 ② 在探索物体的位置关系、图形的特征、图形的变换以及设计图案的过程中,进一步发展空间观念。 ③ 能根据解决问题的需要,收集有用的信息,进行归纳、类比与猜测,发展初步的合情推理能力。 ④ 在解决问题过程中,能进行有条理的思考,能对结论的合理性做出有说服力的说明。	① 能对具体情境中较大的数字信息做出合理的解释和推断,能用代数式、方程、不等式、函数刻画事物间的相互关系。 ② 在探索图形的性质、图形的变换以及平面图形与空间几何体的相互转换等活动过程中,初步建立空间观念,发展几何直觉。 ③ 能收集、选择、处理数学信息,并做出合理的推断或大胆的猜测。 ④ 能用实例对一些数学猜想做出检验,从而增加猜想的可信程度或推翻猜想。 ⑤ 体会证明的必要性,发展初步的演绎推理能力。

其次,教学目标的确定还要依据教学目标分类理论所提供的参照系和本地教学的实际情况。教师在确定具体教学目标时,应将较为复杂的学习行为由低到高、从简单到复杂清晰地分解为层次分明的几个部分,不但要对教学活动所应达到的最终目的做出准确估计,而且要对取得这一最终结果的一系列教学活动程序做出科学预测和具体设计,使得教学活动在深度挖掘和广度拓展方面获得可靠支持,从而确保教学目标落到实处。

最后,教学目标的确定应从具体教学阶段的具体教学内容出发,尽量细化教学,纵向展开不同阶段所体现的目标要求,如学期教学目标、单元教学目标、课时教学目标。学期教学目标体现着阶段性宏观目标要求;单元教学目标是对学期教学目标的科学分解和积极建构;课时教学目标则是学期教学目标和单元教学目标得以最终实现的关键环节和具体步骤,是教学目标母系统之下的最小子系统,课时教学目标的确定必须服从于单元教学目标和学期教学目标的总体要求。同时,课时教学目标的确定要充分顾及学生的思维特点和学习需求。要想在有限的课堂教学时间内完成规定的教学任务,就必须处理好教学中"得"与"失"、"给"与"接"、"教"与"学"的矛盾关系,确定尽量明确、单纯的教学目标,有计划、有步骤地去落实。

实践证明,教学目标越鲜明,教师的教学行为越顺畅,学生的心情越明朗,教学效率就越高,教学任务就完成得越好。可见,确定恰到好处的教学目标是课堂教学获得成功的先决条件,是实现教学总目标的关键。

(二)教学计划制订

教学计划是学校教育保障教学实施、保证教学质量的重要文件,是教师组织课堂教学、完成教学工作的基本文件。教学计划制订能力是教师教学组织能力的一个重要组成部分,也是每一位教师必备的教学基本技能。周详、严密的教学计划是教学目标得以实现的必要前提，它具体包括学年教学计划、学期教学计划、单元教学计划和课时教学计划。

首先，教学计划的制订要充分认识教材体系与教学体系之间的辩证关系。教材体系是在课程标准指导下，根据学生认知结构而构建起来的学科知识系统。它规定了教师应该给学生的"是什么"；教学体系则是教师为贯彻落实课程标准，在教材体系的框架内所做的具体设计，是教师"如何教"的具体教学活动。前者是国家层面宏观的、客观的教育要求，后者是教师层面微观的、具体的教学行为。正确处理二者之间互为依存、互为建设、互为实现的辩证关系，将使教学目标更明确，教学重点更突出，教学方法更有效，教学计划更可行。

其次，在教材体系转变为教学体系过程中，需要教师准确把握教材重点与教学重点、教材思路与教学思路的辩证关系，组织灵活多变的课堂教学。在具体课时教学中，教材重点有时并非教学重点，教材思路也不可能细化到课时教学之中。教学重点往往是针对学生的实际情况而确定的，非教材重点如果成为学生理解中的难点，它就会直接转化为教学重点并得到格外的强调。

当然，尊重教材并不意味着听命于教材、屈从于教材。如果说传统教学计划的制订对于教材更多地体现为一种敬畏心理下的消极遵守，那么，现行课程标准则从"自古华山一条路"的禁锢到"条条大路通罗马"热情放行，鼓励教师积极超越。这是课程标准给予教师开展创造性教学实践活动的一把尚方宝剑，也是现行教学计划制订的重要原则。这就要求教师在具体教学计划制订中，为了实现某些教学创意，可以大胆突破教材思路限制，创造性地驾驭教材，灵活设计教学方案，组织生动活泼、卓有成效的课堂教学。

与学期教学计划相比，单元计划和课时计划是否周密、可行，直接关系到整体教学目标能否有效实现。单元教学计划的制订必须注意体现教材体系的编辑意图，把握单元课文的共性与个性，突出单元教学的特点；必须注意按照学生的认知规律组织和设计单元教学，让学生自觉地理解教学过程的阶段性与发展性，从而使每个单元都能成为学生能力提高的一个个必要台阶，成为教师实现教学目标、完成教学任务不可缺少的一个个环节。设计单元教学一定要注意整体性原则，使每一课时教学都成为单元教学目标的具体落实和有力体现。

万丈高楼平地起。课时教学是学科教学高楼能够巍然屹立的稳固基石，是构成整体学科教学的最基本单位，教师必须格外精心设计每一课时的教学结构。在于漪老师著名的"整体语文教学"中，不但每个学期、每个单元是一个整体，每一课时也同样是一个整体，是一个完整系统。教师对于每一课时中的各个教学环节都应精心设计，并重视各环节之间的密切联系，让课时进程在跌宕起伏中完成。要达到这样的教学要求，教师不但要认真钻研教材，引发学生细细咀嚼关键词句、重点段落，深入细致地领悟文章精髓，而且对每一节课的开头和结尾都要加以艺术化设计。只有这样，课时教学才能收到完美的教学效果。

（三）教学方法选择

教学方法是对教师与学生为实现教学目标、完成教学任务，在教学活动中所采用的方式方法的总称。依据不同的教学目标、教学内容、教学对象和教学环境，科学、合理地选择和有效地运用教学方法，是每一位教师都应该具备的教学基本功。

由于教学目标的变化不拘、教学内容的丰富多彩、教学对象的千差万别，教学方法也不能整齐划一、强求一律。国外教育家关于教育方法的分类多种多样，如原苏联最优化教学理论的代表人物巴班斯基依据对人活动的认识，将教学方法分为"组织和自我组织学习认识活动"、"激发学习和形成学习动机"和"检查和自我检查教学效果"三类；美国教育学家拉斯卡认为教学方法就是教师发出和学生接受学习刺激的程序，主要体现为四种基本教学方法，即"呈现方法"、"实践方法"、"发现方法"和"强化方法"；威斯顿和格兰顿则依据教师与学生交流的媒介和手段，将教学方法分为四类，即"教师中心方法"、"相互作用方法"、"个体化方法"和"实践方法"。

国内关于教学方法的分类则多参考李秉德教授《教学论》中的分类方法。李教授按照教学方法的外部形态以及这种形态下学生认知活动的特点，对中国的中小学教学活动中常用的教学方法做了五类划分：①"以语言传递信息为主的方法"，包括讲授法、谈话法、讨论法、读书指导法等；②"以直接感知为主的方法"，包括演示法、参观法等；③"以实际训练为主的方法"，包括练习法、实验法、实习作业法等；④"以欣赏活动为主的教学方法"，例如陶冶法等；⑤"以引导探究为主的方法"，如发现法、探究法等。

对此，毛泽东同志早在新民主主义革命初期，为指导当时革命根据地和解放区的学校教育，也先哲般地提出了"十大教授法"，这对于我们现行的中小学教育中的教学方法选择也应不无启发。即：①启发式（废止注入式）；②由近及远；③由浅入深；④说话通俗化（新名词要释俗）；⑤说话要明白；⑥说话要有趣味性；⑦以姿势助说话；⑧后次复习前次的概念；⑨要提纲；⑩干部班要用讨论式。从中可见，毛泽东同志很早就注意到并鲜明地提出了"启发式"和"讨论式"的教学方法，而这正是现阶段我国基础教育课程改革所大力提倡的主要教学方法。

以上关于教学方法的各种见解，为我们科学选择教学方法提供了极大可能。下面主要介绍几种目前我国中小学教学中普遍采用的教学方法。

1. 讲授式教学法

讲授式教学法指主要通过教师生动、形象的描述、讲解、分析、论证等口语表达方式，向学生传授知识，进而培养学生思维品质，发展学生智力，训练学生能力的教学方法。讲授式教学法要求教师具备较强的语言表达能力，能够科学地组织教学内容，并善于不断地设疑置问的激发学生的求知欲望和创造性思维活动。其具体实施形式表现为五个方面：①讲解法；②谈话法；③讨论法；④讲读法；⑤讲演法。以上各种讲授式教学法在各个年级的各学科教学中都是"行家里手"，更是语文、政治、地理、历史、生物等学科课堂教学中的"熟面孔"和"老朋友"。

2. 问题探究式教学法

问题探究式教学法是指在教师的组织和指导下,通过相关问题的提出引导学生进行比较独立的探究和研究活动,寻求解决办法,得出探究结论而获取知识的一种教学方法。该方法的实施关键在于对其中五个阶段的周到设计和准确把握:①创设探究情境;②确定探究问题;③发动探究讨论;④寻求探究结果;⑤得出探究结论。

3. 实践训练式教学法

实践训练式教学法旨在通过课内外的练习、实验、实习、社会实践、研究性学习等以学生为主体的实践性活动,巩固、丰富和完善学生所学的知识,培养并训练其解决实际问题的实践能力。该方法主要包含四个方面:①练习法;②演示法;③参观法;④研究性学习法。

4. 基于现代信息技术背景下的教学方法

即利用信息环境下的各种教学媒体来达成教学目标、完成教学任务的教学方法。信息时代带来了教学手段的现代化,电化教学的介入、音像设备的出现和多媒体教学手段的参与,空前地丰富和活跃了传统的课堂教学,也为教学方法的选择提供了广阔空间。根据信息接受的不同感官、不同作用,现代教学媒体可以分为视觉媒体、听觉媒体、视听媒体和交互媒体等。现代信息技术应用的主要教学功能体现为再现功能、集成功能、交互功能和虚拟功能。

教学方法是多种多样的。我国现代著名教育家叶圣陶说过:"教亦多术矣,运用在乎人。"可见,到底选用何种教学方法,除了以教材为基础、以学生为核心、以提高教学质量为目的,还要看教师个人的知识水平和创造能力。事实表明,只有符合教师的个性化教学要求,并能为教师充分理解与把握,教学方法才能在实际教学活动中取得应有的效益。因此,教师在选择教学方法时,要注意发挥自己的优长,选择自己最得心应手的教学方法,以保证教学任务的圆满完成。

三、教案编制技能

教案编制是教师完成教学设计的最后阶段和关键环节,是教学设计的具体化;教案编制是教师进行教学设计、展现教学设想、用教学理论指导教学实践的一种创造性劳动,是教师根据具体教学内容和学生实际情况而精心设计的课时教学"蓝图",它既是教师备课的智慧结晶,也是教师组织活动的主要依据。教案的编制水平是衡量教师处理教材、选择教法水平的重要标志。教案编制技能是每一位教师都必须具备的最基本、最核心的教学设计能力。

(一)教案编制原则

1. 科学性

即要求教师认真研读课标标准,深入领会课标精神,尊重教学内容的内在规律性,并结合学生的学习实际科学确定教学目标、科学表达教学内容、科学设计教学过程等。依标合本是判断教案编制是否科学可行的重要依据。

2. 针对性

课堂教学总是面对具体的学生展开的，这就要求教师在备课时制订明确的教学目标，选择符合学生实际的教学方法，有的放矢。即使相同的教学内容，面对不同的教学对象，所采用的教学方法和取得的教学效果，都可能是不一样的。没有针对性的教案设计，就不会有可行性的教学行为。

3. 创新性

新课程下的备课往往就是一种研究活动，每一次新课程教学方案的设计就是对旧教学方案的否定与创新。新课程备课过程中内容整合的开放性、方法组合的多变性、思辨过程的反思性和教学设计的创新性，都要求教师在教案编制过程中积极由经验型向研究型转变，培养起独立思考的习惯和创新品质，写出独树一帜的个性化教案。

4. 逻辑性

逻辑性主要包括两方面内容，一是教学内容编排上的逻辑性；二是教学语言表达上的逻辑性。内容编排的逻辑性主要体现为在教案中要考虑好先讲什么，后讲什么；是抽丝剥茧式的层递推进，还是众星拱月式的并列展开，应精心筹划叙述、说明或论证的顺序。语言表达的逻辑性主要指表达内涵上清晰的条理，前言后语衔接紧密；重复啰唆、词不达意、自相矛盾以及前言不搭后语，都是逻辑性缺乏的表现。为此，教案编制技能训练时可以让学生将讲稿写出来，通过对讲稿内容的反复修改进而体会逻辑性的重要价值和意义。

5. 艺术性

课堂教学是一种信息传递与信息接收的双向活动过程，它有别于简单的单向传递，而是需要对方积极、准确地接收并掌握信息的含义和意义，这种复杂的心智活动要求教师在教案编制过程中必须考虑表达的艺术性。教案编制的艺术性主要体现在三个方面：巧妙的艺术构思；语言的艺术表达；板书的艺术设计。巧妙的艺术构思不仅能让学生在课堂上学到知识，而且能让学生快乐享受艺术的美感；语言的艺术表达是指在逻辑谨严前提下言辞的生动简洁，语流的明快晓畅；板书的艺术设计可以使抽象、复杂、呆板的教学内容具象化、简单化、艺术化。

（二）教案编制内容

教案作为教师课堂教学展开的具体方案和指导性文件，往往体现着教师鲜明的个性和不同的教材处理方法，其内容也不尽相同。但通常意义的教案一般应包括以下几方面内容：

1. 课题

课题包含授课的章、节等大小标题，课题的设置要清楚、单一、简明。

2. 教学目标

教学目标也称教学目的、教学要求，旨在说明本节课所要完成的教学任务。一般要至少体现出"教书"与"育人"两个方面内容。教学目标应简明扼要，便于贯彻执行。

3. 教学内容

教学内容一般包括教学重点（本课必须解决的关键知识点）、难点（本课学习时易产生理解障碍的知识点）和具体的讲授提纲。这部分内容可详可略，可繁可简，因人而异，但一般应列出具体的知识要点、重点、难点，甚至有关问题的终结性结论。

4. 教学过程

教学过程也称课堂结构、教学步骤，是对教学内容的具体安排。它一般包括承上启下的温故、导新、提问、布置作业等。在教学过程的安排上要注意时间的科学分配，不可脚踩西瓜皮，滑到哪里算哪里，影响教学目标的顺利实现。

5. 教学方法

教学方法是指课堂教学所采取的主要方法，如讲授法、问答法、讨论法等，对此课前教师应充分设计和预见，并积极准备施行。

6. 教学用具

许多学科专业教学往往需要准备一定的教学工具，如物理、化学课堂上的实验仪器，数学、生物、地理及文史课上的模型、标本、挂图、音像电教手段以及多媒体集成应用等。

7. 课型选择

每一学科教学都有区别于其他课程特点的内容安排方式和教法选择取向，如新课、复习课，理论课、实验课、习题课等。另外如语文课就可以具体分为讲读课、讨论课、自学课、作文训练课等不同课型。

8. 板书设计

板书是直接作用于学生视觉的一种直观性很强的教学因素，优秀的板书设计往往目的明确、条理清晰、重点突出、文句简洁、书写工整、设计精美，具有点石成金、画龙点睛的作用。醒目、适度的板书能够帮助学生理解和记忆。

9. 作业布置

布置作业是教师保持学生课后独立思考、巩固课堂所学知识，培养其分析能力、解决能力不可缺少的重要环节，所以教师布置作业时应对有关作业内容做具体、重点的说明，启发学生思考。

10. 课后总结

每节课即将结束时，教师都要对以上所讲授内容做出概括和总结。这项工作对于学生把握知识的来龙去脉，理解所学知识，建构知识体系，提高课堂教学效率是非常重要的。

以上各项内容在教案编制过程中都应得到明确的体现，其他如教学时数、教学对象等要素，有些青年教师也常常做出规划设计，这当然不无裨益。总之，教案作为保障教学活动能出色开展的一种实用性教学文件，是任何教师、任何课堂教学都不可缺少的。教案编制技能也是师范院校学生在校期间必须训练完成的一项专业技能，因此，各级师范院校在对学生进行教师职业技能训练时,都应将教案编制技能训练纳入重点规划与训练科目,使学生为业后顺利入行、从教做好充分的职业准备。

(三)教案编制方法

在教案编制过程中,不同的教学内容、不同的课型,甚至在不同年龄结构和不同经验类型的教师之间,教案编制的方法都可能不尽相同,但这种差别主要体现在教师对教学过程和教学内容的详略把握上。所以,教案编制的方法主要有两种,即详案和略案。

详案就是对教学内容的详细描写,不仅要列出讲授提纲,而且要在提纲下写出讲解的要点;不仅要写清问题的结论,而且要写出讲解的步骤,甚至重点语句。详案有时就是讲稿。刚刚走上工作岗位的新教师或者教学经验尚不十分丰富的年轻教师,应从详案写起。而那些教学经验丰富、对教材十分熟悉的老教师则可以编写简略一些的教案,提纲挈领,简明扼要,侧重于躯干描述而少做枝节性纠缠。

与详案相比,略案编制的方法和形式要更多一些,具体可分为提纲教案、表列教案、微型教案等。

提纲教案是一种重在体现教学思路的教案。或以教学方式为构思线索,或以内容要点为构思线索,或用预先设计好的课堂提问作为推进课堂进程的线索,简要地将教学内容编列出来。一般可使用大括号、中括号等由总而分地排列教学内容。此类教案较适合于语文教学。

表列教案就是将教学步骤或教学内容以列表形式列出,也叫表格式教案。这种教案眉目清晰、条理分明,给人一目了然之感。由于它更接近教学过程的展开实际,利于教师快速把握各阶段的教学内容和教学方法,所以适用于各年级的各学科教学。

微型教案的特点在于篇幅短小,形式简单,省略了教学中的一般性步骤,突出教学的重点内容。微型教案言简意赅,有利于教师临场发挥和教学衔接,有利于课堂上教师与学生双向教学活动的充分展开。

需要指出的是,无论详案还是略案,都必须合乎教案规范化的要求,详和略只是教学进程编写上的繁简之别。而且,从本质上讲,教案编制质量的高低并不取决于编制方法的详略选择;照抄照搬的"详"永远都会逊色于苦思冥想的"略",关键在于与具体课堂教学类型等指标的"总相宜"。另外,教案编写的这几种方法并非相互排斥,它们彼此之间是完全可以相容、可以有机地结合在一起的。例如,提纲教案也有详有略,表列教案可能是提纲教案也可能是微型教案等等。

第二节 教学实施技能训练

所谓课堂教学技能,是指教师在课堂教学过程中,为顺利完成教学任务所采用的一系列教学行为方式。它是教师课堂教学所必需的各种教学能力的总和,是教师职业技能结构中最活跃、最能体现教师主体品质的能力指标。它直接影响着教师课堂教学效率和学生学习水平。因此,师范院校应结合教师教育专业学生的教学实践特点,科学提炼课堂教学技能的丰富内涵,在教师职业技能训练中突出强调课堂教学技能的训练比重,注重理论与实践的紧密结合,强化实践环节。我们认为,教师教育专业学生课堂教学技能的培养与训练主要分为两大类,即课堂教学基本技能和课堂教学调控技能,具体可以分解为以下八个方面。

一、讲解技能

（一）内涵描述

讲解是教师在课堂上以口头语言艺术,有效传递知识和信息的一种教学行为方式。讲解技能的运用可使学生了解概念、掌握知识、形成能力、发展智力。讲解技能是教师课堂教学技能构成中的核心能力,也是考察教师课堂教学能力高低的重要方面。精当得体的课堂讲解可以激发学生的学习兴趣,活跃课堂气氛,增强记忆,并调动学生参与的积极性。

（二）训练要点

1. 深入浅出

深入浅出指教师在对教学内容进行阐释、分析或具体讲解时,应注意借助于通俗易懂、生动形象的语言表达深奥、深刻的道理,化抽象为具体,化高深为浅易,从而收到事半功倍的教学效果。教学对象不同,深入浅出的程度也将不同,关键是教师能否根据教学对象的知识结构和理解能力,准确把握深入浅出的"度"。

（1）要有吃透和驾驭教材的技能。教材是讲解的遵循,教师的讲解技能首先要立足于对教材融会贯通的理解和全面消化,吃透教材的过程就是修炼内功的过程,就是要将教材变成自己的"灵魂"与"血肉",既能居高临下加以统摄,又能融入其中信手撷取,如果不能得心应手地处理和游刃有余地驾驭教材却一味追求浅出,讲解就会因流于浅白而显得苍白。这不但会使深入浅出失去了源头活水,也将从根本上动摇深入浅出的存在基石。灵活驾驭教材是落实深入浅出的关键,也是决定讲解质量高低的前提。其基本要求是能够根据教学目标,确定讲解重点和难点,将传授知识、培养能力同思想教育结合起来,做到教书育人双管齐下两不误。

（2）要有大量占有和灵活处理教学材料的技能。要将深刻、抽象的理论讲解得通俗易懂,需要大量占有具体、丰富、生动的教学材料作为可靠支持,同时需要对所占有材料做出个性化分析和艺术化处理,使其服务于深入浅出的课堂讲解。占有材料是一种艰苦细致的工作,是一种颇能凸显教师个人素质的特殊能力。任何缺乏恒心与毅力的积累都只能半途而废,任何缺乏科学处理的堆积只会降低或减损材料积累的价值而违背初衷。只有大量占有并创造性处理教学素材,才能让课堂讲解摆脱材料贫乏、照本宣科的尴尬,达到深入浅出、出神入化的境界。

2. 讲解生动

讲解生动是指课堂讲解富有活力、感染力、吸引力。讲解生动的目的是为了调动和调解学生的各种心理活动,使如情绪、兴趣、意志、注意、思维、记忆、想象等非智力因素所构成的高级心理活动处在有利于接受、处理、贮存信息的良好状态,通过"寓教于乐"达到学生乐学的目的。讲解生动可分为内容生动与形式生动两种。

(1) 内容生动。内容生动是指教学内容本身生机盎然,引人入胜,具有强烈的生动效应。要使讲解内容生动,关键在于选材得当,必须通过内容的合理取舍和详略处理,并结合工作实践中的教学体会和现实生活中的实例,旁征博引,使讲解的内容生动形象,使学生乐于接受。具体来说,讲解内容生动主要与以下几方面有关:①讲解内容生动、形象、新颖、有趣;②经典案例的成功运用;③对学科前沿知识的及时跟进;④教师丰富的人生阅历和教学经验。"汝果要学诗,功夫在诗外。"教师平时应注意拓宽知识面,尽量多地占有材料、积累素材。此外,讲解内容生动与否还与临场处理教学内容,即与课堂讲解技巧有关。因为讲解不是念讲稿,成功的讲授要能根据学生的反馈信息(如课堂气氛)即时调整教学内容,或增加生动的案例,或删减带来课堂沉闷气氛的内容。总之,或强调,或简略,教师应灵活掌控。

(2) 形式生动。形式生动指由于课堂上语言的以及非语言的因素产生的生动效应。譬如,有的课程如数学课,就其内容而言,是高度抽象的,有些讲解会使人感到枯燥乏味,但成功的教师却可以凭借娴熟的讲解技巧、流畅清晰的语言、恰如其分的节奏、严密的逻辑推理、准确生动的描述而深深吸引、感染着学生,给他们提供一场难得的形式生动的"盛宴"。形式生动的讲解往往具有以下特点:①语言清晰、生动、流畅;②抑扬顿挫,节奏感强;③适当加入讲解以外的教学方法,如课堂提问、小组讨论、模具展示等;④态势语自然得体。

应当注意的是,无论是内容生动还是形式生动,都必须建立在对所讲解的内容高度遵循和熟练驾驭的基础之上,旁逸斜出、离题万里的生动只会让人觉得哗众取宠。生动的目的是为了让学生更好地接受知识,不应为生动而生动。

二、演示技能

(一) 内涵描述

所谓演示技能,是指教师在教学中为使抽象和复杂的教学内容直观化、形象化、具体化和简单化,而通过实物展示、实验操作、现代教育技术手段运用等辅助完成教学任务的一种教学工作技能。课堂教学中的某些教学内容,单凭语言、文字这些抽象符号是根本无法向学生准确讲解的,这就需要教师借助"实物"使学生"闻见",直接对学生的感官形成刺激和冲击,从而激发其学习兴趣和求知欲望,培养其实验观察能力和科学思维能力。

(二) 训练要点

1. 演示的特征

(1) 目的明确。教学演示是为教学服务的,因此,演示手段的选择与运用首先一定要从课堂教学实际需要出发,符合教学目标实现和教学内容表达的需要;其次,一定要从学生学习实际出发,要注意结合具体的演示手段指导学生观察什么和如何观察。

(2) 直观清晰。教学演示是教师提供给学生观察、学习的,教师要注意引导学生观察演示对象的主要特征和演示过程的关键变化。所以,演示的过程要清晰可见,历历在目;演示的结果应鲜明可感,图穷匕见,一目了然。

(3) 操作规范。无论是实物教具的制作与演示,还是实验仪器的安装与调试,都要求教师熟练、规范地按照演示程序掌控演示内容,引导学生观察和分析,强化教学演示效果。熟练、规范的操作演示不但是课堂教学演示成功的必要保证,而且能通过教师教学示范作用的发挥,培养学生的实验能力和科学精神。

(4) 安全可靠。课堂教学演示来源于教师,作用于学生,对于其中任何一方的可能伤害都是不允许的。不可否认,有些演示实验带有一定危险性,如爆炸、燃烧、有毒气体扩散、水银洒落等,但课堂教学中的演示实验都是经过科学设计的,应该是可靠的。这同时也对教师提出了更高的要求。实验前要精心准备,实验中要特别细心,实验后要正确安置,保证演示既准确、清晰,又安全可靠。

2. 演示的手段

不同的教学目的和不同的教学内容,决定着不同的演示手段。按照教具的不同性质与功能,目前中小学课堂上所用的教学演示主要分为两类,即实物演示和模拟演示。

(1) 实物演示。它是学生学习的直接对象和直观现象,包括实物、标本、模型、教学挂图、实验演示等。

在教学过程中演示实物、标本或教学模型,可以让学生充分感知教学内容所反映的主要事物,了解其形态与结构的基本特征或具体制作方法,获得对有关事物的感性认识。为了使学生的观察更有效,教师在恰当地进行实物演示的同时,还可以用简洁的语言适时地引导和启发学生思维,使其更好地掌握所观察的内容及其特点。

挂图作为教学中最常用的直观教具,它不但制作方法简单,而且使用灵活方便,不受地点和条件的限制。挂图一般包括两种,一种是公开出版的正规教学挂图;一种是教师自己设计制作的教学挂图。使用教学挂图时要注意对挂图演示适时性的把握,演示太早会分散学生注意力,降低观察时的新鲜感;演示太晚则会因与教学讲解步调不一,起不到应有的教学辅助作用。挂图的位置也要注意高低适宜,以及与板书之间或挂图互相间的主辅搭配,真正发挥挂图的教学作用。

采用实验演示时,对于获取新知的实验演示,教师要先向学生详细说明实验条件;在实验现象出现后,要启发、引导学生对实验现象进行分析和解释,从而得出正确结论。而对于验证性实验演示,教师则要先向学生讲授知识,并引导学生运用所学知识预测实验结果,再开始实验。

(2) 模拟演示。它是学生学习对象的代表和展现,包括幻灯片、投影片、录音、录像、教学电影、多媒体课件等。

使用幻灯机和投影仪进行的教学演示,可以化虚为实、化大为小、化抽象为具体,为学生提供丰富的感性材料。另外,幻灯片、投影片制作简单,成本低,易掌握,无论是传统教学还是现代教学,都广泛运用。录音、录像以及教学电影可以给学生提供丰富的感官材料,充分调动学生的视听感觉,有助于激发学生的学习动机和集中学生注意力,在加深对抽象知识理解、拓宽学生知识面和发展其思维能力等方面都具有举足轻重的作用,也是目前国内外普遍重视的教学手段。

多媒体教学课件作为现代教育技术手段的核心体现和现代化课堂教学的重要标志,已经广泛应用于国内外的中小学课堂教学中。多媒体课件对于活化和丰富课堂教学,的确作用显著、意义非凡。需要注意的是,如果多媒体课件反"客"为"主",由辅助课堂教学变为主宰课堂教学,那么,它原本对课堂教学的促进与升华作用就将大打折扣,甚至产生危害。因此,恰当使用多媒体课件应注意以下两点:一是必要性与必需性。与教学内容密切结合的多媒体课件能够为课堂教学的创新性开展增添更多的科技色彩,这当然是十分必要的;但并不是所有学科的所有课堂教学都必需有多媒体课件参与,如语文课的文本分析、数学课的公式推导、物理化学课的实验操作,就都离不开教师过硬的讲解技能等。二是辅助性与主导性。多媒体课件至多只是一种辅助教学手段,它不应该成为任何层面课堂教学的主宰和主导,更不应该成为某些课堂教学现代化的堂皇装饰。

演示技能作为教师教学实施技能的主要成分,是师范院校学生教师职业技能训练的重要内容。师范院校人才培养方案对于演示技能的训练内容、训练方法、训练标准、考核要求等都有明确的规定,演示技能训练在整个教学过程中也占有重要比重。尤其近年来,随着高等教育"质量工程"的不断落实,强化教育教学实践环节,提高学生动手能力,已经成为各高师院校的自觉行动。

三、板书技能

(一)内涵描述

板书技能指教师在课堂教学中,为了满足教学需要、辅助教学口语表达、强化教学效果而在黑板上呈现出来的文字、符号、线条、图表、图画等向学生传播信息的教学行为方式。精湛的板书设计是教师在深入研究、充分把握教学内容的基础上,经过精心构思而创造出来的表达教学意图、显示教学思路、突出教学重点、解决教学难点的直观性图像。它是教师强化和优化课堂教学效果的一种必备技能。

(二)训练要点

1. 板书设计原则

板书是作为课堂教学口语表达的辅助工具,为弥补教学口语表达上的不足而使用的,所以应有利于教学任务完成和学生思维品质培养,应体现教学过程的鲜明节奏。具体地说,板书设计应能突出教材特点,符合教学实际,使学生学习思路和教师教学思路协调一致,要符合以下设计原则:

(1)目的性和计划性。教师备课时,要根据教学目标和教学内容,对于板书形式要进行精心选择、周密筹划,并在课前准备好设计文本;对于主板书和副板书的位置更要合理规划,做到有的放矢、笔不虚落。而不能手跟脚走,走到哪儿写到哪儿,东一耙子西一扫帚,随写随擦,这会影响学生的持续观察和巩固记忆,也会大大影响教学效果。

(2) 科学性和条理性。富于科学性和条理性的板书设计,看起来纲目清楚、布局合理、主次分明、逻辑严密,能够清晰醒目地凸显教学重点、难点及教学内容间的内在联系,有助于学生形成知识体系,获得最佳记忆效果。相反,若板书展示时出现知识性失误或设计上的逻辑不清,都将大为降低板书的价值与作用。

(3) 完整性和简洁性。板书是对全部教学内容的集中概括和总结,使学生对教学内容全貌形成系统、连贯的认识。因其着眼于全部内容,故板书具有完整性;同时因其精髓是对全部内容少而精的概括和总结,故板书应简明扼要。简洁明了的板书可以简化教学过程,节省教学时间,提高教学效率,其教学效果是繁冗的语言说明所无法比拟的。

(4) 规范性和艺术性。教师教学的示范性作用要求板书首先应是规范的,如字迹的工整大方、绘图的准确流畅等,都会使教师的示范性作用得到淋漓尽致的发挥。另外,主、辅板书布局上的层次分明,图画与文字的相映生辉,各种彩色粉笔的搭配运用等,无不赋予板书设计以和谐、鲜明的艺术美感。规范、美观的板书不仅会为学生树立模仿的样板,也将带给学生以美的享受。

2. 板书设计类型

板书作为教师个人教学艺术实践能力的重要表现形式,因其地位、作用、表现形式的不同,类型也是丰富多样的。一般来说,根据教学地位不同而区分的主板书和副板书,因其在板书内容、板书位置、存留时间等方面都区别明显,较易驾驭。从呈现形式上看,板书类型最为复杂多样,简单介绍以下几种。

(1) 提纲式板书。提纲式板书是指教师在讲解或分析教学内容时,在教学目标的统帅下,按照内容层次之间的内在联系和教学过程的推进,列出内容提纲,显示教学内容的结构层次。如某政治教师将《矛盾的同一性和斗争性》的板书设计如下:

矛盾的同一性和斗争性
一、矛盾的定义:事物内部既对立又统一的相互关系
二、矛盾的同一性
1. 矛盾同一性的含义:事物内部对立因素互相联系、互相吸引的趋势
2. 矛盾同一性的表现形式多种多样
(1) 对立双方在一定条件下相互依存;
(2) 对立双方在一定条件下相互贯通;
(3) 对立双方在一定条件下相互转化;
(4) 矛盾特殊化的条件依矛盾的特殊性而定,是具体的、现实的、多种多样的。
三、矛盾的斗争性
1. 矛盾斗争性的含义:矛盾双方对立、排斥、斗争的状态和趋势
2. 矛盾斗争的表现形式:由矛盾的不同性质决定

(1) 对抗性；

(2) 非对抗性。

四、矛盾同一性和斗争性的辩证关系

同一是对立的同一性；对立是同一中的对立。

(2) 递进式板书。递进式板书是一种状如阶梯的板书形式，可形象地表现出教学内容递进展开、层层发展的特点。如果戈理《泼留希金》的讲授可设计下列板书：

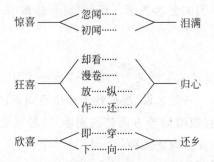

(3) 摘要式板书。摘要式板书是教师选用关键字词来点明全文的结构层次或中心内容的一种板书样式。如《闻官军收复河南河北》可设计为下列板书：

(4) 线索式板书。线索式板书是教学中教师可以根据教学内容的发展线索，进而把握全文主干的一种板书形式。所谓"文字一大堆，抓住一条线"，这种板书能够显示出事情发生、发展的过程，突出知识形成的过程。如教《药》一课时，可设计为下列板书：

明线(华)：买药 → 吃药
　　　　　　　　　谈药 → 上坟
暗线(夏)：就义 → 被吃

(5) 图解式板书。运用图解可以生动地展示教学内容，比单纯的文字更能使学生掌握教学内容。这类板书不仅能化难为易、清楚简洁地显示课文的情节脉络，而且能促进学生抽象思维和谋划布局能力的培养。如《半夜鸡叫》一文可设计为下列板书：

(6) 图表式板书。图表式板书是清晰展现教学内容的一种板书样式。如《祝福》板书可以做如下设计：

内　　容	情节	写作方法
一、祥林嫂——悲惨死去	/	倒叙
1. "祝福"前夕景象	序幕	/
2. 死前"饿"的感受	结句	/
二、祥林嫂——一生遭遇	/	追叙
1. 一次做工	开端	/
2. 被迫出嫁	发展	/
3. 二次做工	高潮	/
三、"祝福"景象	尾声	回叙

总之，板书设计是教材提炼的过程，是反映教学内容的"镜子"，是展示教学步骤的"屏幕"，是教师教案的浓缩与再现，是学生学习的指南和提纲。每一位教师都应重视板书在课堂教学中的重要作用，认真设计好每一堂课的板书，使课堂教学焕发出更夺目的光彩。

四、变化技能

（一）内涵描述

所谓的变化技能，是指教师在教学过程中，通过对非语言行为的有意调控而对学生形成刺激，引发学生学习的动机，变学生的无意注意为有意注意，改变课堂教学节奏，从而更生动、有效地传授知识和交流感情的教学行为方式。教师课堂教学变化技能的恰当使用，可以促进情感交流，激活学生兴奋点，增强教师教学口语表达效果。依信息传播理论分析，非语言信号所传递出来的丰富教学信息，常常显现出口语表达所不具备的特殊功能。

（二）训练要点

1. 变化的形式

教师课堂教学中变化技能的表现形式多种多样，如教态的变化、信息传播渠道与教学媒体的变化、师生相互作用方式的变化等，但最能体现教师个性色彩和应变能力的当属教态上的不同变化。

(1) 位置的移动。课堂教学不同于个别教学的主要一点在于它的场效应，而教师位置的变化对于场效应具有重要的生成与汇聚作用。教师在讲台上以及教室中的位置，能以一种无形的潜在力量，影响着课堂氛围、学生情绪及教学效果。有的教师立场十分坚定——一节课下来一动不动，造成课堂气氛的沉闷；另一种情况则相反，不停地走啊走，导致学生注意力分散，同样收不到预期效果。

教师在讲台上及教室中的位置，最好能像戏剧演员一样，每一步都有讲究，让不同的位置发挥不同的作用。一般来说,站在讲台中央可以集中学生注意力,多用于一节课的开始、总结和强调部分;站在黑板前,可以边板书边讲解,边说边写;提问时多站在讲桌左右两侧,可以更近距离接触学生;走下讲台则多用于讨论、辅导环节,使教师置身于学生中间,融为一体。灵活运用这些站位上的变化,可使教师有效地辐射全体学生,促进教师与学生的课堂交流,增强教师课堂教学组织与管理力量。

(2) 表情的变化。由于课堂教学具有时空环境相对稳定、对象性强等特点,教师的课堂主导作用往往使其成为课堂教学活动的中心,学生的注意力会更多地汇集于教师全身,尤其是教师的表情常常成为学生关注的焦点。教师表情所蕴藏的丰富情感信息,常常成为导引学生情感和凝聚学生注意的风向标和指挥棒,具有特殊的教学作用。

春风拂面的表情和赏心悦目的微笑,会给学生以关心、爱护、肯定、鼓励的情感体验,并激发其内心深处相应的情感——爱:爱老师、爱上老师的课,积极参与课堂学习。反之,如果教师的表情总是成为愤怒、讨厌、蔑视或惊讶的主场,那么学生对老师的好感将无从谈起。总之,每一位教师都应明白,温暖的阳光比刺骨的寒风更能让学生放松紧张的神经、卸下御寒的外衣。优秀的教师总能通过真诚、自然的微笑轻松叩开学生心灵的大门并占有一席之地,进而建树成功的课堂教学。

(3) 眼神的交流。眼睛是心灵的窗口,它能准确传达人们最细微、最精妙的喜怒哀乐变化。眼神作为情感流露的重要通道,更是教师叩开学生心扉的金钥匙。在课堂教学中,教师的眼神往往能创造出"此时无声胜有声"的和谐境界,具有"心有灵犀一眼通"的独特功能。

称赞、鼓励、表扬的眼神象征着对学生行为表现的欣赏、肯定和期待,会让学生感到无比的温暖;责怪、制止、批评的眼神也满蕴着教师的关心与爱护,鞭策学生发扬优点,改正不足,自信地走向明天。和蔼、亲切、专注的眼神既不突兀地辐射向某一个学生,其真诚、祥和的光辉又弥散地笼罩着每一个学生。我们的课堂教学不需要教师的眼神顾盼神飞,像"天上的流星在走";但也不希望像有些老师那样眼睛盯着屋顶或直射窗外,目中无人。总之,若能在课堂教学中充分利用好眼神这一无声教学手段,教师就能在"心领神会"的意境中创造出神奇的教学效果。

(4) 声音的变化。声音的变化是指教师在课堂教学中,根据不同教学内容和情感表达的需要,准确把握各种教学语言形式的不同变化,适时调整语调、音量、语速和节奏等的一种教学行为能力。教师富于变化的声音,往往可以使课堂教学节奏起伏有致、张弛有度,使教师与学生产生心灵的共鸣,形成情感上的律动,从而集中有意注意,有效传递教学信息。

课堂教学中,教师如果音量太低节奏太慢,学生的听觉神经因未能受到有效刺激而处于一种抑制状态,就会因消极疲倦而昏昏欲睡。反之,音量太高太尖,学生因神经过于兴奋会产生烦躁情绪;而且表达过快的语速,几乎不给学生留有思考的余地,对于形成巩固的知识记忆很不利。因此,教师应通过声音要素的恰当变化,对学生的听课状态形成一种积极的暗示或影响。如讲授重点内容或难点内容时,可语速放慢,声音低沉、凝重,节奏清晰、分明,让学生有时间充分地思考、吸收和消化;讲述一般内容时,则不妨加快语速,甚至跳跃前进。这样的课堂教学就像教师与学生共同弹奏完成的优美乐章,令人回味无穷。

(5) 手势的变化。课堂上教师的手势同其他教态相比,更直观、更醒目、更容易演示,也更能抓住学生的注意力。研究表明,教师恰如其分的手势常常使学生获得大脑兴奋中心的持续而增长记忆的长度,增加记忆的强度。

有老师对于教师常用手势种类进行了细致区分,比如,教师在展示图片和指挥学生活动时常用的指示性手势;在学生回答困难时为启发学生思维常用的暗示性手势;在讲解内容时配合情感而做出的情感类手势;用来描述人物、形体和外貌的象形性手势等。另外,如伸出大拇指或"V"形手指,表示对学生表现的夸奖和赞赏等,也都是教师课堂情绪的直接反映。不管是何种手势,只要目的明确,应用适当,作用积极,都会成为课堂教学的活化剂;相反,随意、零乱的手势,不但不能给人以美感,还会分散学生注意力,影响教学效果。

除此以外,从信息传递通道和教学媒体变化、师生相互作用方式的变化等方面,还可以对变化技能做另外一些切分,但因其在教学设计上的预见性、使用方法上的共通性、内容构成上的一致性更强等,以及在其他章节中还会以不同的面貌出现,此处就不再过多涉及。

2. 变化的原则

(1) 变化要及时。教师课堂教学变化技能的运用要领在于因情生变、因势而化,所以,关键在于及时变化。课堂教学是在一个相对固定的环境中展开的一段稳定的活动过程,大多是 45 分钟。实践表明,在这段时间里的中学生,随着年级和年龄的不断降低,其有意注意的长度会不断变短。这就要求我们每一位教师应能根据教学对象的听课状态,灵活运用变化技能,适时调整教学方案,加强师生情感交流,实现预期教学目标。

(2) 变化要行之有效。变化技能的运用不但应是及时的,更应是有效的。根据学生的课堂反应和教学进程,教师能否采取行之有效的变化技能,对陷入"危机"中的课堂教学做出适时的调整,往往考察着教师的课堂应变能力和教学机智。

(3) 变化要恰到好处。教师课堂变化技能的运用要注意对分寸感的准确把握,张弛有度、收放自如;明确而不随意,自然而不夸张,适度而不滥用。一味板着面孔固然让学生心情不爽,但动不动就开怀大笑也会让人莫名其妙,一惊一乍更不是成熟教师应有的职业素质。所以,得体、适度是变化技能成功使用的基本要素之一。

五、导入技能

(一) 内涵描述

导入技能是教师在新的教学内容或教学活动开始之前,引导学生做好心理准备和认知准备,并让学生明确学习目标、学习内容以及学习方式的一系列教学行为。其目的在于通过创设先声夺人的教学情境,集中学生注意力,激发学习兴趣,为新知识的学习做下必要的铺垫。学生课前一般都会对新的课堂教学抱以不同程度的期待,有经验的教师要善于利用并充分满足这种心理"饥渴",在上课后的短暂时间内,就能以精彩的导入,吊足学生"胃口",唤起学生极大的听课兴趣和学习热情,形成活跃、和谐的课堂气氛,对教学效果产生积极影响。

(二)训练要点

1. 导入的原则

(1)针对性。导入技能的运用要求具有鲜明的针对性,亦即导入设计一定要紧扣教学目标,围绕教学重点,与教学内容的传授需要相适应,与教学对象的认知结构相适应。实践证明,游离于教学内容和教学目标之外的课程导入,不但无助于课堂教学的成功开展,相反还会成为课堂教学的累赘,损害教学效果;同样,不符合教学对象的思想实际和身心发展特点而想当然地使用导入技能的课堂教学,也是很难达到教学目的的。

(2)启发性。导入设计应对学生新知识的学习具有启发作用。富有启发性的导入能点燃学生思想的火把,引导学生定向思考,对新知识、新内容形成热烈关注,并能开拓学生思维的广阔性与灵活性,进而更好地理解新的教学内容。导入设计是否能够有效发挥启发性的关键在于,教师能否根据教学需要进行思维创新、实践创新,如新奇地设疑置问,既发人深思,又引人入胜。

(3)趣味性。导入设计是否充满趣味性,往往可以衡量出教师是否具有幽默风趣、轻松诙谐的教学才智。有道是"知之者不如好之者,好之者不如乐之者",要想让学生在轻松愉快的氛围中登堂入室,获得真知,教师就要具备化平淡为奇伟、化腐朽为神奇的导入能力,三言两语尽扫学生情绪阴霾,而使整个课堂顿时生辉。唯有如此,学生才会乐于在老师的指引下完成新知识的学习。

(4)艺术性。高度体现出艺术性的导入技能,不仅可以折射出教师卓越的教学实施能力,更体现和升华着教师优秀的教学素养。成功导入的案例都离不开设计时精巧的艺术构思以及扣人心弦的教学表达,不但能给学生以深刻的思想启迪,而且能给学生以美的熏陶。

2. 导入的方法

关于课程导入的方法和分类,历来众说纷纭,要想从根本上做出清晰的逻辑划分,亦属不易。下面仅就主要和常用的导入方法作一些说明。

(1)直接导入。即教师以简洁、明了的讲述或提问,开宗明义地点明本课主旨,开门见山地直叙教学内容,仿佛下了一道"安民告示",让学生对本节课心中有数。这种导入方法可以立刻引起学生重视,使学生思维迅速定向,尽快进入新知识的学习。当然,这种导入难度也最大,需要教师具有过硬的综合教学能力。

(2)直观导入。对于那些原理抽象、概念晦涩的课程,教师可通过实物、标本、挂图、模型、图表以及幻灯机、投影仪、教学电影、多媒体等各类教具的生动演示,对学生的感官系统形成巨大冲击;然后在设疑激趣的提问中,使学生对新知识产生强烈的学习要求,从而顺利进入课程学习。直观导入的关键在于,教师能否一边演示一边不失时机地设计提问或作必要的指导性讲述。

(3) 故事导入。为激发学生学习的兴趣,教师可根据教学对象的认知特点,选择那些与教学内容联系紧密、具有一定科学性和哲理性的故事、寓言、传说等,从侧面入手,引导学生进入始而疑之、继而思之到终而知之的思考过程。故事导入一方面要注意通过故事本身的趣味性引发学生的学习兴趣;另一方面,要注意通过讲解的生动性丰富学生的形象感知,进而为深入课程学习奠定基础。

(4) 形象导入。形象导入指教师通过音乐、图画、动画、录像或者满怀激情的创造性语言活动,创设情境,渲染气氛,唤起学生情感上的共鸣,使学生在仿佛身临其境的境界中情不自禁地进入教学内容。形象导入贵在以形象唤发情志。无形,情无以寄托,没有生成之本;无情,形徒有其表,没有火眼金睛。成功的形象导入必须情景交融,景情相生。

(5) 温故导入。即通过搭建沟通新旧知识联系的"桥梁",将新知识纳入学生原有的知识体系中,既复习了旧有知识,又激发了学生对新知的探求欲望,降低学习难度,轻松进入学习过程。使用这种类型的导入,需要教师了解学生原有的知识水平,并准确选择新旧知识联系的联结点。

(6) 实验导入。生动有趣的实验导入可以使学生产生惊奇和疑问,它是物理、化学教学中较为常用的一种导入方法。教师通过实验演示,可引导学生认真观察实验过程,分析实验现象,促进学生观察力、思考力和科学态度的养成。如果教师能够根据具体情况,让学生亲自动手操作,那对于调动和培养学生的学习积极性和科学探索兴趣,更大有益处。

六、提问技能

(一) 内涵描述

所谓提问技能,是指在课堂教学过程中,教师根据教学内容、教学目标与教学要求设置问题,进行教学问答的一种教学技能。提问是教师检查学习、巩固知识、实现教学目标的主要手段,更是激发学生求知欲望、引导学生积极思考、推动教学活动开展的有效途径。科学运用这一教学实施技能,对于教师有效组织课堂教学十分必要。

(二) 训练要点

1. 提问的类型

由于教学内容、教学目的、学生学习状态等教学因素的不同,教师课堂提问类型也不尽相同。根据教学的推进,主要介绍以下几种提问类型:

(1) 回忆性提问。在讲授新课前,教师利用新旧知识之间的关联,通过课堂提问方式让学生回忆前面所学过的知识。这种提问方式既有利于学生巩固旧有知识,又有利于引入新的学习内容。

（2）调查性提问。在学生课前预习的基础上，对预习内容进行调查式提问，以了解学生对新课内容的掌握情况；在课堂教学即时展开中，通过调查式提问有针对性地了解学生对教学重点、难点的理解情况。这种提问多在对学生的基本情况了解不够或有目的检查学生学习情况时采用。

（3）复习性提问。在讲完一课、一个单元或全部教材内容后，为了复习、巩固基础知识和重要知识点，教师可根据教学内容编出系列问答习题，通过课堂提问的方式让学生分析解答。这种提问有利于帮助学生快速复习教学内容，提高学习效率，并检查教学效果。

（4）总结性提问。在完成具体教学任务、确认学生对教学讲授基本理解的情况下，通过总结性提问，启发学生对教学内容进行最后的归纳、概括和总结。这种提问方式一方面可帮助学生浓缩教学进程把握教学重点；另一方面，能够培养学生由局部到整体的分析和总结能力。

（5）综合性提问。这种提问形式更为高级和复杂，不但要求学生迅速检索知识结构和经验系统，对个别的、分散的内容通过分析、推理等，找出其间的内在联系，而且要在此基础上对相关的概念、原理、规则等进行重新组合，最后得出新的结论。综合式提问强调学生对教学内容的整体理解和综合把握能力。

2. 提问的原则

（1）提问要纳入课时计划，不能随意发问。课堂教学是一个具有某些特殊规定性的有机整体，课堂提问作为其中一个组成部分，应纳入课时计划，进入教案。成功的课堂提问应能根据教学目标、课程结构及教学重点、难点的逻辑分布，并结合问题确定、提问时机选择、提问对象确定和回答结论分析等科学设置。课堂教学提问应是有备而来、有章可循，漫无目的地泛泛而问与孤掌独撑地一问不问，都是不可取的。

（2）提问要合乎教学逻辑，不能突然发问。提问作为一种调动学生参与学习、了解学生学习状态、启发思维、发展能力的积极教学行为，必须体现教学内容及其与提问之间的逻辑关系，必须符合课堂教学发展的客观规律，尊重学生课堂学习的思维现实，使学生有接受提问的准备。"不愤不启，不悱不发"，意味着提问之前必须注重激思、设疑各环节各要素的科学调动。违反教学逻辑不恰当地突然提问非但达不到应有目的，反而会导致课堂教学陷入"死机"状态，影响教学效果。

（3）提问要有问必答，善始善终；不要虎头蛇尾，草草收兵。问题一旦提出，学生必须做出回答，而"有问必答"是教师的必备能力。对于正确的回答，教师要做肯定性分析，使学生加深理解；对于错误的答案，更要做出修正和补充，给学生呈现正确的知识面貌。如果教师不管正确与否，对于学生的回答一律不置可否，不但会降低提问效果，而且会培养学生不认真对待提问、不积极回答问题的不良习惯。

七、结束技能

（一）内涵描述

教师在完成一项教学任务时，通过有目的、有计划、有针对性的归纳和总结，对所传授的信息进行进一步的深入加工和转化,强化学生的系统理解与分化能力,实现由感性认识到理性认识的跨越,将初步获得的知识纳入到原有的知识结构和成长经验中,最终形成新的认知结构。这一系列的教学行为方式统称为结束技能。

(二)训练要点

1. 结束的原则

(1)目的性。结束是课堂教学中的重要一环,是为实现教学目标服务的。因此,结束技能的运用要紧扣教学目标、教学内容和教学重点,针对课堂教学实际,帮助学生将所学的新知识顺利纳入到已有的知识结构中,通过巩固与运用,不断转化为认识世界、改造世界的理论武器与实践工具。

(2)概括性。教学内容的丰富性与教学过程的复杂性,都要求教师结束技能的运用要体现精炼、准确、高度概括的原则。内容上摒弃陈词滥调,表达上忌讳拖泥带水。总之,总结的观点要鲜明,使用的语言要精练,得出的结论要精当,给学生留下条理清晰、系统完整的印象。

(3)适时性。从记忆长度上讲,学生的记忆一般分瞬时记忆、短期记忆和长期记忆三种,这似乎恰好暗合了课时教学、单元教学、学期教学三阶段。那么,衔接并巩固这三阶段记忆的必要工作就是一次次适时的教学总结。结束早了,学生因学习还不够深入会茫然不解;结束晚了,关键知识点会变得模糊不清,不利于形成稳固的知识体系。适时性的结束有利于学生记忆、复习和运用。

2. 结束的方法

结课方法主要有两类,即总结旧知的封闭型结课和引向新知的开放型结课。但由于教学目标、教学内容、教学对象、教学手段的不同,结课的具体方法也多种多样。这里主要介绍如下几种:

(1)总结归纳法。语文课结束时比较讲究卒章显志,其他课堂总结也可借鉴。它主要指教师以准确、精练的语言,通过对某一时段的教学内容进行脉络梳理、体系概括、重点归纳和规律总结等,给学生以系统、完整的教学印象。总结归纳法多在一课、一单元或一学期教学结束时使用。

(2)承前启后法。各单元教学包括各课时教学之间都是前后连贯、左右照应的,这就要求教师在设计课程总结时,应注意承前启后,建立起前后教学内容、新旧知识之间的有机联系,既复习、巩固了前面已经学过的内容,又为新的教学内容讲授铺设下必要的前提。

(3)拓展引申法。就是教师通过引导学生对教学过程中已经得出的结论、命题、原理、定律等进行进一步的广度延伸与深度分析,从而加深学生对已讲知识的消化、理解。这种结课方法既可以纵向挖掘教学主题,也可以横向拓展学习内容,关键在于促进思维深化,培养学生发现问题、分析问题、解决问题的思维品质和实际能力。

(4)悬念激疑法。教师借结课时机提出一两个能够造成学生思维暂时困惑的"好奇"

问题,引发学生继续探究的强烈愿望,为后续教学开展和课程学习布下悬念、埋下伏笔。这种结课方法要求教师能够游刃有余地驾驭学科教学,合理置疑;并使之思而可解、不思不解,从而激发学生热衷释疑的学习积极性。

(5) 激励升华法。教师结课除了要给学生以知识外,也承担着思想启迪的任务。有些课程如数理化,教学内容本身几乎不见思想启迪的踪迹;而有些课程如文史类,思想教育的火种蕴藏在教学内容的字里行间。大量教学实践证明,不管哪一类课程,教师都可以借结课之机,通过对教学内容思想性的挖掘、提炼、升华,融思想启迪与知识教育于一体,激发学生的学习热情和进取勇气。

八、组织教学技能

(一) 内涵描述

在课堂教学中,为顺利实现课时教学目标,教师利用各种积极因素所进行的组织课堂、管理纪律、创设课堂情境、增强教学效果、控制或消除学生消极行为的一系列活动方式,统称为组织教学技能。课堂教学组织既是教师教育管理能力的反映,又是教学实施能力的体现。教师课堂教学组织能力的高低,直接关系到他的课时教学计划能否最后落实,因此,组织教学技能训练尤为必要。

(二) 训练要点

1. 组织教学技能的分类

从组织的性质和目的来看,课堂教学组织有管理性组织、指导性组织、诱导性组织和随机性组织;从组织的时间上看,课堂教学的组织可分为课前组织、课间组织和课后组织。后三种形式很容易理解,下面主要介绍一下前四种类型。

(1) 管理性组织技能。课堂教学的组织与管理旨在建立一个协调、成功的教师课堂行为系统。它要求教师通过一定的管理行为方式,建立和维护课堂秩序,监督学生的行为,保证学生认真听课和辅导学生做功课,从而使教学目标得到理想实现,使教学任务获得最优化的完成效果。传统观点认为,教师应通过强有力的管理手段对学生课堂上有碍学习的"不良"行为进行严格"约束",使学生"老实",让课堂"安静"。现代教育则认为,教师引领下学生活跃的课堂表现才是课堂教学最理想的管理目标。因此,采取何种课堂管理手段创建和谐愉快的教学氛围,最大程度发挥其组织教学职能,是现代学校教育摆在每一位教师面前必须解决的艰巨任务。

(2) 指导性组织技能。它是课堂教学中,教师根据教学内容和学生特点,试图鼓励学生对课堂教学任务进行合作和参与而采取的一系列行为方式。教师通过组织形式多样的各种建设性课堂教学活动,如实验、观察、讨论、阅读等,创建和谐的课堂氛围,调动学生的学习兴趣和学习注意,引导学生从事积极的学习活动,从而增进学习效果。

(3) 诱导性组织技能。不同的教学组织方式对学生的思想、情感和学习等都会产生不同的影响,教师在组织教学时,要遵循共同发展、因材施教的原则。既要带领全体追求共同的成长目标,又要尊重个体差异、因势利导、积极引导、热情鼓励,保护和培养学生的自尊心和自信心。

(4) 随机性组织技能。课堂教学中随时可能出现的很多问题和现象,例如学生上课迟到、课堂上违反纪律、学生之间的行为纠纷、不同教学见解之间的争执等等,都不是教师所能预料和杜绝的。这就要求教师要具有较强的随机性组织教学技能,对于课堂教学中可能出现的各种问题能够及时化解,恰当处理,顺利完成课时教学任务。

2. 组织教学技能的具体形式

为了克服课堂信息传递中的各种干扰,保持学生的有意注意,保证教学目标的顺利实现,教师需要根据教学对象的不同年龄特点和课堂上的不同表现,灵活采用各种方法,既要纠正学生不良的听课行为,又要稳定秩序,顺利组织教学。其主要方法有:

(1) 以静制动,暂时停顿法。中小学生的年龄特点决定了他们的注意力时间不可能保持太长,听课过程中常常不由自主、不知不觉地跑神,对老师讲课视而不见、听而不闻,影响学习效果。遇到这种情况,教师如果一味批评学生,会影响课堂教学按预定计划进行,也易挫伤学生的学习积极性。这时,教师可以采取突然停止讲课的停顿办法,或低头不语,或遥望窗外,或锐利的目光直送犯错误的学生,或慈和的目光环视全体同学,让跑神的学生在寂静中"惊醒"过来,收回注意力,然后继续上课。

(2) 若无其事,态势暗示法。任何课堂都难免有个别学生心不在焉,不专心听讲,或两眼发直,神飘天外;或目光游走,精神溜号;或玩弄文具等小东西。这时,教师可以采取态势语暗示的方法,一边讲课一边或递眼神或打手势或特殊地咳嗽一声,都可以吸引学生注意力。若仍不见效,就可以边讲课边若无其事地走到学生身边,亲切地摸一下他(如小学生、初中生)的头、轻轻地掐一下他的手,或轻轻地敲一下他(如高中学生)的书桌等,使其精力迅速回到学习上来。

(3) 理解尊重,表扬多数法。课堂教学主要是面向全体学生展开的,虽然学生在课堂上的总体表现可能差强人意,但可以肯定的是,专心上课的学生一定是大多数。所以,教师一般不能因个别学生的不良行为而表现出负面的、强烈的情绪反应,打乱教学秩序,影响教学进程。教师最好能根据学生的具体情况,积极利用表扬法,肯定大多数能够遵守纪律、专心听讲的学生,从而使其他学生的注意力也能集中到课堂听讲上来。

(4) 灵活应对,精神转移法。由于教学科目、教师教学方法、教学时段等的不同,各个年龄段的学生上课时都可能出现听课疲劳、精神不集中的现象,小学生可能更明显一些。这时,教师可以采取一些调整措施,通过组织相关的教学活动,如做游戏、做保健操、一起唱支歌或让有特长的学生出个节目等,短时间转移注意力,对于缓解学生的精神疲劳,保持良好的听课状态,可以收到显著的教学效果。

(5) 沉着冷静,分身处理法。由于小学生、初中生尚处于心理不够成熟、情绪不够稳定的成长阶段,课堂上常会出现一些同学之间发生摩擦的突发事件,如前后桌之间因桌椅碰撞引起的争吵、同桌之间因学习用品等引发的争执等等。遇到这种情况时,为了既不影响教学的正常进行,又及时表明老师的态度,教师可以沉着冷静,采用分身处理法。

例如，先面向全体同学，或紧密配合本节课教学内容布置有关的思考题，或布置几道作业题让学生马上做，然后再转向矛盾着的双方。这样，既能顺利完成课堂教学任务，又能及时处理学生的课堂纠纷，不至于顾此失彼。

3. 影响课堂教学组织的要素

良好的课堂教学组织不仅与正确的管理指导思想和恰当的管理方法密切相关，而且要受到组织者自身素质、课堂状态等多种因素的影响。正确认识并科学分析这些因素，发挥其积极作用，对于课堂教学实践活动的有效组织具有重要指导意义。

(1) 课堂的管理跨度。课堂教学组织规模的大小与教学效果有着直接关系，一些国家的实验研究证明，20人班级的学习成绩比40人的班级要高30%。历史上，各国家地区在教学班的编制上一般都在20~40人，我国则由于教育与经济发展间的严重失调，常常处于50~60人之间，甚至有的在80人以上。这种管理跨度过大的课堂及其秧田式的座位排列，都增加了教师的课堂管理难度，教师常常是一堂课下来精疲力竭。为此，我国教师尤要注意训练、提高课堂教学管理能力。

(2) 课堂的学习环境。安静幽雅的教室环境有利于学生的学习，有利于教师进行课堂教学的组织与管理。那些城市里临近正街和马路的教室，嘈杂之声不时传来，其课堂教学管理效果可想而知。目前，人们已经开始利用现代心理学研究成果，对教室环境、教室色彩、学生座位等提出了更高要求，这对搞好课堂教学的组织与管理也是很有好处的。

(3) 学生的课堂风气。在两个学习风气和纪律状况完全不同的班级上课，学生的学习感受和教师的教学感受也会随之完全不同。良好的课堂风气是集体的精神世界和个性的精神世界互相影响的优秀成果，是班集体长期共同努力奋斗所达到的一种积极精神状态。教师应充分发挥学生的自主意识，让学生参与到课堂管理中来，从而形成良好的课堂群体规范。

(4) 教师的教学威信。苏联著名教育家赞科夫说："如果没有威信，也就是说，师生之间没有正确的相互关系，就缺少了有效地进行教学和教育工作的必要条件。"近代德国教育家赫尔巴特也认为："除了这种威信外，学生不会再重视任何其他的意见。"有威信的教师，轻轻一句话甚至一个眼神就能使乱哄哄的教室霎时安静下来，而威信不高的教师，即使声色俱厉、喉咙喊破也不能使学生信服和听从。所以，教师呈现在学生面前的第一堂课一定要精心设计和组织，并尽力保持良好的第一印象。拥有这种威信，教师的课堂教学组织与管理就会事半功倍，否则，将会困难重重。

(5) 师生的情感关系。良好的师生关系，有助于课堂管理的顺利进行，隔膜乃至对立的师生情绪会成为课堂管理的严重障碍。如果能建立起师生关系的肯定情感，学生就会将自觉遵守课堂管理的各种规范看成是维护师生间友好情感的需要。美国著名教育心理学家皮尔逊说："为了得到教师的爱，学生可以去做各种教师所喜爱的事，甚至去学习他最不感兴趣的科目。"

第三节 检查与验收技能训练

教学工作不但包括课堂教学部分,也包括课后作业检查与考试验收部分。课上教学与课后作业是相辅相成的两个环节,缺一不可。作业检查与考试验收是衡量学生学习水平的重要环节。同时,学生的作业完成情况与考试水平,也反映着教师的教学效果和教学水平。能否科学地设计、批改作业并考核、评价学生成绩,直接关系到教学质量的好坏。因此,教师教育专业学生应掌握如下相关技能。

一、作业设计与批改技能

作业有课内作业和课外作业两种。课内作业即课堂练习,是课堂教学技能不可缺少的部分,课内练习的方式方法、时间安排等应根据教学内容与教学目标进行精心设计,在课堂教学技能里已有讨论,这里只对课外作业的设计与批改予以讨论。

(一)内涵描述

作业布置与批改是教师通过布置作业和检查作业来了解学生学习情况的一种教学行为方式。通过作业的布置与批改,教师可以弄清学生学习中的疑难,了解教学效果,通过反馈调节,进而督促学生及时复习,巩固课堂学习内容,是提高教学质量的重要途径。

(二)训练要点

1. 作业设计原则

(1)突出针对性。作业的布置要符合课程标准和教材要求,选题目的要明确,要有针对性,不能盲目选择;要有计划、有步骤地安排作业题,一道好题因布置时间不同,其效果可能大不一样。

(2)难度要适中。一般来说,应以中等程度学生的水平为标准,也可预备少量的选做作业,以适应两头学生的不同水平。作业应尽量做到因材施教,留有余地。对于那些难度大、综合性强、技巧性高的题目,则要给予适当提示。

(3)分量要适当。必须贯彻"少而精"的原则,要对学生巩固、消化所学知识,形成技能、技巧和其他能力等具有多重价值;要以质取胜,不要搞"题海战术";要尽可能少占用学生时间。一般应以大多数学生在规定时间内能够独立完成的分量为宜。

(4)题目多样化。既要少占用学生时间,又要起到作业的应有作用,这就要求教师精心选择、编写和配置作业,注意作业形式多样化。除了布置书面作业之外,还可以布置口头作业、思考作业、复习作业、预习作业等,以开阔眼界,活跃思维,发展学生思维的灵活性和创造性。

2. 作业批改方法

(1)全批全改法。这是各学科教师都很常用的一种作业批改方法,需要对全体学生的作业进行细致、认真地批阅和改正。这种方法能够督促学生按时间、按要求完成作业，尤其是对低年级学生，其作业错误率往往较高，教师需要借此了解教学效果并培养其良好的作业习惯，所以多采用该方法精批细改，高年级一般就不需要了。

（2）面批面改法。这是教师当面指导与学生当面自改相结合的一种批改方法。就是教师将学生找到办公室，当面进行作业批改，且一边批改一边解说；或当面讲解、指导，由学生自己动手改正。这种作业批改方式直接与学生见面，效果最好，最好一学期每个学生都能轮到一两次。

（3）只查不改法。这也是一种重要的作业批改方式。对于那些内容较为简单，只是抄抄写写之类的作业，教师可将学生作业收上来，批个时间写个"阅"字即可，有时间就浏览一下。这种作业批改方式的目的在于督促学生按时完成作业，但教师应做好作业批改记录，及时总结，否则学生会渐渐产生懈怠心理，不好好完成作业。

（4）抽查批改法。将全部作业收上来后，只抽查批阅其中的一部分，其他的可以大致翻看一下。但对于抽查什么样学生的作业，教师要心中有数。比如，内容比较简单的作业，后进生可列为重点；准备讲评的作业，则上、中、下各找几个作为重点；选拔参赛者，则将好学生列为重点。也可以每次只批一部分抽到学号的作业，如单、双号轮换批。总之，要统筹兼顾，不要以偏赅全。

作业批改的重点在于改。教师可用规定好的各种符号或简明文字，显示出作业中的问题或错误，并指出错误的性质。同时，由于学生完成作业的目的在于巩固所学的知识和形成技能，其根本在于发展学生分析问题和解决问题的能力，作业批改不是目的，只是一种手段，所以作业批改要防止形式批阅，尤其要注意采取各种措施强化批改效果，优化教学效果。

二、测试技能

（一）内涵描述

所谓测试技能，是指教师通过编制试卷并施测于学生以引起其心理反应，再据此估计学生学业、智力等的教学行为方式。通过测试，可以考查出全体学生学业、智力情况，作为编班时的科学依据，便于因材施教；可以选拔人才，指导学生选择适合的职业和专业；可以了解学生在知识、能力等方面存在的困难，提供调整、改进学生学习方式的措施，为预测学生的能力发展提供了客观可能。

（二）训练要点

1. 测试的种类

（1）测试依其规模分类，有摸底性测试、形成性测试、总结性测试。摸底性测试目的是了解学生是否具有新的教学目标所要求的基础知识和能力，摸清情况以便编班分组、安排教学计划，提出恰当的教学要求以及选用适当的教学方法。形成性测试常以阶段考试、单元测验的形式出现，目的是了解教学效果、诊断学生的学习缺陷、探求教学中存的问题,以便及时调整教学工作,形成良好的教学过程。总结性测试的目的是了解学生一学期的学习是否达到教学目标以及达标情况。

(2) 测试依其分数解释的参照标准分类,有目标参照性测试和常模参照性测试。目标参照性测试是以某种目标为依据来进行命题和分数解释的考试,其及格的参照点是最基本的教学要求水平,其分数解释是以达标情况和能力水平进行的,达标的完满程度愈高则分数愈高。常模参照性测试是依据集体的常模来解释分数的测试,其目的是在于将个体的成绩与他人做出比较,着眼于群体中的学生成绩区分。

(3) 测试依其功能分类,有能力倾向测试、学业成绩测试和人格品德测试。能力倾向测试的目的在于发现学生的潜在才能,了解其特长和发展倾向,可分为一般能力测试和特殊能力测试。学业成绩测试是学生经教育训练后对其学业成绩的测试,可分为学科测试和综合测试,前者测量学生某学科的知识和技能,后者测量学生多门学科的知识和技能。人格品德测试的目的是测量人的态度、情绪、兴趣、品德、动机、意志、性格等方面的行为,以及引起行为的心理特性。

(4) 测试依其试题形式分类,有客观性测试、论文式测试、投射测试和情景测试。客观性测试因试题评分的客观性而得名,试题简单,答案明确,评分准确可靠,知识覆盖面大,适于测量学生知识的广度和记忆能力、判断能力等,但试题编制需要花费较多时间。论文式测试以论述题、作文题形式出现,适于测试学生掌握知识的深度和对问题的分析、综合和评价能力,试题比较容易编制,但其知识覆盖面较小,评分标准不易掌握。投射测试和情景测试则是将学生置于事先设计的情境中,观察和测试学生在该情境中的反应,以测量学生的真实性、公正性、兴趣爱好、认识能力和道德判断能力等,这样的测试常常与游戏或日常生活结合起来进行,因此不易被测评者察觉到测评者的真正目的。

2. 测试题的编制要领

(1) 选择题的编制要领。第一,根据考核目的选择最适合的选择题类型,应写好指导语以指示考生答题;第二,考核内容应属最重要的学科内容,而不应是枝节性问题;第三,题干应当叙述完整,若用不完全陈述句,也应含义清楚;第四,备选答案中的迷惑性答案必须似是而非,属于学生容易混淆的;第五,所用词语和内容不应照搬课本,要以新鲜情境的题目促进学生举一反三、融会贯通;第六,考核较高级能力时,应注意缩小备选答案之间的差异;第七,适当增大备选答案数量,以减少猜测的可能性,且备选答案不应互相依赖,正确答案位置在各题中应随机排列等。

(2) 是非题的编制要领。第一,叙述含义单一;第二,答案必须是明确且无可争议的;第三,叙述应简单明了,避免使用复杂的语言结构,以减少阅读能力对测试成绩的影响;第四,应避免使用否定词,必须使用时,应在否定词下加重点号,以提醒学生注意;第五,避免使用具有暗示作用的词汇;第六,在全部是非题中,答案的对错比例应大体相等,并应无规则地排列在试卷中;第七,不宜直录教材原文。

(3) 简答题的编制要领。第一,一个简答题只能有一个答案,并且答案必须简短而具体;第二,不应以简答题来测试零散、琐碎的知识,要尽量用简答题测试学生关于学科知识的重要概念；第三，在试题中应避免提供正确答案线索；第四，不可直接从教科书中原文抄写。

（4）填空题的编制要领。第一，填空题只能有唯一正确的答案，且只能用一个词、词组或短语提供答案；第二，特殊的语文测验除外，不宜省略连词、介词、冠词等让学生填写，只能从题目中省去有重要意义的词让学生填写；第三，省去的词语不宜过多，不应因留下空格而丧失题意的完整性；第四，填空部分一般应放在句中或句尾，不宜放在句首；第五，避免直接引用教材原句。

（5）匹配题的编制要领。第一，匹配项与选择项不应是一对一的，选择项的数量应多于匹配项，以使学生从众多选项中做出正确匹配；第二，匹配题应允许同一答案多次使用，而且每个项目都不能有少于一个的正确选择；第三，匹配题可以利用图形对知识进行测量；第四，匹配项一般不应超过10个，否则会使学生产生心理负担，产生厌烦情绪。

（6）论文题的编制要领。第一，应限定论文题所包含的范围，不使试题过于广泛笼统；第二，论文题数量要尽量多些，保证测试结果的可靠性；第三，论文题测试不应给学生提供选择作答的机会；第四，要尽量选用适当的行为动词来陈述试题内容，以保证对复杂认知目标的准确测量。

3. 双向细目表的编制

双向细目表是根据考试大纲对考查的目标与内容的规定而制订出来的考试蓝图，它实质是考查目标与考查内容的联列表，是进行科学命题的具体依据。其中，考查目标包括识记、领会、应用、分析、综合和评价；考查内容包括教学内容的大、中、小三类知识单元，其中大知识单元在考试大纲中公布，中知识单元作为制订双向细目表的依据，小知识单元则在命题时作抽样之用。同时，要确定考查目标和考查内容的比例，即各个知识单元在整个学科领域中的重要性，分配给各知识单元的教学时数之比重等。

4. 试卷的编辑与印制

（1）试卷的编辑。试题拟好后，应进行搭配，编辑成试卷。在编辑试卷时要注意：第一，搭配在试卷里的试题对欲测量的学科知识是否有足够的覆盖率，能否涵盖双向细目表所开列的认知目标；第二，对照双向细目表中内容与目标的权重，考虑试题数量是否适宜，试题分数分配是否能保证已确定的权重；第三，考虑试题的难度和测试的长度是否适宜，学生能否在限定的时间内完成测试；第四，试题的编排是否恰当。试卷编辑应遵循由易到难、由简单到复杂的原则进行。

（2）试卷的印制。试卷印制有两类，即分离式和综合式。分离式就是试卷与答案纸分离，学生只要对应试卷题号在答案纸上填写答案即可。综合式就是试题与答案在同一张卷纸上。两类试卷的印制方式各有特点，无论采用何种方式，试题编号都应从头至尾依次排列，在同一份试卷中不应有重复题号出现；多重选择题的题干与选择项不能印在同一行中，每个选择项应单独占一行；试题与试题之间应至少留两行的间距，以达到易读的效果；一道试题最好不要分开印在两页上，避免因来回翻动试卷而耽误时间、分散精力；试卷应按统一格式印制，并力求达到美观、经济。

5. 测试的评价标准

(1) 信度。即测试的可靠性，就是同一个测试对同一组学生先后实施两次，其测试结果的一致性程度；或者等值性的两个测试对同一组学生实施结果的一致性程度。估计一个测试的信度，一般是用同一个测试对同一组学生两次测试结果的相关程度来表示。两次测试结果的相关程度高，表明测试的信度高；反之亦然。提高测试信度的主要方法是增加试题数量。一般学业成绩测试要求信度在 0.90 以上。

(2) 效度。即测试的正确性，就是一个测试所要测量的属性实际能够测到的程度。例如，要测量学生的数学知识、能力等，就应用数学题目，而不应用历史问题考核。估计一个测试的效度一般要选择一个效标，这个效标就是能够足以反映需要鉴定的测试所欲测量属性的变量。学生的测试成绩与作为效标的另一个标准测试成绩之间的相关程度就是该测试的效度。相关程度与效度成正比。

(3) 难度。即测试题的难易程度，它不是由测试题编制者主观决定的，而是由测试的客观结果确定的。如某试题答对人数的百分比较高，或所有学生该题得分的平均数占该题满分的百分比较高，则该题的难度较小；反之，则难度较大。一般要求测试试题难度在 0.2~0.8 之间，如果整个测试的平均难度在 0.5 左右，就表明这个测试具有适宜难度。

(4) 区分度。就是试题对于学习成绩高的学生和成绩低的学生的鉴别程度。区分度高的试题，则高者高，低者低；区分度低的试题，则高低水平之间相差不多。试题的区分度一般是由试题成绩与整个测试成绩之间的相关程度来表示。

通过测试的信度、效度、试题的难度和区分度分析，可以评价一个测试的优劣，进而可以逐渐实现编制试卷的标准化和科学化。

三、成绩评价技能

(一) 内涵描述

所谓成绩评价技能，指教师运用数理统计的原理和方法，研究、处理学生学业成绩的教学行为方式。掌握成绩评价技能可以顺利地完成学生学业成绩分析工作，可以通过定性与定量相结合的方法来综合分析学生学习情况，可以对自己教学的各方面情况进行科学研究，也可以提高教师的教学工作效率。

(二) 训练要点

1. 评价原则

(1) 客观性原则。学业成绩要真实有效，反映学生的实际水平。以典型的数据指标保证评价真实准确，不要凭主观印象，更不能带有偏爱和成见，任意提高或降低学生应得的分数作为奖励或惩罚，切忌用分数去"压"学生或出现学生成绩评价中的随意性。

(2) 可比性原则。成绩评价具有可比的性质，要尽量做到标准化和规范化。如某同学的语文 80 分和数学 90 分就没有可比性；某同学一年级数学 60 分和二年级数学 80 分也没有可比性等等。

(3) 动态性原则。学生学习过程是一个复杂的动态系统,不能根据一次考试来判定学生终身,要对学生的发展变化状况做出评定。学生的学习成绩应包含学习进程中的成绩和学习结束后的成绩两个部分,即平时成绩与期末成绩。

(4) 可行性原则。对学生成绩的评价要力求简易可行,切忌烦琐。

2. 评价方法

(1) 描述统计法。即通过测试获得学业成绩(分数),对这些分数进行整理、概括,显现其分布特征的统计方法,称为描述统计法。用归纳、列表、绘图等统计方法对其进行归纳、整理,直观反映其分布特征;通过计算各种特征量,来反映它们分布上的数字特征。其目的在于将大量零散的、杂乱无序的数据进行科学处理,清晰显现学生学习全貌及其分布特征,进而全面了解和掌握学生学习情况。

(2) 推断统计法。根据样本(随机抽取的一部分学生成绩)所提供的信息,运用概率理论进行分析和论证,在一定可靠程度上,对全体学生成绩分布特征进行统计、推测,这种统计方法称为推断统计法。运用推断统计法可以根据学生现有状态,估计、推测学生的未来情况,进而预测学生以后的发展动向。

(3) 简单记分法。一般常用的记分法是平时作业用等级制,如"优秀,良好,及格,不及格"或"甲、乙、丙、丁"等;测试和考试试卷成绩的评定用百分制。百分制一般指原始分数,即学生接受考试后,按标准答案直接评出的分数。原始分数仅能反映学生卷面的情况,它本身有着不可克服的缺点。一个是可加性(总分相加),一个是可比性(学科比较)。所以通常采用标准分数的方法,来比较学生的学习成绩。标准分数是原始分数与平均数之差除以标准差所得之商,用标准分数可以刻画学生在集体中的相对地位。标准分数越高,在集体中的地位就越高,这门课程学得就越好。同时,还可以将某个学生的所有科目的标准分数进行相加,用标准分数的和来说明该生学习水平的高低。

3. 试卷分析

每一次测试完成后,尤其是期中、期末等重点考试后,教师往往要对试卷做出质量分析。试卷分析要科学,可以从两方面入手,一方面是量的统计,如全班的平均分数、各分数段人数及在全班中所占的比例等;另一方面是质的分析,如错误较多的是哪一类试题、产生错误的原因是什么、有多少是属于自己教学不当的问题等等,通过分析和综合找出教与学的薄弱环节,制订改进措施。

第四节 说课技能训练

说课是教师在备课基础上将教学研究引向深入的一种新方式。它既是一种没有学生参加的课堂教学技能训练演示,又是展示与评价教师教学业务水平和教学研究水平的重要途径。教师备课、上课侧重于回答"教什么"、"怎么教";教师说课则还要说清楚"为什么这样教"。因此,普及开展说课活动,是加强课堂教学研讨和训练提高教师教学研究能力的重要措施。

一、说课的含义

"说课"作为一个专业术语,最早出现于20世纪90年代,然而类似于说课的教研活动形式,早在20世纪50年代我国数学教育领域就已经有了。当时倡导"集体备课",要求备课小组确定一个中心发言人,对教学内容、教学目的、教材的重点与难点、教学方法等内容进行陈述,然后集体探讨实施对策,这种教研活动可以说是说课的雏形。到了20世纪70年代,随着数学教学改革的蓬勃兴起,广大教师积极开展以教学方法和课堂结构为重点的教学研究活动,各地教研室组织观摩课、示范课,在教学结束后,由讲课人做具有指导意义的分析,这一过程即是后来的"课后说课"形式。到了80年代中后期,河南新乡红旗区教研室就如何加强教师教学能力培养、如何大面积提高教育质量等问题率先提出课题并开展研究,于1987年推出了"说课"这一具有时代特征的教学研究形式,他们开展说课活动,有针对性地解决多学科教学中的实际问题,教师素质和教学质量都有了明显提高,这种教研活动也因此得到各级行政部门和中央教科所的支持与肯定,形成了一套比较成熟的理论,于是,"说课"很快在全国推广开来。说课这一教研活动形式,因其以教育理论和系统科学作为其发展基础,符合教育规律,因此在课程改革大潮中又一次显示出它的生机。

说课,是指教师在规定的时间内(通常为15~20分钟),针对某一特定教学内容向同行、专家系统阐述自己对教材的理解、教法、学法分析、教学过程设计以及相关理论依据等内容的一种教研活动形式。由于具有不受场地限制、避免干扰学生、操作简单快捷,以及有利于提高教师理论素养、驾驭教材能力和语言表达能力等优势,说课受到广大教师重视,近年来被广泛应用于中小学的教学研讨、教学竞赛、教师技能考核等活动中。说课对于提高教师理论素养、推进教育改革具有很好的促进作用。师范生说课训练也有同样的作用。

二、说课的类型

从组织形式上分类,说课主要有集体说课和个体说课两大类。

1. 集体说课

这是以教研组、备课组或师训班为单位,在集体研究基础上,就同一教学内容或同一研究课题,进行"八仙过海"式的人人说课。可以是讨论式、质疑答辩式,也可以是对话式。说课之后,在比较、鉴别中相互评议,最后集中各自的优点,综合成一套最优化的教学方案。这是一种研究探讨性的说课形式,既能调动每个人的积极性,又能集中群体的智慧和力量。教师参加这种说课活动,能开阔视野,多向交流,取长补短,集思广益。

2. 个体说课

这种形式是由各级各类组织单位指定某一内容,每位说课者根据指定内容去独立设计教案,写出要说清楚的讲话提纲,准备好教具、学具,在规定时间内说课。组织单位的评议者根据说课情况,给说课者指出优缺点,做出综合评定。这是一种考核评比性或竞赛性的说课。它有利于调动教师独立钻研教材、学习理论、研究教法与学法的积极性,有利于激发教师奋发向上的竞争意识,有利于发现和培养骨干教师和学科带头人。

三、说课的意义

作为教师队伍后备力量的师范院校学生,学习并开展说课实践也有多方面的意义。

1. 有助于夯实师范生的教育教学理论基础

目前,不少师范生缺少对教育教学理论学习的正确认识,认识不到教育理论对教育实践的指导作用。在教学中就有学生向笔者提出"少讲理论知识,多讲有用的东西"的要求,片面认为纯理论的知识在实际教学中用不上,与专业理论课相比,他们更重视技能课程的学习。说课非常重视对教学理论依据的阐述,在说课过程中,要求说课者要以简洁的语言,在较短时间内,将从备课到上课,再到教学反思的全过程"说"出来,其间既要讲明教学内容、教学过程、教学方法、教学手段,还要讲清从事一系列教学活动的教育理论依据。开展说课训练有助于师范生加强教育教学理论的学习,掌握成为合格教师必备的教育理论知识、相关学科的专业理论知识以及作为现代教师所必备的科学文化知识。

2. 有助于促进师范生理论与实践的结合

说课要在理论指导下进行。在说课过程中,对教材的理解和分析要以学科专业理论知识为基础,对学情的分析要以教育学、心理学理论为前提,对教法的设计要以现代教学论和学科教学法为指导,对于教学手段的运用还要结合现代教育技术,因此,要求说课教师要注意将每一个教学环节上升到理论高度。师范生开展说课训练,可以帮助他们对所学的理论知识进行分析、加工,用以指导说课实践,促进教育理论的内化并转化为教学技能。

3. 有助于完善教学实践的组织形式

传统的教学实习,师范院校主要是采用见习加实习的方式。这种实践形式存在着以下问题:

(1)见习时间较短(通常为1周)。学生对原任课教师的教学活动了解不多、认识肤浅,对于实际开展教学帮助不大。

(2)实习前的准备不足。课前的试讲大多面对同学和老师,试讲基本上是教案的复述,体现不出讲课者对课堂的驾驭能力。

(3)缺少反思过程。讲课完成后,大多是由指导教师点评,而缺少执教者本人对教学过程的反思性的说明。

在教学实践环节加入说课这一形式,课前的说课可以完善实习生的教学设计,课后的说课可以让其反思教学过程中的得与失,加快其专业成长。

4. 有助于培养师范生的合作、探究意识

长期以来,教学任务的完成主要由教师独立进行,不少教师奉行"个人主义",自我封闭,缺少必要的与同事交流、合作的意识。新课程理念倡导合作、探究的学习方式,教师首先应具有这种意识才可能在教育教学中加以落实。面对同行说课,表面看是说课人在进行个人"表演",而实际上是所有参与者的共同的研讨活动,通过"说",为研讨活动提供了研究范例;通过"评",增进了教师间的合作、交流,探究精神也得到培养。师范生开展说课训练,有助于他们培养合作、探究的精神,从而适应新课程的要求。

四、说课的内容

在教学工作技能课中增加说课理论的介绍,让学生了解什么是说课、说课的形式,重点掌握说课的内容。

1. 说教材

任何一门课程的教材,从其内容到编排形式,都会构成一个相对完善的科学系统,要说出对教材的整体把握,就需要明确本课题或章节内容在一个学段、一个年级的教材系统中所处的位置及其作用。新教材是新课程标准的具体化,是教师教、学生学的具体材料。教师对教材掌握的深浅直接影响教学质量,所以教师应吃透教材,驾驭教材。因此,说课也就该首先说教材。在分析教材中,不应孤立地讲某一课时的教学内容,要站在本章、本册书甚至整个中学阶段的高度来分析该课教学内容,从而运用迁移规律进行教学。另外,还要考虑知识的延伸性。同时还应考虑某知识点在此阶段教学中应培养学生的哪些能力、训练哪些技能、养成何种习惯,哪些知识、技能需要在此课中学习、巩固、深化,以在此基础上确定该课的教学目的和教学的重点与难点。

2. 说教法

教法是教师为完成教学任务所采用的具体方法。说教法即说明在本课的教学过程中准备采用的教学方法及理由,简言之,就是说明"怎样教"和"为什么这样教"的道理。换句话说,就是要说明教师在教学中是如何发挥主导作用处理重点与难点问题以及如何处理教与学、讲与练的关系;说明要用什么方法落实"双基"、渗透德育、开发智力、培养学生能力。教学方法要体现以教师为主导、以学生为主体、以思维训练为主线的原则。说教法就是要求说课教师说出本节课采用的是什么样的教学方法和采取什么样的教学手段,以及说明采用这些教学方法的依据。一般来说,选择适当的教学方法要做到"四要":一要有助于调动学生认识活动的积极性和发展能力;二要重视激发学生的学习动机;三要遵循认识规律,启发学生思考;四要注意适应面向全体和因材施教的不同需要。

3. 说学法

这一环节要说明学生"怎样学"的问题和"为什么这样学"的道理。学法是指学生学习知识、掌握知识的方法和途径。按照新课程理念,教学的最终目标是要实现人的全面发展,因此,说学法要在分析学情的基础上进行。在此基础上,结合教学内容说明在教学过程中指导学生学习或学会使用什么学习方法,通过什么途径培养学生的学习技能,如何巧妙地组织课堂教学,优化学情。正如教育家所说:"一个差的教师只会奉献真理,而好的教师则教给学生发现真理。"在教学中,一是要加强学习方法的指导和学习习惯的培养;二是要加强思维方法的引导,让学生逐步掌握正确的思维方法,培养与发展他们的思维能力。

4. 说教学过程

即说教学程序的各阶段，一般要说出教什么，接下来说怎样教。这要从选择什么教学方法来突破教学的重、难点，如何引导学生学习，如何训练学习获得知识以及为什么这样教这几方面说。在说怎样教的过程中还要说清，如何进行反馈矫正、小结，如何渗透思想教育，布置作业的内容及如何引导学生完成作业等。要将教学过程说详细具体，但并不等同于课堂教学实录。对于重点环节，诸如运用什么教学方法突破重、难点要细说，一般环节的内容则可少说。尽量避免师问学生答师又问学生又答这种流水账式的说法。如何安排教学过程的各个环节没有固定模式，可以将一节的内容分为几课时，再逐课时安排教学环节；可以将整个环节的安排先说出来，再逐环节说；可以将一个环节的内容说完后，再依次说下个环节的内容，环节之间尽量用上恰当的过渡语，使整个说课内容浑然一体。

五、说课的方法

（一）以语言表述为主的说课方法

这一类说课方法主要是指借助于语言，通过说、听双方的语言交流，达到传递和转化说课信息目的的方法。这类方法的共同特点和优点是更能突出地体现说课重"说"的特点。口头语言表述是说课的最直接的方式，运用语言作工具达到使听者掌握说课信息和内容的目的，故又称为的语言传递为主的说课方法，是说课的重要方法。因语言是交际的工具，是说课过程中重要的认识媒体。说课信息的传递、储存和检验主要靠语言的手段，语言和现代化说课工具的使用相配合，必能发挥更大作用。此类说课方法包括讲说法、对说法和论说法等。

1. 讲说法

讲说法是说课者运用口头语言，通过系统地讲说，向听者传递说课信息和内容的方法。它是目前在说课中应用最广的一种方法。

（1）讲说法的特点

讲说法的最主要特点是侧重于说课者的活动，是说课者运用口头语言作媒介，按照自己准备好的内容向听者进行述说。因此，在讲说过程中能有效地将说课信息和内容系统、连贯地传递给听者。由于讲说法以说者为主，说课质量的高低，取决于说者对讲说法的运用，这就充分发挥了说课者的积极性和主动性。

（2）讲说法的功能

讲说法的功能有以下三点：一是可以让听者对说者述说的内容有一个系统、完整而深刻的印象，便于对其做出评价；二是这种方法主要靠说课者的述说，不受场地、教具、设备等客观条件的限制，可运用于各个年级、各门学科的说课；三是能客观反映出并有效地锻炼和提高说课者的语言表述能力，而较强的语言表达能力，又是教师应具备的基本功之一。在说课实践中，说者的语言表达能力是有很大差别的，有些说者语言生动、清晰准确,富有艺术性,有的则相反,由此带来说课效果的极大差异。运用讲说法说课,可使说者的语言表述能力得到实际锻炼,进而为提高说课效果创造条件。

(3) 讲说法的局限性

运用这一方法虽能发挥说课者的主动性,但易形成说课者在说课过程中的独角戏;又因讲说法的特点是侧重于说者的讲说活动,所以听者活动较少,不利于充分调动听者的积极性。

(4) 运用讲说法的一些基本要求

首先,要求说课者必须认真组织好讲说内容,使讲说内容具有高度的科学性、思想性和系统性,又要突出重点、突破难点、抓住关键,讲说时要条理清晰、层次分明,前后问题要有严谨的逻辑关系,以便听者融会贯通;其次,要处理好讲说与听的关系,在说课中切忌单独运用讲说法,还要与其他说课方法相配合,以充分调动听者参与活动的积极性,活跃说课气氛,保证说课的良好效果;最后,对说课者语言要高标准要求,如要求讲说的语言要清晰、简便、准确、生动,并有较高的艺术性和启发性,还要恰当地运用板书,并注重听者对讲说效果的及时反馈等。

2. 对说法

对说法是指以说、听双方对话的方式,进行说课信息交流的方法。它是说课中常用的一种说课方法。

(1) 对说法的特点

对说法的主要特点侧重于说、听双方的活动,是通过说者与听者进行谈话和问卷的方式进行说课。因此,说课者就某一问题说出自己的教学设想及理论根据,可以请听者谈谈自己的观点和见解,也可以由听者针对说者的述说提出问题,让说者做出解答或重新说清楚。这就使说者与听者之间问和答交替进行,及时进行双方信息的交流,也充分调动了双方的积极性。

(2) 对说法的功能

一是能充分调动说、听双方的积极性;二是能使说者及时发现自己说课中的不足,并得到及时纠正,使述说更科学、更合理、更完整;三是能促进说、听双方智能的发展。因说、听双方对话的过程也是一个不断生疑、质疑和解疑的过程,在此过程中,也就发展了双方的发现、分析和解决问题的能力。

(3) 对说法的局限性

运用这一方法虽能调动说、听双方的积极性,但由于说、听双方为探讨某些问题需要付出一定时间,不免会造成延误说课时间。因此,在运用此法时,应加以适当控制。

(4) 运用对说法的基本要求

一是,要求说者在备说时要做好说课对话的准备,要拟定好对话所需要的问题,列出对话提纲;二是应根据说课的目的任务和教材特点决定能否采用对说法;三是说、听双方要针对各自提出的问题,充分交流观点和见解,力求问题解决得更透彻,特别是在所说知识内容的科学性、思想性上要更精确,更经得起推敲,在所说教法和学法上更适合教材特点和学生实际；四是说、听双方要依据说课的主题展开对话活动，切勿在琐细的问题或枝节性问题上纠缠；五是说、听双方注意紧紧围绕教材的重点、难点和关键及易混淆的地方进行对话，切忌过深过细，以致超出学生应该掌握的范围。

3. 论说法

论说法是指说、听双方针对同一课题，以讨论、议论或争论的方式进行说课内容相互切磋的方法。它是说课中又一种常用的说课方法。

（1）论说法的特点

论说法的主要特点侧重于说、听双方不分角色的活动，是在无特定说课人的情况下，参与说课者既是说者又是听者，就某一共同课题各自说出自己的教学设想及其理论根据，就此充分发表各自见解，展开深入的讨论和争论，最后得出正确的结论。由于这一方法是在民主、和谐的气氛中进行的，有利于各抒己见、共同提高，有力地促进了教研活动和说课研讨活动的深入开展。

（2）论说法的功能

一是优于其他说课方法，能更好地提高说课质量。讲说法是说者个人智慧的体现，对说法是说课者与个别听者的智慧，而论说法则是集中说课参与者群体的智慧，即可使教学设计更科学、更合理，从而提高说课质量；二是拓宽全员参与者的思维。通过在一起共同讨论和争论，不仅能相互了解，而且在相互启发中拓宽了各自的思路，使教学设计想得更宽一些、更活一些，而且每人都有发表见解的机会，充分发扬百家争鸣的学术空气，既有利于提高说课效果，也发展了说课参与者的探索发现能力和分析判断能力。

（3）论说法的局限性

运用这一方法虽能充分各抒己见，展开讨论和争论，但易失控，难以得到令人满意的结果。

（1）运用论说法的基本要求

首先，参与说课的成员最好是同类课教师，这样大家就有共同的目标和任务，就能更好地调动每个人的积极性，不至于出现"冷场"现象；其次，针对说课内容，选准讨论和争论的问题，各抒己见，力争得出正确结论。如有不同意见，可求同存异，在实践中继续进行验证。

（二）以直观表演为主的说课方法

这类说课方法主要是指说课者借助于直观教具手段通过实地表演和演示进行说课的方法。它所借助的直观手段包括所说具体事物及其形象物，通过说者借以进行的实地表演和演示，让听者通过感官获得有关事物的鲜明印象或清晰的概念，故又称直观感知的说课方法。

这类说课方法包括借助于直观教具演示的演示说课法（简称演说法）和借助于一定教具、动作进行实地表演的表演说课法（简称表说法），其共同特点是直观性、形象性和真实性。它在说课的认识活动中属于感性认识阶段，运用此法能更好地完成感性认识阶段的任务。前述以语言表述为主的说课方法,属于说课认识活动的理性认识阶段,它能更好地完成理性认识阶段的任务,但必须以直观感知为基础,亦即必须与以直观表演为主的说课方法相配合,才能更好地完成说课任务。

1. 演说法

这里的演说法,并非一般说课者在众人面前的演说。作为说课的演说法,是专指说课者以借助于教具演示的方式进行说课的一种方法。

(1) 演说法的特点

其特点和优点是它反映了由生动直观到抽象思维的认识活动规律,可将所说的抽象的认识具体化、形象化,使听者获得生动的感知,以便在此基础上通过抽象思维形成科学概念。说课若能伴随着述说运用实物、图片、模型等教具,对某些内容进行演示,从而增加述说内容的直观性、生动性,即能极大地提高说课效果。

(2) 演示的种类

演示的种类按教具区分,可分为:实物、标本、模型的演示;各种图表的演示;幻灯、影视的演示;实验演示;其他各种现代化教学手段的演示等等。可根据说课的需要去选用,或演示单个物体,或演示事物发生发展的全过程。

(3) 演说法的功能

它的作用一是能增强说课内容的直观性。虽然语言述说也是说课信息交流的工具和形式,但其效果远不如给人呈现有关内容的生动形象效果更好,即常说"百闻不如一见"。二是能够显示说课者运用教具及其他教学手段的能力。说课中,说者运用直观教具边说边演示,就是教师的基本功和动手能力的综合表演活动。它具有提高教师教学能力的功能。

(4) 演说法的基本要求

运用演说法要求做到,首先,要做好充分准备,周密计划和详细安排,要根据说课的目的和任务准备好运用的教具及其他演示用的工具,要说明如何安排演示,以及怎样演示。其次,要说明如何引导学生充分感知所学对象,与听者共同研究如何动员与组织学生的各种感官去感知所学事物,使学生注意观察所演示的东西的主要特征和重要方面,不使注意力分散到细微枝节上,形成明确而清晰的概念。最后,要与讲说法和对说法结合运用才能收到好的效果,这是有其生理科学根据的。从生理学上讲,人的高级神经活动接受刺激的量有两种,即实物和语言(词),前者为第一信号,后者为第二信号。只有两种信号相结合,才能对人产生强烈刺激作用,留下深刻印象。这就是在运用直观演示时一定要配合语言讲解的谈话,如同展览或科技影片中都必须有讲解员和解说员一样,故此法不宜孤立使用,也不能用得过多过繁,当听者(包括学生)已有某些感性知识时,即可不用。

2. 表说法

表说法是指说课者借助于语言、动作或其他教具进行实地表演的方式进行说课的一种方法。

(1) 表说法的特点

它的特点是说课者要运用艺术的语言和形体动作将说课内容具体化、形象化。说课者通过演唱或做示范动作,将说课内容变成立体型,给听者一个形象逼真的感觉。这种方法主要运用于体、音、美各科说课,并与其他说课方法配合使用。也可运用其他各科说课,如物理课说课中说电学部分的"左右手定则",就要求说者边讲边用手势比划,这也属于运用表演法说课。

(2) 表说法的功能

表说法的功能,首先,可以有效地促进说课者业务素质和能力的提高。体、音、美等科教师的业务素质和才能,单靠语言叙述难以体现。这些学科过去被称为技能课,技能课的特点要求教师必须做出实地表演才能进行教学。过去有的美术教师一上课就将插有鲜花的花瓶往讲台上一放,叫学生照着去画,自己却袖手旁观,这样的美术教师谁都能做,而这样教学生作画,学生的绘画技能怎么提高呢?因此,技能课的说课和教学,只有通过教师的动作表演,才能将课说得和教得生动活泼、活灵活现,增强说课和教课效果,从而提高教师的业务素质和能力。其次,此法在体、音、美等科的说课中具有其他方法无法代替的独特作用。在表演过程中,那些优美的体育动作、悠扬的旋律和悦耳的歌声、熟练操作的绘画技巧等,不仅给听者和学生做出科学而准确的技能示范,而且也给人以美的享受。

(3) 运用表说法的基本要求

首先,要做好充分准备。准备好要用的教具和学具,并利用教具和学具做反复的表演练习,以检验教具、学具运用是否顺手,自己的表演是否熟练。其次,在具体说课表演时,要注意演、讲结合,将全套表演分解为若干镜头,边表演边讲解其动作要领及注意事项,以便让听者(或学生)了解说者所表演的全部要领。其三,表演要简捷精炼,既要抓住主要环节,又要做好技能表演,不要将它变成独唱音乐会或作画表演等。

以上各种说课方法各有其优点以及运用的特定范围,而且随着说课实践的发展,还将会有更多的说课方法被创造出来,这就要求在说课实践中说课者要有选择地去运用。当然,掌握这些方法以后还必须懂得一些说课的技巧。

六、说课的开展

组织学生开展说课活动,大致包括以下的环节:

(一) 写说课稿

要说好一堂课,写好说课稿是关键。按照前面所讲,我们将说课的形式归纳为"四说二写一展示"。"四说"即说教材、说教法、说学法指导、说教学过程;"二写"指写出本课课题及板书设计;"一展示"指展示预先设计好的教学课件。说课稿要按照说课内容的内在逻辑联系来撰写,基本格式起码应包括以下内容:①课题(××××年×月×日×年级×学科×章节说课稿);②说教材;③说教法;④说学法;⑤说教学过程;⑥说板书设计。

教学生写说课稿要强调两个问题：①突出理论性。说课稿有别于教案，它比教案更具有理论性，尤其是说教材、说教法、说学法时，一定要挖掘教学行为所蕴涵的教学原理，有针对性地加以阐述，如果只是就课论课，就成了教案的翻版。②简明扼要。说课稿有别于教学论文，它比教学论文更具实践性，所涉及的教学理论必须是指导本课教学实践的具体纲要。因此，说课讲稿切忌长篇大论，面面俱到；说课稿中各个环节及其理论依据要有直接的内在联系，在语言表达方面要言简意赅，尽量避免使用抽象、笼统、缺乏可操作性的用语。

（二）安排说课练习

1. 选择最佳的角度，突出自己的优势

说课虽然涉及的要素很多，但是因为时间有限，通常也就 10～15 分钟，不可能面面俱到地将各项内容都说全，重点突出什么，就有个人选择的空间。在兼顾重点、说清要点的前提下，可以选择能够表现个人特长的部分予以突出，有的学生书写基本功过硬，可以通过出示板书展示自己的才能；有的学生朗读水平高，可以通过介绍指导学生朗读的过程来间接发挥自己的长处……这样，无形中为说课增色不少。

2. "说"出新意

现在的师范院校学生是在传统教学模式下成长起来的，头脑中先入为主地注入了传统教育教学的模式。很多学生一走上讲台，举手投足间模仿的都是过去自己的中小学老师。其实，在新课程背景下，中小学老师的教学方式已经发生了深刻变化，而师范生的教学形式往往仍停留于过去时代，于是，就会出现"越是新教师，越像老教师"的悖反现象。所以，我们要改变观念，以现代教育理论指导说课，将新课程理念落实到说课的各个环节中，说出自己的创造性和独到之处，它包括自己对先进的教育理念的理解，对突破教学重点难点的深刻解读，对学法指导上的切身体会。

3. 注意其他影响说课质量的因素

①气质。当说课者站在台上时，举止要自然、得体。②激情。说课时要精神饱满、激情飞扬，要让听课者从表象上感到说课者对说课的充分准备与自信。③语言。发音标准，字正腔圆抑扬顿挫，前后连贯紧凑，过渡流畅自然，有助于说课成功。

（三）说课评价

说课结束后的评讲是说课者与听课者之间的互动行为（可以是师生互评，也可以是生生互评），它是提高说课质量的保证。通过互评肯定优点、指出不足，取长补短。按照说课的内容和要求，评价大致可以围绕以下指标进行：

1. 教学目标

教学资源和学习背景的分析全面、正确；教学目标科学、合理、全面并说明其依据。

2. 教学过程设计及理论依据

教学情境的创设有利于学生积极、主动地学习；教学流程的设计突出重点，化解难点，重视过程和应用，有创新；学习活动的设计有实效，体现自主、合作、探究、开放等原则；教学过程的设计注重学生学习能力的提高；教学媒体的应用则讲究实用、有效。

3. 教师基本功

语言流畅、精炼，普通话规范；表述科学，教育理论素养高；有个性、有特色，体现学科特点。

为了检验说课的实践性和可操作性，在说课完成以后接着进行上课实践，使教学实践形成备课—说课—上课—评课这样一个完整的教学流程，这对于师范生教学技能的培养将产生良好的促进作用。

第六章　教学研究技能训练

【学习提示】

了解教学研究技能的具体内涵与主要训练方法；了解中学教学研究的具体内容与研究意义；掌握教学研究课题选择的主要原则与具体方法；认真领会教学研究的具体方法并能够科学使用；认真领会教学研究论文的写作方法并进行有针对性的写作训练。

第一节　中学教学研究

一、教学研究的概念与属性

对于教学研究，不同的学者有不同的界定。有的学者认为教学研究就是任课教师依照教学大纲（现改称课程标准）对教与学提出的要求，针对教学实践存在的问题，进行理论讨论和教学实验的活动；也有学者认为，教学研究就是用科学的方法解决教学中遇到的疑难问题的过程；还有学者认为，教学研究就是运用科学的理论和方法，有目的、有意识地对教学领域中的现象进行研究，以探索和认识教学规律，提高教学质量。不同的视角有不同的概说，但不管是哪种概说，都或明确或隐含地揭示了教学研究内部结构三要素与外部环境两要素。

教学研究主体要素是教师，特别是一线教师，他们是教学研究活动的主体；教学研究客体要素是教学实践中现存的问题，它是教学研究活动的对象；教学研究的中介要素是教学研究活动，它是提出、分析、解决问题的过程，是联系主客体要素的中介。主体提出的研究预期目标与客体教学现存问题之间的差异就是矛盾。教学研究是预期目标与现存问题在具体教学研究活动中的矛盾斗争过程，是从已知条件探索其未知结果的过程。

教学研究外部条件主要是教育要求制约下的课程标准和学生认知结构、思想品质现状。由此，我们可以看出教学研究包含四个基本属性：

（1）教研目标的针对性。教研问题的提出是针对教学实践中现存的问题。

（2）教研活动的可行性。解决问题的措施方法是课题教学中可行的。

（3）评价结果的实践性。研究的结果能指导自己的教学实践。

（4）指导理论的科学性。教研活动的指导思想和理论基础，要符合课程标准要求和从学生认知结构、思想品质现状实际出发。

二、教学研究与教育科研

教学研究与教育科研是个性与共性的统一，既有个性差异，又有共性品格。两者相辅相成,不可分割,好比学校之两翼,只有双翼同时启动,并产生共振,学校才能腾飞。

(一) 两种研究的个性差异

1. 研究目标差异

教学研究目的只回答教学现实中的问题,回答如何更利于学生的发展和知识的掌握,侧重于提出操作办法,侧重于解决教育实践中的现实问题,为现实教学服务。教育科研目的在于分析、评价教育历史问题;阐述论证教育现实问题;预测、说明教育未来问题,从而探索教育规律,提出理论体系和操作体系,为决策服务,为现实、未来服务。

2. 研究范围差异

教学研究多以课堂教学和具体的学科教学为中心,研究教学内容、教学过程、教学方法以及教学工作的组织管理。相对而言,教育科研的范围较广、规模较大,既有宏观研究,又有微观研究;既进行基础理论研究,又进行实践应用研究;既研究教育的现状,又研究教育的过去,预测和规划教育的未来;既研究教育内部问题,又研究教育与社会政治、经济、文化等关系。

3. 研究要求差异

教学研究常以局部的、个别的经验为基础,怎么有效怎么做,控制手段不明显,在研究中多借助于个人的理解和感觉,带有一定的时空局限性,难以揭示教育现象的本质和内在规律。而教育科研是教育科学研究的简称,教育科学是一个学科群,由许多分支学科组成。教育科学研究比较重视相关分支学科理论知识的运用,强调科学态度——坚持实事求是、科学内容——反映客观真理、科学形式——用于专业术语,对理论的深度和研究的规范性要求较高,要有理论假设,要有控制手段,要求把握教育内部、外部的因果关系和内在联系,揭示教育现象的本质,探索教育过程的规律,其研究对象要精心选择,研究时空跨度较大,因此相对于教学研究而言,系统性、计划性和理论性较强。

(二) 两种研究的共性品格

(1) 从广义上讲,教育科研包含着教学研究,两者可以分工,但不可以截然分家,教育科学的发展是实践研究与理论研究互联互动的结果。

(2) 教研是科研的基础和条件,科研是教研的提炼和升华。一方面,教研所获得的大量经验,是进行科学理论抽象的依据和源泉;另一方面,教研中提出的关键问题或重大问题是教育科研选题的重要来源。

(3) 教研扩大了科研成果的价值。即使是最好的科研成果也只具有潜在的价值,教研的任务之一就是推广、普及科研成果,只有通过教研的推广、普及,科研的潜在价值才能变成现实价值。

由此可见,教学研究与教育科研是种属关系的两种研究,教学研究是以浅层次、单纯、简约、实践性为主的研究,教育科研是以深层、宽泛、繁多、理论习惯为主的研究。教研注重实践的优势与科研注重理论的优势,好比鸟之双翼,不可缺一,因此作为教育科研机构的职能应是教学研究和教育科研的紧密结合。

三、课堂教学研究

作为一线教师,教学研究的重点应该是对课堂以及与课堂相关因素的研究。课堂教学研究是学校教育中一个十分重要的领域和研究范畴。和其他研究一样,从事课堂教学研究也必须要有教育科学研究的方法论指导。

(一) 课堂教学研究的基本概念

1. 什么是课堂教学研究

课堂教学研究就是细致地、系统地去认识课堂教学过程,并通过这种认识来改进课堂教学的工作。作为细致地、系统地认识课堂教学过程的课堂教学研究,必须具有广泛的应用性和一定范围内的普遍性。只凭单纯的教学经验去探讨课堂教学的过程,其结果只能是非系统的、非主观的和非直观的研究。

2. 课堂教学研究的作用

课堂教学研究成果(来自心理学和教育研究理论与以经验为依据的论据)只能对教学实践产生一种间接作用,它不能为实际问题提供直接答案。然而,这种间接作用可以通过提醒教师注意那些使学习过程合理化的新方法显示出它的重要性。我们可以从研究中获得一般性的建议,但更重要的建议很可能来自教师本人对心理学思想的理解。

3. 课堂教学研究的意义

课堂教学研究具有非常重要的意义。这主要体现在它满足了教育改革和发展、提高课堂教学效率、提高教师素质三个方面的需要。

(1) 教育改革和发展的需要。在教育改革和发展的过程中,大部分与学生发展有关的改革和发展措施都与课堂教学相关。如何使得课堂教学能够符合教育改革和发展的要求,这就需要在理论与实践的结合上给予正确的回答。《基础教育课程改革纲要(试行)(2001)》指出,基础教育课程改革的具体目标是:①改变课程过于注重知识传授的倾向,强调形成积极主动的学习态度,使获得基础知识与基本技能的过程同时成为学会学习和形成正确价值观的过程;②改变课程结构过于强调学科本位、科目过多和缺乏整合的现状,整体设置九年一贯制的课程门类和课时比例,并设置综合课程,以适应不同地区和学生发展的需求,体现课程结构的均衡性、综合性和选择性;③改变课程内容的难、繁、偏、旧和过于注重书本知识的现状,加强课程内容与学生生活以及现代社会和科技发展的联系,关注学生的学习兴趣和经验,精选终身学习必备的基础知识和技能;④改变课程实施过于强调接受学习、死记硬背、机械训练的现状,倡导学生主动参与、乐于探究、勤于动手,培养学生搜集和处理信息的能力、获取新知识的能力、分析和解决问题的能力以及交流与合作的能力;⑤改变课程评价过分强调甄别与选拔的功能,发挥评价促进学生发展、教师提高和改进教学实践的功能;⑥改变课程管理过于集中的状况,实行国家、地方、学校三级课程管理,增强课程对地方、学校及学生的适应性。为了使中小学教育实现上述目标,就需要我们从理论和实践两个方面去研究如何根据基础教育改革的具体要求去进行课堂教学。

(2) 提高课堂教学效率的需要。学校教育以教学为中心,教学质量的高低是衡量一所学校办学水平的重要指标。一般来讲,教学质量是由课堂教学效率所决定的。由于课堂教学研究能够揭示课堂教学过程规律,或者给出应用规律的方法,所以它能直接地起到提高课堂教学效率的作用。课堂教学研究的成果,是课堂教学过程规律及其应用的表现,一旦被广大教师掌握,就可以变成提高课堂教学效率的巨大现实力量。

(3) 提高教师素质的需要。由于在从事课堂教学研究的过程中,主要是进行课堂教学过程的规律及其应用的探索,因此,无论是了解课堂教学规律,还是根据课堂教学过程规律开展课堂教学活动,都能直接起到提高研究者素质的作用。正因为如此,越来越多的学校、越来越多的教师都将进行课堂教学研究视为造就高素质教师的熔炉。

(二) 课堂教学研究的基本理念

课堂教学研究的根本目的是要优化课堂教学过程,促进学生素质的全面发展。本着这个目的,我们在具体研究过程中,首先对课堂教学地位、作用要有一个清晰认识。课堂教学是一个系统,以往人们对课堂教学这个系统的认识,只局限在学校教育这个环境中。事实上,课堂教学系统不仅仅是学校教育环境中的,同时它也是学生学习环境中的。以往的课堂教学研究过多地集中在学校教育环境中考虑,虽然也取得了一些研究成果,但有些问题得不到根本解决。

目前,新课程改革正如火如荼,不研究学校教学的科研遇到了生存危机,大而无当、空洞空泛的课题已经不占有市场。科研在反省自身的同时,开始以活动渗透方式探讨理论应用,一线教师作为教育研究的主体与主力正开始被认识和重视,教研工作也开始以课题立项的方式在学校展开。科研壁垒正被打破,教研篱笆也正在破裂。教研在注重实际技术的同时,越来越看重理论与实践的价值及作用;科研则在注重探讨理论的同时,越来越看重成果在学校教师身上和课堂教学过程中的实际体现,研究的对象也越来越深入到学校的课堂教学领域。教研与科研渐渐趋于融合,科研兴校因此得以落到实处,收到实效。

第二节 教学研究课题选择

一、课堂教学研究选题原则

1. 需要性原则

这是选择研究问题的一条首要原则。所谓需要性,亦即选择的研究问题要面向教育实践需要,面向教育科学自身发展需要。教学研究是一种目的性很强的探索活动,它要求选题必须面向教学实际,按照教学过程及学科内部知识发展状况的实际需要选择。这种实际需要按范围划分,可分为国家需要、集体需要和个人需要;按时期划分,可分为近期需要、中期需要和长远需要；按内容划分,可分为物质需要、知识发展需要和精神需要。选题还必须考虑其研究价值,即课题实现人的某种目的的需要或满足社会某种需要的程度。在多数情况下,一篇研究论文只能解决某一微观实际问题或对某一理论问题有些许突破,其价值往往不是很大。因此,教研选题不可范围过大,包罗万象。

2. 科学性原则

科学性原则所强调的是选题要以辩证唯物主义基本原理为指南,以科学实践反复证实的客观规律为基础。如果选题违背科学性原则,就会陷入非科学或伪科学的歧途,研究也就一无所获。例如,牛顿晚年要证明上帝的存在,以及种种"永动机"的研究课题,都是违反科学性原则的,其结果只能是研究失败。科学无禁区,但选题有约束。科学实践一再证明行不通的课题就不宜去选了,否则课题就是不科学的。但是,在科学与非科学之间是一个很广大的空间,并非一条鸿沟截然分开,有时还很难区分。因此,有的课题看来荒谬绝伦、毫无意义,但在事实材料和理论根据还不足以断定为错误时,也不要轻易加以否定。

3. 创造性原则

创造性原则指所选择的研究问题要有独创性和突破性。创造性是教学研究的灵魂,它体现了教学研究的价值和意义,能使所选问题在理论上有所发展、有所突破,或在应用上有所改进、有所创新,从而保证预期研究成果具有一定的学术意义和应用价值。其主旨并不在于问题本身如何古老,不在于前人在这个问题上做了多少重复性工作,而在于研究者是否把握了课题本质内容,找到问题症结所在,而做出创造性突破;同时,要善于将继承和创新结合起来,既能站在前人的肩膀上于继承中发展,又能解放思想,独辟蹊径,于发展中创新。

要做到选题有创造性,首先,要加强情报工作,掌握教育发展的新动态,善于发现新情况、新问题;其次,要注意到最有希望、最需要创造性而且最能激发创造力的地方去选题,如不同学派激烈争论的领域、研究的空白区域、学科交叉的边缘地带、实践提出了迫切需要的方面等等;最后,是提高鉴别能力和锻炼有助于选题的思维方法。

4. 可能性原则

可能性原则指要根据实际具备的和经过努力可以具备的条件来选择研究问题,对预期完成问题的主观、客观条件尽可能进行充分估计。科学需要幻想,但幻想并不就是科学。要将幻想变成科学,就要满足现实可能性的原则。可能性原则要求选题时考虑如下几方面问题：

(1) 研究这一问题,需使用的材料是否充足？是否易获得？（客观条件）

(2) 研究所需的费用是多少？是否能解决？（客观条件）

(3) 研究所需的时间是多少？是否能保证？（客观条件）

(4) 研究这一问题,自己的能力、水平、信心如何？（主观条件）

要充分考虑各方面条件,扬长避短,善于发挥自己的优势,量力而行；深思熟虑后,认为对问题研究有了相当的把握,然后才动手。当然,所谓可能并非弃难就易,而是要研究那些既有价值又有可能或力所能及的问题。可能性原则强调了研究问题的现实条件,若不具备现实条件,问题的研究就可能达不到既定目的。

5. 适宜性原则

一般来说,研究问题的范围要清楚明确,宜小不宜大。例如,当研究者选择"课堂教学模式改革"这个问题领域后,若认为研究"探究式教学对教学效果的影响"这个问题范围太大,不够明确,则可改为"中学语文探究式教学对教学效果的影响",这样,问题的界定范围就具体而明确了。研究者应善于从选定的研究领域中筛选问题,并缩小问题范围,最后将注意力集中于某一个独特的小问题之上。有的人选择的问题范围太大,担心小问题因缺乏足够的资料支撑而难出成果。其实这是一种错误观点,比如好的论文,不在于篇幅长短而是以质量高低作为衡量标准的。

二、课堂教学研究选题途径

经验不足的研究者,常觉得不知从何处去选择问题。事实上,研究问题的来源是多方面的,可以从多种途径去选择研究问题。

1. 从有关理论中演绎研究问题

理论有两大功能,即目标功能和手段功能。作为目标功能,理论能综合已有知识,对独特事物和现象提供正确解释;作为手段功能,理论能指引研究方向,提供观察与发现的指导架构。换言之,理论不但可用以解释目前事物,而且可用以预测未来事物。从一个良好的理论中,研究者可以推演出多种预测,这些新预测就成为可研究问题的重要来源。因此,若要发现可研究问题,研究者可以从有关的教学理论(如教学模式、教学方法、教学内容)中,使用演绎推理方法导出一些合乎逻辑的研究问题和假设,然后再设计研究方法加以验证。

问题也是推动认识发展的动力。一般来说,确定问题就是限定研究目标、主攻方向。研究问题选择的好坏,往往决定着研究工作的进度快慢、成果大小甚至成败。选题恰当、方向正确,将令研究工作势如破竹、节节胜利;选择不当,轻则使研究工作步步被动、效果甚微,重则事倍功半,乃至一事无成。

不同的问题需要用不同的方法方式。从这个意义上说,问题也决定了研究过程的主要方式方法。许多科学家认为,正确地提出问题,意味着研究任务完成了一半。因此,研究问题的选择是整个研究工作具有战略意义的一环,十分重要,必须从一开始就要花足够的时间和精力进行思考。

2. 从教学实际中发现问题

这是最重要的选题途径。教育科学研究最迫切的任务是要解决当前教育实际工作中亟待解决的问题,所以必须从当前教育工作的迫切需要出发,注意选择当前存在的实际问题,特别是关键性问题。1979年和1983年,我国分别召开的两次教育科学研究规划会议,始终贯彻的原则就是强调研究实际问题。当前,我国教育事业正处于改革发展新时期,出现很多新情况、新问题,更需要我们从实际出发,发现问题、研究问题、解决问题。

研究实际问题决不能急功近利,因此,除了对当前实际工作迫切需要解决的问题应当优先进行研究外,某些对当前实践并不十分迫切,但对教育科学本身发展具有重大意义的研究,对教育事业发展将有重大指导或参考意义的研究,也应及早进行,不应忽视。教学研究的直接任务在于丰富教学理论,提高教学效果;只看见目前需要,看不见长远利益是错误的。所以,不应当将解决当前实际问题的研究和长远的基本理论研究对立起来。

3. 从过去研究中发现问题

有的教学研究不仅探求其所要研究问题的答案,也从所研究问题中导出不少值得研究的问题,有时往往是在回答旧问题的同时提出了新的问题。有的教学研究具有长期性、连续性特点,在某一阶段只能完成研究的一部分工作,解决一部分问题,而余下的部分需要人们去继续完成。有的教学研究具有多元性特点,在一项研究中仅能研究若干变量或因素,通过对过去研究论文中所研究变量或因素的阅读,可以引发对其他变量或因素的研究;同时还由于研究现象多元性,有些研究对某些变量或因素未加以控制,或没有发现,因而造成许多研究结果相互矛盾;为了消除这些矛盾冲突,在旧的研究设计基础上,可以革旧立新,增加新变量或控制其他变量,观察研究结果是否仍然不同。

从过去的研究中可以得到许多启发,发现新的有价值的研究问题,有时还可以发现一些值得重复实验研究的问题,原因是有些研究的重要发现和过去的研究或理论有冲突。对某些问题重复研究的意义在于:它不但可以验证结果,而且可进一步探求时间变化对研究结果的影响,还可用以研究不同的对象和情境,以验证结果应用的普遍性。不过,在做重复研究之前,必须考虑下列三个问题:第一,重复研究该问题是否具有重要意义;第二,重复研究该问题是否能澄清原来的研究疑问;第三,是否有理由怀疑原来研究的正确性或效度。要从过去研究中发现问题,最重要的途径是查阅有关研究文献。

4. 从与专业人员接触中发现问题

与有关专业人员接触来往,是获得研究问题的另一个途径。经常向有关课程的教师、教授或研究机构的专家请教,讨论自己兴趣领域中的问题,可以发现一些值得研究的问题。因为这些专业人员长期研究某些领域,对于该领域的问题和趋势有比较充分的了解,他们随时可以提供一些研究的观点,或某方面尚未解决的问题。一些协助教授做研究的研究生,会比较容易找到自己的研究课题,原因就是由于和教授接触机会较多,能获得咨询的方便。有的学生探讨所选择的研究问题时,觉得没有把握,他们怀疑思考的问题是否重要、可行,以及会不会冒着无知的风险进行研究,而得到有关教师、专家指导后,思路澄清,问题明确,工作踏实。参加有关学术研究会、学术交流活动,也是一种和专业人员接触机会。

上述四种途径,虽然是选择研究问题的主要途径,但远不是所有的选择途径。人们还可以根据自己的需要和目的,通过其他途径去选择研究问题,如选修自己拟做研究的有关课程、和同学讨论交换意见、推敲课堂上教师的讲演、实地观察教育教学现象、总结自己的经验体会、整理学习笔记等等。

三、课堂教学研究选题举例

首先，围绕一个大论题，罗列出各种相关因素，然后在诸多相关因素中，确定研究重点，即找到切口。为了打开大家思路，这里仅举一例——如何开展自主性课堂教学。希望能够举一反三，引发更深入、广泛的思考。

1. 从教师行为来研究课堂教学

教师作为主导性主体，他的作用就在于能激发学生的学习主体作用。教师在课堂教学中的行为是值得我们观察和研究的。相对于自主性课堂教学，可以提炼出以下选题：

——教师语言的激励性对学生学习积极性提升的有效性研究
——教师体态语言的分类及其适度运用
——教师教学过程中"恨铁不成钢"的行为特征及其原因
——多种媒体灵活运用的技能探索
——××学科中教师活化处理教材举隅
——教师对意外事件处理的灵活度把握
——教师问题情景设计技巧的探索
——讨论式学习场景下教师调控技术的优化

2. 从学生学习行为来研究课堂教学

自主性课堂教学以学生学习方式的转变为着眼点，倡导"自主·合作·探究"的学习方式。学生学习行为、学习方式的研究将成为研究重点，因为学生学习行为、学习方式的转变可促使学生的素质提高。由此，可以提炼出以下选题：

——课堂教学中提高学生参与度的途径与方法
——学生超前学习的现状分析与优化指导
——学生小群体学习特征及内在原因
——在讨论式合作学习中学生自我调控能力的培养
——开放型（内容、空间）学习活动中学生自主能力的研究

3. 从师生互动来研究课堂教学

自主性课堂以学生为中心，体现出作为主导性教师主体与发展性学生主体的互动关系，实现师生之间的有效沟通和平等对话。它倡导民主、和谐、共同探究，以学生发展为终极目标。由此可提炼出以下选题：

——学生质疑表达与教师点拨指导
——教师期望在学生学习态度转变中的应用
——××课堂教学中师生平等对话情景的创设
——开放性学习活动中教师应把握的度
——教学机制与学生的思维发展的相关性研究

只有从某一侧面、某一角度切入，才有可能使论题明确、集中。唯有如此，以一个教师的个体力量才有可能去完成它的研究。倘使以一个备课组、一个教研组、一个学校为

单位来组织研究,那么,论题范围可适当放大,但是同样必须从一个个小的角度考虑,或建立子课题,或做恰当的分工。

第三节　教学研究方法

一、文献法

(一) 文献的概念和种类

1. 文献的概念

文献的现代定义为"已发表过的或虽未发表但已被整理、报导过的那些记录有知识的一切载体"。"一切载体"不仅包括图书、期刊、学位论文、科学报告、档案等常见的纸质印刷品,也包括有实物形态在内的各种材料。

2. 文献的种类

教育研究文献的内容多种多样,按其性质、内容加工方式、用途大致可分为零次文献、一次文献、二次文献和三次文献,或称为零级、一级、二级、三级文献。

(1) 零次文献。即曾经历过特别事件或行为的人撰写的目击描述或使用其他方式的实况记录,是未经发表和有意识处理的最原始资料。也可视为第一手文献(primary documents),这类教育研究文献包括未发表付印的书信、手稿、草稿和各种原始记录。

(2) 一次文献。一次文献也称原始文献,一般指直接记录事件经过、研究成果、新知识、新技术的专著、论文、调查报告等文献。

(3) 二次文献。二次文献又称检索性文献,是指对一次文献进行加工整理,包括著录其文献特征、摘录其内容要点,并按照一定方法编排成系统的便于查找的文献。

(4) 三次文献。三次文献也称参考性文献。是在利用二次文献检索的基础上,对一次文献进行系统整理并概括论述的文献。此类文献不同于一次文献的原始性,也不同于二次文献的客观报导性,但具有主观综合的性质。

(二) 文献法的概念和过程

1. 文献法的概念

文献法主要指搜集、鉴别、整理文献,并通过对文献的研究形成对事实的科学认识方法。文献法是一种古老而又富有生命力的科学研究方法。对现状的研究,不可能全部通过观察与调查,它还需要对与现状有关的种种文献做出分析。

文献法属于非接触性研究方法。没有继承和借鉴,科学不能得到迅速发展,这决定了人们在研究先前历史事实时需要借助于文献记载,在发展科学领域时需继承文献中的优秀成果。现代科学研究不仅需要以今人之间的协作为条件,同样需要以利用前人的研究劳动成果为条件。利用科学文献是实现利用"前人劳动成果"的重要措施和方法,也是促进和实现"今人协作"的条件和基础。

一般来说,科学研究需要充分地占有资料,进行文献调研,以便掌握有关科研动态、前沿进展,了解前人已取得的成果、研究现状等。这是科学、有效、少走弯路地进行任何科学工作的必经阶段。从教育科学研究的全过程来看,文献法在科学研究准备阶段和进行过程中,经常要被使用。没有一项教育科学研究是不需要查阅文献的。

2. 文献法的一般过程

文献法的一般过程包括五个基本环节,分别是提出课题或假设、研究设计、搜集文献、整理文献和进行文献综述。提出课题或假设是指依据现有的理论、事实和需要,对有关文献进行分析整理或重新归类研究的构思;研究设计首先要建立研究目标,研究目标是指使用可操作的定义方式,将课题或假设内容设计成具体的、可以操作的、可以重复的文献研究活动,它能解决专门问题,并具有一定的意义。

(三)文献的搜集与整理

1. 文献的搜集

(1)搜集文献的渠道。搜集研究文献的渠道多种多样。文献类别不同,所需搜集渠道也不尽相同。搜集教育科学研究文献主要渠道有:图书馆,档案馆,博物馆,社会、科学、教育事业单位或机构,学术会议,个人交往和计算机互联网(internet)等。

(2)搜集文献的方式。搜集研究文献的方式主要有两种:检索工具查找和参考文献查找。检索工具查找指利用现成或已有的检索工具查找文献资料,主要指手工检索和计算机检索两种方式。手工检索主要指目录卡片、目录索引和文摘。参考文献查找又称追溯查找,即根据作者文章和书后所列的参考文献目录去追踪查找有关文献。

(3)积累文献的一般过程。积累文献也是一种资料搜集方式,每一个研究课题都需要一定的资料积累过程。一般情况下,积累文献可先从那些就近的、容易找到的材料着手,再根据研究的需要,陆续寻找那些分散在各处、不易得到的资料。积累文献是一个漫长的过程,为了使积累更有效,可以根据实际情况分为若干阶段进行整理。每一阶段,将手头积累到的文献做一些初步整理,分门别类,以提高下一阶段搜集文献的指向性和效率。此外,还可以使用现代教育情报系统的检索方法,在具有相应条件的环境中,快速查找、获取所需要的文献资料。

(4)积累文献的方式。可以通过做卡片、写读书摘要、做笔记等方式,有重点地采集文献中与自己研究课题相关的部分。常用卡片有目录卡、内容提要卡、文摘卡三种形式。在某种意义上,写读书摘记与读书笔记既是积累文献方法又是制作文献方法,因为在读书摘记和笔记中渗透了更多的制作者的思维活动,它有时是第二手文献的构成部分,有时又是第一手文献的创造过程,是在研究过程中形成的"半成品"。读书摘记重点在于"摘记",不在于"评价";读书笔记则重点在于"评"。评论的方式有总评、分章节评和重点选评。写得好的读书笔记能够提出新思想和新观点,本身就是一种科研成果。

2. 文献的整理

文献的整理是文献法的重要环节和内容。它包括对文献的阅读、记录、鉴别、分类处理和制订文献综述。

(1) 阅读原则。阅读原则有计划性原则、顺序性原则、批判性原则、同时性原则。

(2) 阅读方法。阅读方法一般有浏览、粗读和精读三种。这三种阅读方法各有所长和不足，对于研究工作者阅读分析文献来说，均为非常有用的方法，都应当很好地掌握，并善于在研究过程中综合、灵活地运用。

(3) 文献记录。文献记录就是将通过阅读找到的有价值的资料保留下来，以供进一步分析研究之用。记录可以帮助记忆、锻炼思维、提高文字表达能力，有利于研究新问题。

(4) 文献鉴别。文献鉴别方式分为外审和内审两类。外审有四种方法，辨别版本真伪，分析该书语言风格，分析文献体例，分析文献基本观点、思想；内审也有四种方法，文字性文献互证，用真品实物来验证文字性文献，产生文献的历史背景，研究作者的生平、立场与基本思想。两种方式都是通过比较法来实现鉴别，目标都是去伪存真，提高搜集到的文献质量。

(5) 文献整理。整理方法主要指定性分类整理，具体方式有三种，一次划分、连续划分、二分法。分类整理有两点要求：一是不能以今天的观点甚至理想来美化或苛求历史性文献内容；二是不能随意剪裁史料来满足预先编制的结论或现成结论。

(四) 文献综述

1. 文献综述的特征和意义

文献综述是文献综合评述的简称，指在全面搜集有关文献资料的基础上，经过归纳整理、分析鉴别，对一定时期内某个学科或专题的研究成果和进展进行系统、全面的叙述和评论。分综合性综述和专题性综述两种，前者针对某个学科或专业，后者则针对某个研究问题或研究方法、手段。

文献综述特征是依据对过去和现在研究成果的深入分析，指出目前的水平、动态、应当解决的问题和未来发展方向，提出自己观点，并依据有关理论、研究条件和实际需要等对各种研究成果进行评述，为当前研究提供基础或条件。对于具体科研工作而言，一个成功的文献综述，能够以其严密的分析评价和有根据的趋势预测，为新课题确立提供强有力的支持和论证，在某种意义上，它起着总结过去、指导新课题提出和推动新课题发展的作用。

文献综述具有内容浓缩化、集中化和系统化的特点，可以节省同行科技工作者阅读专业文献资料的时间和精力，帮助他们迅速了解有关专题的历史、进展、存在的问题，做好科研定向工作。

2. 文献综述的形式与结构

文献综述的内容决定文献的形式和结构。由于课题、材料的占有和资料结构等情况多种多样，很难完全统一或限定各类文献综述的形式和结构。但总体上，文献综述的形式和结构一般可粗略分五个部分：绪言、历史发展、现状分析、趋向预测和建议、参考文献目录。

3. 文献综述的基本要求

对文献综述的质量要求主要有六条：①搜集文献应当客观、全面；②材料与评论要协调、一致；③针对性强；④提纲挈领，突出重点；⑤适当使用统计图、表；⑥不能混淆文献中的观点和作者个人的思想。

4. 文献综述的步骤与方式

一般情况下，文献综述由五个步骤环节组成，确定综述的选题；收集相关的文献资料；整理文献；撰写综述初稿；修改综述初稿，并完成文献综述。

二、调查访问法

调查访问法是访问者与被访问者通过面对面地接触、有目的地谈话，以寻求研究资料的一种教学研究方法。

（一）调查访问法的特点

访谈调查具有两方面特点，第一，明确的目的性。跟随意的日常交谈相比，访谈具有明确的、单一的目的，即以向访谈对象了解相关情况和获得信息为目的。第二，双方交谈关系的确定性。研究性交谈不同于日常交谈中比较平等的人际关系，构成的是一种比较特殊的人际关系。研究者控制交谈的内容、方式以及信息的类型和容量，一般是研究者提出问题，被研究者回答。

（二）调查访问法的类型

依据在调查访问时控制程度的不同，调查访问法可划分为三种不同类型，结构型访问法；半结构型访问法；无结构型访问法。又常常被称做封闭型、半封闭型、开放型。

(1) 结构型访问法，又称标准型访问法。它分为两种形式，一种形式是访问者按照事先拟好的访问大纲，对所有被访者进行相同的询问，然后将被访者的回答填到事先制好的表格中去。另一种形式是将问题与可能的答案印在问卷上，由被访问者自由选择答案。

(2) 半结构型访问法，又称半标准型访问法。这种方法只是将要问的有关问题交给访问者，但无一定的问题顺序，以这种方法访问时比较方便，调查双方易于合作。

(3) 非结构型访问法，又称非标准型访问法。这种方法是指事先不预定表格，也不按固定的问题顺序去问，自由地交谈，适合于探索性研究。它分为：①引导式访问。②谈话式，即访问者事先拟好腹稿与被访问者进行自由式交谈。③非引导式访问法，事先完全没有拟定调查标题，可以进行深度访问。这种方法要求访问者具备一定的访问技术技巧。

（三）调查访问的步骤与技巧

调查访问的步骤与技术是决定调查访问所获得的资料是否有用、是否能够回答所要解决的问题的一个重要方面。

1. 调查访问的步骤

调查访问的步骤有：①取样；②设计调查表与试查；③计划、调查访问程序。

2. 访问的技巧

访问的技巧是调查中确保研究目的实现、获得确实有用资料的一个重要因素。具体访问技巧包括：

(1) 访问前的准备工作。准备好一切可用的记录工具,如录音机、照相机、纸笔等；对调查访问中可能会遇到的问题要有充分的心理准备；取得被访问者的合作。

(2) 进行访问。一要介绍自己的身份,或找有关被访者的领导、邻居及其他可信赖的人在中间引荐。二要详细说明访问目的,并设法造成友好的访谈气氛。三要把握住访谈方向及主题,能避免的题外话尽量避免,抓紧一切时间和机会,丰富访谈内容,并随时记录。

(四) 教师在教育与科研中对访谈调查的具体运用

1. 可以运用访谈调查的情况

(1) 访谈对象。社会上的名人、专家学者、企业领导等,校长、其他教师、学生、家长等,其中以学生和家长为主要对象居多；

(2) 访谈目的。为了研究和了解比较具体细致的情况,特别是探究深层原因时,宜选择访谈法。

2. 访谈调查的设计与准备

(1) 根据目的设计访谈提纲；

(2) 联系商洽访谈的时间和地点；

(3) 对访谈对象进行材料搜集和特点分析

3. 访谈的实施与访谈技巧

(1) 访谈开始阶段主要是做好这样几件事：自我介绍,说明访谈的目的和具体话题,安排被访谈者就座,做好设备安装、调试等准备工作。

(2) 提问是访谈的主要活动内容,提问及如何提问将最终决定能够获得什么样的信息和访谈质量。

(3) 追问。访谈者就受访者交谈中出现的某些概念、事实、观点、疑问等进一步进行询问,以达到深入了解的目的。

4. 听与回应

听的态度有三种：

(1) 主观判断式。即访谈者将受访者的回答内容,按照自己的观念、价值观、思维习惯等去理解,用自己的观念体系理解对方的话,迅速做出自我判断。

(2) 客观接受式。即访谈者尽量将自己的观念暂时存放起来(即"悬置"),客观地接受被访者的话,尤其重视被访者自己使用的一些独特的概念(即"本土概念"),尽可能理解其真实的意义。

(3) 意义建构式。即访谈者在倾听的同时，积极地与对方对话，与对方共同建构事物、概念等的意义。

回应的方式有三种：

(1) 呼应。包括语言上的呼应和非言语的呼应。

(2) 重复、重组和总结。重复是将受访者的话重复一遍，表示确认没有听错；重组是将受访者的话按照自己的理解重新组织一下，以便检查自己的理解是否正确；总结是将受访者的话进行归纳概括，一方面突出中心和主要思想，另一方面检验是否理解正确。

(3) 自诉。适度地作积极评价。

5. 记录

访谈记录根据访谈的类型可以分三种，结构型访谈、半结构型访谈和无结构型访谈。对于结构型访谈，由于事先设计有封闭型问题和准确记录方式，只需根据受访者的回答，在问卷相应位置做相应的标记即可。对于半结构型和无结构型访谈，则要求访谈者做较多的记录。记录形式主要有两种，用笔做文字记录；用录音机或者采访机做声音记录。

6. 访谈结束

访谈结束的主要技巧有：第一，注意提问的方式，比如，"我想再问您最后一个问题，就是……"、"您还有什么要说的?"以此表示访谈将要结束。第二，直接说明访谈的结束，比如，"今天我们就谈这些"。第三，结束中最重要的是表示感谢。第四，就后续联系做好交代。

7. 团体访谈

其操作程序和要求与个别访谈基本相同，但有一些特殊要求，主要有：受访者的选取要有一定的代表性；受访者的人数要适当（一般在5～10人）；访谈开始往往还要说明访谈发言的一些规则，以便按照统一的规则进行，尽可能了解各种不同意见和看法，以便全面认识问题；有时为表示感谢，在结束访谈时，要发一点小纪念品等。

8. 访问结果整理与分析

首先，要注意资料是否按照原先规定和要求收集的，结构型调查项目有无遗漏；其次，应注意所收集到的资料是否能说明问题，有无所答非所问现象，对于这一类资料，若不能补救，则应从整理的材料中剔除，并对相关数字资料进行耐心细致的核实审查，然后再将无误的材料进行整理。

(五) 调查访问法的评价

访谈调查是调查的一种形式，这种形式有许多不同于其他调查形式的特点。

首先，它是研究者和被访者之间的直接接触和相互作用。

其次，访谈调查具有较好的灵活性。访谈是口头的流动语言，容易"修改"、解释或者提示、明确问题，提高回答效度。研究者可以调整问题的多少，决定时间延长或者缩短等。

最后，由于访谈是口头语言形式，所以它对于那些不适于用书面语言的访谈对象来说，更为恰当和容易接受。

访谈法的不足是需做较多准备工作，联系时间，确定地点等；访谈内容除非进行录音，否则很难完整地记录下来；对访谈人的访谈素质要求较高，需要经过一定的训练，才能较好地进行访谈。

三、问卷法

（一）问卷法的特点及作用

问卷（questionnaire）是指研究者将其所要研究的事项制成问题或表式，以邮寄方式寄给有关人员，请其照式填答寄回。运用问卷作为搜集资料工具的研究方法便是问卷法。

问卷法重在对个人意见、态度和兴趣的调查。问卷目的主要是在被问卷人填答问卷后，从中得知有关被测者对某项问题的态度、意见，通过比较、分析而获得大多数人对该项问题的看法，并作为研究参考。在心理与教育方面，很多问题无法直接测量，只能通过问卷方法进行间接测量。

（二）问卷的类型

问卷的类型有两种，即无结构型问卷与结构型问卷。

1. 无结构型问卷

此类问卷设计结构较为简单，并非真的完全没有结构。这种形式的问卷多半用在探索性研究中，一般被访问人数较少，不用将资料量化，必须向有关人士问差不多相同的问题。对于被访问者来说，可以与其他被访问者回答相同，也可以完全不同，回答格式自由。这种问卷回答属于开放式，没有固定的回答格式与要求。这种类型问卷多用在研究者对某些问题尚不清楚的探索性研究中。

2. 结构型问卷

结构型问卷又称封闭式问卷，是对所有被测者应用一致的题目，对回答有一定结构限制的问卷类型。问卷还可根据是否使用文字划分为图画式与文字式。图画式比较适合文字能力较差的儿童与文盲，在跨文化研究中应用较方便，可少受文化影响。

结构型问卷根据答案的不同形式还可划分为：

（1）选择式。将问题的几种可能答案统统列出，让答卷者选择一个或几个符合自己情况的答案。

（2）排列式。答卷者对问题的多种答案，依其喜欢、满意程度排序。

（3）尺度式。问题答案用1~5，或1~7或1~其他数字表示，填答者将反映显示在一个评价量尺上，让填卷人选择一个或几个能表述自己实际情况的数字。整理时用概率统计或模糊统计方法处理。

（三）问卷的编制

1. 问卷编制步骤

（1）确定研究目的，提出研究假设。

(2) 了解研究问题特质。它指所欲研究问题的内容,也可以理解为研究问题的结构或架构。

(3) 确定行为样本。它指对代表研究问题特质的具体行为的取样,也称问题样本。

(4) 了解施测对象的特征及选择被试样本。一般情况下,400个左右的被试,无论对信度分析、区分度分析等都可满足要求。

(5) 选择并决定问卷形式。应主要考虑以下因素:研究的目的;被测对象特征;资料的统计分析方法。

(6) 拟定问题题目并随时修改。编题时一般要求多编一些,这样在分析题目时,可以根据预测的结果和在征求专家意见时自由增删。

(7) 预试。可提早发现问题,为正式启用问卷做好准备。

(8) 编辑问卷和实施说明。

(9) 确定除问卷法之外进行研究的其他辅助方法。

2. 问卷题目编写规则

(1) 问卷内容。问卷内容一般包括如下两个部分,事实问题和态度问题。事实问题指问卷开头或结尾请受测者填明的一些基本资料;或询问受测者的某些实际行为(不论过去或现在),或实际行为的制度化一类问题。态度问题包括两个层面,一是有关意见方面的,如意见、信仰、情感、动机等;二是有关价值或人格方面的,如道德观念、进取性格等。

(2) 用语方面。一是语言方面要注意浅显易懂,不要超过受测者的领悟能力;用语简单,意义显豁;概念、范围界定清楚。二是用字造句方面应注意区分一般或特殊、直接或间接和个人或集体三种概念。三是情绪方面要力求公正、客观,避免因问题难以回答而使问卷失去意义。四是理解方面应避免误解或争论。

3. 问卷编辑

在结构方面应注意问题的顺序和性质等,在形式方面应注意问题的圈选、安排方式等。

(1) 问卷的顺序。有按时间远近区分的时间顺序,按一般与特殊区分的内容顺序,按内容分类的类别顺序等。

(2) 问卷的施测时间。一般情况下,问卷的长度应控制在30~40分钟的回答时间。

(3) 问卷的开头谢语及施测说明。问卷开头通常有一小段客套话,说明研究目的及其重要性,也是控制被测者反应的一个重要环节。

(四) 发放分发问卷

1. 注意邮寄对象

选择样本时一定要从所要研究的对象中选,注意样本的代表性。一般常用等距抽样的方法,即对照事先获得的所要研究对象的花名册,依一定的距离取样邮寄或当面分发。

2. 邮寄问卷的好处与局限

邮寄问卷在本质与形式上与一般问卷没有差异,只是交递问卷的方式有所不同。也就是因为这一点,形成了邮寄问卷的若干特性。

邮寄问卷的好处有六点,邮寄问卷可以节省经费,用少量经费就可以调查大量样本;容易做大地区的抽样,如全国,全省、全县;样本大,效度增加;受测者可以自由填写,不受时间限制,也不受旁人干扰;不受访员的影响,又可以避免找不到人;个人隐私不致为人知道,说假话的程度可以减少。

邮寄问卷的不足有五个方面,最大的弱点是回收率的问题,回收率一般无法保证;问卷寄还后,不论发现什么地方错了,或误解了原意,均无法补充;受测者填问卷时,可能通篇看过后再答,也可能受到亲友或其他人的影响;受测者对问卷有疑问时,无法获得合理的解释,只有想当然乱填,造成问卷失真或报废;收回的某些问卷有时候是别人代填的。

(五)问卷结果整理分析与解释

1. 问卷整理

(1)挑出不合乎要求的问卷,这包括事实资料与态度资料填写不全,理解错误等问卷。

(2)按所选统计方法的要求登记分数或次数。

(3)对于无结构型问卷,则按回答者的内容划分到不同的类别中去。

(4)对于属于"事实"性的问卷,一般一个题目一个题目登记次数(是、否或其他类别)。

(5)对于尺度式则登记分数,对于态度量表可登记总分。

2. 问卷结果解释

对于问卷解释,主要是看这些结果是否验证了某些假设,如果没有,可能还要提出一些新的假设或新的研究课题。不能简单地依据统计分析的结论而做出研究结论,需要一定的教育理论、心理学理论等为依据。

四、观察法

(一)观察法概述

教育观察法是研究者凭借自身的感觉器官和其他辅助工具,有目的、有计划地考查学生或教育现象等研究对象的一种研究方法。这种研究方法具有直接性、情感性、重复性和目的性与计划性的特点。

直接性即指观察者与观察对象的直接接触与联系;情感性指观察者往往容易受到个人的感情色彩和"先入为主"成见的影响;重复性是指观察者对研究对象的认识需要经过多次详细观察,才能避免表面化和片面化。目的性与计划性是指观察法不同于日常教学的观察,日常教学的观察大都以随机性、即时性的观察为主,而观察法的核心任务是针对特殊选择的需要,发现一些内容的情况,回答特定范围的问题,所以观察法需要事先进行研究设计,突出目的性和计划性。

观察法包含三个要素,观察手段、观察对象和观察对象状态。作为观察研究的手段,要求敏锐、仔细、准确。研究者要具备一定的理论知识和较宽的视野,能够从多角度看问题,以及借助各种现代技术手段,提高观察的精确性、系统性、全面性。观察对象包含两方面意思,教育活动中的人和教育活动。观察对象的状态应该维持在一种"真实状态",不致因为受到外界的影响、干预或控制,而处于一种特殊的身心状态。

观察法的优点是简便易行,资料可靠性较高。观察法的不足是具有一定的局限性。例如,观察受到时间和空间的约束和限制,同时观察的样本数小(样本容量小),观察的材料是表面性的和感性的等。所以,受局限性影响,观察法难免带有片面性和偶然性。

(二)观察法的类型

1. 直接观察与间接观察

直接观察指不借助于仪器,靠自身感觉器官进行观察;间接观察指借助于各种仪器来进行观察。直接观察比较简便,但人的视野与精力有限,记录难以精确全面;间接观察适于客观记录和多角度的观察,但使用仪器往往比较麻烦。

2. 参与性观察与非参与性观察

参与性观察是参与到被观察者的活动中去,在活动中观察;非参与性观察是不介入被观察者的活动,处于旁观。直接观察的优点是观察研究者可以不暴露自己的研究者身份,使观察处于秘密状态;由于参与进去,对观察对象的活动就有了比较深入的体验和理解,有助于理解观察对象背后的心理活动和动机,使观察比较深入。非参与性观察比较冷静客观,但不易深入。教师可以采用参与性观察,也可以采用非参与性观察。

3. 有结构观察和无结构观察

有结构观察对于观察的内容、程序、记录方法都进行了比较细致的设计和考虑,观察时基本上按照设计的步骤进行,对观察的记录结果也适于进行定量化处理。无结构观察在事先没有严格的设计,比较灵活、机动,能够抓住观察过程中发现的现象而不必受设计的框框限制,但是难以进行定量化处理。一般在研究初期,主要是无结构观察,以便发现研究的现象,帮助确定主题和观察方法等;而在研究后期,为了深入对某些项目进行观察分析,需要设计一些有结构观察。

4. 全面观察与抽样观察

全面观察是对一定场景中发生和出现的各种现象进行观察和记录,它涉及范围广泛,比较容易把握现象之间的联系,但是由于观察的视野有限,往往对观察者要求很高。抽样观察是对观察现象的场景、时间、人、活动等因素进行取样,再对样本进行观察,它涉及的范围比较小,容易使观察深入细致,操作比较容易,它对观察者的要求主要体现在取样上,要求取样有代表性。

5. 定期观察与追踪观察

定期观察是非连续性的、按一定时间间隔做观察。比如,对某个学生行为的观察,规定每周一观察一次,这就是定期观察。追踪观察是对某个对象或者某种现象进行比较长时期的观察,从而获得发展性的资料。

(三) 观察法的运用

1. 观察法运用要素

观察法是教师了解学生最常用、最简便的方法,具体应用时应注意考虑三方面要素。①具体应用场合有三个方面:对学生课堂学习活动的观察;对学生课外活动的观察;对学生家庭的观察。②具体应用对象有三类,全班学生;小团体或者小组;个别学生。③具体应用内容有三种:学习与思维活动;人际交往活动与互动行为;思想品德方面的表现等。

2. 观察法的设计

观察法的设计由五部分内容组成:①确定研究的问题、目的与对象;②设计观察的内容、项目与表格;③进行理论构思和概念准备;④试探性观察与观察取样;⑤制订观察计划与方案。

观察法的一般过程包括:①设计观察的计划和方案;②进入观察场地;③开始观察和记录;④结束观察和初步整理资料;⑤归纳、推论和说明研究结果。

3. 观察法的实施策略

广义的观察策略是指在运用观察法的整个过程中(即从设计到分析)所使用的方法和要求;狭义的观察策略是指在实施观察的过程中所使用的方法和要求。从狭义的意义上看,观察策略包括位置选择的策略、运用感官观察的策略、观察记录的策略、观察中思考与反思的策略等内容。

(1) 位置选择。位置的选择包括两个因素,即方位和距离。方位是指观察者如何面对被观察者;距离是指观察者和被观察者之间的远近。距离的标准有两点,一是保证被观察的现象能够清晰地落在观察者的视野之内;二是保证被观察者保持常态,不受干扰。

(2) 运用感官进行观察。具体观察类型可以分为三个方面:①真实地观察;②全面系统地观察;③进行动态的观察。

(3) 观察记录。记录方式有五种:一是频率记录,即记录特定时间内特定行为出现的频率;二是等级记录,即按照事先确定的等级的划分和含义,记录等级或者在相应的等级处做记号;三是行为核查记录,即事先编制行为核查记录表,将要核查的行为按照一定的类别列出,对观察对象的某些行为是否出现及出现的时间、频率等进行核查后的记录;四是现象描述记录,即对观察对象的有些行为和事件用语言进行描绘叙述,例如,按照事件发生的先后顺序进行描述,如观察学生课间的行为,可以按其顺序记录;五是图形记录,即对某些运动性的行为或者人际互动行为,可以运用符号、线条、箭头等绘出行为图,这种图形直观、具体。

叙兹曼(L. Schatzman)和斯特劳斯(1973)提出一种现场观察记录的格式,将记录分为四部分,第一,实地笔记——用来记录观察者看到和听到的事实性内容;第二,个人笔记——用来记录观察者个人在观察时的感受和想法;第三,方法笔记——用来记录观察者所使用的方法及其作用;第四,理论笔记——用来记录观察者对观察资料进行的初步理论分析。

为了提高记录速度,可以编制记录代码。所谓记录代码,就是用一些数字、字母、符号等表示一定的事件和行为单位。例如:数字代码如:1听讲;2笔记;3提问;4回答;5练习;6讨论。符号代码如:○表情丰富;◎有些表情;●无表情;△思维敏锐;◇主动思考;▽思维迟钝;☆做游戏;♀跳绳;□跳远;×错误行为。

(4) 观察中的思考与自我反思。研究者应该积极思考,运用一定的理论对观察到的现象进行初步分析,发现各种现象之间的联系。此外,还要对观察活动进行自我反思。自我反思的内涵包括:反省自己的思维方式;分析自己的观察角度、记录时使用的语言;对观察中出现的伦理道德问题进行反省,检查是否有违背;反省自己对研究问题的假设、个人生活经历、宗教信仰、性别、社会地位、受教育程度等对观察可能产生的影响等。

4. 观察资料的整理分析

(1) 观察记录的整理分析。整理的任务是对记录进行修补,例如,改掉明显错误的地方,补充遗漏的资料等。初步整理的目的是使观察记录完整、清楚、准确。观察资料整理分析的一般步骤如下:

第一步,是对资料的初步整理,以确保资料的准确性和完整性。

第二步,对原始资料的再次整理,进行编码、分类。

第三步,在整体把握观察事件的基础上,确定分析单位和进一步分析的分析工具与框架。

第四步,借助于确立的概念和分析工具,对原始资料进行量化处理(行为的分布统计和差异检验)、定性分析和建构理论。

对记录资料可以进行定性分析和定量分析,定量分析一般在观察之后进行。而定性分析则有两种,生产性分析和无生产性分析。生产性分析是指资料的搜集和分析同时进行;无生产性分析是指收集完资料后再进行分析。

(2) 分类与编码。编码是用分析的概念或者数字、符号对记录的文字进行标注,要根据研究的课题来设计。常见编码有:过程编码,指对事物过程和状态的编码,其编码名称主要是时期、阶段、步骤等;活动编码,即对经常发生的活动或者行为按照一定的种类进行的编码;策略编码,是对人们完成一定任务所用方法、策略的编码,比如,对学生的学习策略可以用浅层次策略、深层次策略来标注。分类则是在编码基础上,将同一类编码的资料归拢在一起,装在文件夹里,然后在每一个编码题目的下面,标出资料所在的页码、行数等,并将各处的资料编上序号。

(3) 量化处理。量化处理是对经过编码分类的资料,运用数学的统计方法进行加总、求平均、求百分比、进行差异检验等。

(4) 建立扎根理论。所谓扎根理论,是指从经验的基础上建立理论。扎根理论的操作程序是:

第一,对资料进行逐级登记录,从资料中产生概念。

第二,不断对资料和概念进行比较。

第三,发展理论性概念,建立概念和概念之间的联系。

第四,理论性抽样,研究者不断地就资料的内容建立假设,通过资料和假设之间的轮回比较产生理论,然后使用这些理论对资料进行编码。

第五,建构理论,使理论中的概念本身得到充分发展,密度比较大,内容比较丰富,而且理论中的每一个概念应该与其他概念之间具有系统的、内在的联系,具有整合性。

五、测验法

(一)测量、测验与量表

1. 测量与测验

在日常生活中,人们对测量并不陌生。例如,人们总是在用人体自身的各个器官去对外部世界进行测量:眼睛测量物体的大小、颜色、形状、空间距离;耳朵在测量各种声音的高低、方向、含义;鼻子在测量各种气体的味道;皮肤在测量周围的温度。只是由于人体器官的能力有限,测量的结果也不够精确,因而人们发明了许多专门的测量仪器,并在科学研究中规定了各种测量的特定程序,创造了许多规范的测量方法,极大地提高了测量的水平和效果。在教育学和心理学中,测量则是定量研究的一种重要方法,就是根据一定的法则,将某种物体或现象所具有的属性或特征用数字或符号表示出来的过程。其主要功能是评估、诊断和预测。

2. 测验与量表

测验法是教育和心理学测量的一项主要内容和形式,又称测验量表法,主要适用于个性、满意度等态度、能力等诸方面问题的检验与研究。测验是一种系统化了的程序,在这个程序里,受测者对编制得较好的一组刺激做出反应,施测者据此对受测者的被测特质进行数量描述。测验是由一系列刺激——文字、图形、各种符号建构起来的。量表是一组符号或一组数量,经过某种建构过程,使之依一定规则描述所测量的行为特性。测验量表法的量化水平可分为四种,即名称量表、顺序量表、等距量表、等比量表。

测验的客观性是关于测验系统化过程好坏程度的指标,包括以下诸方面:测验刺激的客观性、量化的客观性、推论的客观性。

刺激的客观性是指测验刺激或测验的作业,在不同时间对于同一个被试,或同一时间对于不同的被试,其意义都应该是相同的;保持刺激的客观性则要遵照一定的程序予以控制。量化的客观性是对反应结果进行数量描述的一致程度,或称评测标准的同一性,避免人为因素影响。推论的客观性指对于同一结果不同的人所做的推论应该一致,同一个人在不同的时间对同一结果所做的解释应该相同。

(二)测验法的应用对象

在教育科学研究中,测验量表法有一定的适用范围或对象,应用测验的目的是想描述某些行为的状况或推论某些行为的状况。它具体包括能力与成就、个性、兴趣、动机、态度、观念及心理需要等。个性测验包括动机、需要、兴趣、爱好、情感、态度、性格、气质等内容。

影响测量对象行为的无关因素是指实际应用测验时,除测验之外,还有一些影响或引起对象行为变化的其他因素,这些因素是妨碍获得真实的测验结果,而在应用测验时必须要进行控制的。这些因素有:

(1) 指导语与测验的情境。

(2) 测试焦虑。

(3) 练习与应付技巧。

(4) 反应方式,即对反应的倾向不同,会使结果不同。

(5) 反应心向。

影响测验结果的各个因素都须在实施测验时恒定或消除,使测验结果可靠。

(三) 测验的使用与解释

1. 实施测验的要求

(1) 按测验要求进行(例如,按有关的施测手册施测),不要随心所欲增添内容。

(2) 恰当选择测验的时间、地点。

(3) 测验工作人员的态度要严谨,防止产生不利的影响。

(4) 测验时间长度要合适。

(5) 对于出现测验要求中(例如施测手册中)没有包含的问题,应该根据已有经验妥善处理。

(6) 根据需要与可能选择测验的个别对象和团体对象。

2. 测验结果的解释

(1) 对测验结果应按有关的统计方法进行解释(例如,测验常模解释),保证推论的客观性。

(2) 在对测验结果进行解释之前,要考察所用测验的信度、效度,保证正确的解释测验结果。

(四) 测验的编制与分析技术

1. 编制测验的基本程序

(1) 从教育教学目标转换为测验目标。

(2) 依据测验目标设计测验内容(测验的形式;测验题目的形式;测验的具体题型;测验时间:速度测验、难度测验、规定时间内95%的人能完成;相关计划等)。

(3) 编制测验活动(测验题目量、客观题、主观题、动作技能、言语能力、并列知识、综合运用及知识覆盖面等)。

(4) 测验活动的技术分析和鉴定。

2. 制订测验编制的计划

制订计划要考虑以下三方面:①确定测量目的;②制订编题计划;③设计测验蓝图。

3. 测验题命题原则

(1) 题目要能体现测验目的的要求。

(2) 题目取材要有代表性，应能包括测验的全部内容。
(3) 题目行文浅显简短，题意明确，不使受测者发生误解，更不能用生涩怪僻的文字。
(4) 各个题目必须独立，不可互相牵连，不要出现此题回答影响彼题回答的现象。
(5) 题目不应对本题答案或另一题答案具有暗示性。
(6) 题目应有正确确定的答案，不应是引起争论的答案。
(7) 题目应避免涉及社会禁忌与隐私。
(8) 题目内容不要超出受测团体或个人的知识能力所及范围。
(9) 计分、用时一致。

4. 是非题命题原则
(1) 一题只包含一个概念，防止两个以上的概念在同一个题中出现。
(2) 尽量采用正确肯定的叙述，避免反面或双重否定的语句。
(3) 避免含混不确定的文学叙述。
(4) 避免使用具有暗示性的特殊单词。
(5) 一般情况下，选择是与非的题数应该相等，且随机排列。

5. 多重选择题命题要领及原则
(1) 每题有一个词干，是必要的叙述或相同的字词，叙述要求完整且能显示题意而答案以简短的文字表示。
(2) 正确答案在形式或内容上不应有突出的地方。
(3) 错误答案应与词干有相当的逻辑性与近真性。
(4) 多选题应该避免重叠。
(5) 选择题的答案一般以 4 个或 5 个为宜。
(6) 正确答案的顺序要随机排列在各个位置上，次数大致相等以防猜测。

6. 题目分析
题目分析又称项目分析，包括两个方面，一个是质的分析；另一个是量的分析。对编辑中提出的一般原则、题目的内容及形式、取材的适切性等进行分析，属于质的分析。量的分析指通过题目预测结果进行统计分析，确定题目难度、区分度以及被试对各种答案的反应情况。它具体包括：
(1) 难度分析。
(2) 区分度分析与评价。
(3) 区分度与难度关系。

7. 测验特征的鉴定
(1) 信度分析。信度即测验的可靠性，亦指测验结果的一致性或稳定性。它包含两个意思，一是用同一个测验重复测量某项持久特性时，是否能得到相同结果，即测量的尺度是否稳定，值得信赖；二是测验能否减少随机误差的影响，而能提供关于所要测量的某特性的真实情况。

信度系数的计算有多种方法，各种方法所适用的信度类型不同，因此，在计算信度系数时，必须认真考虑实际所求信度的类型，然后选择恰当的计算信度系数公式。信度计算主要有三种，再测信度、复本信度和分半信度。

(2) 效度分析。效度是指测验的准确性，即测验能够测量所要测量特性的程度。它包括内容效度、构想效度、实证效度。

六、内容分析法

(一) 内容分析法的概念与特征

内容分析法是一种主要以各种文献为研究对象的研究方法。早期的内容分析法源于社会科学借用自然科学研究的方法，进行历史文献内容的量化分析。在教育科学研究中，内容分析法既是一种主要的文献资料分析方法，又是一种独立、完整的科学研究方法。

内容分析法具有对于明显的传播内容进行客观、系统分析，并加以量化描述的基本特征。内容分析法可以借助于计算机进行数据分析处理，为使用现代信息技术处理所研究的问题提供了新的思路。

(二) 内容分析法的应用

内容分析法的适用范围比较广泛。就研究材料性质而言，它可适于任何形态的材料，既适用于文字记录形态类型的材料，又适用于非文字记录形态类型的材料，如广播与演讲录音、电视节目、动作与姿态的录像等；就研究材料来源而言，它既可以对用于其他目的的许多现有材料(如学生教科书、日记、作业等)进行分析，也可以为某一特定的研究目的而专门收集有关材料(如访谈记录、观察记录、句子完成测验等)并进行评判分析；就分析侧重点而言，它既可以着重于材料的内容，也可以着重于材料的结构，或对两者都予以分析。

在前瞻性的教育科研中，内容分析法可以用于对教育及教育研究的趋势预测。在教育史研究中，内容分析法能对文献的文字风格做出定量分析，从而帮助鉴别文献的真伪。在现实教育问题研究中，内容分析法同样能发挥作用。例如，可以用它来分析教材的结构，对教材编制的合理性做出定量、定性的分析；可以用它来分析学生作业，对学生的错误种类做出定量的描述；可以用它来分析教师、学生或其他人的各种作品、语言、动作、姿势，对教师、学生等的个人风格、个性特征做出判断。

内容分析法的适用范围虽然较广，但适宜于它的被分析内容一般应具有能重复操作、易被感观体验、意义明显、可以直接理解等特征。而不具备这些特点的潜在的、深层的内容，则不适于采用内容分析法进行研究，否则难以保证结果的准确性和客观性。

(三) 内容分析法的一般过程

内容分析法的一般过程包括六个环节，即建立研究目标、确定研究总体和选择分析单位、设计分析维度及体系、抽样和量化分析材料、进行评判记录和分析推论。

1. 建立研究目标和选择分析单位

在教学研究中，内容分析法可用于多种研究目标的研究工作。其主要的目标类型有：①趋势分析；②现状分析；③比较分析；④意向分析。除上述几种目标类型外,内容分析法还可以用于其他目标的研究。

分析单位是指在内容分析法中描述或解释研究对象时所使用的最小、最基本的单位。当分析单位比较大时,常常需要选择一些与其有关的中、小层次的分析单位来加以描述、说明和解释。选择分析单位与具体的研究目标、研究总体密切相关,并以它们作为确定和选择的基础。

2. 设计分析维度及体系

分析维度又称分析类目,是根据研究需要而设计的将资料内容进行分类的项目和标准。设计分析维度、类目有两种基本方法：一是采用现成的分析维度系统；二是研究者根据研究目标自行设计。

设计分析维度过程的基本原则有：

(1) 分类必须完全、彻底,能适合于所有分析材料,使所有分析单位都可归入相应的类别,不能出现无处可归的现象。

(2) 在分类中,应当使用同一个分类标准,即只能从众多属性中选取一个作为分类依据。

(3) 分类层次必须明确、逐级展开,不能越级和出现层次混淆现象。

(4) 分析类别(维度)必须在进行具体评判记录前事先确定。

(5) 在设计分析维度时应考虑如何对内容分析结果进行定量分析,即考虑到使结果适合数据处理的问题。

3. 抽取分析材料

抽样工作包括两个方面内容,一是界定总体；二是从总体中抽取有代表性的样本。内容分析法常用的三种抽样方式是：①来源取样；②日期抽样；③分析单位取样。

4. 量化处理

量化处理是将样本从形式上转化为数据化形式的过程,包括做评判记录和进行信度分析两部分内容。

评判记录是根据已确定的分析维度(类目)和分析单位对样本中的信息做分类记录,登记下每一个分析单位中分析维度(类目)是否存在和出现的频率。要做好评判记录工作,需要注意以下几个方面：

第一,按照分析维度(类目)用量化方式记录研究对象在各分析维度(类目)的量化数据,例如,有、无、数字形式、百分比等。

第二,采用事先设计好的易于统计分析的评判记录表记录。先将每一分析维度的情况逐一登记下来,然后再做出总计。

第三,相同分析维度的评判必须有两个以上的评判员分别做出记录,以便进行信度检验。评判记录的结果必须是数字形式。

第四,在根据类目出现频数进行判断记录时,不要忽略基数。

5. 信度分析

内容分析法的信度指两个或两个以上的研究者按照相同的分析维度,对同一材料进行评判的结果的一致性程度,它是保证内容分析结果可靠性、客观性的重要指标。内容分析法信度分析的基本过程是:

(1) 对评判者进行培训。

(2) 由两个或两个以上的评判者按照相同的分析维度,对同一材料独立进行评判分析。

(3) 对他们各自的评判结果使用信度公式进行信度系数计算。

(4) 根据评判与计算结果修订分析维度(即评判系统)或对评判者进行培训。

(5) 重复评判过程,直到取得可接受的信度为止。

6. 统计处理

对评判结果(所获得的数据)进行统计处理。描述各分析维度(类目)特征及相互关系,并根据研究目标进行比较,得出关于研究对象的趋势或特征或异同点等方面的结论。

第四节　教学研究论文撰写

教学研究论文是经过专门的、系统的研究后,表达和总结教学研究进展或成果的理论文章。教学研究论文的总体特点在于,它具有学术性、创新性、科学性和实践性。尽管作者在撰写论文时可以根据论文的需要采取不同的格式,但就目前情况看,论文的书写格式正朝着规范化和标准化的方向发展。

一、教研论文的结构与组成要素

教学研究论文形式应该遵循"绪论—本论—结论"的逻辑顺序。通用论文格式一般包括的项目有标题、署名、单位、摘要、关键词、序言、正文、结论、致谢、参考文献等十个部分。教学研究论文的结构与组成要素描述如下。

(1) 标题。研究的问题及意义。

(2) 署名。教育研究论文的实际作者。

(3) 单位。作者的单位、作者的籍贯及作者单位所在地的邮政编码。

(4) 内容提要。研究的主要内容与结构特色。这部分独立成篇,一般为 200～1 000 字(中文或外文)。

(5) 关键词。教育研究论文中最关键、起决定作用的词语。

(6) 序言(引言、前言、绪论)。它具体包括:①研究的动机和背景;②研究目的(解决哪些理论或现实的问题);③研究方法;④研究成果的理论意义和现实意义。

(7) 正文(本论)。①提出论点(论点);②已证明论点的事实或理论论据(论据);③每一段落、层次使用的论证方法(论证)。

(8) 结论。对研究成果更高层次的精确概括,或对尚未解决问题的讨论(论题经充分论证后的结果以及由此引出的新的思考)。

(9) 谢词。在文章的开始或结尾部分书面致谢在工作中给予帮助的人员。

(10) 引文注释与参考文献。列出直接提到的或间接利用的资料来源(引文注释可采用脚注或尾注的形式,也可采用新的形式)。

二、教研论文写作的一般格式

下面分别从标题、署名、摘要、关键词、正文、结论、致谢、参考文献等十个部分对教研论文写作的一般格式做以下描述。

1. 标题

标题是文章的总题目,透过它可以看到全文的精髓。标题可以在文章写作之前拟出,也可以在文章写成之后确定。拟定文章标题应注意以下四点:①简明。简明是指用字要少,但少并不等于简陋,它必须确切反映论文内容。②确切。确切是指题目的用字一定要准确,不能有歧义。③具体。题目一定要与文章的内容相符,使人一见标题就知道这篇文章是论述什么的。④传神。传神指拟定题目的技巧。同一内容的文章,可以拟出若干个题目,其中必有一个是最能传达文章精神的,它能概括文章的主题,引起读者阅读的兴趣,从而使文章发挥更大作用。

2. 署名

署名的目的有三个:一是表明作者付出了辛勤的劳动代价;二是表示作者要对文章负责;三是便于同行或读者与作者联系。为文章署名,只有文章的实际作者才应该署名。是个人写作的,署个人姓名;是集体的成果,署集体名字,也可以在集体名义下,分署参加者个人的名字。

3. 单位

单位包括作者的单位、籍贯及单位所在地的邮政编码,在署名下一格打上括号,在括号里写上作者的单位,隔一个字写上作者的籍贯,再隔一个字写上作者单位所在地的邮编。

4. 摘要

较长的文章一般应附有摘要,摘要刊登在正文之前的,称为内容摘要;摘要不是原文的解释,而是原文的浓缩。它应该传达原文的主要信息,写作要求完整、准确和简洁,要自成一体。

5. 关键词

关键词是指文章中最关键、起决定作用的词语,它是文章内容、观点、涉及的问题和类别等方面的标志和提示。一篇文章关键词的个数根据文章内容需要可多可少,一般3~8个为宜。

6. 引言

引言又称前言、引论、导论、绪论或序论。它的作用是向读者初步介绍文章内容。短篇文章通常在本文前用简洁的语言略述总纲,较长的文章则辟有专章加以阐述。引言内容通常有如下几方面：①为什么写这篇文章，要解决什么问题；②文章的主要观点；③与课题相关的历史回顾；④写作资料的来源、性质及其运用情况；⑤文章的规划和简要内容；⑥研究中的新发现；⑦课题的意义；⑧概念和术语的定义。上列各项，并不要求详加阐述，只求蜻蜓点水，一带而过。

7. 正文

正文是文章的主体部分，具体包括：

(1) 论述方式。论述方式有两种，一种是将科学研究全过程作为一个整体，对有关的各方面做综合的论述；另一种是将科学研究的全过程按照研究实际，划分为几个阶段，对各阶段依次进行论述。两种论述方式各有特点，前一种综合归纳性较强，能够突出文章的主要论点；后一种更忠实于科研实际，给人以真切的感受。但无论采用哪一种方式，都不要是实际科研过程机械的、刻板的复述，而应是作者经过归纳整理，去粗取精、去伪存真、由表及里、由此及彼的产物。

(2) 论述内容。文章的论述内容可概括为两个方面：一是理论的；二是实践的。理论阐释侧重于逻辑推理，实践阐述着重于过程描述。无论哪一种，都不是孤立的，它们相辅相成，互为补充。理论来源于实践，需要实践验证；实践要上升为理论，才能成为科学。科学的实践，无论是观察、调查、实验，还是查阅文献，最后都要得出科学的结论。文章内容的论述要点如下：①理论阐述。它包括三方面内容，提出假说的事实或理论的前提条件，包括假说的要点、适用范围、论证所需资料、具体阐述与计算，运用的方法有归纳、演绎、分析、综合、类比、比较等；结果，包括理论的内容、规律等；讨论，包括应用的思想与工作方法、存在的问题和对不同见解的评价。②实践阐述。它主要是论述观察与调查以及实验，包括两方面内容。观察与调查内容，包括观察或调查的目的、时间、地点、方式、方法；得到的资料、数据、图表、照片加以记录；对结果的分析、理解、认识，解决了什么问题，有何科学价值，尚存在什么问题，前景预测。实验内容，包括对实验材料的性质、质量、来源、选取与处理各环节等所做的详细说明；实验的仪器、设备、条件；实验过程中出现的正常或异常现象及问题等；实验的结果、数据、图表及其整理；对实验结果或实验中出现的问题进行讨论等。

8. 结论

结论是全篇文章的总结。作结论应注意的是，结论不是重复叙述本文中的研究成果，而是在研究结果基础上，进一步得出的科学结论，由感性认识上升到理性认识。它是以正文论述为基础，比正文的表述更精练、更集中、更典型、更有价值。

9. 谢词

一部论著的写成必然要得到多方面的帮助。对于在工作中给予帮助的人员（如参加过部分工作，承担过某些任务，提出过有益建议或给予过某些指导的同志与集体等），应在文章的开始或结尾部分书面致谢。致谢言辞应该恳切，实事求是。

10. 参考文献

写作文章需要引用一些别人的科研成果，这是科研工作连续性的表现。列出参教文献的目的有三个：一是表明文章作者言之有据；二是表示对他人研究成果尊重；三是有助于读者对所论课题做进一步探讨。详尽的参考文献实质上是开列了一份参考书目。引用的文献是已经发表的专著或期刊上的论文，也有的是尚未发表的会议记录、手稿或书信等，引用时均应注明。另外，参考文献列出时要按文献在文章中出现的先后，编数码，依次列出；完整的参考文献写法应列出文献的作者（译文注明译者）、名称、出处、页数、出版者、出版时间、版次等以上综合的文章结构程序。以上只是提出了一种供参考的模式而已，就某一篇具体的文章而言，它可以根据各自不同情况做具体安排。

第七章 现代教育技术运用技能训练

【学习提示】

现代教育技术运用技能已经成为教师完成教学任务的必备手段,也是目前衡量教师职业技能的重要指标。各专业学生都应熟练掌握现代教育信息技术手段,熟练掌握多媒体课件制作技术,使之为本专业的教育教学服务;要使现代教育技术与专业教学内容高度契合,使内容与形式高度统一。

第一节 现代教育技术概述

现代教育技术是对传统教育技术继承与发展的结果,它是人类在教育活动中采取的一切技术手段和方法的总和,分为物化的有形技术和非物化的无形技术两大类。有形技术是指凝固和体现在有形物体当中的科学知识,它包括从黑板、粉笔等传统教具一直到计算机、卫星通信等现代各种教育教学媒体技术;无形技术是指在解决教育教学问题的过程中起重要作用的教育规划与开发技术、教学设计与组合技术、教学策略与方法技术、教学信息传播与交互技术、教学测量与评价技术、教学管理与控制技术等。

随着现代教育思想和理论的深入发展,以及信息技术,尤其是计算机技术、通信技术和网络技术的发展,教育技术也进入了一个新的阶段,教育技术理论与实践面临着许多变革和挑战,对人类学习过程和知识本质的新理解促使教育者反思隐含在教学方法中的基本概念。信息与通信技术进步,改变和扩大了支持课堂学习和远程学习的可能性。随着越来越多的学习资源数字化,其传播变得越来越便捷和经济。因而,人们过去长期接受的怎样创设、存储、使用资源的观念也面临着挑战。总之,时代创造了思考教育技术含义的新环境。为了强调教育技术理论和实践,在现阶段要融合和运用更多的现代媒体、现代学与教的基本理论、现代方法论去解决教育教学问题,故以"现代教育技术"之称。现代教育技术不仅丰富了教学手段,提高了教育技术的效果和效率,也极大地改变了传统的教育教学模式和人们的思想观念,推动并促进了教育教学改革的不断深入和发展。

现代教育技术运用技能训练是针对教师进行的教育技术理论、教学设计理论、信息技术及应用技能的从业技能培训。通过系统培训,达到澄清和加深教师对教育技术的认识,提高和增强教师在教学实践过程中利用教学设计理论指导教学,运用教育技术手段服务教学的能力,从而改善教学效果,提高教学质量,促进和深化教育教学改革。

一、教育技术的产生与发展

教育技术是为了一定的教育目的而采用的手段,因此,教育技术并非与媒体技术同生共存的。戴维·米切尔曾指出:"实际上当有人第一次提出教育目标与实现这些目标的手段之间的关系问题时,教育技术就产生了。"教育技术作为一个专业和领域的出现,最早可以追溯到 20 世纪 20 年代美国的"视听教育运动",在中国是以电化教育形式出现,并从电化教育综合发展演变而来。教育技术发展至今经历了视觉教育阶段、视听教育阶段、视听传播阶段和教育技术阶段四个阶段。

1910 年,美国出版了第一本教学电影目录。1913 年,托马斯·爱迪生宣布:"不久将在学校中废弃书本……有可能利用电影来教授人类知识的每一个分支。"1923 年,美国教育协会创立了视觉教学部。其最初的使命是促进人们对视觉媒体在教育中的作用的理解。受美国"视听教育运动"的影响,我国教育界也尝试了利用电影、幻灯等媒体作为教学工具。1919 年开始幻灯教学的实验;1932 年成立了"中国教育电影协会";1937 年建立了"播音教育指导委员会"。随着胶片和幻灯片质量、无线广播、录音、有声电影的技术进步和电视的出现,加快了视觉教学运动的发展,并且由视觉教育发展为视听教育。

随着视听教育的广泛开展,出现了相关的视听教育理论,其中最具代表性的当数戴尔(Dale)的"经验之塔"理论。戴尔将人类的学习经验分为做的经验、观察的经验和抽象的经验三大类,并按抽象程度自塔底至塔顶分为十个层次:有目的的直接经验,设计的经验,演戏的经验,观察示范,室外旅行,参观展览,电影和电视,无线电、录音,静态图画,视觉符号和词语符号。"经验之塔"反映的观点是,教育应从具体入手,逐渐向抽象发展。位于中层部分的观察经验,易于培养观察能力,能够冲破时空的限制;底层做的经验易于理解,上层的抽象经验易于获得概念,有利于应用。

进入 20 世纪 50 年代以后,电视、语言实验室等更现代化的视听媒体被用于教育、教学领域。随着各种各样现代化视听媒体,如幻灯、投影、无线电广播、录音、电影和电视等在教育中的大量使用,人们开始重视对这些媒体使用效果的实验研究。该研究通常是将借助媒介的学习与不借助媒介的常规学习加以比较。对媒体的研究发现,选择媒体时应该取长避短,综合使用多种媒体进行教学。对媒体使用的考察和研究还发现,使用各种现代媒体并没有对教育产生太大变革,并不能成为教科书的替代物。任何教学过程必须符合教育教学规律,恰当运用各种媒体,综合使用各种学习资源,使之融入整个教学过程中,提高学习效率。

随着教育理论和媒体技术发展,视听教育的名称已不能代表该领域的实践和研究范畴。20 世纪 60 年代,围绕教育技术形成了独立的知识体系。从 1963 年到 2005 年,美国教育技术界对教育技术进行了多次定义。1970 年 6 月 25 日,美国"视听教育协会"改名为"教育传播和技术学会(Association for Educational Communication and Technology,简称 AECT)",标志着教育技术学科和研究领域的形成。1972 年,该协会将其实践和研究的领域正式定名为教育技术。

"电化教育"是我国特有的名词。1936 年,我国教育界人士讨论推行电影、播音教育时,提出并确定了"电化教育"(最初直译为 Electrifying Education)这个名词。1985 年,南国农主编的《电化教育学》将电化教育的定义表述为:"运用现代教育媒体,并与传统教育媒体恰当结合,传递教育信息,以实现教育最优化。"该观点认为,教育技术是教育手段和教育方法的总和,以系统方法为核心更有效地发挥教育手段的作用,强调其与传统教育媒体恰当结合,目标是实现教育过程最优化。电化教育实质上是一种媒体技术,其内涵是如何将多种媒体恰当地用于教学,并取得好的效果。而教育技术的研究对象包括所有学习过程与学习资源的设计、开发、利用、管理与评价。教育技术重视教育理论与媒体技术的有机结合,提高学习效率。由此可见,教育技术无论从研究层次、范围还是研究的深度和广度都比电化教育更为深广。我国于1993年对高等师范教育专业目录进行重新修订时,正式将电化教育专业改名为教育技术专业。1999年,教育部对教育技术学进行了定义:"教育技术学是在视听教学和程序教学基础上逐渐发展起来的一门新兴的分支学科,主要研究教学过程与教学资源的设计、开发、应用、管理和评价,促进教学质量和效率的提高。"

随着互联网的普及和E-Learning(即数字化或网络化学习)的发展,国际教育技术界在总结网络教育实践经验的基础上,赋予了Blending Learning新的含义。所谓Blending Learning,就是要将传统学习方式的优势和E-Learning的优势结合起来。既要发挥教师引导、启发、监控教学过程的主导作用,又要充分体现学生作为学习过程主体的主动性、积极性与创造性。由于Blending Learning新含义所标识的当代教育技术新发展首先体现在教育思想和教学观念的转变上,说明人们的认识在深化、在提高,说明教育技术理论在不断向前发展,是当代教育技术理论正在深入发展的鲜明标志。

二、教育技术的定义和内涵

关于教育技术,目前还没有统一的定义或描述,但是从各种定义可以分析得出:教育技术支持和优化教学,最终促进学习者的学习;教育技术围绕教学过程和教学资源展开理论研究和实践;教育技术的基本要素包括方法、工具、技能。综合国内外学者对于教育技术的理解和定义,可以分为"媒体——工具论"、"手段——方法论"和"理论——实践论"。

"媒体——工具论"观点存在于教育技术发展的早期,认为教育技术是用于教学的各种媒体和工具;"手段——方法论"观点认为教育技术是教育手段和教育方法的总和,以系统方法为核心更有效地发挥教育手段的作用;"理论——实践论"观点始终伴随着教育技术的发展,美国"教育传播与技术学会(AECT)"从20世纪60年代到2005年先后给出了多个不同的定义,尤其是1994年定义的提出是逐渐为人们接受和认可的,该理论认为教育技术由教育技术学理论和教育技术实践两个部分组成。

AECT 1994年将教育技术定义为:"教学技术是关于学习过程与学习资源的设计、开发、利用、管理和评价的理论与实践。"该定义源于美国学者巴巴拉·西尔斯(B. Seels)和丽塔·里齐(R. Richey)两人合写的《教学技术:领域的定义和范畴》一书,该书于1994年出版,在美国教育技术界引起震动,而且在国际教育技术界产生了深远影响。学习过程是广义上的学习过程,是"学与教"的过程,既包括无教师参与的学习过程,也包括有教师参与的学习过程,前者就是我们通常所说的"教学过程"。学习资源并非仅指用于教学过程的设备和材料,而是指在学习过程中可被学习者利用的一切要素;学习资源有人力资源和非人力资源,其中人力资源包括教师、同伴、小组、群体等;非人力资源包括各种教学设施、教学材料和教学媒体等。设计的内容是指对教学系统中不同层次、环节的教学设计,包括设计学习过程、教学软件、教学环境和教学模式。开发是指将相关的理论和技术加以整合和集成,用于教学系统和其他相关系统的开发研究,包括对音像技术、电子出版技术、计算机辅助教学技术等应用于教育教学过程的开发研究;也可以说,开发是对教学设计结果的"物化"或"产品化",是教学设计的具体应用;开发领域的范围可以是一节课、一个新的改进措施,也可以是一个大系统工程的具体规划和实施。利用是对各种信息资源的有效利用;现代教育技术主要是指对新技术包括各种媒体、计算机技术、网络通信技术和信息技术手段的综合利用。管理是指对所有学习过程和学习资源进行设计、组织、指挥、协调和控制,包括对教育系统管理、教育资源管理、教学设备管理和学科科研管理。评价是指对教育技术领域的计划、产品、项目、过程、目标或课程的质量、有效性等方面制定科学的评价标准并进行测量,给出定量和定性的判断并及时反馈,使其达到优化。1994年版定义的引进对于我国教育的深化改革和教育技术事业的发展起到了促进作用。

2005年,AECT对教育技术的定义进行了修改,其内容为"教育技术是通过创造、使用和管理合适的技术性的过程和资源,以促进学习和提高绩效的研究与符合伦理道德的实践"。该定义将原来的"for learning(为了学习)"明确地改为"facilitating learning(促进学习)"。"为了学习"强调的仅是"学";"促进学习"则既强调"学",更重视"教"。由"为了学习"转向"促进学习",是教育思想、观念的转变与提高。

何克抗教授对教育技术的定义能较真实地反映目前阶段国内外教育技术的研究与应用状况,其定义为:教育技术学(技术化教育学)是通过设计、开发、利用、管理、评价有合适技术支持的教育过程与教育资源,来促进学习并提高绩效的理论与实践。

第二节 常规教学媒体使用技能训练

常规教学媒体主要指视听媒体,视听媒体一般区分为非放映类视听媒体和放映类视听媒体两大类。

一、非放映类视听媒体

1. 印刷媒体

印刷材料在教学中使用得非常普遍,包括各种书籍、报纸、杂志、挂图等,它是教育信息的重要载体,是教学中最常用的媒体。印刷材料最主要的特征在于它的信息比较稳定,比其他的媒体更能作长时间的呈现。由于印刷材料主要运用文字符号传递信号,提供的是一种抽象经验。因此,印刷材料必须与其他媒体或教学活动,如讨论、图片、视听教材等配合，才能取得好的效果。

（1）图片。图片指的是一些表示事物和现象的照片，或与照片类似的线条画和绘画。图片的优点是可以将抽象的信息转化为较现实的形式，使教学从戴尔的"经验之塔"的词语符号层次转变到较为具体的图片层次；不足之处在于，图片是平面的，不能表现事物和现象的运动。

（2）图示材料。图示材料是一些非摄影的、平面的，包含语言和象征性的视觉线索，通常采用文字、符号图形、线条等将所要表达的信息要点或它们的内在联系表现出来。图示材料在教学中的应用比较广泛，它能以较为简洁的形式，突出而概要地说明教学信息的要点和重点，还可进行一定的比较，有利于学习者更好地把握教学内容。

教学中常用的图示材料包括各种简略图、图表、广告和漫画等。简略图不含有内容的细节，是采用线条的组合来表示人、地、物和概念，通常还用来表示布局、相互关系以及解释过程；由于省略了细节，简略图比照片更容易突出教学要点。常用的图表有用来表示某一事物内部各组成部分相互关系的结构图；用来表示物体、事件等的类属关系的分类图；用来表示时间等信息，以便进行对照和比较的表格图；用来分析、解释和比较各种数据关系的统计图；用来表示各种地理位置和地理现象的地图；用来表示一种顺序或流程，或表明不同的活动、成分或者程序，是怎样合并到一个整体的流程图等等。广告呈现了线条、色彩、文字等视觉媒体组合。漫画是以幽默或讽刺性的手法，绘出真实的人或事。图示材料具有形式简练、形象生动、表达准确、制作方便、使用简单等优点，广泛的应用于各种教学活动中；其缺点是内容具有一定的抽象性，需要相应地讲解或指导。

2. 非印刷媒体

非印刷媒体包括课堂教学最常用的黑板，其他还有毡绒板、磁性板、多用途板，以及实物和模型等。

（1）黑板。黑板是课堂上传递文字信息的重要工具，它同时也可用作图像的载体。通过黑板呈现的教学信息叫板书，是教师口头语言的书面表现形式，能弥补言语符号稍纵即逝的缺陷。板书通过学生的视觉器官传递信息，比语言富有直观性，能加深学生对课题的印象。板书对教学内容具有高度的概括性，它能条理清楚、层次分明地展示一节课的课题。并且可以在关键之处圈圈点点，或标以不同颜色，因此它能突出教学的重点。总之，书写端正、形式优美、设计独特的板书具有激发学生兴趣、启发学生思维、促进学生理解、增强学生记忆的功能。

（2）毡绒板、磁性板和多用途板。毡绒板是用毡子或绒布平铺在坚硬的背衬上做成的。做背衬的材料可以是胶合板、强化纤维板或者厚的卡片纸板。使用时可以配合讲解，很快地在板面上粘贴、移动视觉材料。磁性板用金属材料制成，表面可涂上需要的颜色。带有磁性的小物品很容易粘附在板面上。多用途板的表面一般是白色的。书写使用的是特制的笔，字迹可用湿布或专门的工具擦掉。往往也可用作磁性板，因此有时称它为视觉辅助板。

（3）多功能电子白板是一种新型的多用途板。它不仅可用作屏幕来放映幻灯、投影，而且还可以与计算机相连接,直接在板面上操作计算机。甚至还可以打印板面上已有的信息。

(4) 实物和模型。实物和模型都是较直观的、具体的教学媒体。虽然实物总比模型真实,但模型往往比实物更适合课堂教学环境的需要。模型是一种三维的实物替代物。它可以根据教学目的保留实物的全部细节或进行简化,也可以由学生自己组合拆装,观察其内部形态。所以,模型可提供实物所不能提供的感性学习经验。

二、放映类视听媒体

(一)幻灯

幻灯的种类虽然很多,但其基本原理相同,都是利用光的折射原理呈现图像,并将画面放大后投映在银幕上。幻灯片一般是用35mm感光胶片摄制而成。所以幻灯能够提供清晰、逼真的事物静态画面。按使用方法的不同,幻灯分为单片和卷片两种。单片幻灯是将摄制好的胶卷逐幅剪下,分别装入片框;卷片幻灯可以将整卷胶卷装机使用。

(二)投影器

1. 投影器的使用

投影器也称投影仪,是在幻灯机的基础上发展起来的一种光学放大器。投影器投影的图像光幅大,影像清晰、稳定,有利于集中学生注意力,仔细观察事物的静态特征和细节;调控灵活,教师可根据教学的实际情况控制演映时间的长短、重复次数的多少、编排的顺序,以及内容的增删等;在放映时,教师可面对学生,保持和学生的目光接触,有利于与学生进行交流;放映手法多样,如增、减、分解、综合、闪烁、即时添加等;教材制作比较简便。教师可以选用出版发行的教材,也可根据本人的教学个性和需要自行绘制;可在课前准备好,也可上课时当场在投影器上书写、绘图,起到粉笔和黑板的作用;投影器结构简单,操作方便,价格低廉,易于推广。由于投影器不能自动连续地展示图像,也不能配音。投影效果在很大程度上取决于使用者的技巧。投影器适合于集体教学使用,一般不用于个别学习。

2. 投影教材的制作方法

(1) 墨绘法。在普通白纸上写或画出要表现的内容作为底稿,然后将胶片覆盖在底稿上,用笔将图形、文字临摹下来即成投影片。如要表现的是简单的字、图,可直接在胶片上绘、写,不必有底稿。墨绘的笔迹要浓黑,笔画不可太细,每个汉字的大小不得小于边长12mm。投影片的大小视所表现内容的繁简,以及投影器工作台面大小而定,一般边长不得小于12cm。

(2) 彩绘法。先在纸上画出草图,然后将胶片覆盖在草图上,勾出物体轮廓,再在胶片下衬托一张白纸即可着色。着色时应按先繁后简,先主后次的顺序;由浅到深,层层叠染,不要一次过深;要准备湿棉团,及时擦去浮色;根据上色部位需要,适当选择毛笔;画背景、风景、物体时,要注意透视关系,掌握虚实,远近景物的空间层次要分明;背景要简化，使主题突出。

（3）复印法。利用静电复印机可将印刷物上的图文直接复印到胶片上而制得投影片。该方法的特点是操作简便，制作周期短，可充分利用书刊中规范的图、文，还可对原件任意放大、缩小。由于胶片比较光滑，所以复印时不如普通纸容易输入和输出，又因复印所用胶片较薄，遇机内高温易变形、起皱，所以，复印时可将胶片用胶纸或胶带粘在普通复印纸上，以利用纸张的牵引，解决输片难的问题，同时利用复印纸起隔热降温的作用。复印机的定影方式有热定影和冷压定影之分，为求得墨粉在胶片上附着坚牢，以采用前者为好。

（4）组合法。这是将全部画面设计为若干部分，在每张胶片上按相同比例绘制各个部分，再按讲授顺序对位装订。应用时可以逐张叠加，使画面内容由少到多，由简单到复杂；也可以依次减少，使画面内容由多到少，由复杂到简单。制作时，先按投影片框的大小在普通白纸上画一张整体图，再按设计要求将各部分内容分别描绘到几张胶片上，成为基片和分片，最后将它们分别组装在投影片框上。组装时可用透明胶带、钉书钉和针线等方法将胶片固定在投影片框上，根据需要可固定在片框的一边上，也可分别固定在四边。对组装的要求是既方便掀叠，又对位准确。

（三）视频展示台

视频展示台又称实物投影机。视频展示台是通过 CCD 摄像机以光电转换技术为基础，将实物、文稿、图片、过程等信息转换为图像信号输出在投影机、监视器等显示设备上而展示出来的一种演示设备。因为它可以投影平面的材料和小型立体的实物，所以在教学中也很受欢迎。这种仪器操作方便，只需将物体置于展台托板上即可，通过光学系统将形象和色彩直接放大反射到屏幕上。

视频展示台在教学中的应用方式主要有用于实物的展示、演示实验；用于书写和展示印刷资料和图片；展示各种透明胶片（正、负片均可），如幻灯片、投影片等。展示实物和图片时，需要打开摄像头两侧光源；展示胶片时，则关闭摄像头两侧光源，打开实物载板下面的光源。如果是负片的话，可通过调控系统直接反转成正片后送到其他输出设备（实物展示台具备调整图片颜色的补色功能）。由于有高精度的自动对焦系统和电动变焦功能，使用时可以利用摄像头的变焦功能将被投影物体的全貌和细部表现得清楚逼真。

（四）电影

在教育技术领域，电影是最早出现的现代视听媒体。随着科学技术的发展，视听媒体也不断推陈出新，但电影仍然在教育中发挥着一定的作用。电影在认知、情感和动作技能三个目标领域的教学中都能发挥积极的作用。在认知领域，电影常被用来显示事实、证明过程、说明概念；在文学、艺术的教学方面，电影能起到激起学习动机、产生学习兴趣、影响学生态度的作用；在动作技能目标方面，影片常被用来反复演示体育、舞蹈等典型动作，供分析、模仿和研讨用。

电影的优点是能够将图像和声音结合在一起,同时作用于视、听两种感觉器官,可促进更有效地学习;富有感染力,在表达情感的材料中能增加对学生的影响,在转变态度方面是相当有效的;能够提供场景的再现;能够帮助学生观察到微观世界和宏观世界中的事物和现象;能够突破空间的限制,使学生坐在教室里就能看到远方事物;时间压缩和时间扩展技术,使学生能看到改变了的事物运动过程;动画的制作可以使静止的事物活动起来,既便于观察,又生动有趣;各种规格和型号的电影放映机,能使学生人数不受限制。

电影的局限性是影片制作费用高,技术复杂,要求有专业的摄制人员。影片制作周期长,拍摄中无法知道影片的质量和效果。电影机的噪音较大,操作方法也较复杂。放映电影要求室内遮光严密,否则图像会模糊不清。影片对存放环境的温度和湿度要求高。

(五) 无线电广播教学

无线电广播教学是利用广播电台与收音机以及扩音设备相配合来收听相关教学节目的。广播教学的优点是:

(1) 传播范围广泛。广播教学是利用无线电波来传送教学信息,所以传播范围广泛,听众人数众多。

(2) 传播信息及时。广播教学能将最新的信息迅速、及时地传递给学习者。

(3) 应用范围广泛。广播教学可以应用于各类学校、各个年龄段、各个学科中。节目制作和学习者收听两方面费用都相对较低,节目质量水平一般都比较高。

广播教学的局限性是只能传递声音信息,教学内容受到较大限制。教学信息是定时单向传递的。学习者只能按节目时间表收听,或借助录音机,先录制下来,以后再听。无线电广播教学系统能使那些处于偏远地区的人们,以及无法进入正规学校的人们也有机会接受学习,对于扩大教育面有很大的作用。一般情况下,很少直接将广播收音系统用于课堂。

(六) 录音机

录音机主要分为开盘式和盒式两类。开盘录音机具有走带稳定、转速可调、使用的磁带宽、动态范围广、噪声小以及录放音质量高等特点,因而适用于录制音乐和一些质量要求高的节目。盒式录音机的动态范围小、磁带窄、转速慢,这是它的缺点。但是,盒式机使用灵活方便,便于携带,价格便宜。

录音机的优点是能记录、贮存和反复重现教学中所需要的各种声音,如教师的讲解、标准语音、乐曲等;能为教师备课、施教、学生学习提供听觉教材。能为教学创设所需的情境,如音乐、音响效果,增添教学的趣味性,激发学生的学习兴趣。能记录学生的朗读、讲演、歌唱、外语语音等,为学生参与教学活动提供机会,为教学反馈提供有效的途径,为学生口头作业提供新颖的形式。磁带录音机小巧、轻便、廉价,磁带能反复使用,为个别化教学提供了条件。

(七) 语言实验室

它是由多种现代化媒体装备起来的，主要用于语言教学的教育技术应用系统。语言实验室按其配备和功能可分为不同的类型，主要有听音型语言实验室，视听型语言实验室，听说型语言实验室，视听说型语言实验室，听说对比型语言实验室，视听说对比型语言实验室和电脑型多功能语言实验室。

第三节 多媒体与多媒体课件制作

一、多媒体辅助教学

1. 多媒体辅助教学

多媒体辅助教学指的是它是以计算机为主要教学媒介所进行的教学活动。计算机帮助或代替教师执行部分教学任务，传递教学信息，对学生传授知识和训练技能。随着网络技术被应用到教育技术中，多媒体辅助教学的定义可以拓展为以计算机为主要教学媒介、网络为传播媒介所进行的教学活动。当今的多媒体辅助教学，计算机和网络已经融入整个教学系统之中，与教师、学生、教学目标、教学内容和方法一道构成新的教学活动方式。

2. 多媒体辅助教学的特点

（1）多样化的信息表现。多媒体计算机系统具有综合处理文本、图形、图像、声音、视频动画等各类多媒体数据的功能，承载信息的媒体可以是多种表示形式，媒体也可以通过相互转换以不同形式表现。

（2）大容量的信息贮存。多媒体计算机系统具有大容量数据存储及传输问题的解决方案，可实现丰富信息量存贮。利用网络技术，数据甚至还可以是分布式存储在网络中的各台计算机中。

（3）非线性的信息呈现。用超文本组织信息，学习者可以按自己的需要选择学习内容，信息呈现是非线性的。

（4）实现个性化学习。学生可以主动选择学习内容及学习进度，可以实现个性化学习。

（5）系统可以跟踪学习者学习过程，自动分析学生的学习情况，并能及时反馈及调节学习过程，实现因人施教的教学原则。能保留各个学生的学习记录，为教师提供教学决策支持。

（6）利用网络技术，除了可以实现远程个别化学习之外，还可以开展群体学习、协作学习。

（7）可反复进行。多媒体课件可以共享使用，而且使用过程中可以反复运行。

二、多媒体课件

1. 多媒体课件的发生和发展

随着多媒体和网络技术在教育领域的广泛应用,多媒体技术对教学内容的表现方式产生了重要的影响。教学内容由原先单一的描述性文字和补充说明性的图形、图表变成了一种集文字、声音、图像、动画、视频于一体的多媒体信息,由于图文声像并茂的多种感官综合刺激能提供界面友好、形象直观的交互式学习环境,还能按超文本、超链接方式组织管理学科知识和各种教学信息。另外,多媒体信息的非线性结构也使教学内容的密度和广度得到加强。

多媒体技术与网络技术的结合有利于激发学生的学习兴趣,有利于情境创设和大量知识的获取与保持,实现了个性化学习和协作学习,为教师的"教"和学生的"学"创造了多层次的教学需求。因而对促进学生关于当前所学知识的意义建构是非常有利的,也是其他的教学媒体或其他学习环境无法比拟的。多媒体技术和网络技术应用于教学,是现代教育技术的一个重要标志。

随着教育理论的不断完善和技术的不断进步,多媒体课件正向模块化、智能化、网络化方向发展。多媒体课件的模块化是指由课件向积件发展。积件具有基元性、可积性、开放性和可继承性等特点,比课件更灵活、更通用,可以减少重复开发的浪费。多媒体课件的智能化,虚拟现实等技术在多媒体课件制作中的使用,促进了课件功能上的进一步完善,使其具备更强的交互性,可以为学习者提供实时环境进行模拟学习;多媒体课件的网络化,网络突破了时间与空间的限制,实现信息资源的共享,达到开放学习的目标,给予学习者更加灵活的学习方式,网络技术为多媒体课件的传播提供了新的形式和表现方式,出现了有别于课堂教学模式的网络学习(网络教学)模式。网络教学通常指的是狭义的网络教学,即在计算机网络环境下进行的教学活动。广义地讲,网络教学指利用各种形式的网络资源(如卫星电视网、计算机网、电信网、邮政网等)所进行的教学,即是远程教学的同义词。

2. 多媒体课件及其应用

多媒体课件简称课件,是指用于辅助教师的"教"或促进学生自主地"学",以突破课堂教学中的重点、难点,从而提高课堂教学质量与效率的多媒体教学软件。它是指根据教学目标设计的,表现特定教学内容,反映一定教学策略的教学软件,可以用来存储、处理和传递教学信息,能使师生进行交互操作,并对学生的学习做出评价。也可以说是利用数字处理技术、视听技术和网络技术,以计算机为中心,按照教师的教学设计,将文字、图像、声音、动画、视频等多种媒体信息集成在一起,以实现对教学材料的存储、传递、加工、转换和检索的一种现代教学技术手段。多媒体课件呈现出的多层次、多角度教学内容,创造了立体化的教学空间,给传统的启发式、诱导式教学增添了活力,加强了学习过程的整体效应。

3. 多媒体课件的种类

根据多媒体课件的功能与形式，多媒体课件可以分为课堂演示型、流媒体型和网络课程型三种形式。

（1）课堂演示型课件。课堂演示型课件是指将课件表达的教学内容在课堂讲课时进行演示，并与教师的讲授或其他教学媒体相配合的一种多媒体课件。这种类型课件一般与学生之间没有直接的交互作用，一般来说，是为了解决某一学科的教学重点与教学难点而开发的，它注重对学生的启发、提示，反映问题解决的全过程，主要用于课堂演示教学。

（2）流媒体型课件。流媒体型课件是一种包含教师视频、声音和电子教案的多媒体课件。它能全面记录课堂教学的各种信息，营造教学情境与氛围。可以在主播教室（或专门的演播室）中进行课程实时制作，也可以将制作好的授课过程的多媒体流式文件通过Internet或其他途径传送至远程多媒体课程点播系统。通过课件的点播，能够再造教师的形象视频、语音、在计算机上的操作过程（包括鼠标的运动）、电子讲稿和多媒体演示，以及在电子白板上的手写板书过程等，达到再造教学情境的良好效果。

（3）网络课程型课件。网络课程型课件是指具有完整的知识结构，能反映教学过程和内容，提供练习供学生学习，并可通过设计的友好界面供学习者进行人—机交互活动的一种多媒体课件。网络课程型课件可以设计成各具特色的个别化系统交互学习型多媒体课件，利用个别化系统交互学习型多媒体课件，学生可以在个别化的教学环境下进行自主学习。

另外，对于教师应不应该自己制作多媒体教学软件，争议颇多。社会正在向着信息化方向发展，如何使教育适应不断变化和增长的社会要求是一个重要问题。终身学习是当前社会对每一个成员的起码要求，教师更不例外。教师既不能望技术而却步，也不必人云亦云。对于多媒体技术比较感兴趣的教师，可以根据自己的时间和精力情况，部分制作适合自己品位的软件，以弥补现有软件的缺陷；而其他时间和精力都不充足的教师，也不是非要自己制作软件不可，但必须要具备较熟练操作计算机的素质与能力，以达到多媒体教学的优化效果。此外，随着多媒体软件的模块化发展，教师可以各取所需，选择合适的积件组合成适合教学需要的多媒体教学软件。

三、多媒体课件的设计与制作

（一）多媒体课件的设计原则

多媒体课件基本功能是使学习者实现有效的学习，主要作用是面向教学，因此，课件的设计、开发和管理应遵循一定的原则。

1. 教育性原则

课件的设计须遵循教学大纲的内容，着眼于解决教学中的理论和实际问题，实现一定的教学目标；且要体现出培养学生学习知识、培养能力的优势，有益于学生的个性发展。因此,在设计课件的时候应注意以下问题:须根据一定的教学目的和特定的教学对象来设置合理的教学目标,选择合适的教学内容;突出重点、难点;发挥多媒体课件交互性强、有利于个性化教学、能提供丰富的教学方式、启发学生的思维、科学性强的优势,将复杂的问题或难点问题以尽量直观的方式表现出来,增加学习者的感性认识;课件结构应符合教学原则和学生的认知规律;应在学生现有的知识水平上确定信息内容和信息容量。从学习心理和教育心理的角度出发,可用声、文、图等多种灵活的方式恰当表现出其内容,使之易于为学习者所接受。

2. 科学性原则

具体体现在阐述要准确,学科术语的使用与大纲教学内容相一致,观点的论证、事实的说明、材料的组织等都要符合科学逻辑和客观事实,能深刻揭示事务的内在规律;选取的材料、资料具有典型性和代表性,且要真实、具体;图形、图像、动画、特效的设计要符合客观实际、规范化、标准化,符合科学原理;各种技巧技能的演示必须准确、真实;色彩、视觉效果和造型能如实、客观反映科学知识和自然规律。

3. 启发性原则

多媒体 CAI 课件的设计要注意以启发式的教学原则为指导,使其能从各个方面、各个角度启发学生的智慧和想象力。

4. 系统性原则

系统性原则要求课件的设计、开发、使用、管理和评价是一个整体,能从整体上把握和平衡课件的各个方面,使其思想和质量能很好地交融在一起。

5. 技术型原则

课件的技术性是通过程序中各种数据结构、程序结构、控制技巧以及运行的可靠性来衡定的,它要求所制作的课件在使用中能达到运行快捷、操作界面友好、交互应答明确、容错性强。另外,课件的运行环境要求也是一个不可忽视的重要环节。课件应该能在一般计算机上运行,并且要求能做到可移植性或可兼容性。通常课件在制作时,还要配上安装程序和卸载程序,必要时还应该配上使用说明书。

6. 艺术性原则

课件艺术性原则要求教学内容布局美观、主题鲜明、影音和谐、富有表现力和感染力的人—机交互界面,同一画面色彩的数量不宜过多,减少文字数量,避免复杂;要求解说词和背景音乐悦耳协调,尽量少用音响,声音处理要和画面造型相辅相成,视听同步。经过别具匠心的艺术处理,并用一定的艺术表现形式表现出来的教学内容,还必须符合教育性和科学性原则,这样才能引起学习者的学习兴趣并主动参与。

(二) 多媒体课件制作

教学内容的选择要求广泛收集与教学内容有关的各种多媒体素材,要有充分的信息量,有选择地根据教学对象的不同选取教学媒体素材。遵循先设计后制作的原则,同时兼顾屏幕的清晰度、文件的大小、运行的速度等问题。教学内容要有核心的结构,正如交响乐有展开、发展和重述一样。一定要掌握知识的主题脉络和主要的学习内容,不要面面俱到;教学内容的组织要循序渐进,避免跳跃性过大;一定要考虑各种媒体的有效性,而不是无原则地拼凑和粘贴,更不是简单的资料存储和播放,它应成为教师用以构建能充分发挥教师主导作用、体现学生主体地位的新型教学模式的有力手段,应成为学习者学习的认知工具。

多媒体的综合使用能改善教学效果,也会影响教学效果,关键问题是各种媒体的运用"度"。多媒体课件是课堂教学的辅助教学手段,并不能替代教学的主导作用。为了有效地发挥课件在课堂教学中的优势,制作加工前一定要仔细斟酌用何种媒体教学效果最好,有目的地选用,发挥各种教学媒体的最佳作用,将教育性放在第一位才能发挥多媒体的综合效果。特别是板书教学仍在课堂教学中发挥着不可替代的作用。例如,教师在讲授有关公式的推导内容时,首先应在黑板上对公式的演化过程进行推导和讲解,有助于学生的思维和教师的讲解同步。在教师推导完毕后,可以在屏幕上将整个公式推导过程或最后的结果展示出来,才能达到较好的教学效果。

下面采用 Powerpoint 作为设计工具在多媒体课件设计与制作中需注意的问题进行简要说明。

1. 界面风格

屏幕设计要美观、实用,整体要有一致性。一般来说,界面的背景可以在章或节变化时更换,也可以整个课件保持一致的背景,背景的采用以不分散学生注意力为原则;背景画面太亮,容易造成前景文字不突出,引起视觉疲劳,影响学生视力;应尽量避免背景同主体色调无区别、无对比;不宜放置与教学内容无关的图案,应力求背景画面简洁。制作课件前,应首先设计模板,确定界面风格,如屏幕背景颜色、图案,各级标题、正文、图片等的位置,页眉和页脚的显示内容,封面页的格式等等。

2. 演示文字

演示文字应是课堂教学中的纲要性内容,说明类文字不宜放到课件中,以免导致主题不分明。不要将教材、文字教案或教学资料的内容全盘搬到课件中,一定要注意课件绝不是板书的替代品或变形。在设计演示页面文字布局时要注意以下方面:

(1) 演示文字要精炼、有层次,体现教学内容的重点和难点。

(2) 同一页面文字的字体种类不宜过多,一般不应超过三种。尽量少使用外挂字体(操作系统或 office 没有的字体),中文字体经常使用楷体 GB 2312、宋体、黑体、隶书等,英文字体经常使用 Times New Roman、Arial 等。如果文字的字体使用了外挂字体应在保存演示文稿的同时将字体文件包含进来。

(3) 文字设计要规范化,各级标题及正文文字大小要统一、规范,形成统一格式。演示内容的各级标题要在字体、字号或颜色上有所区分,演示文字行间距不宜过多,一般不应超过 500 个汉字,文字不宜过密,行间距应在 1.0 以上。标题的字体要醒目;字号应在 24~36 磅之间;正文字体应在 18~24 磅之间。如果教室较大,可以在设计时将文字统一按比例放大。设计时也应考虑到最后几行内容后排学生是否能看到。

（4）重点语句应采用粗体、斜体、下划线或彩色鲜艳字，以便明显区别。

（5）页面中图形、图像和视频等内容不要有太多的文字解释，应由教师进行现场解释。

（6）播放的声音信息必须清晰、效果好，使学生充分感知教学的内容。虽然背景音乐可渲染气氛，使用时要特别慎重，妥善处理，声音要轻。切换幻灯片时可适当加入声音效果提示或引起注意，但应本着宁缺毋滥的原则，严格控制，防止不必要的声音效果影响教学。

3．屏幕布局

页面布局的原则是画面均衡稳定，布局规整平衡，对称分布简明，整体连贯简单。利用页面的空间，采用全方位构图，注意要留有一定宽度的页边距。数据图表中如果文字和数据太多，尽可能不用数据图表，应做出数据图示，如柱形图或饼形图，增加直观显示效果；所显示图形的位置、大小应尽量统一。

4．颜色搭配

运用色彩可以起到提醒和区分作用，色彩基调要以明快、庄重为主。在一幅页面中不要使用太多颜色，容易分散注意力；背景变换也不要过于频繁，色彩变化更不能大幅度跳跃。背景颜色设定注意要淡化和降低实际显示效果，尽可能将文字和背景设定成明显的对比，但反差不要太大，使文字清晰显示即可，否则易引起视觉疲劳。文字色应选用暖色调；背景色应选用冷色调。文字与背景的色彩组合应深浅搭配、冷暖协调。

5．图片选择

应充分体现主题思想，否则会分散学生注意力；画面必须醒目、简单，不要太小，要让学生看清细节。图片可以通过扫描输入、数码相机拍摄、屏幕捕捉、绘图板绘制、素材图片库提取和网络下载等多种途径获得，编辑时除了注意其表现效果一致外，还要注意图片文件的大小。

6．超级链接

设计超级链接时一定要注意能够进入新页面，也要能够随时返回页面。要根据知识点的认知规律设计跳转链接点。

7．动画效果

应尽可能少使用，如果必须使用则一定要统一风格，注意不能过多地使用特技切换，所使用的特技效果一定要有意义，否则会分散学习者注意力。

8．课件演示

一定要在授课前对课件进行重复演示，以保证其能正常运行。在课堂讲授时，课件的演示内容应和教师的讲解同步。在切换页面时，教师应有适当的语言提示，引领学生进入下一页面。教师应控制讲课节奏，每个页面的内容应停留一定时间，保证学生的思维能够跟上。最好在课堂讲授时，课件与板书相结合使用，可以减少学生的疲劳。

四、多媒体素材及其集成

(一) 多媒体素材的种类

通常称各种形式的多媒体内容为素材。多媒体素材包括文字、图像、图形、动画、声音、视频等。

1. 文字素材

文字是多媒体教学系统中最主要的成分，文本是指带特定格式的文字。在多媒体课件中，文本是表达教学内容的重要构成部分。常见文本格式有＊.doc 文件、＊.txt 文件、＊html 文件、＊.rtf 文件、＊.wps 文件等。

2. 图形、图像素材

图形是以数学方法描述的、几何元素组成的由计算机生成的图形文件，又称为位图或矢量图。如各种几何图形、图表、流程图、工程图形等均属于矢量图。其主要特点是文件非常小，可以任意拉伸变形而不影响图像质量。图像以点阵形式描述。图像文件的格式非常多，使用素材图片过程中，都会涉及图像格式转换问题。常用图形格式有 WMF、EPS、DIF 等，常用图像格式有 BMP、JPEG、TIF、TIFF、PSD 等，其中 BMP 格式文件占用存储空间最大，在制作多媒体课件中应将其转换成其他格式。

(1) WMF(Windows metafile format)。Microsoft Windows 图元文件，具有文件短小、图案造型化特点。该类图形比较粗糙，并只能在 Microsoft Office 中调用编辑。

(2) EPS(encapsulated PostScript)。用 PostScript 语言描述的 ASCII 图形文件，在 PostScript 图形打印机上能打印出高品质的图形(图像)，最高能表示 32 位图形(图像)。该格式分为 Photoshop EPS 格式 adobeillustrator EPS 和标准 EPS 格式，其中后者又可以分为图形格式和图像格式。

(3) DIF(drawing interchange formar)。AutoCAD 中的图形文件，它以 ASCII 方式存储图形，表现图形在尺寸大小方面十分精确，可以被 CorelDraw、3DS 等大型软件调用编辑。

(4) BMP(bit map picture)。PC 机上最常用的位图格式，有压缩和不压缩两种形式，该格式可表现从 2 位到 24 位(真彩色)的色彩，分辨率也可从 480×320 至 1 024×768。该格式在 Windows 环境下相当稳定，在文件大小没有限制的场合中运用极为广泛。

(5) JPEG(joint photographics expert group)。它是可以大幅度压缩图形文件的一种图形格式，是所有压缩格式中最为卓越的有损压缩方案。对于同一幅画面，JPEG 格式存储的文件是其他类型图形文件的 1/10 到 1/20，而且色彩数最高可达到 24 位，支持各种格式的彩色图像，所以被广泛应用于 Internet 中。

(6) GIF(graphics interchange format)。它是在各种平台的各种图形处理软件上均可处理的经过压缩的图形格式，是 Internet 上 WWW 中的重要文件格式之一。其优点是文件格式很小，并同时支持静态和动态两种形式；其缺点是存储色彩最高只能达到 256

种,不能支持真彩色。

(7) TIFF(tagged image file format)。文件体积庞大,但存储信息量亦巨大,细微层次的信息较多,有利于原稿阶调与色彩复制。该格式有压缩和非压缩两种形式,最高支持的色彩数可达 16M。

(8) PSD(photoshop standard)。它是 Photoshop 中的标准文件格式,是专门为 Photoshop 而优化的格式。其最大特点是在多媒体课件中调用时能进行一些诸如透明化处理,但是改文件比 BMP 文件所占磁盘空间要大很多,因此,一般在将其导入课件前将它们转换成其他文件格式。

3. 声音类素材

在多媒体课件中,通常使用的音频信息有三类,即音乐、音效、语音。恰到好处地插入声音可以使课件的表现内容更生动、活泼,起到烘托和渲染作用。音乐在课件中多数充当背景音乐,一般用在教学系统的首页和结尾部分。音效也称效果声音,在课件中适当采用一些特殊的声音效果,可以提高系统使用者的注意力或实现某种表达效果。例如,回答问题的提示声音等,一般采用 wav 格式文件。语音也称录音素材,如解说、朗读等,可以用作叙述、说明课件内容,一般为 WAV、MP3 或 RM 格式。

(1) WAVE(波形音频—Waveform Audio)。其扩展名为 WAV,是 Microsoft 公司的音频文件格式,它来源于对声音模拟波形的采样。利用该格式记录的声音文件能够和原声基本一致,质量非常高,缺陷是文件太大。由于 WAVE 声音波形文件是直接由音频输入转换成的文件,它可以被各种声音素材采用。如不经压缩处理,一分钟录音所形成的文件可超过 8Mb。近年来,采用压缩技术可将声音文件大小压缩 10 倍以上,采用这种技术的声音文件就是 MP3 文件。Microsoft Sound System 软件 Sound Finder 可以转换 AIF SND 和 VOD 文件到 WAV 格式。

(2) MIDI。MIDI 是 Musical Instrument Digital Interface(乐器数字接口)的缩写,扩展名 MID,它是由世界上主要电子乐器制造厂商建立起来的一个通信标准,它的 General MIDI 即最常见的通行标准,是一种以规定计算机音乐程序、电子合成器和其他电子设备之间交换信息与控制信号的方法。MIDI 文件中包含音符定时和多达 16 个通道的乐器定义,每个音符包括键通道号持续时间音量和力度等信息。所以 MIDI 文件记录的不是乐曲本身,而是一些描述乐曲演奏过程的指令。MIDI 文件是一种电子乐器通用的音乐数据文件,只能模拟乐器发声,因此,只能用作纯音乐使用,不能用来播放语音或带人声的歌曲。如果要用带人声的歌曲则需要采用 WAVE 或 MP3 格式。

(3) MPEG-3。它的扩展名为 MP3,是现在最流行的声音文件格式,因其压缩率大,在 Internet 和网络可视电话通信方面应用广泛,但和 CD 唱片相比,音质不能令人非常满意。

(4) Real Media。它的扩展名为 RM,这种格式真可谓是网络的灵魂,强大的压缩量和极小的失真使其在众多格式中脱颖而出。与 MP3 相同,它也是为了解决网络传输带宽资源而设计的,因此主要目标是压缩比和容错性,其次才是音质。

(二) 多媒体素材的采集与编辑

多媒体课件制作的软件是指采集、编辑及处理音频、视频、图形、图像及动画等多媒体教学信息素材的一系列工具,可分为多媒体素材的采集与制作软件和多媒体素材编辑合成软件两大类。掌握这些常用制作软件的结构特性及使用要点,恰当选择适合自己教学风格的软件,能在多媒体课件制作中起到事半功倍的效果。

1. 文字类素材的基本制作方法

文字获取可以通过键盘、光电、手写、语音、扫描等多种方式输入文字。扫描的文字通过 OCR 文字识别软件进行文字识别,一般扫描仪中附带此类软件,常见的 OCR 软件有 OmniPage、Typestry、OCR 等。文字一般可利用文字处理软件如 WPS、WORD 等将文字材料进行编辑、排版。它能根据课件设计的需要制作并且生成大部分多媒体集成软件支持的文件格式,也可以利用多媒体集成工具或利用图像处理软件编辑。

2. 图片类素材的采集与编辑

课件制作中常用的图形处理软件主要有 Adobe Illustrator、Visio、AutoCAD 及 CorelDRAW 等,其中 Adobe Illustrator 和 Visio 使用得较多。图像采集和制作软件常用的有 Photostudio、Painter、Photoshop 等,常见的软件是 Photoshop。它采用简洁的中文界面,可以直接从数码相机、扫描仪等输入设备获得图形。在 Windows 环境下,捕获当前屏幕上的图像只需要按下 Print Screen 键,就可以将屏幕上的内容拷贝到剪贴板。如果按下 ALT+Print Screen 键,则可以拷贝活动窗口内容。一般图像占据很大存储空间,有效措施是压缩,常用压缩软件为 WINRAR、Winzip 等。

3. 声音类素材的选择与编辑

在声音编辑软件中尽量选择专业声音编辑软件,它们不仅可以进行长时间录音,而且还支持对声音的进一步编辑,如声音的截取、音色、音调的调整等。比较好的软件有 Cool Edit、GoldWave、Cakewalk、Sound Forge、Soud Edit 等。这些音频编辑软件的功能包括录音、存储声音、编辑声音(如剪切、复制、粘贴)、加入特殊效果、合成声音等。

4. 动画类素材的采集与编辑

在教学内容中,有一些较抽象的概念和现象,仅凭学生的想象难以留下直观认识,这时可借助于课件的动画效果将其表现得生动形象。课件制作动画的常用软件主要有 Animator Studio、Cool 3D 及 3D MAX 等,二维动画最优秀的软件是 Flash 和 Animator Pro。

5. 视频类素材的采集与编辑

视频是课件中的活动画面,其常用软件主要有 Premiere 和 Personal AVI Editor。Premiere 制作动态视频效果好,并且功能强大,但操作较复杂,一般教师需要经过一段时间的专门学习才能熟练运用。而 Personal AVI Editor 则适合一般教师制作简单的动态视频素材,不仅操作简单,而且有多种图像、文字和声音特效,将这些特效灵活搭配,即可轻松获得教学动态视频素材。用 SnagIt、Hyper Cam 等工具进行屏幕活动画面抓取,可形成视频文件。

第四节 多媒体课件的评价

多媒体课件是构成教学传播过程的重要环节和决定传播质量的关键要素,随着教育信息化进程的发展,多媒体课件数量在迅速增长。对多媒体课件质量进行有效评价,规范和指导多媒体课件质量,保证使用多媒体课件教学的质量,同时对于多媒体课件的设计与制作过程,都具有一定的指导意义。多媒体课件评价具备教育评价的三个方面含义,即价值判断、评价发展、参照标准。

一、多媒体课件的质量特性

多媒体课件可以从以下四个基本方面来评价多媒体课件的质量特性:

1. 课件内容

课件内容指多媒体课件内容的制作质量和组织结构,这是决定多媒体课件质量的核心要素。要求多媒体课件内容符合课程教学单元或课程目标的要求,科学严谨,多媒体课件结构的组织和编排合理,并具有开放性和可拓展性。

2. 教学设计

教学设计指对多媒体课件的教学目标、教学过程及教学测评方法的合理设计,这是决定多媒体课件质量的关键,是多媒体课件区别于一般教学软件的特色性维度。要求多媒体课件的教学设计良好,教学功能完整,在学习目标、教学过程与策略以及学习测评等方面均设计合理,能促成有效地学习。

3. 界面设计或镜头语言的语法

它指对学习者与多媒体课件系统之间的信息交流方式的设计,简便易用的人性化的界面设计、明细的镜头语言的语法是决定多媒体课件质量的一个重要因素。要求多媒体课件页面风格统一,协调美观,易于使用和操作,具有完备的功能。

4. 制作技术

可靠、适当的制作技术是多媒体课件质量的前提和基本保障。要求所采用的硬件、软件技术能支持多媒体课件的可靠安装、运行和卸载,适合单机或网络传输。

二、课堂演示型课件评价

1. 课件教学内容的教育性评价

具体包括:知识密度合理,难易适度,突出重点,分散难点,适合不同层次学生的学习;目标明确,选题恰当,有利于发挥学生的主体作用,能激发学生主动参与学习的热情;体现教育理念,有利于培养学生的创造精神和实践能力。所占权重为30%。

2. 课件教学内容的科学性评价

具体包括:教学内容科学正确,逻辑严谨,层次清楚;模拟仿真准确、形象,有典型性、代表性;场景设置、素材选取、名词术语、操作示范等符合教育科学的要求。所占权重为30%。

3. 课件教学内容的技术性评价

具体包括:画面清晰,动画连续,色彩逼真;声音清晰适当、可控;文字设计规范合理、醒目;交互设计合理,智能性好,运行稳定;导航清晰、方便,易于检索,没有无效链接。所占权重为20%。

4. 课件教学内容的艺术性评价

具体包括:创意新颖,构思巧妙,节奏合理,设置恰当,原创程度高;画面主题突出、简洁、美观,音乐、解说与画面协调;所占权重为10%。学内容的艺术性评价包括以下内容:界面友好,操作简单、灵活,容错能力强;反馈评价及时,合理,有效;文档完备;所占权重为10%。

三、流媒体型课件评价

1. 课件制作的内容评价

具体包括:目标明确、体系完整,符合课程教学要求,与教材和教学大纲保持良好的统一性;教学内容取材合适,重点突出,具有启发性和实用性,内容表现科学、规范、准确;完整的体系包括课程绪论、课程内容、总复习和习题讲评等。

2. 课件制作的技术评价

具体包括:文字通畅,图表正确、清晰,图文密切配合;讲稿应提纲挈领,但页数不得过少;公式、名词、术语、符号等符合国家电子出版的统一规定,若沿用习惯用法须全文一致并与印刷文本教材保持一致,计量单位、标点符号、文字等符合国家标准;层级标题和项目符号不能混用;所使用的电子教案应符合课堂演示型课件评价标准;图片、视频、音频等素材要满足课堂教学活动需要,应达到"视图合理,图像清晰,色彩鲜明,音色优美,动画流畅"的要求。讲稿内容的出现应该与授课同步,有一定指示标记,不得整页托出。

四、网络课件(网络教学)评价

网络教学与传统教学相比,教与学的活动在时空上被分离,网络教学的实现需要可靠而安全的网络传输系统,学习者的学习主要是自主学习等等。因此,网络教学评价也表现为注重过程性评价;对运用教育技术实施智能教学及对利用探索、发现、竞争、协作、角色扮演等一系列策略教学的效果进行有效的评价;对学生在学习中的主动性、自控性、学习的效果进行评价;评价对象广泛,不仅对传统教学系统的四要素即学生、教师、教学内容与媒体(网络教学支撑平台)进行评价,还对学习支持和服务系统进行综合评价;实现网络教学评价系统与网络教学支撑系统的无缝结合,利用支撑系统的教学活动记录功能搜集评价信息,实现对网络教学的动态评价和动态调控;充分利用互联网络的技术优势,缩短了评价周期,及时反馈评价结果以便于及时调整教与学,而且降低了学校管理部门对学生、教师进行评价的技术要求,降低了费用。

网络教学的评价模型要依据不同的评价目标、不同的评价对象而采取不同类别的评价，因而应专门制订适合于网络教学评价的评价指标和要素，对学习和教学过程与效果进行充分评价，以促进网络环境下的学习。

基于网络教学评价的特点，可建立如下网络教学评价模型，它包括学生、教师、学习资料、网络教学支撑系统、学习支持与服务系统等方面的评价，每一个方面都包括若干子项评价。

1. 对学生的评价

学习者是学习的主体，网络教学的主要目的是向学习者提供学习途径、资源和方法，使学生获得知识与技能，培养学生的认知和元认知策略，最终获得发展，因此，对学习者的评价是网络教学评价的主体内容。网络教学注重对学习者的态度、意义建构过程的评价，一方面，真正了解学生的学习过程；另一方面，做出评价和反馈，提出提示和建议信息。具体来说，包括交互程度、答疑情况、通过答疑、资源利用情况、作业和考试等方面的评价。

2. 对教师的评价

在网络教学环境中，学生与教师的地位发生了改变，教师成为学生学习的辅助者而不再是传递者，信息的传递主要由网络系统完成，网络与教师所提供的教学资源作为主要的学习内容仍然是主要的教学信息。对教师的评价主要包括五个方面，即师生交互程度、作业与答疑情况、教学活动组织、学习材料提供和学生考试情况。

3. 对教学内容的评价

网络教学中的教学内容不仅包括教师提供的网络课件，还包括教师提供的其他学习资料以及互联网提供的资源。对网络课件的评价包括课件内容、结构与导航、练习与反馈、技术、交互性五个方面，这些信息可以以调查问卷方式由教师、学生和管理人员填写。

4. 对网络教学支撑平台的评价

在网络环境下，教学信息传递通过网络这个媒介进行。为了有效组织网络教学活动，网络教学的实施通常在网络教学支撑平台下进行。网络教学支撑平台的评价包括技术系统和教学系统评价。

第五节 网络教育资源利用

一、网络教育资源的特点

网络技术在教学中的应用越来越广泛，为教学模式、教学方法的改革提供了数字化平台，网络教育资源的开发与利用正日益得到重视。狭义的教育资源仅指学习内容和学习材料；广义的教育资源是一系列提供学习、支持学习和改善学习的事物的总称，不仅包括学习内容和学习资料，还包括人、媒体、策略、方法以及环境条件等要素。因此，可以认为网络教育资源是指蕴涵了特定的教育信息，能创造出一定教育价值，以数字信号在互联网上进行传输的各类教育信息资源。

网络技术为教学模式、教学方法的改革提供了数字化平台，网络教育资源的开发与利用正日益被人们所重视。以电子媒介代替纸质媒体呈现知识信息是网络教育资源区别于传统教育资源的突出特点。除了形式方面的区别以外，在内容、功能和效用方面，网络教育资源还具有以下特点。

1. 形式多样。网络教育资源可以是文本、图形、声音、动画、视频等多种媒体信息，信息组织形式多样，知识信息以电子图书、电子期刊、电子字典、电子百科全书、网络课程、教育网站、虚拟图书馆、虚拟实验室等形式组织和呈现。

2. 内容丰富。网上用户可以获得各学科、各门类的专业知识、科技文献、统计资料、真实案例、政策法规和工具等极其丰富的教与学的资源。

3. 获取便捷。利用搜索工具和在线帮助工具，用户只需输入关键字，就可在几秒钟之内获得无数的信息。

4. 快速及时。在传播学中网络被称为第四媒体，它的新闻传播速度和更新频率高于任何一种传统媒体。

5. 资源共享。网络教育资源可以实现最大范围的资源共享，全球任何一个角落的用户都可以共享网络上的信息。

6. 关联度强，检索快捷。网络信息资源利用超文本链接，构成了立体网状文献链，把不同国家、不同地区、各种服务器、各种网页、各种不同文献通过结点链接起来，关联度增强了。通过各种专用搜索引擎及检索系统使信息检索变得方便快捷。

二、网络教育资源的类型

1. 按照资源的形态划分，网络教育资源可分为教育环境资源、教育信息资源和教育人力资源

教育环境资源是指构成网络教育系统的硬件和软件，如计算机设备、联网设备、通信设备、网络操作系统、应用软件、工具软件、网络协议等；教育信息资源主要指多种媒体形式的数字化知识信息，如课程、题库、资料、素材等；教育人力资源包括网上教学、服务、管理人员，如教师、助教、专家、学者、教育管理人员、系统管理人员等。

2. 按照教育功能划分，网络教育资源可分为网络教学资源库和网络教育管理系统

网络教学资源库主要包括网络课程、题库、素材库和案例库。网络课程是指某一门课程或某个专题的网页、多媒体课件或视频影像材料；题库是建立在教育测量理论基础上的结构化的大量题目的有机组合，可涉及一门或多门课程，题库系统具有题目生成、试卷生成、试卷分析、成绩分析、统计报表及题库维护等功能；素材库包括大量多媒体知识信息和答疑资料素材、背景资料素材等，它们可以是一个对象、一个组件或一个积件，可供教师和学生选择并重新进行整合，以便用于教学和实验；案例库包含涉及某一学科知识的事件或情境，案例中真实、详尽地描述了事件发生的现象、原因、经过，并介绍案例发生的背景环境，有时还附有领域专家的分析与评价，对于学生掌握理论知识、综合运用所学知识具有实际指导意义，有时素材库也包含案例库。网络教育管理系统是指能响应利用网络进行教和学的用户的服务请求，提供和传递教育信息，支持用户交流、维护系统正

常运行的管理系统,它是网络教学系统正常运行的重要保证。

三、网络教育信息检索

信息检索通常是指从以下任何方式组成的信息集合中,查找特定用户在特定时间和条件下所需信息的方法与过程,完整的信息检索含义还包括信息的存储。教育信息检索是指学习者或教师在信息集合中,查找、识别、获取学习资源、参考文献的方法及过程。信息检索主要包括印刷型信息资源的检索、电子信息检索和计算机信息检索。

(一)网络资源检索工具

1. 目录型检索工具(subject directory catalogue)

它是由信息管理专业人员在广泛搜集网络资源,并认真加工整理的基础上,按照某种主题分类体系编制的一种可供检索的等级结构式目录。在每个目录类下提供相应的网络资源站点地址,使用户能通过该目录体系的引导,查找到有关的信息。目录型检索工具的主要优点是所收录的网络资源经过专业人员的选择和组织,可以保证质量,从而提高了检索的准确性。但由于是人工收集整理信息,因此得花费大量的人力和时间,难以跟上网络信息的迅速发展,所涉及信息的范围有限,其数据库的规模也相对较小。

2. 搜索引擎(search engine)

它是指根据一定的策略、运用特定的计算机程序搜集互联网上的信息,在对信息进行组织和处理后,为用户提供检索服务的系统。从使用者角度看,搜索引擎提供了一个包含搜索框的页面,在搜索框输入词语,通过浏览器提交给搜索引擎后,搜索引擎就会返回跟用户输入的内容相关的信息列表。互联网信息搜索是仅次于电子邮件的第二大网络应用,几乎所有上网的人都会用到搜索引擎来查找信息,搜索引擎已成为搜索网上教育资源不可或缺的得力助手。在众多搜索引擎中,Google(谷歌)和 Baidu(百度)的使用率较高。

搜索引擎的一般检索功能有:①布尔逻辑检索。它包括"与 AND"、"或 OR"、"非 NOT"。②词组检索。将一个词组当作一个独立运算单元,进行严格匹配。③截词检索。它可分为左截、右截、中间截断和中间屏蔽等四种,通常只提供右截法,而且搜索引擎中的截词符通常采用星号"*"。④字段检索。字段检索是限制检索的一种,多表现为限制前缀符的形式。

搜索引擎的特殊检索功能有:①自然语言(natural language)检索。直接采用自然语言中的字、词或句子以提问式进行检索。②多语种检索。提供多语言种类的检索环境供检索者选择,系统可按指定的语种进行检索,并输出相应的检索结果。③区分大小写的检索(case-sensitive)。这主要是针对检索词中含有人名、地名等专有名词的检索。

(二)信息检索策略

1. 合理确定检索的关键词

要将最重要的概念定为检索的关键词,同时应当十分注意检索关键词的同义词、单复数、拼写变异、单词结尾的不同情况等。

2. 采用选用适当的检索方法

（1）分类目录检索。用户通过逐层点击网络信息主题目录，直到找出需要的信息为止。该方法适用于分类明确的信息查找。

（2）关键词检索。当需要查找一个特定的信息时，使用关键词来查询搜索引擎的数据库，通常可得到较满意的结果。

（3）分类目录加关键词混合检索。当用户对究竟采用分类检索还是关键词检索犹豫不定时，使用分类目录加关键词混合检索通常是最佳选择。

（4）多元引擎检索。一般情况下，这是网上信息检索的首选方法。应用多元引擎可以加快信息检索的全过程，且返回相对较少的无关站点。

3. 检索结果的处理对策

当检索返回的网页太多，而需要的网页又不在最前面的几页时，可通过改变关键词、改变搜索范围、使用逻辑符"AND"及引号等方法进一步缩小查询范围。大多数搜索引擎都将最符合检索要求的网址排列显示在所检索结果的前面，如果时间不允许，用户只需阅读检索结果的前面几条信息即可；当检索不成功时，应该检查关键词是否有拼写错误、各个关键词之间是否自相矛盾。若仍不能成功地搜索，可换一种搜索引擎，因为每个搜索工具拥有资源的侧重点可能有所不同。一般情况下，选用一个好的搜索工具，采取一个科学的搜索策略和技巧，能正确应用布尔逻辑符，并熟悉所搜索的领域知识，就能够获得一个比较满意的检索结果。

四、信息交流和资源共享

Internet 是一个庞大的信息资源库，同时又是一个信息交流媒介。在 Internet 中既提供了供学习者之间进行交流的工具，也提供了供学习者之间进行资源共享的手段。

（一）信息交流

在 Internet 中，提供了多种供学习者之间进行信息交流的手段，包括各种实时和非实时的交流。它主要有以下几种：

1. 电子邮件（E-mail）

（1）电子邮件及电子信箱。E-mail 是指在 Internet 中各个计算机用户之间通过电子信件的形式进行信息交流的方式。电子邮件是基于计算机网络的一种通信，实现这种通信，通信双方首先须在本地计算机上安装 SMTP（简单邮件传输协议）和 POP3（邮局协议）两种协议。SMTP 协议主要负责 SMTP 服务器之间的信息传递，POP 协议主要负责本地计算机与 SMTP 服务器之间的信息传递。其次，双方需要申请一个电子信箱。每一信箱都应拥有因特网上唯一的信箱地址。其格式是：用户名＋@＋主机域名，例如，mary@163.com。电子邮件主要由邮件头部、邮件体和邮件附件三部分组成。

（2）电子邮件构成。邮件头部主要由四栏组成：①收件人：输入收件人的电子邮件地址，可同时输入几个不同的地址（至少填一个地址）；②抄送：输入需发送的其他地址

（可不填），这些地址的主人在收到信后，从信中可知道有哪些人收到该信件；③密件抄送：输入需秘密发送的其他地址（可不填），这些地址其他人是不知道的；④主题：邮件的主题，以方便收件人分类和选阅（可不填）。邮件体是邮件的正文部分，可采用文本格式或HTML格式编写。邮件附件是用来传输非文本的其他类型如图片、声音、程序等文件。

2. 网上论坛

网上论坛又称电子公告板（BBS）。BBS 是一种电子信息服务系统，是网络用户互相交流和沟通的主要方式之一。它向用户提供了一块公共电子白板，每个用户都可以在上面发布信息或提出看法。BBS 通常按不同的主题分成很多个栏目，用户可以选择自己感兴趣的主题并参与讨论。BBS 在现代网络教育中有着特别重要的作用，学生与学生、教师与学生之间的交流不再局限于书信或者电话，他们可以通过因特网来进行，BBS 在这一点上可以发挥很大的作用。大多网络课程都提供了 BBS 功能。目前使用 BBS 的方式有两种，其一是利用远程登录软件 Telnet 登录到 BBS 站点上；其二是用户更为习惯的基于 WWW 的 BBS，用户利用浏览器就可以直接使用 BBS，该方式操作简单，速度快，对用户数量没有多大限制。

3. 网络电话

网络电话是人们通常所说的 IP 电话，它是利用互联网实现远程话音通信的一种方式。IP 电话可以分为三种方式，即 PC-PC、PC-PHONE、PHONE-PHONE。

4. 视频会议

所谓视频会议，是指利用视频摄像和显示设备，经过信号压缩及编程解码处理，通过网络的传输在两个或多个地点之间实现交互式的实时音、视频通信。视频会议系统可分为点对点和多点系统两类。用于教学的视频会议系统具有实时性、交互性、多媒体性和共享性等特点。典型的产品有 VTEL、MSN Messenger、MSN Web Messenger 等。

（二）资源共享

网络最重要的功能之一就是资源共享，我们可以利用多种方法将搜索到的资源下载到本地来使用。常用的下载方法有以下几种：

1. 通过 Web 浏览器。可以将要下载的资源页面保存到本地计算机，也可以直接在页面上选取所需要的文字或图片，进行保存。

2. FTP 文件传输。目前，许多大学网站都提供 FTP 服务，学习者可以登录到 FTP 站点上，下载应用软件及所需的资源。

3. 使用下载工具。目前，有许多网络下载工具，如网络快车 FlashGet 等。这些下载工具不但能支持 HTTP 和 FTP 下载，也支持多线程、多文件下载，支持断点续传，能极大地加快网络下载速度。

4. 使用网络通信工具。目前，常用的网络通信工具有 NetMeeting、OICQ、MSN 等，它们一般都具有呼叫功能，能进行文本、语音、视频对话，有些还具有文件传输等功能，可以通过网络实现信息的交换与获取。

第八章 班主任工作技能训练

【学习提示】

班主任工作技能是基础教育优秀师资必备的教育能力。各专业学生都应自觉端正认识,明确班主任工作的重要意义,明确班主任工作技能的核心内涵,并自觉加强班主任工作技能培养的理论学习与实践训练,为成为一名优秀的班主任做好充分的职前准备。

第一节 班主任工作概述

一、班主任工作的意义

班主任,作为教师的优秀代表,作为教师职业集中而完美的体现者,不但是科学知识的传播者、学生智力的开拓者,更是学生思想品质的培养者,灵魂的塑造者,他们是各类社会建设人才的造就者。班主任工作的意义与它所担负的历史使命、工作任务和职责紧密相连。由于其工作范围十分广泛,因此,其工作意义也涉及社会、学校、学生等各个方面。

1. 从社会视角看,班主任要培养全面发展的人

班主任工作是为社会培养全面发展的人的工作。作为一个普通教师,教书育人当然重要,但作为一名班主任对学生全面发展的影响就更大、更直接,尤其是对学生的个性发展具有格外重要的作用。因此,在人类通向更高文明的进程中,班主任是人类社会得以延续和发展不可缺少的重要力量,是连接过去与未来的纽带和桥梁。不论是人类优秀文化成果传播还是民族进步所需的各类人才培养,都离不开班主任的辛勤工作。

2. 从学校视角看,班主任是学校教育职能的实现者

学校是专门从事教育工作的机构,而学校教育教学工作,在很大程度上是通过班级来进行的。作为全面负责班级思想、学习、健康和生活管理工作的班主任,他既是班集体的教育者、领导者和组织者,又是学校教育工作的骨干力量,是学校领导的得力助手。班主任工作要落实和完成学校教育各项任务,班主任工作要沟通和协调各方面教育影响。毋庸置疑,班主任工作质量直接关系到学校教育质量。一所好学校,一定拥有一批优秀班主任。

3. 从学生视角看,班主任是社会物质财富和精神财富的创造者

教育为社会服务的功能主要是通过培养人这一途径来实现的。离开对人的培养,教育就无法对社会产生直接影响。由于班主任工作的目的在于促进学生身心的协调发展和学生个性的充分发展,而每个学生又都是哲学意义上的物质与精神的统一,因此,我们

认为班主任是社会物质财富和精神财富的创造者。

4. 从班主任自身来看，班主任在塑造学生的同时也在塑造自己

随着我国教师专业化工作的不断推进，随着基础教育改革的不断深化，以及我国青少年素质的不断提高，社会、家庭与学校都对班主任工作质量提出了更高要求。"以身作则"的教师职业品格要求班主任教师在塑造学生的同时，也要不断塑造自己的高尚道德情操，拓展自己的广博知识领域。这是做好班主任工作的重要前提。

二、班主任工作的基本任务和职责

1. 基本任务

在校长领导下，按照德、智、体、美、劳全面发展的教育方针开展班级工作，培养良好班集体，全面关心、教育和管理学生，使他们身心得到全面健康发展，成为有理想、有道德、有文化、有纪律的社会主义公民。其核心内容是培养良好班集体，搞好班级管理、教育，促使学生在集体中健康成长。

2. 工作职责

（1）对学生进行思想品德教育，培养学生良好的道德品质，学习、劳动习惯和文明行为习惯。《中学生守则》是重要依据，因此要将《中学生守则》与学校规章制度结合起来进行教育。

（2）经常与任课教师取得联系，了解学生情况，从而协同对学生进行教育，激发学生学习兴趣，促使学生学会学习方法，掌握学生课业负担量。

（3）关心学生身心健康，提倡坚持体育锻炼，注意保护视力，培养良好的卫生习惯。

（4）指导班委会和少先队、团支部工作，培养团结友爱、积极向上的班集体，做好学生个别工作。

（5）指导学生参与劳动实践，关心课余生活，支持并组织学生开展各种有益的课外活动、主题班会等。

（6）搞好班级经常性管理工作，对学生进行常规管理，做好学生操行评定等，评语要针对学生实际，充分肯定其优点和进步，明确指出缺点和努力方向。

三、班主任工作的主要原则和方法

1. 面向全体学生，全面了解学生的思想品德、学习、健康、劳动和生活情况，对学生全面负责。

2. 正面教育，启发诱导。对学生应用说服教育方法，调动各种积极因素，充分发挥榜样的作用。

3. 热爱尊重学生，严格要求学生。只强调老师爱学生是不全面的，还应具体研究怎样去爱，想爱还要会爱，如果不会爱，即使原本想爱，后来也会变得不爱，得法是关键。

4. 要从学生实际出发，根据其心理特点、思想实际、个性差异以及社会、家庭影响等，提出不同的教育要求，有的放矢地进行教育。

5. 以身作则,言传身教,正人先正己。要严格要求自己,不断提高道德修养,起表率作用。

6. 集体教育同个别教育相结合。要充分发挥集体教育作用,对每个班级成员施加教育影响,注意培养学生具有良好个性品质;通过开展集体活动如运动会、春游等,发挥学生特长,建立正确的集体舆论,培养集体荣誉感、自豪感,形成良好班风。

四、班主任应具备的素质

1. 坚定正确的政治方向

班主任由于肩负着教育学生、为国家民族发展培养人才的重要使命,因此,必须认真领会和全面贯彻党的教育方针,必须坚持坚定正确的政治方向。列宁曾经指出:"在任何学校里,最重要的是课程的思想政治方向。这个方向由谁来决定呢?完全只能由教学人员来决定。"可见,学生的思想政治方向是由班主任决定的。作为学生健康成长的引路人,班主任在学生思想品德形成与发展中居于特殊位置,对于学生德、智、体全面发展起着主导作用。所以,班主任应不断提高思想政治觉悟,真正起到引领作用。只有站得高,才能看得远。只有有理想、有觉悟的班主任,才能培养出有理想、有觉悟的接班人。

2. 尊重信任学生的教育观念

学生是班主任教育工作的主要对象。怎样看待作为教育对象的学生,采取什么样的态度,直接影响到班主任的教育效果。随着年龄的增长,中学生的独立意识和自我表现欲望都会逐渐增强。他们思维敏锐、思想活跃、上进心切、自尊心强而心理承受能力尚很脆弱,班主任对此要注意保护并加以正确引导。只有树立正确的教育观念,才能充分调动学生进步的主动性和积极性,也才能顺利实现教育目标。

3. 甘为人梯的高尚品格

班主任工作是平凡而又伟大的。言其平凡,是因为班主任工作主要是处理学生在学习和生活中出现的各种细琐问题,没有轰轰烈烈的壮举,只有默默无闻的奉献;言其伟大,是因为班主任必须天长日久甘于坚守这平凡的岗位,认真处理这些平凡琐碎的事务。一方面是平凡、平常甚至平淡;一方面又要满腔热情。班主任之所以甘愿坚守这平凡的岗位,就是因为他们满怀着对教育事业的执著热爱,具有甘为人梯的高尚品格,唯此,这项事业才能兴旺发达,保持长久的生命力。

4. 勤于进取的治学态度

知识经济时代的重要标志就是知识更新快,为此,班主任要注意不断更新"大脑",建构"胸怀"。班主任治学严谨、锐意进取,就会激发学生的学习热情,对班级学风产生积极影响。苏联著名教育家赞可夫曾说:"没有个人的思考,没有对自己经验的总结,没有对自己经验寻根究底的精神,提高教学水平就是不可思议的。"苏霍姆林斯基在中小学任教时,坚持每天晚上记录教学情况,书写工作笔记,认真思考当天做过的工作,总结经验教训,三十余年如一日,从不间断,也不敷衍;曾先后对 2 700 名学生做过详细的记录,数十年后,他仍然能说得出"最难教育的"178 名学生艰难曲折的成长过程。这也使他从一位没有师范院校毕业文凭的乡村教师成长为杰出的教育家。

5. 辩证施教的教育方法

班主任必须学习和掌握唯物辩证法,并运用这一科学的方法论来指导自己工作,不断探索班主任工作的新途径、新方法。班主任应认真学习马克思主义哲学,从班主任工作实际出发,实事求是。这主要表现为对于不同学生,能够区别对待、因材施教;能够根据教育对象身心特点不断变更教育内容和教育方法;能够根据变化了的新情况,善于随机应变、当机立断,做出恰当处理。

班主任工作技能是指中学班级管理、对学生进行思想品德教育和组织指导学生进行课外活动等方面的技术和能力。它是以教育学、心理学等学科基本理论为指导的理论与实践相结合的教学实践活动。具体来说,班主任工作技能主要包括组建和管理班集体技能、了解和教育学生技能、组织课外活动技能以及沟通技能等等。

第二节 组建和管理班集体技能训练

一、制订班主任工作计划

(一)班主任工作计划的制订意义

班级是学校全面贯彻教育方针的基层单位,班主任工作是指导学生全面发展、健康成长的最重要一环。班主任工作涉及学校教育的各个方面,是一个复杂的系统工程。因此,班主任的复杂工作必须统筹安排,制订出周密的计划,才能井然有序地将学校的教育计划落实到班级,使学校培养目标具体化,确保学生受到良好教育,成为合格人才。制订班主任工作计划就是使班级工作纳入科学、正常的轨道,使班级工作开展顺利、有效。如果不制订班级工作计划,那就会出现零打碎敲、就事论事的情状,影响教育效果;如果所制订的班级工作计划不切合实际,不能实施,那也会影响教育效果。由此观之,制订班级工作计划是十分重要的。

班主任工作非常繁重,千头万绪。基础教育千条线,都从班主任工作这根"针"里穿。国家对人才培养的要求又是非常严格的。俗语说:"十年树木,百年树人。"就是说教书育人任重道远。为了有条不紊、卓有成效地进行工作,班主任必须高瞻远瞩、胸有成竹,必须能够制订一份切实可行、既能贯彻学校的各项指令又能调动学生积极性的工作计划。

(二)班主任工作计划的制订根据

1. 落实学校工作计划的总体目标。将学校工作的各项任务分门别类,具体落实到班级工作中去,以确保班级工作计划的正确方向。

2. 结合班级的实际情况。班级实际情况是制订班主任工作计划的基础,从班级实际出发,才能使班主任工作计划有的放矢,有针对性。

3. 尊重教育规律和学生成长规律。这可以确保班主任工作计划的科学性和实效性。

4. 结合学校各个方面的教育条件。在制订班主任工作计划时,还要结合学校现有条件、班主任条件、科任教师条件等,以确保班主任工作计划实施的可行性与适应性。

(三) 班主任工作计划的制订原则

1. 目标明确

制订班主任工作计划的目标必须明确,总的教育目标是培养社会主义建设事业的生力军,班主任工作计划必须遵循这一总的方针来制订。这就要在具体活动中落实,在实践中安排,使教育目标处处得到体现、得到表达。奋斗目标是制订班主任工作计划的核心。总目标下面还有分目标、具体目标,它们的关系是相辅相成、互为表里的。

2. 顾全大局

制订班主任工作计划应考虑班级、学生特点,应当侧重于班级具体情况,以便具体实施,收到预期效果,但是一定要顾全大局。班主任工作计划是学校整体工作计划的一个组成部分,因此,具体的班主任工作计划必须服从于全校的整体教育计划。"特殊论"不行,"自做主张"更不行。

3. 集思广益

班主任工作计划是班级师生的共同工作计划。班主任工作计划的内容、方法、时间安排,所有参与者都需要了解;具体措施是执行计划的保证,更需要及早准备。由此看来,班主任工作计划制订必须走群众路线,集思广益,群策群力;广泛征求各任课教师、学生、家长和学校领导的意见。计划制订过程就是群众发动过程、计划执行过程,就是师生共同为实现美好目标而努力奋斗的过程。

4. 与时俱进

班主任工作计划要长计划短安排,要有相对的稳定性,要坚持不懈地实施班级工作计划。但学校教育情况也是千变万化的,新的任务会突然增加,临时指令会瞬时下达,这就要求班主任能够根据不断变化的新情况,及时地将其纳入原计划之中,或制订"补充计划"。与时俱进修订班主任工作计划,有利于人才培养工作的有效进行。

5. 预测预置

制订班主任工作计划时,要能根据学校计划、班级情况、发展方向等,对班级发展前景进行合理预测,这样,一方面可通过预置奋斗目标激励学生学习积极性;另一方面还会超额完成学校布置的各项工作任务。

(四) 班主任工作计划的类型

1. 班主任工作整体计划。要体现培养学生成为具有中国特色社会主义事业接班人的总目标,如"小学班主任工作计划"、"初中班主任工作计划"、"高中班主任工作计划"等。

2. 班主任工作年度计划。要体现总目标实现过程中的阶段性目标,如"一年级班级工作计划"、"二年级班级工作计划"、"三年级班级工作计划"等。

3. 班主任工作学期计划。要体现学生培养的层次区别,如"一年级上学期工作计划"、"二年级下学期工作计划"等。

4. 班主任工作专题计划。要体现学生培养的专题性教育,如"爱国主义教育专题计划"、"革命传统教育专题计划"、"优秀书籍心得体会专题计划"等。

总之,不管何种班主任工作计划,都要求能够根据具体的班主任工作目的,制订出各种不同类型的工作计划,使类别清晰,措施得当,务求实效。

(五)班主任工作计划的制订方法

1. 无论班主任还是学生,都要领会学校教育、教学工作计划中的内容、要求,从而在自己的工作计划中给予具体落实。这就是所谓的"吃透上头"。

2. 班级工作应充分发挥学生的主体作用,使他们以主人翁的责任感来参与计划的制订,并充分依靠他们,发动他们来完善计划、执行计划。这就是所谓的"依靠下头"。

3. 班级工作中也要使班主任的主导作用得以充分发挥,班主任对班级学生全面负责、全面管理,对德、智、体、美、劳各方面都要负责;学生从早晨上学直至晚上放学,学生的校内学习与校外表现,都要由班主任有计划地加以管理,班主任是计划制订的主要负责人。

4. 班主任工作计划按学校教育目标,从实际出发。按计划格式制作后一式三份,一份上报,一份张贴,一份备查。学校领导一旦审定,便要严格执行。

5. 班主任工作计划选优展出,以供人借鉴;执行后收存作为宝贵的教育资料。班主任应虚心好学,乐采他人之长,将班主任工作计划写得周详实用,执行后应存档收存。

(六)班主任工作计划的基本结构

1. 计划名称

××学校××年级×班××学年×学期班主任工作计划

2. 计划内容

(1)班级基本情况分析。班级发展的特点,学生的基本情况,有利条件,不利因素,存在的主要问题等。

(2)提出明确的目标和工作任务。

(3)完成任务的步骤和措施。

3. 计划形式

(1)文字叙述法。均以文字来叙述班主任工作计划的内容。

(2)表格说明法。将班主任工作计划内容均填入固定的格式之中,达到一目了然的目的。

【班主任工作计划示例】

××市××中学 2008 年初一(1)班第一学期工作计划(2008.9—2009.1)

一、情况分析

全班 46 人,男 22 人,女 24 人。主要来自附近 4 所小学中的 8 个毕业班。基本情况如下:

1. 学习成绩

成绩分布属正常范围。毕业考语、数两门平均90分以上10人,平均80~90分13人,其中1门不及格2人,2门不及格1人。与平行兄弟班相比属中下水平。

2. 品行表观

干部力量不足。原担任过中队委以上干部的4人。要注意物色培养学生干部。

小学时表现差的学生较多,占21.7%,要创造条件让他们有一个良好的开端。

3. 身体情况

有体育特长的2人,发育不佳占30.4%。肥胖4人,身高在1.42米的有10人。素质达标难度大。

4. 家庭情况

家长是普通工人(父母总计)占58%;家长文化程度偏低,大专以上的占10.8%;独生子女16人,占3.5%;家庭结构缺损扩人,占13%。

应注意家庭教育和深入了解学生与家长间的关系。

二、指导思想和目标

1. 初步形成班集体。培养班级观念和爱班感情,组建成学生干部队伍,培养干部能起带头榜样作用,提高班委威信,逐步培养自我管理能力,通过活动,加强团结,形成谦让的人际关系。

2. 在坚持全面发展教育的前提下,注意发挥学生特长,加强体育活动,增强体质。

3. 做好中小学衔接工作。以"一日常规"为主要内容,做好从小学日常行为规范到中学日常行为规范的衔接;以"学习常规"为主要训练要求,形成勤奋、独立学习的学风,逐步形成良好的学习习惯。

三、措施与安排

1. 开好第一次班会,协调和逐步统一学校和家庭的教育

开学两周后召开家长会。向家长介绍学校(校史和校风),介绍中学学习特点;向家长宣传班级目标,让家长了解学校(班级)对学生的要求,向家长表明自己对班级工作的关心。了解家长对孩子的期望、对孩子的具体要求,以及教育孩子的各种困难(设计成表格)。

2. 组建班委,健全各种职务配备,形成一支在班级起核心作用的学生干部队伍

在鼓励自愿报名和推荐的基础上,组建学生干部队伍,明确分工各司其职,逐步实现一人一职,强调互相协作,发挥班委集体作用,树立干部的荣誉感,对干部具体帮助,严格要求,要求他们起带头作用,维护干部威信。

3. 根据校纪具体制订班规,养成良好班风

建立"操作评定小组检查制",形成班级内严格遵守纪律的风气,制订执行班级日常行为要求10条,建立评定检查制,督促人人遵守。按10条标准,每周人人进行小结、小组评定,家长检查督促,班主任签名,制度一经共同拟定,就必须严格要求,坚持不懈。

4. 训练中学学习习惯

进行"预习、听课、复习、作业"学习四环节训练。四个环节都具体规定训练达成的指

标。如对听课要求,从2分钟做好准备,到上课时听的坐姿,以及到学习笔记等都做明确规定。又如,对作业的要求,必须书写规范,独立完成,并需要在做作业前先复习,做后订正等,逐步形成独立,勤奋的学习风气。

5. 各种措施主要通过开展形式多样的教育活动来实施,各种要求主要通过活动来实现

(1)"我已是中学生"自我介绍活动,第十周召开口头介绍班会。自我介绍小学阶段形成的好习惯,进入中学后的"理想"的一天中学生活设计。

举行行动介绍活动——中秋夜行军活动。在行动中让大家了解自己的品行和能耐,困难面前表现得怎么样?别人有困难怎么样?

(2)"迎国庆,颂祖国"主题队会在始业教育时就提出活动内容,主题是:"我与红领巾"、"我与祖国"。

出主题墙报,召开主题队会,举行国庆节观日出、军事游戏活动。

(3)"我长大了干什么"、"化妆主题队会"。期中,在进行检查小结的基础上,邀请任课教师、家长参加,汇报成绩,介绍特长、才干和理想。

(4)"我又长大了"期末主题队会。

二、培养和使用班干部

学生干部是班集体的核心力量,是班级工作中的领导成员,是班主任的得力助手,是制订班主任工作计划、执行班主任工作计划的积极分子,他们在各项活动中都起着模范带头作用。

(一)选择学生干部

班主任为了选出深孚众望、工作能力突出、品学兼优的学生干部,要与原校班主任联系,要查阅学生档案,要听取家长、社会对他的评论,要深入学生中了解,然后确定学生干部人选。其具体方法如下:

1. 老师推荐,民主选举。
2. 学生充分酝酿,师生共同提出候选人,再进行选举。
3. 学生个人介绍,学生正式选举。
4. 教师指定学生代理××委员,经过一段工作考察后再选举。

除了上述四种选拔方法外,还可以实行学生干部轮换制、值周制、一天制等。

(二)培养学生干部

班主任要经常教育培养学生干部,首先,教育他们提高觉悟,树立全心全意为人民服务的思想;其次,教育他们任劳任怨,增强责任感;再次,教育他们以身作则、严于律己,处处起模范带头作用,养成良好的民主风气;然后,教育他们正确处理工作与学习的关系,处理好干部与同学之间关系;最后,教育他们带头尊敬教师,要热情帮助有缺点错误的同学。

班主任培养学生干部要采取细致、耐心的个别谈话法；采取集体学习讨论研究法；采取举办培训班的办法，也要利用适当时机采用民主评议方法。

（三）使用学生干部

班主任使用学生干部时，首先，应讲明班级集体领导的重要作用，以确保班主任工作计划如期有效完成；其次，应讲明班级学生干部的具体分工，要求他们尽职尽责；再次，应当要求学生干部端正工作态度，积极工作，并在工作中考查业绩，考查后进行辅导使之提高；最后，要鼓励学生干部主动、积极工作，创造性地工作，团结协作，讲求实效。

班主任使用学生干部要一视同仁，不亲不疏；要谨言慎行，不可妄加评语；要在工作中培养，不要苛责；要多指导，少批评，不要讽刺、挖苦、埋怨；要坦白直率，不要以个人好恶评定学生干部。

班主任使用学生干部，要鼓励他们多出成绩，及时总结推广他们的工作经验，出现问题要帮助查找原因，分析情况，找出解决的办法，必要时要承担责任，给他们卸包袱、去顾虑，让他们放手为执行班主任工作计划而努力工作。

（四）培养与使用学生干部注意事项

1. 不使学生干部有骄傲自满或者自卑自惭情绪，凡事都应一分为二，要用两分法看待问题看待学生干部，既要看到成绩，又要看到存在的问题。

2. 不使学生干部之间猜疑、闹矛盾，一定要经常沟通情况，加强彼此间的了解，多通过谈心解决问题。

3. 不使学生干部脱离群众，一定要强调密切联系学生。

4. 不使学生干部特殊化，一定要严格要求他们，不庇护他们的过失；

5. 不使学生干部畏首畏尾，一定要鼓励他们积极、大胆、创造性地开展工作。

三、建立优化班集体

班集体是指有明确奋斗目标，有健全的组织和领导核心，有严格的纪律与制度，有正确的舆论与优良作风，团结友爱、积极向上的班级团体。如何建立优化班集体，在一定程度上，体现着班主任教师的工作智慧。

首先，要让班级每个成员都认识到班集体的作用是培养集体主义思想的有力组织形式。学生既是被教育对象，又是教育实施的强大力量，集体的形成为个性发展提供了广阔的空间和充分的条件。优秀的班集体既要强调集体的统一，也要通过集体促进每个学生优秀个性心理品质的发展，确立统一目标，形成正确舆论，使个人心情舒畅，使个性得到充分发展。

其次，要建立一个强而有力的班委会。班委会是班集体的领导核心，是形成优化班集体的主要条件和关键要素。班委会成员具有良好的思想作风和道德品行，就能为班集体树立起模仿的榜样，带动班集体进步提高。班委会要执行校学生会的决议，要执行班级工作计划，要密切联系同学，带领同学完成各项任务。班委会是正式群体，是经过学生选举产生,经过校学生会批复的合法的组织,也是经过校党政组织认定的基层组织。学校工作离不开他们,依靠他们,学校要尊重、信任他们;对其他正式群体,如共青团支部、少先队分队,也要给予工作上的支持,也让他们团结一致,和谐工作。他们都能为优化班集体贡献力量。对班级出现的非正式群体则应进行说服教育,甚至根据情节给予严厉批评,但一般不要随意定性,不要脱离他们的学生身份思考问题,要考虑他们的未来发展。

再次,要形成正确的集体舆论,培养优良班风。正确舆论是学生自我教育的无形大手,是形成和发展集体的巨大力量,也是衡量优化班集体的重要标志;能使学生明辨是非、积极向上,对于维护集体利益、巩固班级团结、形成良好班风作用亦十分显著。班风是班级集体在思想、言行、工作、学习等方面的共同倾向,体现着班级成员的共同精神风貌;良好班风对于班级各成员都具有感染和教育作用。班风和舆论互相联系、互相影响,优良班风靠正确的舆论支持,其本身又成为班集体的有力舆论。正确舆论与优良班风的形成、巩固、发展是需要师生共同努力、精心培养的。班主任要领导全班学生认真学习《学生守则》等学校教育文件,积极开展各种有意义的活动,注意在活动中树立先进典型,营造良好育人氛围,从而形成正确舆论,建设优良班风。

最后,在活动中注意发挥每位学生的聪明才智,让他们看到自己的贡献,认识自己的价值,满足他们喜交往、乐活动、愿创造、富幻想、求美好的心理期待。还有,要学习本校及外校优化班集体的工作经验,取长补短,提高本班的优化水平,为创造先进班级不懈努力。

四、指导班会和团队活动

(一)指导班会活动

1. 班会

班会是以班级为单位的全班学生会议或活动,它是班主任对学生进行组织管理、指导和教育的重要途径,也是学生民主生活的重要形式。班会上,每个学生都可以充分发表意见,共同讨论班级建设中存在的各种问题。班会组织得好,效果大,对班级建设、学生健康成长具有积极促进作用。

2. 班会的种类

(1)班务会。解决班级日常管理中的各种问题,制订计划、遴选干部、讨论规章制度、决定表扬与批评、临时任务布置等。

(2)主题班会。要求内容上有针对性、思想性,形式上有艺术感染力。形象性主题班会主要以具体、鲜明的先进人物、先进事迹启迪学生,如各类先进事迹报告会等;知识性主题班会主要以学习知识为主,有趣味性、灵活性、知识性特征,如各类专题讲座、专业教育等;活动性班会主要通过参观、访问、游览等一系列活动对学生进行教育,如结合有意义的纪念日组织相关活动等。主题班会有节日庆祝性的,如庆国庆、教师节等;也有鞭挞、批评某些不良之风或错误倾向的,具体形式可根据具体内容灵活选择,如报告、座谈、讨论、参观、访问、瞻仰等等。

（二）指导团队工作

共青团是先进青年的群众组织，少先队是少年儿童的群众组织，这两个组织在中学内都存在、发展、活动，是中学教育工作不可分割的组成部分，班集体内有许多工作需要通过团队组织贯彻执行。班主任必须充分发挥团队组织作用，必须对团队工作给予热情的、无微不至的关怀与指导，还要尊重他们的独立性，以动员所有力量，推动班级工作开展。为此，班主任应科学指导团队工作。

1. 班主任要帮助团队组织制订切实可行的工作计划。既要能贯彻学校团总支、少先队大队部的工作计划，又能使之与班级工作计划融合起来，使团支部、少先队、班委会工作互相配合、协调一致，使班级成为优化的班集体，使学生确实感到集体温暖并受到良好教育。

2. 班主任要像对待班干部那样培养团队干部，帮助他们提高思想觉悟和工作能力。指导他们组织学习团队基本知识，教育他们以身作则、严于律己，热心为同学服务，处理好学习和工作关系，帮助他们解决学习和工作中的实际困难，保持其工作积极性，树立其威信，教给他们具体工作方法。

3. 参加和指导团队组织的各项重要活动。活动前做好各项准备工作；活动中帮助他们解决工作中遇到的困难；活动结束后帮助他们总结经验，肯定成绩，指出不足。

第三节 了解和教育学生技能训练

一、了解学生技能

（一）了解学生的意义

了解学生是班主任开展各项工作的前提，只有了解学生才能从实际出发，才能分层次因材施教，有的放矢地开展工作；才能发挥优势，形成班级核心，使班级成为优化的班集体；才能发现、培养、使用学生中有能力的干部、人才；才能使复杂的工作井然有序。只有了解学生，才能使师生关系融洽，达到教书育人目的。

（二）了解学生的内容

了解学生包括了解班级整体情况及学生个人情况。既要有广度，又要有深度；不仅在开学期初、期中、期末进行了解，假期情况也要尽量精确了解。了解情况不是一劳永逸的，要分阶段、分步骤进行多次了解，还要注意变化了的情况，以使教育跟上学生的具体发展变化。了解学生情况越精确、详尽，越能做到有针对性地开展思想政治教育工作。

（三）了解学生的方法

1. 观察

班主任应深入学生实际，利用各种场合观察学生的自然表现，通过学生的言行、举动掌握其心理，对其思想行为做出公正恰当评价。既要观察集体，也要观察个人。观察要有目的，讲方法，要细致、深入、准确、无误。观察中还会遇到特殊情况，这就要去粗取精、去伪存真；观察要有"备忘录"、"记事簿"，以备对学生的生活个性、志向、长处、弱点等等都能给予综合性研究。

2. 谈话

与学生交谈，这是班主任获得学生信息最直接、最真实、最可靠的方式。有集体谈话、小组谈话、个人谈话、分性别谈话、分住地谈话、分学习成绩层次谈话、分学生表现谈话等等；班主任与学生谈话，只要态度谦和、语气平和、关系平淡、气氛融洽，就能达到师生间"无话不谈"的和谐境界，否则，将"话不投机半句多"。另外，谈话的时间、地点、场合、环境都要精心选择，谈话的艺术、技巧、方式、方法，也要经过认真研究，不可随随便便，"大意失荆州"。与学生谈话，班主任教师千万注意不要涉及第三人，以免破坏师生团结。除了了解情况外，班主任也应通过与学生谈话加强教育工作。

3. 调查

这是一种间接了解学生的有效方法。

（1）阅读书面材料。反映学生各种情况的书面材料，如学生登记表、成绩册、考勤表、试卷、作文、日记、作业、操行评语等，研究这些材料可以帮助班主任全面地了解学生的知识水平、思想品德、理想情趣、智力发展等情况，可以对学生进行有效教育。学生书面材料是对学生过去情况的反映，而由于学生是不断发展和成长的，况且，学生情况不可能得到全面记录，所以，对学生书面材料要有全面观点和科学态度，兼听兼看，正确使用。

（2）调查访问。这是深入了解学生的一种方法，可以是个别访问、开调查会、书面问卷、民意测验等不同方式。可向学生本人调查，也可以向科任老师、家长或邻居调查，因为这些人都了解学生，可能提供许多宝贵材料，对因材施教大有裨益。调查访问要目的明确，准备充分，事前联系，以提高调查访问效果。调查访问要有记录，并妥善保存，恰当使用；要对学生的智力因素与非智力因素等进行综合分析，以对症下药，取得教育实效。

（四）了解学生的注意事项

1. 无论谈话、走访还是调查，都应征得学生同意。如学生不支持、不欢迎、不高兴，应暂缓或寻求他法，免得引起误会，造成隔膜或对立；

2. 对于学生的家庭及个人隐私，不要强求，不应追问，免得因尴尬而师生失和；

3. 学生间人际关系如异性同学间的友情，不该细查细问的就不要追根溯源；即使已透彻了解，也仅供工作参考，千万不要四面扩散，这也是班主任职业道德所在。下附《了解学生情况表》：

表一　班级基本情况

基本情况	总人数		男		女		平均年龄		
	来源比例					独生子女比例			
	家庭文化程度比例					家庭生活水平比例			
	家庭结构比例			复杂家庭　%		一般型　%		特殊型　%	
学生发展情况	团员人数比例					各科平均成绩			
	各层次水平比例			优秀　%		中等　%		后进　%	
	身体素质情况			健康　%				慢性病　%	
				残缺　%				其他病　%	
	心理健康状况								
	思想状况不同层次比例及各自特点								
班级发展情况	对班级目标的态度			赞成　%		中立　%		反对　%	
	自然群体数量				对班级影响			积极　消极	
	规章制度实施情况								
	集体荣誉感强度								

表二　学生基本情况

一般情况		成长重要经历		气质类型	
		爱好和特长	艺术作品影响		
			课余爱好		
		劳动习惯	家务劳动		
			自我服务劳动		
		作息时间安排		零用钱用途	
学生各方面发展资料卡	思想品德	1. 对国家大事关心程度,对社会工作热心程度。 2. 对人态度(尊重礼貌诚实等)。 3. 公共场合表现。			
	各科学习	1. 对哪门学科最感兴趣、最头疼? 2. 学习时间安排情况。 3. 学习方法、习惯。 4. 独立提出、分析、解决问题能力和习惯。			
	全面健康	1. 身体外形(身高、体重、第二性征)。 2. 内脏机能、性发育情况。 3. 体质和健康水平。 4. 个人卫生。			
生活小环境	1.在家最信服谁? 2.家长对孩子最关心的是什么? 3.对家长教育持什么态度? 4.最尊重哪位教师,为什么? 5.心中有秘密和谁说? 6.喜欢和什么样的人交朋友?				

二、分析、统计技能

(一) 分析

分析是一种研究客体的科学方法,它能够将整体分解为一些个别部分并对这些部分进行独立研究。分析是认识整体的必要阶段,它使人们得以研究整体的个别部分,揭示对所有部分都共有的那些关系,从而弄清整个客体(整体)的产生和发展。了解学生就要分析学生个人的素质、思想政治表现、学习成绩、参加活动态度、专长、特点、兴趣爱好以及产生原因和未来发展;了解学生还要分析班集体的来源、凝聚力、战斗力、活动能力。分析时,对上述内容应采用一分为二的分析方法,分析班集体或学生个人的成绩、缺点,揭示出核心、本质问题,找出必然和偶然、可能性和现实性、原因和结果等等之间的联系,从而正确认识班集体及学生个人,切忌主观、片面。对班集体、对学生个人的分析语言都要力求准确。

(二) 统计

1. 统计的含义

统计是对班级工作中各项资料统计的总称。由于统计要在调查研究之后进行,因此,班主任必须掌握科学的统计方法,对得来的材料进行整理分析,得出统计成果,要能用数字准确反映班级工作中的各项活动内容。

2. 统计的运用

(1) 统计需要占有准确的统计资料。统计方法有观察法、分组法、综合指标法。班级各种情况都可以使用统计方法,如对全体、个体调查观察的统计、划分男女生性别统计、住址统计、年龄统计、学习成绩统计、身体状况统计、兴趣爱好统计、读书统计、参加社会活动统计、人际关系统计等等。

(2) 统计过程。一般需首先进行统计设计,然后实施统计调查,进而整理分析所得的统计资料,最后形成班级工作统计结果。

(3) 统计根据。表现为直接观察来的资料(包括数和量)及各种记录、填表、考卷、手写的总结等等。

3. 统计表

统计表是统计资料使用的一种主要手段,可以根据学校及上级下发的表格,也可个人制定表格进行统计,如《课外阅读统计表》、《课外小组活动统计表》、《作文次数统计表》、《遵守〈学生守则〉统计表》等等。填表必须严肃认真、准确无误,不可估数填写,以免统计不准确。以数字为主的表格叫统计表;以画图为主的表格叫统计图。

4. 统计表要注意保存

三、日常行为规范训练技能

(一) 日常行为规范的特点及训练内容

中学生思想品德的形成具有知、情、意、行发展不平衡的特点,由知到行转化得不健全，良好品质不易巩固，自我教育能力差，因之，他们有言行两重性。这就要求我们对他们的日常行为做规范化训练，使之言行一致、表里如一。此外，中学生自我意识的独立性使他们喜欢独立思考，反对唯命是从；喜欢自我表现，不愿接受摆布和约束。他们自尊、自信，反对压抑自己，道德观念的形成有明显的可塑性，因之，既要鼓励他们遵守各类学生守则、社会公德公约等，又要加强文明礼貌教育，进行一些行为规范的专门训练。

中学生思想品德的形成和发展是受政治、经济、文化、家庭、学校、社会风气、人际交往等多种因素影响的，其中有积极的，也有消极的，因此，班主任要注意大力调动、发挥积极因素，坚决抵制消极因素，对其进行行为守则、社会公德公约及文明礼貌教育，以使中学生健康成长。

（二）日常行为规范的训练要求

1. 经常性

班主任和学生的联系非常密切，接近本班学生的时间、机会比其他任课教师要多得多，要经常处理从班级集体到学生个人各种各样的事务。班主任在解决和处理问题时，随时都要能抓住机会，以《学生守则》、社会公德、文明礼貌的内容进行教育工作，这对学生思想品德教育具有十分重要的作用。

2. 针对性

班主任工作与学校行政、共青团、少先队、校外教育组、社会教育组等教育工作有明显不同。班主任对学生进行思想品德教育，一定要联系班集体特点，针对本班学生在遵守《学生守则》、社会公德公约、文明礼貌规范等方面存在的问题，有针对性地进行表扬与鞭策，打击歪风，发扬正气。班主任工作如果能体现出较强的针对性，讲求实效，其育人作用就会充分发挥；反之，若缺少踏实态度和务实精神，则很难奏效。

3. 示范性

在进行日常行为规范教育时，班主任本人首先要为人师表，处处、时时以身作则，言传身教，这样才能令学生心服口服、佩服信服，并乐于仿效；其次，要善于抓住先进典型给予表扬，以此作为具体形象示范，使学生学有榜样、赶有方向；最后，要注意介绍报纸杂志上的先进人物或优秀中学生事迹等，突出强调榜样的引导力量和示范作用。

（三）日常行为规范训练原则

1. 教书育人原则

教书与育人相结合，是指班主任在进行理想、道德、知识学习教育的同时，还要对学生进行人生观、世界观、价值观教育。《中学生守则》、《社会文明公约》等这些具体教育内容，必须通过教师认真教，学生努力做，才能见到实效。

2. 理论联系实际原则

班主任在教育学生活动中应注意加强实践环节，结合学生的实际情况，引导学生解决日常行为规范中存在的实际问题，从而提高解决问题的自觉性。

3. 自我教育原则

要调动学生自我教育的积极性,变被动为主动,树立学生的自信心,使之能够经常从战胜自己中产生自豪感和幸福感。

(四)日常行为规范训练方法及形式

1. 训练方法

(1)讲授法。具体有讲述、讲演、讲解、讲读、讲析等。提高教师语言艺术,增强讲授的说服力和感染力。

(2)问答法。教师根据相应的《中学生行为守则》、社会公德教育等的具体条款,进行知识性、经验性提问,并引导学生得出结论,从而获得有关知识。这种方法有利于激发学生思维活动,增加学生分析问题、解决问题的机会。

(3)讨论法。根据具体行为规范教育内容拟定讨论题目,组织学生研讨,达到共同提高的目的。这种方法能开阔学生思路,并从实际出发帮助学生掌握道德修养知识,以指导行动。

(4)练习法。按照《中学生学生守则》等教育内容进行实践演习,促进行为规范标准化。

2. 训练形式

演讲会、报告会、文艺演出、参观访问、座谈会、班会、个别谈话、见习与实习等等,这些形式对于学生掌握行为规则和文明守则等都是行之有效的,对于促进学生获得言行一致的思想品德也是极为有益的。具体采用什么形式,要根据不同时期、不同教育的不同内容重点来确定,既不可千篇一律、枯燥乏味,又不可形式主义,不顾教育实效。要在制订训练计划时,统筹研究采用什么训练方法,选用什么训练形式。

四、个别教育技能

(一)个别教育的意义

个别教育是指针对个别学生的身心特点和具体问题而进行的教育。中学里一个班级大概有 50～80 人,虽然年龄、文化水平相近,生理、心理也有共同之处,但每个人的特点又千差万别,所谓"性相近,习相远"。加之,受到不同家庭教育环境、不同社会教育氛围影响,每个学生个性雏形基本形成,班主任使用统一的教育方式将很难奏效。这就要求班主任要能使每个学生都积极参与班集体活动,使其在集体中占有一席之地,实现价值、树立信心,成为班集体的主人。为此,集体教育与个别教育结合起来会更有实效。

(二)个别教育的内容及方法

个别教育不是专指后进生,"个别"在这里指单独的每个"个体"、"个人",可分为不同层次的优秀生、中等生、后进生教育。

1. 优秀生教育

由于优秀生学习成绩好,无论学校、家庭还是社会舆论都给予了高度的评价或荣誉奖励,他们较为容易产生骄傲自满、轻视集体、蔑视他人等缺点,如不加强个别教育,也会出现思想品质问题,甚至走上犯罪道路。如某同学在全区考试排名第二,已经获奖,但他对获得第一名的同学十分妒忌,便乘其不备,用菜刀将其砍伤致死,自己也沦为杀人犯。可见,对优秀生的个别教育绝不能忽视。教育优秀生也要因材施教,采用自查自检法、规劝谈心法等会更适合他们的个性特征,因为这些学生毕竟智力好,领悟快,一点就透。

2. 中等生教育

中等生在诸多方面都表现为中间状态,可塑性极大,一旦教育巧、调动好,他们会突飞猛进。中等生基础好,有上进要求,如果班主任能够及时鼓励、适时使用,他们会进入优等行列,不但实现个人进步,而且成为优化班集体的积极因子;反之,如果一味忽视、漠视他们的潜质和存在,就会将他们推入后进行列,再想挽回将十分不易。中等生教育方法应当多用激励表扬、现身说法、互相推荐等。

3. 后进生教育

后进生指在班级管理中或思想品质较差,或学习成绩较差,或缺点较多的学生。"后"指处于班集体中的后面,为了不伤其自尊心,易于教育,也要承认其"进"的可能和潜力。后进生常常具有显而易见的不喜欢学习、不讲礼貌、不遵守纪律等缺点。他们的日常行为表现可能是相同或相近的,但其个性心理及其"差"的原因却往往各不相同。因此,班主任不能"一听差生就头疼,一见差生就眼红";不能一味"管、卡、压","不让差生把言发";不能拿差生当劣等公民、学生败类。班主任应认真了解后进生的现象、本质、"差"的深层次原因及其个性特点,对症下药,进行有针对性的教育;真心关爱,真诚对待;坚持正面激励,表扬与批评相结合。

总之,"抓两头,带中间"从来都是符合教育规律的。"抓"字可做得好,做得巧:抓得准,抓得对,抓得实;"带"字可做得好,做得巧:带得起来,带得动,带得有效果。只有善于将思想化为行动,才能在个别教育中收到实际效果。

五、评价学生技能

(一)评价学生的目的

评价学生有助于了解学生的思想表现及优点、缺点,使学生明确努力方向,扬长补短,继续前进;帮助家长了解学生的在校表现,更好地配合学生家长对学生进行教育。评价学生对于班主任也是一个工作检查,从学生进步快慢中总结经验、汲取教训。

(二)评价的种类

评价种类有评估、评语、鉴定等。评估是根据学生思想品德表现进行评定估计,既有对过去的肯定也有对未来的预测。评语是根据学生思想品德表现进行评定后给出的评价;鉴定是根据学生思想品德表现变化情况给予的鉴别评定。评价学生可用评语方式,也可用等级(优、良、中、差),还可以通过评"三好"学生来表彰先进、树立榜样,这既是班主任工作的主要内容,又是班主任工作的重要方法,也是班级阶段性工作的一次全面总结。

(三) 评价学生的原则

评价学生要客观,要实事求是,要坚持辩证唯物主义的科学态度,要一分为二地来看待学生,评价学生;要根据青少年特点来看待学生,评价学生;要根据学生言行,用发展的眼光、发展的观点来看待学生,评价学生。为使评价准确,班主任应精心占有材料、核实材料、使用材料,虚心征求本人意见,悉心听取各方面意见,最后再下鉴定评语。这项工作必须严肃认真,真正对学生负责。

(四) 评价学生的评语

评语是对学生阶段性学习成果的终极性评价,是班主任工作的一项重要内容。评语是一种教育手段,一份好的评语,应该能反映学生的个性特点,能充分地肯定学生、鼓励学生,既能适当指出缺点使学生能够正确地认识自己,明确今后的努力方向,体会到班主任的良苦用心,又能使家长了解到子女的情况,有效地配合学校。班主任的评语评定应注意以下几点:

1. 平时要注意积累、收集学生个人素材

积累、收集学生个人素材,掌握学生的第一手资料,这是写好评语的重要前提。班主任直接写评语较为省事,但主观性强。为此,班主任可要注意细心观察,积累学生的闪光点,为日后写评语准备素材;可以向科任老师了解情况,兼听各方意见,尽量使素材充实丰富,全面中肯;也可以让学生先自我评价,再让班委评价;有时候,也不妨让每个学生写2~3个他最熟悉同学的评语,学生兴趣浓,积极性高,反馈回来的情况又可以充实素材。这样全员参与,既发挥了班集体的教育力量,又让班主任兼听到各方面意见,做出的评语也会更加准确和中肯。

2. 写作评语时,宜用"你—我"的温馨式评语

用"你—我"的温馨式评语,可以瞬时缩短教师与学生之间距离,使学生充分体会到班主任的关爱与尊重。"你—我"温馨式评语的娓娓道来,宛如与学生促膝谈心,也会让学生家长倍感亲切,学生的上进心、自信心自然而然会得到增加。

3. 评语要能反映学生个性特点

从心理学角度看,学生期待班主任对自己有独到、新颖的评价。而传统评语的通病在于空泛而雷同,千篇一律,缺乏个性。如果班主任评语能够符合学生的实际情况,反映出学生的个性特点,效果将大不一样。如下评语:

你活泼开朗、充满热情、积极向上,你在学习上取得的成绩令同学们羡慕,你为班级工作做出的努力使班级赢得了荣誉,可你在课上的闲话却令我为难,在我的意识中,一个好学生不该出现如此的反复,你说对吗?

这样的评语写出了学生的闪光点,同时又指出该生自身存在的缺点,不仅保护了学生的自尊心,还达到了教育目的。家长看了无疑也会更好地配合老师,帮助孩子克服缺点。

4. 评语要以鼓励肯定为主,充分发挥激励功能

如果评语将学生写得一无是处,这只会加深教师与学生之间的隔阂,难以达到教育

目的。好的评语应是对学生发展及其所取得成绩的积极认同,又能将其缺点通过隐含的语言信息折射出来,这样,学生会更易于接受教师教育,形成健康的自我认识,更好地把握自己的未来发展。如下评语教师用意一目了然,学生、家长看后心中有数,肯定会顺利达到教育目的:

你的聪明、你的悟性、你的记忆力都让老师欣赏、同学羡慕,但你的散漫、你的与老师、同学的不合作,不仅限制了你的发展,而且让老师不安、同学不快。你若能加强"自控"能力,养成良好的行为习惯,定会有更好的发展。

5. 评语中可以赠送警句、格言,或融入班主任对人生哲理的独到思考

格言是人类思想宝库的瑰宝和人类智慧的结晶。评语中赠送警句、格言,不仅融入了班主任对人生哲理的独到思考,而且实现了评语的美育功能,既含蓄隽永,又耐人寻味。对学生进行评价时恰当地使用格言、警语,可以使其迷途知返,弃"暗"投"明",其激励鞭策作用显而易见。

总之,班主任为学生做鉴定、写评语,是一件看起来比较简单但做起来十分复杂而又意义重大的工作。评语不仅仅是评价学生,它作为一面镜子也在无声地折射出对班主任工作的评价,反映出一个班主任的学识、素质和品德,所以班主任应认真贯彻落实素质教育思想,不断更新教育观念,力争写出词美意丰、直入人心的好评语,并以此活画出学生一幅幅生动的面孔、一颗颗活泼的心灵。

第四节 组织课外活动技能训练

一、组织指导文体活动

(一)组织指导文体活动的意义

青少年正处于学本领、长知识、长身体的大好时期,在学校里,让学生在学好各门功课的同时,积极参加各种有意义的课外活动,从而成为德、德、智、体、美、劳全面发展的时代新人,意义是十分深远的。1990年3月12日,国家教委、国家体委颁发的《学校体育工作条例》第25条明确指出:"班主任、辅导员应当把学校体育工作作为一项工作内容,教育和督促学生积极参加体育活动,学校的卫生部门应当与体育部门互相配合,搞好体育卫生工作⋯⋯"这就明确规定了体育活动在中学生教育活动中的地位。文艺活动和体育活动一样,是青少年身心健康发展、全面成长不可缺少的重要方面。为此,班主任除了对学生进行德、智、体、美、劳全面发展的教育以外,还必须积极开展工作,亲自组织、指导班级学生的各项有意义的课外活动,其中也包括文体活动。

(二)课外活动的内容与形式

1. 组织指导学生开展课外文体活动

根据各校条件和班级学生实际情况,班主任应抓好平时班集体的各类文体活动,其

中包括早操、间操、班级文艺活动、班级体育活动等；还可以定期或不定期地举行班集体小型比赛，如歌咏比赛、集体舞比赛、诗歌朗诵、音乐美术等文艺专项竞赛或者田赛、径赛、球类，棋类等体育专项竞赛；还可以组织一些趣味文体活动、游戏等。通过这些活动，既可以使同学们达到身心健康、和谐发展的目的，又可以活跃学习生活，增进班集体团结。对于这些活动，班主任都要制订计划，严密组织，细致安排，并注意安全，取得应有效果。

2．指导课外文体活动小组

根据实际情况，班级也可以成立课外文体活动小组，如美术小组，学习素描写生、欣赏名画；器乐小组，演唱乐曲、欣赏名曲；文学小组，文学作品赏析和写作活动；小篮球队、小排球队、小田径队等等。组织课外文体活动小组，班主任一方面要委派负责人，可亲自担任或聘请指导教师；另一方面要提出目标、培训要求和计划，既切合实际，又讲求实效。不仅活跃了班集体紧张的学习空气，而且为学生的个性发展充分拓展空间、创造机会，更利于特长学生的脱颖而出和健康发展。

3．组织文艺排练或体育训练

学校一般都有定期或不定期的文体竞赛活动，如会演、会操、运动会等。为了参加学校或上级组织的各种活动，班主任应发动班集体搞短期的排练或训练。在活动中，要注意提高每个同学的集体荣誉感，充分发挥每个同学的相应特长，充分利用平时课外活动小组的训练成果，做好指导与保障工作，造成团结热烈气氛，并通过活动总结带动班集体健康成长。

（三）班主任的组织指导作用

班集体文体活动搞得好与不好，是和班主任组织指导工作密切相关的。班主任做这项工作应注意一定要从实际出发，结合本校、本班的实际情况，做到既要形式新颖生动，又要内容健康积极；既有积极教育意义，又要受到学生欢迎。组织活动时还要做到有目的、有计划，使学生达到增长知识、受到教育、培养才能的目的。班主任的组织指导作用，不仅仅是布置任务、检查总结，更要亲自参加到活动当中去，亲自对学生活动给予有效组织和具体帮助指导。要做到这一点，班主任首先就应当知识广博、爱好广泛，对于文艺、体育各项活动都有初步了解，并在此基础上至少掌握一项活动的专门知识；其次，班主任还应当广泛培养自己的兴趣、爱好，在诸如文艺鉴赏、音乐美术、体育卫生等许多方面都给予一定注意，全面培养，多多益善。

二、组织指导科技活动

（一）科技活动

科技活动指中学生在校内学习各种学科知识后，将理论应用于实践的科学技术活动，这是一种理论与实际相结合，能够早出人才、快出人才的有益活动。

（二）科技活动的类型

1. 配合课堂学习的科技活动。
2. 课外独立研究的科技活动。
3. 参与省市区科技组织的科技活动。

科技活动方式有学习模仿型、完善事物型、锦上添花型、举一反三型、创造发明型等；科学活动形式可采用平时集中学、练、做，适时举行比赛，展出科技作品，然后评奖表彰。

（三）组织指导

班主任组织指导科技活动时，要制订计划，执行计划，总结完成情况；要支持学校科技小组活动，选派数理化等科优秀生参加，以提高学校科技组织的活动效果。要鼓励学生通过科技活动进行创造发明；有成品获专利的学生要给予重奖。在科技活动中应注意培养和发现人才。班主任应掌握一定的科技知识和基本技能，这样会更好地指导学生的课外科技活动。

三、组织指导社会实践活动

（一）社会实践内容

社会实践内容很多，有社会政治、经济、文化、教育、卫生、军事、劳动等等。它主要指走出校门，到社会进行考察、调查、访问、劳动等各类活动。通过必要的社会实践，可促使学生理论联系实际，增长才干，全面发展。社会实践是人才培养的一个重要组成部分，是促进和加强学生思想品德教育和科学文化素质的有效途径。

在社会实践中，应注意解决以下问题：①增强为人民服务观念；②理论联系实际，提高分析问题、解决问题的能力；③为"三个面向"开发有用人才；④学会自我管理，自我服务。

（二）社会实践方法

参加社会管理，参加社会调查，走访先进人物，参与有益活动，建立实习基地，组织考察队、实践队、劳动队、宣传队等，可根据班级活动的目的、要求决定采取社会实践的形式、方法及重点内容。

（三）社会实践安排

班集体从事社会实践活动方式，是以集中活动为主还是以分散小组、个人活动为主，这要根据实际需要来决定。是以教育为主还是以实施为主、义务服务为主，是以校内为主还是以校外为主，这要根据社会实践的目的和要求而定。班主任一定要有计划地组织指导社会实践，才能达到社会实践目的。

（四）社会实践考核

凡是班集体有计划地组织的社会实践活动，活动后都要进行总结考核，评出分数，写出评语,通知本人,记入学生考核档案之中。对优秀学生,要给予表扬,并介绍经验。评定办法可采取自评、小组评、全班评相结合的方式。

第五节 沟通技能训练

班主任是班级管理的关键人物,班主任管好一个班级的关键就是及时获取有关班级管理的信息,与有关领导、教师、学生及家长沟通是班主任获取信息的有效途径。为此,班主任要学会并善于沟通。

一、与学生沟通

班主任不仅仅是班级的管理者,更应该是学生的引路人。班主任应以满腔热情和爱心打开学生的心灵窗口,给学生以心理上的安慰、世界观和人生观方面的指导,与学生真诚对话,做学生的引路人。班主任与学生沟通尤其重要。班主任只有多与学生沟通,才能切准学生的思想脉搏,做好学生思想工作。为此,班主任要利用一切机会与学生接触,处处做"有心人"和"知心人",达到师生心理相容、思想相通。平时,班主任要多找学生谈话,多参加学生活动,找机会与学生进行交流。班主任要有意营造一种平等宽松的沟通氛围,唯有如此,学生才能将真实的想法和真情告诉班主任。班主任也应以诚相待,将班级管理的难处与苦处告诉学生,以便取得学生的谅解、支持与信任。

二、与家长沟通

班主任在对学生进行教育过程中,不仅要认识学生自身发展因素,还要了解家庭因素在学生的成长过程中的特殊教育作用。父母是孩子的第一任教师,其言行、作风、习惯、气质、兴趣、爱好、个性特征等将深深影响着孩子,成为孩子学习的榜样。家庭教育的陶冶性、教育性、权威性是无法比拟的,班主任必须重视学生的家庭教育,了解其家庭教育状况,调动家庭教育积极性,配合全面发展人才的培养工作。与家长沟通的主要方法有:

1. 家长会

召开家长会是沟通学校与家庭联系的一种有效形式,是调动家长参与班级管理的重要形式。通过家长会,学校要主要向家长介绍学生在校的各方面信息。家长会上,一般是由班主任向家长介绍班级和学生情况,提出要求,征求意见,介绍经验等。开好家长会必须准备充分,要有明确的目的,突出会议中心内容,这样才能使家长会开得生动有效。召开家长会应注意以下两点:

(1) 家长会内容。汇报学生德、智、体、美、劳诸方面的情况;介绍学校与班级对学生所做的工作,并从班级实际出发,向家长提出共同搞好班级管理的建议和要求;针对班级、家庭教育的某些思想倾向和普遍问题,共同研究对学生的教育管理方法,组织家长交流家庭教育的经验和体会。

（2）家长会形式。应该注意多样性与灵活性。可结合实际情况，举办学习成绩、小制作展；或是与家长联欢，由学生进行文艺、体育表演；或者采取其他方式，使家长具体了解子女在校的真实表现及发展情况，激励其关心、支持班级工作。还可以根据需要，例如，专门召开独生子女、"三好"学生、单亲家庭子女、文体活动积极分子或入团积极分子等各类家长会，这种家长会目的性强，对家长有共同要求，研究问题比较深入，容易收到较好效果。

（3）班主任表达原则。家长会上，班主任本着汇报、商量、探讨的平等态度，尽量从正面阐述问题，说话要注意分寸，特别对后进生的家长要注意维护其自尊心，不能点名批评学生，更不能给家长难堪；如果学生确有比较严重问题，可在会后作个别交谈。班主任要尊重每一位家长，一视同仁，不可亲一批，疏一批。只有这样，才会收到家长的肯定和欢迎，实现家长会的应有目的。

2. 家访

家访是班主任做好家长工作的重要环节，是沟通学校教育与家庭教育的重要渠道，也是班主任老师全面了解学生、有针对性地教育学生的一种比较有效的方法。

家访首先是为了互通情况，使教师了解学生在家情况，使家长掌握子女在校表现，达到统一认识，统一要求，统一行动，共同教育学生，发挥教育一致性的作用；其次，可以增进师生情感交流，融洽师生关系，使教育工作心悦诚服。家访要做到：

（1）目的明确。家访前，应在校内调查研究，对要家访的学生情况做到心中有数，接受新班的班主任，除要细致查阅学生的档案材料外，更要普遍地与每个学生进行接触和谈话，或者询问原班主任和科任老师，逐个了解学生情况。在此基础上，综合所了解的情况，加以研究，然后确定对每个学生的家访内容。明确的目的可以帮助确定家访要解决的具体问题。

（2）计划周到。班主任老师在全面了解学生基础上，应抓住学生身上存在的主要问题，根据轻重缓急原则，合理制订家访计划，写出家访对象、时间、内容、路线等。在安排时间时，要既不影响、干扰学校正常教学秩序，又要与家长事先沟通，取得家长同意。家访时间最好通过学生或其他方式进行预约，而有备无患；不能预约时，一般可错开吃饭时间，在晚上去；节日期间则不宜家访。

（3）内容广泛。家访是一种了解学生及其家庭的有效方式，但由于教育教学进行工作紧张，要想每学期每个学生都能家访一次，是很不容易的，所以，班主任要趁家访多了解一下学生情况，如学生家庭情况、学生在家表现情况、学生家庭周围情况，并要向家长传达学校的各项规章制度与要求等。

（4）态度诚恳。班主任家访前，应向全班学生通报家访的目的、要求、内容、方法以及班主任做出的保证。家访时，应向家长如实反映学校、班级、学生个人情况，但反映情况时要注意分寸，要讲求方法，语言表达应确切无误。对后进生家访，更要避免告状式，取商讨式，效果会更好。

3. 信访

信访指班主任通过书信与家长进行联系的一种沟通形式。信访要求必须将信的内容写得准确无误,不生歧义;发出的信属于向家长汇报的内容或商量解决学生问题的内容,均应给学生读一遍,既是征求意见,又是沟通情况,以教育学生心服口服。复信作为宝贵的教育资料,应妥善保存。信访还要根据家长文化水平选择语言表达方式,忽视这一问题,可能使"信"和"信访"都石沉大海。

4. 接待家长来访

接待学生家长来访是做好家长工作的重要环节,也是接受家长监督,取得家长配合与支持、共同教育好学生的重要工作。学生家长来访情况多种多样,有的是孩子表现不正常时前来学校询问情况;有的是十分关心孩子成长而经常主动到校向老师询问孩子在校表现;有的是长期在外地工作,利用休假机会到校访问教师;还有的是应学校或老师要求,到校共同商量、处理某些较大偶发事件等。不管是哪种来访,班主任都要认真对待。

(1) 要热情接待。这是做好来访工作的重要前提。学生家长来访说明家长愿意主动配合学校进行教育工作,班主任接待来访家长要热情诚恳,使学生家长心里温暖,有话敢说、有话愿说,学校可据此听到家长的真实呼声,了解学生在家情况。

(2) 要如实介绍学生在校表现。在介绍学生在校表现时,要实事求是,一分为二。在充分肯定成绩基础上指出某些不足,不能夸大也不能缩小。对于问题学生,不要将他们说得一无是处,应辩证地肯定其进步,和家长一道耐心分析研究,商讨教育之道,绝不能带有厌恶学生和埋怨家长的情绪。在介绍学生在校表现时,最好将学生找来,特别是问题学生,防止告状式、指责式的接访,这样会造成师生及教师与家长的对立,达不到教育效果。

(3) 向家长宣传学校主张。家长来访,班主任不仅要虚心听取家长的介绍,而且要耐心向家长讲明学校的有关要求,宣传党的教育方针,介绍有关的工作计划与规章制度。对于教育方法不当的家长,要向他们介绍成功的家庭教育经验和教育方法,从而使家长明确学校要求,认真配合、积极支持学校的教育工作,共同承担教育之责。

(4) 要征求家长的意见或建议。要虚心听取家长意见,诚恳征求家长建议。凡是正确、合理的,班主任就要认真接受。有些需要学校领导来解决的,班主任要及时反馈并督促领导尽快解决;短期内不能解决的,要耐心说明情况,争取家长谅解,使家长继续配合学校工作。对于个别"护短"家长,班主任要诚恳说理,力求纠正其错误见解,争取配合,有效达成教育目的。

5. 建立家长学校

许多家长都千方百计要将自己孩子培养成合格人才,但是往往教育效果不太理想,这往往是因为家长缺少对青少年教育思想、方法的深入研究,为了使学校、社会、家庭统一教育学生,学校可以办家长学校。

(1) 家长学校要求。要求有条件的家长都参加,以更好地学习科学的育人知识;可利用业余时间进行,周日半天,或每周2~4次。

(2) 家长学校形式。可分男家长班、女家长班,可按年级分班、按家庭住址分班,还可以按文化程度、工作性质分班,这可以根据具体需要来决定。

(3) 家长学校的内容。可安排学校领导、教师、社会名人讲授《教育学》、《心理学》、《青少年特点》、《育人方法》等,或请那些教子有方的家长做经验介绍等。班主任可以根据各家长班的不同情况,制订不同的授课计划。由于家长是成人,授课形式可灵活多样、生动活泼,并应按教学内容和时间要求进行考核,考核合格准予毕业。

(4) 建立家长学校的注意事项。家长学校的建立,需要严密组织,加强领导(也选家长代表做领导成员)。学校和家长都要认真对待办学工作,不可虎头蛇尾,一哄而起,又一哄而散;要有固定活动地点,要有教材,也要举行一些必要的参观、访问等活动。

三、与学校领导沟通

班级管理工作烦琐,班主任始终处于接受学校各部门、各阶层领导、指导工作的状况下。班主任在与领导打交道过程中应结合实际工作,主动与学校领导沟通,正确领会领导的工作意图,学习领导的工作思路,从而提高工作实效,少走弯路。

班主任在开展工作过程中应多请示校领导,寻找机会,创造机会,多与领导交流、交谈,加强沟通、理解,在请示与闲谈中领会领导对班级工作的远景任务与近期要求,将学校领导的意图融入自己的工作中。此外,班主任应及时将有关班级管理工作的意见、建议与要求反映给相关领导,以供领导决策之用,为学校班级管理工作的顺利开展做出贡献。

四、与同事沟通

(一) 建立健康的校内人际关系

1. 人际关系的含义

人际关系指教师之间平等合作的同志关系及良好的友善关系。班主任与科任教师的目标和任务是一致的:教书育人是其根本任务;工作特点是一致的:强烈的事业心,崇高的理想,高度的责任感、荣誉感,为人师表;主导思想是一致的:社会尊重、个人成就、改善环境需要。良好的人际关系对班级教育工作的开展是极为有益的。

2. 人际关系的建立

要靠教师之间良好的主观愿望;要同情和理解别人;要严于律己,宽以待人;尊重其他教师。班主任要主动团结科任教师,在班级内多给科任教师树立威信,支持其他班主任教师工作,破坏教师之间团结、影响工作的事情绝不会发生。

3. 人际关系的建立原则

为了学校教育事业的蓬勃发展,班主任要本着诚实友好、共进互助、平等互谅的原则,与各位科任教师心往一处想、劲往一处使;团结协作,共同前进,平等待人,互助互谅。

按照教师的职业伦理道德规范,严格约束,不轻言,不恣行。

4. 人际关系的建立艺术

建立良好的校内人际关系,要讲究方法。班主任要注意举止言谈,威严有度;要诚恳友好,平易近人;要善于沟通,和谐相处。班主任既要与各科教师共事,又要接触领导、职员、工人等,如不能建立正常、良好的人际关系,对于班主任本人、班级发展都会产生不良影响。班主任要善于解决班级建设中出现的各种问题。

诚实是人际关系稳定持久的基础,事业是人际关系健康发展的方向,友好是人际关系长久维护的关键。"众人拾柴火焰高",班主任只有与其他同事携手共进,才会促进班集体的良性发展。否则,其他教师只完成"教书","育人"的事都推给班主任自己干,那就可能出现难堪局面,无论是对班级管理还是对班主任个人发展,都是有害无益的。

(二)建立团结合作的班际关系

班际关系指班级与班级之间平等合作、友谊共进的建设关系。班际关系应当既有合作友谊,又有竞赛评比,但应"友谊第一,比赛第二"。这就要求班主任与班干部、班级每个成员都要重视班级与班级之间的互通有无、互相支持、互相帮助。无论思想教育、学习比赛、文体生活、劳动工作、临时任务,都要为完成学校所布置的总任务而共同奋斗。要有全校一盘棋的思想,否则就会出现"各自为政"、"你争我夺"、"你好他坏"的局面,不仅有碍工作,还消极影响学生,使他们沾染不团结、互相排斥打击的恶习。

班际关系应当正常化,应当"见先进就学,见后进就帮",应当在比、学、赶、帮、超中谋求共同进步。班级与班级之间的评比,应当实事求是,"好就是好,差就是差"。优秀者继续发扬,落后者迎头赶上,这才符合教育工作的目的。那种"压制好班"的做法固然不对,但"看差班笑话"的态度也不对,"弄虚作假,谎报班情"的做法,就更有悖为人处世的传统美德和教师职业道德了。

五、与校外团体或个人的沟通

1. 与校外团体或个人沟通的意义

班主任带领班集体与校外团体或个人的沟通联系,应当本着受教育的原则,建立经常性往来关系。这对于深入贯彻落实我党新时期"三个面向"的教育方针,培养中国特色社会主义建设的全面发展的合格人才十分重要,也是十分有利的。

校外团体主要指社区、街道、政府、机关、文教卫生、艺术团体、科研学术部门等,与其建立经常性的沟通联系,便于开展班集体教育活动;此外,还可以聘请英雄人物、劳动模范、社会名流等来班级作报告、讲演、座谈等,亦可聘他们做学生的课外辅导员。这种沟通不但能活化学生紧张的学习气氛,而且能够对促进学生优秀思想品德的顺利养成,对学生树立起远大奋斗目标,不断取得学习进步,都能形成强大的向上动力。

2. 与校外团体或个人沟通的注意事项

与校外团体及个人沟通,需要事前了解该团体及个人的详细状况,认为确有教育作用才能进行沟通。沟通联系时,必须开展有计划、有目的、有实效的活动;应恰当安排活动时间,或下午或休息时间,若非十分必要,要尽量少占用或不占用上课时间。与校外团体等组织活动,要有活动记录,以备学校考核和班级工作总结。

是否需要与校外团体沟通联系,要根据学生具体需要来合理选择,科学安排。既要有长期计划,也可短期安排,临时性任务安排尤不可盲目、随意。应在学年伊始或学期初制订具体的中、远期沟通联系计划。

在与校外团体或个人沟通联系过程中,对其具有积极教育意义的内容要认真组织学生吸收内化,成为促进学生成长有用的"养料";对不良的内容则要坚决抵制,并因此注意培养学生辨是非、明善恶的认识能力。

班主任本人可以与校外团体或个人建立广泛交往,这对班级工作有利,对教师成长有利,对于学校物质文明与精神文明建设也是有利的。

第九章　语言文字规范化

【学习提示】

语言文字规范化文件是国家针对语言文字的规范使用所发布的规范标准——现代汉语语音规范标准、现代汉语汉字规范标准、标点符号标准、数字使用规范标准等。各专业学生都应自觉加强对国家通用语言文字各规范标准的学习、理解和掌握,不断提升对国家通用语言文字的规范应用水平。

第一节　现代汉语部分形体规范标准汉字

一、汉字应用水平测试用字(8 105)

一级字表(3 500 字)

No.	字	No.	字	No.	字	No.	字	No.	字	No.	字	No.	字	No.	字
0001	一	0028	士	0055	门	0082	云	0109	止	0136	仅	0163	方	0190	玉
0002	乙	0029	才	0056	丫	0083	专	0110	少	0137	斤	0164	火	0191	刊
0003	二	0030	下	0057	义	0084	丐	0111	日	0138	爪	0165	为	0192	未
0004	十	0031	寸	0058	之	0085	扎	0112	曰	0139	反	0166	斗	0193	末
0005	丁	0032	大	0059	尸	0086	艺	0113	中	0140	介	0167	忆	0194	示
0006	厂	0033	丈	0060	己	0087	木	0114	贝	0141	父	0168	计	0195	击
0007	七	0034	与	0061	已	0088	五	0115	冈	0142	从	0169	订	0196	打
0008	卜	0035	万	0062	巳	0089	支	0116	内	0143	仑	0170	户	0197	巧
0009	八	0036	上	0063	弓	0090	厅	0117	水	0144	今	0171	认	0198	正
0010	人	0037	小	0064	子	0091	不	0118	见	0145	凶	0172	冗	0199	扑
0011	入	0038	口	0065	卫	0092	犬	0119	午	0146	分	0173	讥	0200	卅
0012	儿	0039	山	0066	也	0093	太	0120	牛	0147	乏	0174	心	0201	扒
0013	匕	0040	巾	0067	女	0094	区	0121	手	0148	公	0175	尺	0202	功
0014	几	0041	千	0068	刃	0095	历	0122	气	0149	仓	0176	引	0203	扔
0015	九	0042	乞	0069	飞	0096	歹	0123	毛	0150	月	0177	丑	0204	去
0016	刁	0043	川	0070	习	0097	友	0124	壬	0151	氏	0178	巴	0205	甘
0017	了	0044	亿	0071	叉	0098	尤	0125	升	0152	勿	0179	孔	0206	世
0018	刀	0045	个	0072	马	0099	匹	0126	夭	0153	欠	0180	队	0207	艾
0019	力	0046	夕	0073	乡	0100	车	0127	长	0154	风	0181	办	0208	古
0020	乃	0047	久	0074	丰	0101	巨	0128	仁	0155	丹	0182	以	0209	节
0021	又	0048	么	0075	王	0102	牙	0129	什	0156	匀	0183	允	0210	本
0022	三	0049	勺	0076	开	0103	屯	0130	片	0157	乌	0184	予	0211	术
0023	干	0050	凡	0077	井	0104	戈	0131	仆	0158	勾	0185	邓	0212	可
0024	于	0051	丸	0078	天	0105	比	0132	化	0159	凤	0186	劝	0213	丙
0025	亏	0052	及	0079	夫	0106	互	0133	仇	0160	六	0187	双	0214	左
0026	工	0053	广	0080	元	0107	切	0134	币	0161	文	0188	书	0215	厉
0027	土	0054	亡	0081	无	0108	瓦	0135	仍	0162	亢	0189	幻	0216	石

0217	右	0268	丘	0319	训	0370	芋	0421	吐	0472	华	0523	决	0574	阶
0218	布	0269	付	0320	议	0371	共	0422	吓	0473	仰	0524	亥	0575	阴
0219	夯	0270	仗	0321	必	0372	芒	0423	虫	0474	仿	0525	充	0576	防
0220	戊	0271	代	0322	讯	0373	亚	0424	曲	0475	伙	0526	妄	0577	奸
0221	龙	0272	仙	0323	记	0374	芝	0425	团	0476	伪	0527	闭	0578	如
0222	平	0273	们	0324	永	0375	朽	0426	吕	0477	自	0528	问	0579	妇
0223	灭	0274	仪	0325	司	0376	朴	0427	同	0478	伊	0529	闯	0580	妃
0224	轧	0275	白	0326	尼	0377	机	0428	吊	0479	血	0530	羊	0581	好
0225	东	0276	仔	0327	民	0378	权	0429	吃	0480	向	0531	并	0582	她
0226	卡	0277	他	0328	弗	0379	过	0430	因	0481	似	0532	关	0583	妈
0227	北	0278	斥	0329	弘	0380	臣	0431	吸	0482	后	0533	米	0584	戏
0228	占	0279	瓜	0330	出	0381	吏	0432	吗	0483	行	0534	灯	0585	羽
0229	凸	0280	乎	0331	辽	0382	再	0433	呒	0484	舟	0535	州	0586	观
0230	卢	0281	丛	0332	奶	0383	协	0434	屿	0485	全	0536	汗	0587	欢
0231	业	0282	令	0333	奴	0384	西	0435	屹	0486	会	0537	污	0588	买
0232	旧	0283	用	0334	召	0385	压	0436	岁	0487	杀	0538	江	0589	红
0233	帅	0284	甩	0335	加	0386	厌	0437	帆	0488	合	0539	汛	0590	驮
0234	归	0285	印	0336	皮	0387	戌	0438	回	0489	兆	0540	池	0591	纤
0235	旦	0286	尔	0337	边	0388	在	0439	岂	0490	企	0541	汝	0592	驯
0236	目	0287	乐	0338	孕	0389	百	0440	则	0491	众	0542	汤	0593	约
0237	且	0288	句	0339	发	0390	有	0441	刚	0492	爷	0543	忙	0594	级
0238	叶	0289	匆	0340	圣	0391	存	0442	网	0493	伞	0544	兴	0595	纪
0239	甲	0290	册	0341	对	0392	而	0443	肉	0494	创	0545	宇	0596	驰
0240	申	0291	卯	0342	台	0393	页	0444	年	0495	肌	0546	守	0597	纫
0241	叮	0292	犯	0343	矛	0394	匠	0445	朱	0496	肋	0547	宅	0598	巡
0242	电	0293	外	0344	纠	0395	夸	0446	先	0497	朵	0548	字	0599	寿
0243	号	0294	处	0345	母	0396	灰	0447	丢	0498	杂	0549	安	0600	弄
0244	田	0295	冬	0346	幼	0397	达	0448	廷	0499	危	0550	讲	0601	麦
0245	由	0296	鸟	0347	丝	0398	列	0449	舌	0500	旬	0551	讳	0602	玖
0246	只	0297	务	0348	邦	0399	死	0450	竹	0501	旨	0552	军	0603	玛
0247	叭	0298	包	0349	式	0400	成	0451	迁	0502	旭	0553	讶	0604	形
0248	史	0299	饥	0350	迂	0401	夹	0452	乔	0503	负	0554	许	0605	进
0249	央	0300	主	0351	刑	0402	夷	0453	迄	0504	匈	0555	讹	0606	戒
0250	兄	0301	市	0352	戎	0403	轨	0454	伟	0505	名	0556	论	0607	吞
0251	叽	0302	立	0353	动	0404	邪	0455	传	0506	各	0557	讼	0608	远
0252	叼	0303	冯	0354	扛	0405	尧	0456	乒	0507	多	0558	农	0609	违
0253	叫	0304	玄	0355	寺	0406	划	0457	乓	0508	争	0559	讽	0610	韧
0254	叩	0305	闪	0356	吉	0407	迈	0458	休	0509	色	0560	设	0611	运
0255	叨	0306	兰	0357	扣	0408	毕	0459	伍	0510	壮	0561	访	0612	扶
0256	另	0307	半	0358	考	0409	至	0460	伏	0511	冲	0562	诀	0613	抚
0257	叹	0308	汁	0359	托	0410	此	0461	优	0512	妆	0563	寻	0614	坛
0258	冉	0309	汇	0360	老	0411	贞	0462	臼	0513	冰	0564	那	0615	技
0259	皿	0310	头	0361	巩	0412	师	0463	伐	0514	庄	0565	迅	0616	坏
0260	凹	0311	汉	0362	圾	0413	尘	0464	延	0515	庆	0566	尽	0617	抠
0261	囚	0312	宁	0363	执	0414	尖	0465	仲	0516	亦	0567	导	0618	扰
0262	四	0313	穴	0364	扩	0415	劣	0466	件	0517	刘	0568	异	0619	扼
0263	生	0314	它	0365	扫	0416	光	0467	任	0518	齐	0569	弛	0620	拒
0264	矢	0315	讨	0366	地	0417	当	0468	伤	0519	交	0570	孙	0621	找
0265	失	0316	写	0367	场	0418	早	0469	价	0520	衣	0571	阵	0622	批
0266	乍	0317	让	0368	扬	0419	吁	0470	伦	0521	次	0572	阳	0623	址
0267	禾	0318	礼	0369	耳	0420	吁	0471	份	0522	产	0573	收	0624	扯

0625 走	0676 芭	0727 旷	0778 伯	0830 况	0881 究	0932 纱	0983 幸
0626 抄	0677 苏	0728 围	0779 伶	0831 床	0882 穷	0933 纲	0984 拌
0627 贡	0678 杆	0729 呀	0780 佣	0832 库	0883 灾	0934 纳	0985 拧
0628 汞	0679 杠	0730 吨	0781 低	0833 庇	0884 良	0935 驳	0986 拂
0629 坝	0680 杜	0731 足	0782 你	0834 疗	0885 证	0936 纵	0987 拙
0630 攻	0681 材	0732 邮	0783 住	0835 吝	0886 启	0937 纷	0988 招
0631 赤	0682 村	0733 男	0784 位	0836 应	0887 评	0938 纸	0989 坡
0632 折	0683 杖	0734 困	0785 伴	0837 这	0888 补	0939 纹	0990 披
0633 抓	0684 杏	0735 吵	0786 身	0838 冷	0889 初	0940 纺	0991 拨
0634 扳	0685 杉	0736 串	0787 皂	0839 庐	0890 社	0941 驴	0992 择
0635 抡	0686 巫	0737 员	0788 伺	0840 序	0891 祀	0942 纽	0993 抬
0636 扮	0687 极	0738 呐	0789 佛	0841 辛	0892 识	0943 奉	0994 拇
0637 抢	0688 李	0739 听	0790 囡	0842 弃	0893 诈	0944 玩	0995 拗
0638 孝	0689 杨	0740 吟	0791 近	0843 冶	0894 诉	0945 环	0996 其
0639 坎	0690 求	0741 吩	0792 彻	0844 忘	0895 罕	0946 武	0997 取
0640 均	0691 甫	0742 呛	0793 役	0845 闰	0896 诊	0947 青	0998 茉
0641 抑	0692 匣	0743 吻	0794 返	0846 闲	0897 词	0948 责	0999 苦
0642 抛	0693 更	0744 吹	0795 余	0847 间	0898 译	0949 现	1000 昔
0643 投	0694 束	0745 鸣	0796 希	0848 闷	0899 君	0950 玫	1001 苛
0644 坟	0695 吾	0746 吭	0797 坐	0849 判	0900 灵	0951 表	1002 若
0645 坑	0696 豆	0747 吧	0798 谷	0850 兑	0901 即	0952 规	1003 茂
0646 抗	0697 两	0748 邑	0799 妥	0851 灶	0902 层	0953 抹	1004 苹
0647 坊	0698 酉	0749 吼	0800 含	0852 灿	0903 屁	0954 卦	1005 苗
0648 抖	0699 丽	0750 囤	0801 邻	0853 灼	0904 尿	0955 坷	1006 英
0649 护	0700 医	0751 别	0802 岔	0854 弟	0905 尾	0956 坯	1007 苟
0650 壳	0701 辰	0752 吮	0803 肝	0855 汪	0906 迟	0957 拓	1008 苑
0651 志	0702 励	0753 呕	0804 肛	0856 沐	0907 局	0958 拢	1009 苞
0652 块	0703 否	0754 岗	0805 肚	0857 沛	0908 改	0959 拔	1010 范
0653 扭	0704 还	0755 帐	0806 肘	0858 汰	0909 张	0960 坪	1011 直
0654 声	0705 尬	0756 财	0807 肠	0859 沥	0910 忌	0961 拣	1012 茁
0655 把	0706 歼	0757 针	0808 龟	0860 沙	0911 际	0962 坦	1013 茄
0656 报	0707 来	0758 钉	0809 甸	0861 汽	0912 陆	0963 担	1014 茎
0657 拟	0708 连	0759 牡	0810 免	0862 沃	0913 阿	0964 坤	1015 苔
0658 却	0709 轩	0760 告	0811 狂	0863 沧	0914 陈	0965 押	1016 茅
0659 抒	0710 步	0761 我	0812 犹	0864 汹	0915 阻	0966 抽	1017 枉
0660 劫	0711 卤	0762 乱	0813 狈	0865 泛	0916 附	0967 拐	1018 林
0661 芙	0712 坚	0763 利	0814 角	0866 沧	0917 坠	0968 拖	1019 枝
0662 芫	0713 肖	0764 秃	0815 删	0867 没	0918 妓	0969 者	1020 杯
0663 苇	0714 旱	0765 秀	0816 条	0868 沟	0919 妙	0970 拍	1021 枢
0664 芽	0715 盯	0766 私	0817 彤	0869 沪	0920 妖	0971 顶	1022 柜
0665 花	0716 呈	0767 每	0818 卵	0870 沈	0921 姊	0972 拆	1023 枚
0666 芹	0717 时	0768 兵	0819 灸	0871 沉	0922 妨	0973 拎	1024 析
0667 芥	0718 吴	0769 估	0820 岛	0872 沁	0923 妒	0974 拥	1025 板
0668 芬	0719 助	0770 体	0821 刨	0873 怀	0924 努	0975 抵	1026 松
0669 苍	0720 县	0771 何	0822 迎	0874 忧	0925 忍	0976 拘	1027 枪
0670 芳	0721 里	0772 佐	0823 饭	0875 忱	0926 劲	0977 势	1028 枫
0671 严	0722 呆	0773 佑	0824 饮	0876 快	0927 矣	0978 抱	1029 构
0672 芦	0723 吱	0774 但	0825 系	0877 完	0928 鸡	0979 拄	1030 杭
0673 芯	0724 吠	0775 伸	0826 言	0878 宋	0929 纬	0980 垃	1031 杰
0674 劳	0725 呕	0776 佃	0827 冻	0879 宏	0930 驱	0981 拉	1032 述
0675 克	0726 园	0777 作	0828 状	0880 牢	0931 纯	0982 拦	1033 枕

1034 丧	1085 呵	1136 侍	1187 肮	1238 炉	1289 肩	1340 细	1391 挣
1035 或	1086 畅	1137 岳	1188 肪	1239 沫	1290 房	1341 驶	1392 挤
1036 画	1087 明	1138 供	1189 肥	1240 浅	1291 诚	1342 织	1393 拼
1037 卧	1088 易	1139 使	1190 服	1241 法	1292 衬	1343 驹	1394 挖
1038 事	1089 昵	1140 例	1191 胁	1242 泄	1293 衫	1344 终	1395 按
1039 刺	1090 昂	1141 侠	1192 周	1243 沽	1294 视	1345 驻	1396 挥
1040 枣	1091 迪	1142 侥	1193 昏	1244 河	1295 祈	1346 绊	1397 挪
1041 雨	1092 典	1143 版	1194 鱼	1245 沾	1296 话	1347 驼	1398 拯
1042 卖	1093 固	1144 侄	1195 兔	1246 泪	1297 诞	1348 绍	1399 某
1043 郁	1094 忠	1145 侦	1196 狐	1247 沮	1298 诡	1349 绎	1400 甚
1044 矾	1095 呻	1146 侣	1197 忽	1248 油	1299 询	1350 经	1401 荆
1045 矿	1096 咒	1147 侧	1198 狗	1249 泊	1300 该	1351 贯	1402 茸
1046 码	1097 咋	1148 凭	1199 狞	1250 沿	1301 详	1352 契	1403 革
1047 厕	1098 咐	1149 侨	1200 备	1251 泡	1302 建	1353 贰	1404 茬
1048 奈	1099 呼	1150 佩	1201 饰	1252 注	1303 肃	1354 奏	1405 荐
1049 奔	1100 鸣	1151 货	1202 饱	1253 泣	1304 录	1355 春	1406 巷
1050 奇	1101 咏	1152 侈	1203 饲	1254 泞	1305 隶	1356 帮	1407 带
1051 奋	1102 呢	1153 依	1204 变	1255 泻	1306 帚	1357 珐	1408 草
1052 态	1103 咖	1154 卑	1205 京	1256 泌	1307 屉	1358 珍	1409 茧
1053 欧	1104 咖	1155 的	1206 享	1257 泳	1308 居	1359 玲	1410 茵
1054 殴	1105 岸	1156 追	1207 庞	1258 泥	1309 届	1360 珊	1411 茶
1055 垄	1106 岩	1157 质	1208 店	1259 沸	1310 刷	1361 玻	1412 荒
1056 妻	1107 帖	1158 欣	1209 夜	1260 沼	1311 屈	1362 毒	1413 茫
1057 轰	1108 罗	1159 征	1210 庙	1261 波	1312 弧	1363 型	1414 荡
1058 顷	1109 帜	1160 往	1211 府	1262 泼	1313 弥	1364 拭	1415 荣
1059 转	1110 帕	1161 爬	1212 底	1263 泽	1314 弦	1365 挂	1416 荤
1060 斩	1111 岭	1162 彼	1213 疳	1264 治	1315 承	1366 封	1417 荧
1061 轮	1112 凯	1163 径	1214 疙	1265 怔	1316 孟	1367 持	1418 故
1062 软	1113 败	1164 所	1215 疚	1266 怯	1317 陋	1368 拷	1419 胡
1063 到	1114 账	1165 舍	1216 剂	1267 怖	1318 陌	1369 拱	1420 荫
1064 非	1115 贩	1166 金	1217 卒	1268 性	1319 孤	1370 项	1421 荔
1065 叔	1116 贬	1167 剎	1218 郊	1269 怕	1320 陕	1371 垮	1422 南
1066 歧	1117 购	1168 命	1219 庚	1270 怜	1321 降	1372 挎	1423 药
1067 肯	1118 贮	1169 肴	1220 废	1271 怪	1322 函	1373 城	1424 标
1068 齿	1119 图	1170 斧	1221 净	1272 怡	1323 限	1374 挟	1425 栈
1069 些	1120 钓	1171 爸	1222 盲	1273 学	1324 妹	1375 挠	1426 柑
1070 卓	1121 制	1172 采	1223 放	1274 宝	1325 姑	1376 政	1427 枯
1071 虎	1122 知	1173 觅	1224 刻	1275 宗	1326 姐	1377 赴	1428 柄
1072 房	1123 迭	1174 受	1225 育	1276 定	1327 姓	1378 赵	1429 栋
1073 肾	1124 氖	1175 乳	1226 泯	1277 宠	1328 妮	1379 挡	1430 相
1074 贤	1125 垂	1176 贪	1227 闸	1278 宜	1329 始	1380 拽	1431 查
1075 尚	1126 牧	1177 念	1228 闹	1279 审	1330 姆	1381 哉	1432 柏
1076 旺	1127 物	1178 贫	1229 郑	1280 宙	1331 迢	1382 挺	1433 栅
1077 具	1128 乖	1179 忿	1230 券	1281 官	1332 驾	1383 括	1434 柳
1078 味	1129 刮	1180 肤	1231 卷	1282 空	1333 叁	1384 垢	1435 柱
1079 果	1130 秆	1181 肺	1232 单	1283 帘	1334 参	1385 拴	1436 柿
1080 昆	1131 和	1182 肢	1233 炬	1284 宛	1335 艰	1386 拾	1437 栏
1081 国	1132 季	1183 肿	1234 炒	1285 实	1336 线	1387 挑	1438 柠
1082 哎	1133 委	1184 胀	1235 炊	1286 试	1337 练	1388 垛	1439 树
1083 咕	1134 秉	1185 朋	1236 炕	1287 郎	1338 组	1389 指	1440 勃
1084 昌	1135 佳	1186 股	1237 炎	1288 诗	1339 绅	1390 垫	1441 要

1442 柬	1493 趴	1544 牲	1595 胞	1646 类	1697 室	1748 癸	1799 袁	
1443 咸	1494 胃	1545 选	1596 胖	1647 迷	1698 宫	1749 叁	1800 捌	
1444 威	1495 贵	1546 适	1597 脉	1648 籽	1699 宪	1750 柔	1801 都	
1445 歪	1496 界	1547 秒	1598 胎	1649 娄	1700 突	1751 垒	1802 哲	
1446 研	1497 虹	1548 香	1599 勉	1650 前	1701 穿	1752 绑	1803 逝	
1447 砖	1498 虾	1549 种	1600 狭	1651 首	1702 窃	1753 绒	1804 捡	
1448 厘	1499 蚁	1550 秋	1601 狮	1652 逆	1703 客	1754 结	1805 挫	
1449 厚	1500 思	1551 科	1602 独	1653 兹	1704 诚	1755 绕	1806 换	
1450 砌	1501 蚂	1552 重	1603 狰	1654 总	1705 冠	1756 骄	1807 挽	
1451 砂	1502 虽	1553 复	1604 狡	1655 炼	1706 诬	1757 绘	1808 挚	
1452 泵	1503 品	1554 竿	1605 狱	1656 炸	1707 语	1758 给	1809 热	
1453 砚	1504 咽	1555 段	1606 狠	1657 烁	1708 扁	1759 绚	1810 恐	
1454 砍	1505 骂	1556 便	1607 贸	1658 炮	1709 袄	1760 骆	1811 捣	
1455 面	1506 勋	1557 俩	1608 怨	1659 炫	1710 祖	1761 络	1812 壶	
1456 耐	1507 哗	1558 贷	1609 急	1660 烂	1711 神	1762 绝	1813 捅	
1457 耍	1508 咱	1559 顺	1610 饵	1661 剃	1712 祝	1763 绞	1814 埃	
1458 牵	1509 响	1560 修	1611 饶	1662 洼	1713 祠	1764 骇	1815 挨	
1459 鸥	1510 哈	1561 俏	1612 蚀	1663 洁	1714 误	1765 统	1816 耻	
1460 残	1511 哆	1562 保	1613 饺	1664 洪	1715 诱	1766 耕	1817 耿	
1461 殃	1512 咬	1563 促	1614 饼	1665 洒	1716 诲	1767 耘	1818 耽	
1462 轴	1513 咳	1564 俄	1615 峦	1666 柒	1717 说	1768 耗	1819 聂	
1463 轻	1514 咪	1565 俐	1616 弯	1667 浇	1718 诵	1769 耙	1820 恭	
1464 鸦	1515 哪	1566 侮	1617 将	1668 浊	1719 垦	1770 艳	1821 莽	
1465 皆	1516 哟	1567 俭	1618 奖	1669 洞	1720 退	1771 泰	1822 莱	
1466 韭	1517 炭	1568 俗	1619 哀	1670 测	1721 既	1772 秦	1823 莲	
1467 背	1518 峡	1569 俘	1620 亭	1671 洗	1722 屋	1773 珠	1824 莫	
1468 战	1519 罚	1570 信	1621 亮	1672 活	1723 昼	1774 班	1825 莉	
1469 点	1520 贱	1571 皇	1622 度	1673 派	1724 屏	1775 素	1826 荷	
1470 虐	1521 贴	1572 泉	1623 迹	1674 洽	1725 屎	1776 匿	1827 获	
1471 临	1522 贻	1573 鬼	1624 庭	1675 染	1726 费	1777 蚕	1828 晋	
1472 览	1523 骨	1574 侵	1625 疮	1676 洛	1727 陡	1778 顽	1829 恶	
1473 竖	1524 幽	1575 禹	1626 疯	1677 浏	1728 逊	1779 盏	1830 莹	
1474 省	1525 钙	1576 侯	1627 疫	1678 济	1729 眉	1780 匪	1831 莺	
1475 削	1526 钝	1577 追	1628 疤	1679 洋	1730 孩	1781 捞	1832 真	
1476 尝	1527 钞	1578 俊	1629 咨	1680 洲	1731 陨	1782 栽	1833 框	
1477 昧	1528 钟	1579 盾	1630 姿	1681 浑	1732 除	1783 捕	1834 梆	
1478 盹	1529 钢	1580 待	1631 亲	1682 浓	1733 险	1784 埂	1835 桂	
1479 是	1530 钠	1581 徊	1632 音	1683 津	1734 院	1785 捂	1836 桔	
1480 盼	1531 钥	1582 衍	1633 帝	1684 恃	1735 娃	1786 振	1837 栖	
1481 眨	1532 钦	1583 律	1634 施	1685 恒	1736 姥	1787 载	1838 档	
1482 哇	1533 钧	1584 很	1635 闺	1686 恢	1737 姨	1788 赶	1839 桐	
1483 哄	1534 钩	1585 须	1636 闻	1687 恍	1738 姻	1789 起	1840 株	
1484 哑	1535 钮	1586 叙	1637 闽	1688 恬	1739 娇	1790 盐	1841 桥	
1485 显	1536 卸	1587 剑	1638 阀	1689 恤	1740 姚	1791 捎	1842 桦	
1486 冒	1537 缸	1588 逃	1639 阁	1690 恰	1741 娜	1792 捍	1843 栓	
1487 映	1538 拜	1589 食	1640 差	1691 恼	1742 怒	1793 捏	1844 桃	
1488 星	1539 看	1590 盆	1641 养	1692 恨	1743 架	1794 埋	1845 格	
1489 昨	1540 矩	1591 胚	1642 美	1693 举	1744 贺	1795 捉	1846 桩	
1490 咧	1541 毡	1592 胧	1643 姜	1694 觉	1745 盈	1796 捆	1847 校	
1491 昭	1542 氢	1593 胆	1644 叛	1695 宣	1746 勇	1797 捐	1848 核	
1492 畏	1543 怎	1594 胜	1645 送	1696 宦	1747 怠	1798 损	1849 样	

1850	根	1901	蚊	1952	笑	2003	逛	2054	料	2105	容	2156	琐	2207	菜
1851	索	1902	蚪	1953	笋	2004	狸	2055	益	2106	宰	2157	理	2208	萄
1852	哥	1903	蚓	1954	债	2005	狼	2056	兼	2107	案	2158	琉	2209	菊
1853	速	1904	哨	1955	借	2006	卿	2057	烤	2108	请	2159	琅	2210	菩
1854	逗	1905	哩	1956	值	2007	逢	2058	烘	2109	朗	2160	捧	2211	萍
1855	栗	1906	圃	1957	倚	2008	鸵	2059	烦	2110	诸	2161	堵	2212	菠
1856	贾	1907	哭	1958	俺	2009	留	2060	烧	2111	诺	2162	措	2213	萤
1857	酌	1908	哦	1959	倾	2010	鸳	2061	烛	2112	读	2163	描	2214	营
1858	配	1909	恩	1960	倒	2011	皱	2062	烟	2113	扇	2164	域	2215	乾
1859	翅	1910	鸯	1961	倘	2012	饿	2063	烙	2114	诽	2165	捺	2216	萧
1860	辱	1911	唤	1962	俱	2013	馁	2064	递	2115	袜	2166	掩	2217	萨
1861	唇	1912	啫	1963	倡	2014	凌	2065	涛	2116	袖	2167	捷	2218	菇
1862	夏	1913	哼	1964	候	2015	凄	2066	浙	2117	袍	2168	排	2219	械
1863	砸	1914	唧	1965	赁	2016	恋	2067	涝	2118	被	2169	焉	2220	彬
1864	砰	1915	啊	1966	俯	2017	桨	2068	浦	2119	祥	2170	掉	2221	梦
1865	砾	1916	唉	1967	倍	2018	浆	2069	酒	2120	课	2171	捶	2222	婪
1866	础	1917	唆	1968	倦	2019	衰	2070	涉	2121	冥	2172	赦	2223	梗
1867	破	1918	罢	1969	健	2020	衷	2071	消	2122	谁	2173	堆	2224	梧
1868	原	1919	峭	1970	臭	2021	高	2072	涡	2123	调	2174	推	2225	梢
1869	套	1920	峨	1971	射	2022	郭	2073	浩	2124	冤	2175	掀	2226	梅
1870	逐	1921	峰	1972	躬	2023	席	2074	海	2125	谅	2176	授	2227	检
1871	烈	1922	圆	1973	息	2024	准	2075	涂	2126	谆	2177	捻	2228	梳
1872	殊	1923	峻	1974	倔	2025	座	2076	浴	2127	谈	2178	教	2229	梯
1873	殉	1924	贼	1975	徒	2026	症	2077	浮	2128	谊	2179	掏	2230	桶
1874	顾	1925	贿	1976	徐	2027	病	2078	涣	2129	剥	2180	掐	2231	梭
1875	轿	1926	赂	1977	殷	2028	疾	2079	涤	2130	恳	2181	掠	2232	救
1876	较	1927	赃	1978	舰	2029	斋	2080	流	2131	展	2182	掂	2233	曹
1877	顿	1928	钱	1979	舱	2030	疹	2081	润	2132	剧	2183	据	2234	副
1878	毙	1929	钳	1980	般	2031	疼	2082	涧	2133	屑	2184	培	2235	票
1879	致	1930	钻	1981	航	2032	疲	2083	涕	2134	弱	2185	接	2236	酝
1880	柴	1931	钾	1982	途	2033	脊	2084	浪	2135	陵	2186	掷	2237	酗
1881	桌	1932	铁	1983	拿	2034	效	2085	浸	2136	崇	2187	控	2238	厢
1882	虑	1933	铃	1984	耸	2035	离	2086	涨	2137	陶	2188	探	2239	戚
1883	监	1934	铅	1985	爹	2036	衮	2087	烫	2138	陷	2189	据	2240	硅
1884	紧	1935	缺	1986	舀	2037	唐	2088	涩	2139	陪	2190	掘	2241	硕
1885	党	1936	氧	1987	爱	2038	瓷	2089	涌	2140	娱	2191	掺	2242	奢
1886	逞	1937	氨	1988	豺	2039	资	2090	悖	2141	娟	2192	职	2243	盔
1887	晒	1938	特	1989	豹	2040	凉	2091	悟	2142	恕	2193	基	2244	爽
1888	眠	1939	牺	1990	颁	2041	站	2092	悄	2143	娥	2194	聆	2245	聋
1889	晓	1940	造	1991	颂	2042	剖	2093	悍	2144	娘	2195	勘	2246	袭
1890	哮	1941	乘	1992	翁	2043	竞	2094	悔	2145	通	2196	聊	2247	盛
1891	唠	1942	敌	1993	胰	2044	部	2095	悯	2146	能	2197	娶	2248	匾
1892	鸭	1943	秤	1994	脆	2045	旁	2096	悦	2147	难	2198	著	2249	雪
1893	晃	1944	租	1995	脂	2046	旅	2097	害	2148	预	2199	菱	2250	辅
1894	哺	1945	积	1996	胸	2047	畜	2098	宽	2149	桑	2200	勒	2251	辆
1895	晌	1946	秧	1997	胳	2048	阅	2099	家	2150	绢	2201	黄	2252	颅
1896	剔	1947	秩	1998	脏	2049	羞	2100	宵	2151	绣	2202	菲	2253	虚
1897	晕	1948	称	1999	脐	2050	羔	2101	宴	2152	验	2203	萌	2254	彪
1898	蚌	1949	秘	2000	胶	2051	瓶	2102	宾	2153	继	2204	萝	2255	雀
1899	畔	1950	透	2001	脑	2052	拳	2103	窍	2154	骏	2205	菌	2256	堂
1900	蚣	1951	笔	2002	脓	2053	粉	2104	窄	2155	球	2206	萎	2257	常

2258 眶	2309 银	2360 脱	2411 添	2462 谐	2513 揩	2564 棋	2615 晰
2259 匙	2310 矫	2361 象	2412 鸿	2463 袱	2514 越	2565 椰	2616 量
2260 晨	2311 甜	2362 够	2413 淋	2464 祷	2515 趁	2566 植	2617 鼎
2261 睁	2312 秸	2363 逸	2414 涯	2465 祸	2516 趋	2567 森	2618 喷
2262 眯	2313 梨	2364 猜	2415 淹	2466 谓	2517 超	2568 焚	2619 喳
2263 眼	2314 犁	2365 猪	2416 渠	2467 谚	2518 揽	2569 椅	2620 晶
2264 悬	2315 秽	2366 猎	2417 渐	2468 谜	2519 堤	2570 椒	2621 喇
2265 野	2316 移	2367 猫	2418 淑	2469 逮	2520 提	2571 棵	2622 遇
2266 啪	2317 笨	2368 凰	2419 淌	2470 敢	2521 博	2572 棍	2623 喊
2267 啦	2318 笼	2369 猖	2420 混	2471 尉	2522 揭	2573 椎	2624 遏
2268 曼	2319 笛	2370 猛	2421 淮	2472 屠	2523 喜	2574 棉	2625 晾
2269 晦	2320 笙	2371 祭	2422 淆	2473 弹	2524 彭	2575 棚	2626 景
2270 晚	2321 符	2372 馅	2423 渊	2474 隋	2525 揣	2576 棕	2627 畴
2271 啄	2322 第	2373 馆	2424 淫	2475 堕	2526 插	2577 棺	2628 践
2272 啡	2323 敏	2374 凑	2425 渔	2476 随	2527 揪	2578 椰	2629 跋
2273 距	2324 做	2375 减	2426 淘	2477 蛋	2528 搜	2579 椭	2630 跌
2274 趾	2325 袋	2376 毫	2427 淳	2478 隅	2529 煮	2580 惠	2631 跑
2275 啃	2326 悠	2377 烹	2428 液	2479 隆	2530 援	2581 惑	2632 跛
2276 跃	2327 偿	2378 庶	2429 淤	2480 隐	2531 搀	2582 逼	2633 遗
2277 略	2328 偶	2379 麻	2430 淡	2481 婚	2532 裁	2583 粟	2634 蛙
2278 蚯	2329 偎	2380 庵	2431 淀	2482 婶	2533 搁	2584 棘	2635 蛛
2279 蛀	2330 偷	2381 痊	2432 深	2483 婉	2534 搓	2585 酣	2636 蜓
2280 蛇	2331 您	2382 痒	2433 涮	2484 颇	2535 搂	2586 酥	2637 蜒
2281 唬	2332 售	2383 痕	2434 涵	2485 颈	2536 搅	2587 厨	2638 蛤
2282 累	2333 停	2384 廊	2435 婆	2486 绩	2537 壹	2588 厦	2639 喝
2283 鄂	2334 偏	2385 康	2436 梁	2487 绪	2538 握	2589 硬	2640 鹃
2284 唱	2335 躯	2386 庸	2437 渗	2488 续	2539 搔	2590 硝	2641 喂
2285 患	2336 兜	2387 鹿	2438 情	2489 骑	2540 揉	2591 确	2642 喘
2286 啰	2337 假	2388 盗	2439 惜	2490 绰	2541 斯	2592 硫	2643 喉
2287 唾	2338 衅	2389 章	2440 惭	2491 绳	2542 期	2593 雁	2644 喻
2288 唯	2339 徘	2390 竟	2441 悼	2492 维	2543 欺	2594 殖	2645 啼
2289 啤	2340 徙	2391 商	2442 惧	2493 绵	2544 联	2595 裂	2646 喧
2290 啥	2341 得	2392 族	2443 惕	2494 绷	2545 葫	2596 雄	2647 嵌
2291 啸	2342 衔	2393 旋	2444 惟	2495 绸	2546 散	2597 颊	2648 幅
2292 崖	2343 盘	2394 望	2445 惊	2496 综	2547 惹	2598 雳	2649 帽
2293 崎	2344 舶	2395 率	2446 惦	2497 绽	2548 葬	2599 暂	2650 赋
2294 崭	2345 船	2396 阎	2447 悴	2498 绿	2549 募	2600 雅	2651 赌
2295 逻	2346 舵	2397 阐	2448 惋	2499 缀	2550 葛	2601 翘	2652 赎
2296 崔	2347 斜	2398 着	2449 惨	2500 巢	2551 董	2602 辈	2653 赐
2297 帷	2348 盒	2399 羚	2450 惯	2501 琴	2552 葡	2603 悲	2654 赔
2298 崩	2349 鸽	2400 盖	2451 寇	2502 琳	2553 敬	2604 紫	2655 黑
2299 崇	2350 敛	2401 眷	2452 寅	2503 琢	2554 葱	2605 凿	2656 铸
2300 崛	2351 悉	2402 粘	2453 寄	2504 琼	2555 蒋	2606 辉	2657 铺
2301 婴	2352 欲	2403 粗	2454 寂	2505 斑	2556 蒂	2607 敞	2658 链
2302 圈	2353 彩	2404 粒	2455 宿	2506 替	2557 落	2608 棠	2659 销
2303 铐	2354 领	2405 断	2456 窒	2507 揍	2558 韩	2609 赏	2660 锁
2304 铛	2355 脚	2406 剪	2457 窑	2508 款	2559 朝	2610 掌	2661 锄
2305 铝	2356 脖	2407 兽	2458 密	2509 堪	2560 辜	2611 晴	2662 锅
2306 铜	2357 脯	2408 焊	2459 谋	2510 塔	2561 葵	2612 睐	2663 锈
2307 铭	2358 豚	2409 焕	2460 谍	2511 搭	2562 棒	2613 暑	2664 锋
2308 铲	2359 脸	2410 清	2461 谎	2512 堰	2563 棱	2614 最	2665 锌

2666 锐	2717 鲁	2768 渲	2819 缔	2870 楼	2921 遐	2972 腹	3023 慎
2667 甥	2718 猩	2769 溉	2820 缕	2871 概	2922 蜈	2973 腺	3024 誊
2668 掰	2719 猬	2770 愤	2821 骗	2872 赖	2923 蜗	2974 鹏	3025 塞
2669 短	2720 猾	2771 慌	2822 编	2873 酪	2924 蛾	2975 腾	3026 窦
2670 智	2721 猴	2772 惰	2823 骚	2874 酬	2925 蜂	2976 腿	3027 窥
2671 氮	2722 惫	2773 愕	2824 缘	2875 感	2926 蜕	2977 鲍	3028 窟
2672 毯	2723 然	2774 愣	2825 瑟	2876 碍	2927 嗅	2978 猿	3029 寝
2673 氯	2724 馈	2775 惶	2826 鹉	2877 碘	2928 嗡	2979 颖	3030 谨
2674 鹅	2725 馋	2776 愧	2827 瑞	2878 碑	2929 嗓	2980 触	3031 褂
2675 剩	2726 装	2777 愉	2828 瑰	2879 碎	2930 署	2981 解	3032 裸
2676 稍	2727 蛮	2778 慨	2829 瑙	2880 碰	2931 置	2982 煞	3033 福
2677 程	2728 就	2779 割	2830 魂	2881 碗	2932 罪	2983 雏	3034 谬
2678 稀	2729 敦	2780 寒	2831 肆	2882 碌	2933 罩	2984 馍	3035 群
2679 税	2730 斌	2781 富	2832 摄	2883 尴	2934 蜀	2985 馏	3036 殿
2680 筐	2731 痘	2782 寓	2833 摸	2884 雷	2935 幌	2986 酱	3037 辟
2681 等	2732 痢	2783 窜	2834 填	2885 零	2936 错	2987 禀	3038 障
2682 筑	2733 痪	2784 窝	2835 搏	2886 雾	2937 锚	2988 痹	3039 媳
2683 策	2734 痛	2785 窖	2836 塌	2887 雹	2938 锡	2989 廓	3040 嫉
2684 筛	2735 童	2786 窗	2837 鼓	2888 辐	2939 锣	2990 痴	3041 嫌
2685 筒	2736 竣	2787 窘	2838 摆	2889 辑	2940 锤	2991 痰	3042 嫁
2686 筏	2737 阔	2788 遍	2839 携	2890 输	2941 锥	2992 廉	3043 叠
2687 答	2738 善	2789 雇	2840 搬	2891 督	2942 锦	2993 靖	3044 缚
2688 筋	2739 翔	2790 裕	2841 摇	2892 频	2943 键	2994 新	3045 缝
2689 筝	2740 羡	2791 裤	2842 搞	2893 龄	2944 锯	2995 韵	3046 缠
2690 傲	2741 普	2792 裙	2843 塘	2894 鉴	2945 锰	2996 意	3047 缤
2691 傅	2742 粪	2793 禅	2844 摊	2895 睛	2946 矮	2997 誊	3048 剿
2692 牌	2743 尊	2794 禄	2845 聘	2896 睹	2947 辞	2998 粮	3049 静
2693 堡	2744 奠	2795 谢	2846 斟	2897 睦	2948 稚	2999 数	3050 碧
2694 集	2745 道	2796 谣	2847 蒜	2898 瞄	2949 稠	3000 煎	3051 璃
2695 焦	2746 遂	2797 谤	2848 勤	2899 睫	2950 颊	3001 塑	3052 赘
2696 傍	2747 曾	2798 谦	2849 靴	2900 睡	2951 愁	3002 慈	3053 熬
2697 储	2748 焰	2799 犀	2850 靶	2901 睬	2952 筹	3003 煤	3054 墙
2698 皓	2749 港	2800 属	2851 鹊	2902 嗜	2953 签	3004 煌	3055 墟
2699 皖	2750 滞	2801 屡	2852 蓝	2903 鄙	2954 简	3005 满	3056 嘉
2700 粤	2751 湖	2802 强	2853 墓	2904 嗦	2955 筷	3006 漠	3057 摧
2701 奥	2752 湘	2803 粥	2854 幕	2905 愚	2956 毁	3007 滇	3058 赫
2702 街	2753 渣	2804 疏	2855 蓬	2906 暖	2957 舅	3008 源	3059 截
2703 惩	2754 渤	2805 隔	2856 蓄	2907 盟	2958 鼠	3009 滤	3060 誓
2704 御	2755 渺	2806 隙	2857 蒲	2908 歇	2959 催	3010 滥	3061 境
2705 循	2756 湿	2807 隘	2858 蓉	2909 暗	2960 傻	3011 滔	3062 摘
2706 艇	2757 温	2808 媒	2859 蒙	2910 暇	2961 像	3012 溪	3063 摔
2707 舒	2758 渴	2809 絮	2860 蒸	2911 照	2962 躲	3013 溜	3064 撇
2708 逾	2759 溃	2810 嫂	2861 献	2912 畸	2963 魁	3014 漓	3065 聚
2709 番	2760 溅	2811 媚	2862 椿	2913 跨	2964 衙	3015 滚	3066 慕
2710 释	2761 滑	2812 婿	2863 禁	2914 跷	2965 微	3016 溢	3067 暮
2711 禽	2762 湃	2813 登	2864 楚	2915 跳	2966 愈	3017 溯	3068 摹
2712 腊	2763 渝	2814 缅	2865 楷	2916 跺	2967 遥	3018 滨	3069 蔓
2713 脾	2764 湾	2815 缆	2866 榄	2917 跪	2968 腻	3019 溶	3070 蔑
2714 腋	2765 渡	2816 缉	2867 想	2918 路	2969 腰	3020 溺	3071 蔡
2715 腔	2766 游	2817 缎	2868 槐	2919 跤	2970 腥	3021 粱	3072 蔗
2716 腕	2767 滋	2818 缓	2869 榆	2920 跟	2971 腮	3022 滩	3073 蔽

3074 蔼	3125 舆	3176 寥	3227 磅	3278 熟	3329 噩	3380 懒	3431 儒
3075 熙	3126 僚	3177 谭	3228 碾	3279 摩	3330 橱	3381 憾	3432 豁
3076 蔚	3127 僧	3178 肇	3229 震	3280 褒	3331 橙	3382 懈	3433 臀
3077 兢	3128 鼻	3179 褐	3230 霄	3281 瘪	3332 橘	3383 窿	3434 臂
3078 模	3129 魄	3180 褪	3231 霉	3282 瘤	3333 整	3384 壁	3435 翼
3079 槛	3130 魅	3181 谱	3232 瞒	3283 瘫	3334 融	3385 避	3436 骤
3080 榴	3131 貌	3182 隧	3233 题	3284 凛	3335 瓢	3386 缰	3437 藕
3081 榜	3132 膜	3183 嫩	3234 暴	3285 颜	3336 醒	3387 缴	3438 鞭
3082 榨	3133 膊	3184 翠	3235 瞎	3286 毅	3337 霍	3388 戴	3439 藤
3083 榕	3134 膀	3185 熊	3236 嘻	3287 糊	3338 霎	3389 擦	3440 覆
3084 歌	3135 鲜	3186 凳	3237 嘶	3288 遵	3339 辙	3390 藉	3441 瞻
3085 遭	3136 疑	3187 骠	3238 嘲	3289 憋	3340 冀	3391 鞠	3442 蹦
3086 酵	3137 孵	3188 缩	3239 嘹	3290 潜	3341 餐	3392 藏	3443 嚣
3087 酷	3138 馒	3189 慧	3240 影	3291 澎	3342 嘴	3393 薿	3444 镰
3088 酿	3139 裹	3190 撵	3241 踢	3292 潮	3343 踱	3394 檬	3445 翻
3089 酸	3140 敲	3191 撕	3242 踏	3293 潭	3344 蹄	3395 檐	3446 鳍
3090 碟	3141 豪	3192 撒	3243 踩	3294 鲨	3345 踩	3396 檀	3447 鹰
3091 碱	3142 膏	3193 撩	3244 踪	3295 澳	3346 蟆	3397 礁	3448 瀑
3092 碳	3143 遮	3194 趣	3245 蝶	3296 潘	3347 螃	3398 磷	3449 襟
3093 磁	3144 腐	3195 趟	3246 蝴	3297 澈	3348 器	3399 霜	3450 璧
3094 愿	3145 瘩	3196 撑	3247 蝠	3298 澜	3349 噪	3400 霞	3451 戳
3095 需	3146 瘟	3197 撮	3248 蝎	3299 澄	3350 鹦	3401 瞭	3452 孽
3096 辖	3147 瘦	3198 撬	3249 蝌	3300 懂	3351 赠	3402 瞧	3453 警
3097 辗	3148 辣	3199 播	3250 蝗	3301 憔	3352 默	3403 瞬	3454 蘑
3098 雌	3149 彰	3200 擒	3251 蝙	3302 懊	3353 黔	3404 瞳	3455 藻
3099 裳	3150 竭	3201 墩	3252 嘿	3303 憎	3354 镜	3405 瞩	3456 攀
3100 颗	3151 端	3202 撞	3253 嘱	3304 额	3355 赞	3406 瞪	3457 曝
3101 瞅	3152 旗	3203 撤	3254 幢	3305 翩	3356 穆	3407 曙	3458 蹲
3102 墅	3153 精	3204 增	3255 墨	3306 褥	3357 篮	3408 蹋	3459 蹭
3103 嗷	3154 粹	3205 撰	3256 镇	3307 遣	3358 篡	3409 蹈	3460 蹬
3104 踊	3155 歉	3206 聪	3257 镐	3308 憨	3359 篷	3410 螺	3461 巅
3105 蜻	3156 弊	3207 鞋	3258 镑	3309 慰	3360 篱	3411 蟋	3462 簸
3106 蜡	3157 熄	3208 鞍	3259 靠	3310 劈	3361 儒	3412 蟀	3463 簿
3107 蝇	3158 熔	3209 蕉	3260 稽	3311 履	3362 邀	3413 嚎	3464 蟹
3108 蜘	3159 煽	3210 蕊	3261 稻	3312 豫	3363 衡	3414 赡	3465 颤
3109 蝉	3160 潇	3211 蔬	3262 黎	3313 豫	3364 膨	3415 穗	3466 靡
3110 嘛	3161 漆	3212 蕴	3263 稿	3314 缭	3365 雕	3416 魏	3467 癣
3111 嘀	3162 漱	3213 横	3264 稼	3315 撼	3366 鲸	3417 簧	3468 瓣
3112 赚	3163 漂	3214 槽	3265 箱	3316 擂	3367 磨	3418 簇	3469 羹
3113 锹	3164 漫	3215 樱	3266 篓	3317 操	3368 瘾	3419 繁	3470 鳖
3114 锻	3165 滴	3216 橡	3267 箭	3318 擅	3369 瘸	3420 徽	3471 爆
3115 镀	3166 漾	3217 樟	3268 篇	3319 燕	3370 凝	3421 爵	3472 疆
3116 舞	3167 演	3218 橄	3269 僵	3320 蕾	3371 辨	3422 朦	3473 鬓
3117 舔	3168 漏	3219 敷	3270 躺	3321 薯	3372 辩	3423 臊	3474 壤
3118 稳	3169 慢	3220 豌	3271 僻	3322 薛	3373 糙	3424 鳄	3475 馨
3119 熏	3170 慷	3221 飘	3272 德	3323 薇	3374 糖	3425 癌	3476 耀
3120 箕	3171 寨	3222 醋	3273 艘	3324 擎	3375 糕	3426 辫	3477 躁
3121 算	3172 赛	3223 醇	3274 膝	3325 薪	3376 燃	3427 赢	3478 蠕
3122 萝	3173 寡	3224 醉	3275 膛	3326 薄	3377 濒	3428 糟	3479 嚼
3123 管	3174 察	3225 磕	3276 鲤	3327 颠	3378 澡	3429 糠	3480 嚷
3124 箫	3175 蜜	3226 磊	3277 鲫	3328 翰	3379 激	3430 燥	3481 巍

3482 籍	3485 糯	3488 蠢	3491 霹	3494 髓	3497 镶	3500 矗		
3483 鳞	3486 霸	3489 霾	3492 蹰	3495 赣	3498 瓤			
3484 魔	3487 譬	3490 露	3493 黯	3496 囊	3499 罐			

[1] 零：与表数目的汉字"一二三四五六七八九"连用时可用"〇"替代。

二级字表（3 000 字）

3501 乂	3542 仕	3583 艿	3624 汔	3665 芷	3706 町	3747 狁	3788 怅
3502 乜	3543 仟	3584 芗	3625 汐	3666 芮	3707 虬	3748 鸠	3789 忻
3503 兀	3544 仡	3585 亘	3626 汲	3667 苋	3708 呗	3749 邹	3790 怆
3504 弋	3545 仫	3586 庑	3627 汜	3668 芼	3709 吽	3750 饨	3791 怆
3505 孑	3546 伋	3587 奁	3628 汊	3669 苌	3710 呐	3751 饩	3792 忭
3506 孓	3547 仨	3588 戍	3629 忖	3670 苁	3711 吣	3752 饪	3793 忸
3507 幺	3548 氐	3589 尥	3630 忏	3671 芩	3712 吲	3753 饫	3794 诂
3508 亓	3549 犰	3590 乩	3631 讴	3672 芪	3713 岐	3754 饬	3795 诃
3509 韦	3550 刍	3591 旯	3632 讵	3673 芡	3714 岈	3755 亨	3796 诅
3510 廿	3551 邝	3592 曳	3633 祁	3674 芟	3715 岘	3756 庑	3797 诋
3511 丐	3552 邙	3593 岌	3634 讷	3675 苄	3716 岑	3757 庋	3798 诌
3512 卅	3553 汀	3594 屺	3635 聿	3676 苎	3717 岚	3758 疖	3799 诏
3513 仄	3554 计	3595 凼	3636 艮	3677 苡	3718 兕	3759 疬	3800 诒
3514 厄	3555 订	3596 囟	3637 虱	3678 杌	3719 囵	3760 肓	3801 孜
3515 仃	3556 讪	3597 钇	3638 阱	3679 杓	3720 囫	3761 闱	3802 陇
3516 仉	3557 讫	3598 缶	3639 阮	3680 杞	3721 钊	3762 闳	3803 陀
3517 仂	3558 尻	3599 氕	3640 阪	3681 杈	3722 钋	3763 闵	3804 陂
3518 兮	3559 阡	3600 氘	3641 丞	3682 忑	3723 钉	3764 羌	3805 陉
3519 刈	3560 尕	3601 牝	3642 妁	3683 孛	3724 迕	3765 炀	3806 妍
3520 爻	3561 弁	3602 伎	3643 牟	3684 邴	3725 氙	3766 沣	3807 妩
3521 卞	3562 驭	3603 伛	3644 纡	3685 邳	3726 氚	3767 沅	3808 妪
3522 闩	3563 匡	3604 伢	3645 纣	3686 矾	3727 牦	3768 沔	3809 妣
3523 讣	3564 耒	3605 佤	3646 纥	3687 衾	3728 佞	3769 沤	3810 妊
3524 尹	3565 玎	3606 仵	3647 纨	3688 豕	3729 邱	3770 沌	3811 妗
3525 夬	3566 玑	3607 伥	3648 玕	3689 忒	3730 攸	3771 沏	3812 妫
3526 丬	3567 邢	3608 伧	3649 玙	3690 欤	3731 佚	3772 汕	3813 妞
3527 毋	3568 圩	3609 伉	3650 抟	3691 轫	3732 佝	3773 汩	3814 姒
3528 邗	3569 圬	3610 伫	3651 抔	3692 迓	3733 佟	3774 汩	3815 妤
3529 邛	3570 圭	3611 囡	3652 圻	3693 邯	3734 佗	3775 沂	3816 邵
3530 芄	3571 扦	3612 佘	3653 坂	3694 忐	3735 伽	3776 汾	3817 劭
3531 芨	3572 圪	3613 刖	3654 坍	3695 卣	3736 彷	3777 沨	3818 刭
3532 札	3573 圳	3614 夙	3655 坞	3696 邺	3737 佘	3778 汴	3819 甬
3533 叵	3574 圹	3615 旮	3656 抃	3697 旰	3738 佥	3779 汶	3820 邰
3534 匝	3575 扪	3616 刎	3657 抉	3698 吷	3739 孚	3780 沆	3821 纭
3535 丕	3576 圮	3617 犷	3658 扺	3699 呒	3740 豸	3781 沩	3822 纰
3536 叵	3577 圯	3618 犸	3659 芫	3700 呓	3741 坌	3782 泐	3823 纴
3537 夯	3578 芊	3619 舛	3660 邯	3701 呔	3742 肟	3783 怃	3824 纶
3538 卟	3579 芍	3620 凫	3661 芸	3702 呖	3743 邸	3784 怄	3825 纾
3539 叱	3580 芄	3621 邬	3662 苈	3703 呃	3744 奂	3785 忡	3826 玮
3540 叻	3581 芨	3622 飏	3663 苈	3704 旸	3745 劬	3786 忤	3827 玡
3541 仨	3582 芭	3623 汕	3664 苣	3705 吡	3746 狄	3787 忾	3828 玭

3829 玠	3879 杵	3929 峁	3979 肽	4029 忮	4079 绐	4129 垩	4179 轲	
3830 玢	3880 枨	3930 刿	3980 肱	4030 怍	4080 绌	4130 荥	4180 轳	
3831 玥	3881 枞	3931 迥	3981 肫	4031 怡	4081 驿	4131 荦	4181 轶	
3832 珏	3882 枋	3932 岷	3982 剁	4032 怩	4082 骀	4132 荨	4182 轸	
3833 盂	3883 杻	3933 剀	3983 迩	4033 怫	4083 甾	4133 荩	4183 虿	
3834 忝	3884 杷	3934 帔	3984 郁	4034 怪	4084 珏	4134 刿	4184 悫	
3835 匦	3885 杼	3935 峄	3985 狙	4035 宕	4085 珐	4135 荪	4185 觇	
3836 坩	3886 矸	3936 沓	3986 狎	4036 穹	4086 珂	4136 茹	4186 杂	
3837 坪	3887 砀	3937 囹	3987 狍	4037 宓	4087 珑	4137 荬	4187 哐	
3838 拢	3888 刳	3938 罔	3988 狒	4038 诓	4088 玳	4138 荮	4188 咡	
3839 垆	3889 奄	3939 钍	3989 咎	4039 诔	4089 珀	4139 柰	4189 呕	
3840 拈	3890 瓯	3940 钎	3990 炙	4040 诖	4090 顸	4140 栉	4190 哪	
3841 垆	3891 殁	3941 钏	3991 枭	4041 诘	4091 珉	4141 柯	4191 郢	
3842 抻	3892 郏	3942 钒	3992 饯	4042 戾	4092 珈	4142 柘	4192 眇	
3843 劼	3893 轭	3943 钕	3993 饴	4043 诙	4093 拮	4143 栊	4193 眄	
3844 拃	3894 郅	3944 钗	3994 冽	4044 戽	4094 垭	4144 枢	4194 眈	
3845 拊	3895 鸢	3945 邾	3995 洗	4045 郫	4095 挞	4145 柈	4195 禺	
3846 坼	3896 盱	3946 迮	3996 庖	4046 衩	4096 垣	4146 栌	4196 哂	
3847 坻	3897 昊	3947 牯	3997 疠	4047 袄	4097 挢	4147 柙	4197 咴	
3848 扤	3898 昙	3948 笃	3998 疝	4048 袆	4098 垤	4148 枵	4198 曷	
3849 坨	3899 杲	3949 迤	3999 疡	4049 祉	4099 赳	4149 柚	4199 昴	
3850 坭	3900 昃	3950 佶	4000 兖	4050 祇	4100 贲	4150 枳	4200 昱	
3851 抿	3901 咂	3951 佬	4001 妾	4051 诛	4101 挡	4151 柞	4201 昵	
3852 坳	3902 呸	3952 佰	4002 劾	4052 诜	4102 垌	4152 柝	4202 咦	
3853 耶	3903 昕	3953 侑	4003 炜	4053 诟	4103 郝	4153 栀	4203 哓	
3854 苷	3904 昀	3954 佴	4004 炬	4054 诠	4104 垧	4154 柢	4204 哔	
3855 苯	3905 旻	3955 奂	4005 炖	4055 诣	4105 垓	4155 栎	4205 畎	
3856 苤	3906 昉	3956 岱	4006 炘	4056 诤	4106 挎	4156 枸	4206 毗	
3857 苊	3907 炅	3957 侗	4007 炝	4057 诧	4107 垠	4157 柈	4207 呲	
3858 苦	3908 咔	3958 侃	4008 炔	4058 诨	4108 茜	4158 柁	4208 胄	
3859 苴	3909 畀	3959 侏	4009 泔	4059 诩	4109 荚	4159 枷	4209 畋	
3860 苴	3910 虮	3960 侩	4010 沭	4060 戕	4110 荑	4160 柽	4210 畈	
3861 苒	3911 咀	3961 佻	4011 泷	4061 孢	4111 贳	4161 剌	4211 虼	
3862 苘	3912 呷	3962 佾	4012 泸	4062 亟	4112 荜	4162 酊	4212 虹	
3863 茌	3913 黾	3963 侪	4013 泱	4063 陔	4113 莒	4163 郦	4213 蛊	
3864 苻	3914 呱	3964 佼	4014 泗	4064 妲	4114 茼	4164 甭	4214 咣	
3865 苓	3915 呤	3965 佯	4015 泗	4065 姒	4115 茴	4165 砗	4215 哕	
3866 茚	3916 咚	3966 侬	4016 泠	4066 姗	4116 茱	4166 砘	4216 剐	
3867 茆	3917 咆	3967 帛	4017 泺	4067 帑	4117 莛	4167 砒	4217 郧	
3868 茑	3918 咛	3968 阜	4018 泖	4068 弩	4118 荞	4168 斫	4218 咻	
3869 苤	3919 呶	3969 侔	4019 泫	4069 孥	4119 茯	4169 砭	4219 囿	
3870 茔	3920 呣	3970 徂	4020 泮	4070 驽	4120 荏	4170 砜	4220 咿	
3871 茕	3921 呦	3971 刽	4021 沱	4071 虱	4121 荇	4171 奎	4221 哌	
3872 茀	3922 咝	3972 郐	4022 泯	4072 迦	4122 荃	4172 奄	4222 哙	
3873 苕	3923 岢	3973 廾	4023 泓	4073 迨	4123 荟	4173 虺	4223 哚	
3874 枥	3924 岿	3974 籴	4024 泾	4074 绀	4124 荀	4174 殂	4224 咯	
3875 枇	3925 岬	3975 瓮	4025 怙	4075 继	4125 茗	4175 殄	4225 咩	
3876 杪	3926 岫	3976 戗	4026 怵	4076 绂	4126 荠	4176 殒	4226 咤	
3877 杳	3927 帙	3977 肼	4027 怦	4077 驷	4127 茭	4177 殆	4227 哝	
3878 枧	3928 岣	3978 胯	4028 怛	4078 驸	4128 茨	4178 轱	4228 哏	

第九章 语言文字规范化

4229	哞	4279	陈	4329	炷	4379	胥	4429	苕	4479	砼	4529	钴	4579	皋
4230	峙	4280	胪	4330	烃	4380	陛	4430	茑	4480	砥	4530	钵	4580	郫
4231	峣	4281	胛	4331	洱	4331	陟	4431	荠	4481	砣	4531	钹	4581	倨
4232	罘	4282	胂	4332	洹	4382	娅	4432	荞	4482	剞	4582	衄
4233	帧	4283	胙	4333	涑	4383	姮	4433	莓	4483	砻	4533	钽	4583	颀
4234	峒	4284	胍	4334	洌	4384	娆	4434	莅	4484	轼	4534	钼	4584	徕
4235	峤	4285	胗	4335	浃	4385	姝	4435	荽	4485	轾	4535	钿	4585	舫
4236	峋	4286	胝	4336	洇	4386	姣	4436	荼	4486	辂	4536	铀	4586	釜
4237	峥	4287	胭	4337	洄	4387	姘	4437	荸	4487	鸰	4537	铂	4587	奚
4238	贶	4288	胫	4338	洙	4388	姹	4438	菱	4488	鸱	4538	铄	4588	衾
4239	钚	4289	鸨	4339	涎	4389	怼	4439	莸	4489	龇	4539	铆	4589	胯
4240	钛	4290	匍	4340	洎	4390	羿	4440	荻	4490	鸪	4540	钸	4590	胱
4241	钡	4291	狲	4341	洫	4391	昝	4441	莘	4491	虔	4541	铉	4591	胴
4242	钣	4292	狯	4342	浍	4392	矜	4442	莎	4492	逍	4542	铊	4592	胭
4243	钤	4293	飑	4343	洮	4393	绔	4443	莞	4493	眬	4543	铋	4593	脍
4244	钨	4294	狩	4344	洵	4394	骁	4444	茛	4494	唛	4544	铌	4594	胼
4245	钫	4295	狲	4345	浒	4395	骅	4445	鸪	4495	晟	4545	铍	4595	朕
4246	钯	4296	訇	4346	浔	4396	绗	4446	莼	4496	眩	4546	铍	4596	脒
4247	氡	4297	逄	4347	洇	4397	绛	4447	栲	4497	眙	4547	铎	4597	胺
4248	氟	4298	昝	4348	洳	4398	骈	4448	桡	4498	哧	4548	氩	4598	鸸
4249	牯	4299	饷	4349	恸	4399	秒	4449	桠	4499	哽	4549	氦	4599	玺
4250	郜	4300	饴	4350	恓	4400	挈	4450	桓	4500	唔	4550	氪	4600	鸲
4251	秕	4301	饹	4351	恹	4401	珥	4451	桡	4501	晁	4551	牮	4601	狷
4252	秭	4302	胤	4352	恫	4402	珙	4452	桎	4502	晏	4552	舐	4602	狲
4253	竽	4303	孪	4353	恺	4403	顼	4453	桢	4503	鸮	4553	秫	4603	狳
4254	笈	4304	娈	4354	恻	4404	珰	4454	桤	4504	趵	4554	秣	4604	猃
4255	笃	4305	弈	4355	恂	4405	珩	4455	梃	4505	趿	4555	盉	4605	猁
4256	俦	4306	奕	4356	恪	4406	珧	4456	梏	4506	畛	4556	笄	4606	逖
4257	俨	4307	庥	4357	恽	4407	珣	4457	柏	4507	蚨	4557	笕	4607	桀
4258	俅	4308	疬	4358	宥	4408	珞	4458	桁	4508	蚜	4558	笮	4608	袅
4259	俪	4309	疣	4359	扃	4409	珲	4459	桧	4509	蚍	4559	笏	4609	饽
4260	叟	4310	疥	4360	衲	4410	珲	4460	桅	4510	蚋	4560	笆	4610	淞
4261	垡	4311	疭	4361	衽	4411	敖	4461	栟	4511	蚬	4561	俸	4611	栾
4262	垩	4312	庠	4362	衿	4412	恚	4462	桉	4512	蚝	4562	倩	4612	挛
4263	俣	4313	竑	4363	袂	4413	埔	4463	栩	4513	蚧	4563	俵	4613	亳
4264	俚	4314	彦	4364	祛	4414	埕	4464	逑	4514	唢	4564	倬	4614	疳
4265	饭	4315	飒	4365	祜	4415	埘	4465	逋	4515	啬	4565	倬	4615	疴
4266	俑	4316	闼	4366	袯	4416	埙	4466	彧	4516	唣	4566	俶	4616	疽
4267	俟	4317	闾	4367	祚	4417	垝	4467	鬲	4517	唏	4567	倬	4617	疸
4268	逅	4318	闿	4368	诮	4418	挦	4468	豇	4518	盎	4568	倏	4618	痈
4269	徇	4319	阕	4369	祗	4419	耆	4469	酐	4519	唑	4569	恁	4619	疱
4270	徉	4320	羑	4370	祢	4420	耄	4470	逦	4520	崂	4570	倭	4620	痂
4271	舢	4321	迸	4371	诰	4421	埒	4471	厝	4521	崃	4571	倪	4621	痉
4272	俞	4322	籼	4372	诳	4422	捋	4472	孬	4522	罡	4572	俾	4622	衮
4273	郗	4323	酋	4373	鸩	4423	赀	4473	砝	4523	罟	4573	倜	4623	凋
4274	郎	4324	炳	4374	昶	4424	垸	4474	砹	4524	峪	4574	隼	4624	颃
4275	郄	4325	炻	4375	郡	4425	捃	4475	砺	4525	觊	4575	隼	4625	恣
4276	爰	4326	炯	4376	郠	4426	盍	4476	砧	4526	赅	4576	倌	4626	旆
4277	郛	4327	炯	4377	弭	4427	荸	4477	砷	4527	钰	4577	倥	4627	旄
4278	瓴	4328	烀	4378	耖	4428	莆	4478	砟	4528	钲	4578	臬	4628	旃

第九章　语言文字规范化

4629 阃	4679 屐	4729 埘	4779 梾	4829 唶	4879 铫	4929 斛	4979 淙
4630 阄	4680 屙	4730 埙	4780 梿	4830 跄	4880 铬	4930 猕	4980 淯
4631 阆	4681 陬	4731 掭	4781 郾	4831 蚶	4881 铮	4931 馗	4981 渌
4632 阈	4682 勐	4732 鸶	4782 匮	4832 蛄	4882 铯	4932 馃	4982 淄
4633 恙	4683 奘	4733 掖	4783 敕	4833 蛎	4883 铰	4933 馄	4983 惬
4634 粑	4684 牂	4734 捽	4784 豉	4834 蛆	4884 铱	4934 鸾	4984 悻
4635 朔	4685 蚩	4735 捂	4785 郫	4835 蚰	4885 铳	4935 孰	4985 悱
4636 郸	4686 陲	4736 堉	4786 酞	4836 蛊	4886 铵	4936 庹	4986 惝
4637 焐	4687 姬	4737 掸	4787 酚	4837 圊	4887 铷	4937 庾	4987 惘
4638 烨	4688 娠	4738 捩	4788 戛	4838 蚱	4888 氪	4938 痔	4988 悸
4639 烩	4689 娌	4739 掮	4789 硎	4839 蛉	4889 牾	4939 痍	4989 惆
4640 烊	4690 娉	4740 悫	4790 硭	4840 蛏	4890 鸪	4940 疵	4990 惚
4641 剡	4691 娲	4741 埭	4791 硒	4841 蚴	4891 秾	4941 翊	4991 惇
4642 郯	4692 娩	4742 埽	4792 硗	4842 啁	4892 逶	4942 旌	4992 惮
4643 烬	4693 娴	4743 掇	4793 硐	4843 啕	4893 笺	4943 旎	4993 窕
4644 涑	4694 娣	4744 掼	4794 硐	4844 唿	4894 筇	4944 袤	4994 谌
4645 浯	4695 娓	4745 聃	4795 硇	4845 啐	4895 笪	4945 阍	4995 谏
4646 涞	4696 婀	4746 菁	4796 硌	4846 唼	4896 笤	4946 阈	4996 扈
4647 涟	4697 畚	4747 萁	4797 鸸	4847 唷	4897 笳	4947 阉	4997 皲
4648 娑	4698 逭	4748 菘	4798 瓠	4848 啖	4898 笾	4948 阊	4998 谑
4649 涅	4699 绠	4749 堇	4799 匏	4849 啵	4899 笞	4949 阋	4999 裆
4650 涠	4700 骊	4750 萘	4800 厩	4850 啶	4900 笸	4950 阌	5000 袷
4651 淀	4701 绡	4751 萋	4801 龚	4851 啷	4901 筇	4951 阏	5001 裉
4652 涓	4702 骋	4752 菽	4802 殒	4852 唳	4902 逛	4952 羟	5002 谒
4653 涔	4703 绥	4753 菖	4803 殓	4853 唰	4903 笞	4953 粝	5003 谔
4654 涤	4704 绦	4754 萜	4804 殍	4854 啜	4904 债	4954 粕	5004 谕
4655 浜	4705 绨	4755 萸	4805 赉	4855 帻	4905 偃	4955 敝	5005 谖
4656 浠	4706 骎	4756 萑	4806 雩	4856 崚	4906 偕	4956 焐	5006 谗
4657 浣	4707 邕	4757 萆	4807 辄	4857 崦	4907 偈	4957 烯	5007 谙
4658 浚	4708 鸶	4758 菔	4808 堑	4858 帼	4908 傀	4958 焓	5008 谛
4659 悚	4709 彗	4759 菟	4809 眭	4859 崮	4909 偬	4959 烽	5009 谝
4660 悭	4710 耜	4760 萏	4810 眦	4860 崤	4910 偻	4960 焖	5010 逯
4661 悝	4711 舂	4761 萃	4811 啧	4861 崆	4911 皑	4961 烷	5011 郾
4662 悃	4712 琏	4762 菏	4812 哺	4862 赇	4912 皎	4962 焗	5012 隈
4663 悌	4713 琇	4763 萑	4813 晤	4863 赈	4913 鸺	4963 渍	5013 桒
4664 悛	4714 麸	4764 菪	4814 眺	4864 赊	4914 徜	4964 渚	5014 隍
4665 宸	4715 掰	4765 菅	4815 眵	4865 铏	4915 舸	4965 淇	5015 隗
4666 窈	4716 椰	4766 菀	4816 眸	4866 铒	4916 舻	4966 淅	5016 婧
4667 剜	4717 埴	4767 萦	4817 啫	4867 铗	4917 舴	4967 淞	5017 婊
4668 谀	4718 埯	4768 菰	4818 喏	4868 铙	4918 舫	4968 渎	5018 婕
4669 冢	4719 捯	4769 菡	4819 喵	4869 铟	4919 龛	4969 涿	5019 娼
4670 诼	4720 掳	4770 梵	4820 啉	4870 铠	4920 翎	4970 淖	5020 婢
4671 祖	4721 掴	4771 梿	4821 勖	4871 铡	4921 脬	4971 挚	5021 婵
4672 袢	4722 埸	4772 梏	4822 晞	4872 铢	4922 脘	4972 淠	5022 胬
4673 祯	4723 埵	4773 觋	4823 唵	4873 铣	4923 脒	4973 涠	5023 袈
4674 谂	4724 赧	4774 桴	4824 晗	4874 铤	4924 匐	4974 淟	5024 翌
4675 谀	4725 埤	4775 梼	4825 冕	4875 铧	4925 猗	4975 淦	5025 恿
4676 谄	4726 捭	4776 梓	4826 啭	4876 铨	4926 猡	4976 淝	5026 欸
4677 谇	4727 逵	4777 桡	4827 畦	4877 铩	4927 猞	4977 淬	5027 绫
4678 谆	4728 埝	4778 杪	4828 趺	4878 铪	4928 猝	4978 涪	5028 骐

5029 绮	5079 葑	5129 嗒	5179 铼	5229 腓	5279 湮	5329 缃	5379 蒯
5030 绯	5080 葚	5130 喃	5180 铿	5230 腴	5280 湎	5330 缄	5380 蓟
5031 绱	5081 靰	5131 喱	5181 铓	5231 腴	5281 湜	5331 氍	5381 蓑
5032 骒	5082 靸	5132 喹	5182 铑	5232 腑	5282 渭	5332 缇	5382 蒿
5033 绲	5083 葳	5133 暑	5183 铞	5233 腚	5283 湍	5333 缈	5383 蒺
5034 骓	5084 葺	5134 喈	5184 铍	5234 腱	5284 湫	5334 缌	5384 蓠
5035 绶	5085 蒽	5135 跖	5185 铧	5235 觞	5285 溲	5335 缑	5385 蓊
5036 绺	5086 萼	5136 跗	5186 铟	5236 飩	5286 湟	5336 缒	5386 蒡
5037 绻	5087 葆	5137 跞	5187 铴	5237 魵	5287 溆	5337 缗	5387 蒹
5038 绾	5088 葩	5138 跚	5188 铱	5238 颍	5288 湲	5338 飧	5388 蒴
5039 骖	5089 葶	5139 跎	5189 铟	5239 猢	5289 湔	5339 耢	5389 蓂
5040 缁	5090 蒌	5140 跏	5190 铷	5240 猹	5290 湉	5340 瑚	5390 蓥
5041 耠	5091 萱	5141 跆	5191 掣	5241 猥	5291 渥	5341 瑁	5391 颐
5042 琫	5092 戟	5142 蛱	5192 锉	5242 飓	5292 湄	5342 瑜	5392 楔
5043 琵	5093 葭	5143 蛲	5193 氰	5243 觞	5293 滁	5343 瑗	5393 楠
5044 琶	5094 楮	5144 蛭	5194 毳	5244 觚	5294 愠	5344 瑄	5394 楂
5045 琪	5095 棼	5145 蛳	5195 犍	5245 猱	5295 惺	5345 瑕	5395 楝
5046 瑛	5096 椟	5146 蛐	5196 犊	5246 颏	5296 愦	5346 遨	5396 楫
5047 琦	5097 椋	5147 蜎	5197 犄	5247 飨	5297 愕	5347 骜	5397 楸
5048 琥	5098 椤	5148 蛞	5198 犋	5248 馇	5298 愀	5348 韫	5398 椴
5049 琨	5099 棰	5149 蛴	5199 鹄	5249 馊	5299 惮	5349 髡	5399 槌
5050 靓	5100 赍	5150 蛟	5200 犍	5250 褒	5300 惦	5350 塬	5400 楯
5051 琰	5101 椋	5151 蛘	5201 嵇	5251 甯	5301 誉	5351 鄢	5401 皙
5052 琮	5102 椁	5152 喁	5202 黍	5252 裒	5302 寐	5352 趔	5402 桐
5053 琯	5103 椪	5153 喟	5203 稃	5253 痣	5303 谟	5353 趑	5403 槎
5054 琬	5104 棣	5154 啾	5204 稂	5254 痨	5304 扉	5354 摁	5404 榉
5055 琛	5105 椐	5155 嗖	5205 筇	5255 痦	5305 裢	5355 撖	5405 楦
5056 琚	5106 鹆	5156 喑	5206 筌	5256 痘	5306 裎	5356 蜇	5406 楣
5057 辇	5107 覃	5157 嗟	5207 傣	5257 痤	5307 裥	5357 搋	5407 楹
5058 鼋	5108 酤	5158 喽	5208 傈	5258 痫	5308 棱	5358 搪	5408 椽
5059 揳	5109 酢	5159 嗞	5209 傉	5259 痧	5309 祺	5359 搐	5409 裘
5060 堞	5110 酡	5160 喀	5210 乌	5260 赓	5310 觌	5360 搛	5410 剽
5061 搽	5111 鹇	5161 喔	5211 胰	5261 竦	5311 幂	5361 搠	5411 甄
5062 揸	5112 厥	5162 喙	5212 傥	5262 瓿	5312 谡	5362 摈	5412 酮
5063 揠	5113 殚	5163 嵘	5213 傧	5263 啻	5313 谥	5363 彀	5413 酰
5064 埋	5114 殛	5164 嵖	5214 遑	5264 颏	5314 谧	5364 毂	5414 酯
5065 赸	5115 雯	5165 崴	5215 傩	5265 鹋	5315 遐	5365 搦	5415 酩
5066 揖	5116 雱	5166 遄	5216 遁	5266 阑	5316 孱	5366 搡	5416 蜃
5067 颉	5117 辊	5167 罥	5217 徨	5267 阒	5317 弼	5367 蓁	5417 碛
5068 塄	5118 辋	5168 崾	5218 媭	5268 阕	5318 巽	5368 戡	5418 碓
5069 揿	5119 椠	5169 嵩	5219 畲	5269 粞	5319 鹭	5369 耋	5419 硼
5070 耋	5120 辍	5170 嵬	5220 弒	5270 遒	5320 媪	5370 鄞	5420 碉
5071 揄	5121 辎	5171 翕	5221 颌	5271 挚	5321 媛	5371 靳	5421 碚
5072 蛩	5122 斐	5172 嵯	5222 翕	5272 焯	5322 婷	5372 蓐	5422 碇
5073 蛰	5123 睄	5173 嵝	5223 釉	5273 焜	5323 巯	5373 蓦	5423 碜
5074 塆	5124 睑	5174 嶂	5224 鹆	5274 焙	5324 翚	5374 鹋	5424 鹌
5075 摒	5125 睇	5175 幄	5225 舜	5275 焱	5325 皴	5375 蒽	5425 辏
5076 揆	5126 睃	5176 嵋	5226 貂	5276 鹈	5326 婺	5376 蓓	5426 龃
5077 掾	5127 戢	5177 赕	5227 腈	5277 湛	5327 骛	5377 蓖	5427 龅
5078 聒	5128 喋	5178 铻	5228 腌	5278 渫	5328 缂	5378 蓊	5428 訾

5429	粲	5479	嵩	5529	鯀	5579	溴	5629	骎	5679	碲	5729	罨	5779	塾
5430	虞	5480	崤	5530	魝	5580	滏	5630	髢	5680	磋	5730	骷	5780	麽
5431	睚	5481	骰	5531	鲐	5581	滃	5631	髫	5681	臧	5731	骶	5781	瘌
5432	嗪	5482	锗	5532	肆	5582	滦	5632	墁	5682	豨	5732	鹁	5782	瘊
5433	韪	5483	锛	5533	鸽	5583	溏	5633	摺	5683	殡	5733	锲	5783	瘘
5434	嗷	5484	锜	5534	飓	5584	滂	5634	搋	5684	霆	5734	锴	5784	瘙
5435	嗉	5485	锝	5535	觥	5585	滓	5635	璎	5685	霁	5735	锶	5785	廖
5436	睨	5486	锞	5536	遛	5586	溟	5636	鬶	5686	辕	5736	锷	5786	韶
5437	睢	5487	锟	5537	馐	5587	滪	5637	赪	5687	蜚	5737	锸	5787	旖
5438	雎	5488	锢	5538	鹆	5588	愫	5638	摭	5688	裴	5738	锵	5788	膂
5439	脾	5489	锨	5539	亶	5589	慑	5639	墒	5689	翡	5739	镁	5789	阍
5440	啷	5490	锩	5540	塚	5590	慊	5640	墉	5690	龇	5740	镂	5790	鄯
5441	嗑	5491	锭	5541	靸	5591	鲎	5641	彀	5691	龈	5741	犒	5791	鲞
5442	嗫	5492	锱	5542	痼	5592	骞	5642	綦	5692	睿	5742	箐	5792	粿
5443	嗬	5493	雉	5543	痿	5593	寞	5643	蔫	5693	睽	5743	篑	5793	粼
5444	嗔	5494	氲	5544	瘐	5594	窠	5644	蔷	5694	瞍	5744	箧	5794	粽
5445	嗝	5495	犏	5545	瘁	5595	窣	5645	靸	5695	嘞	5745	箍	5795	糁
5446	戥	5496	歃	5546	瘆	5596	裱	5646	靿	5696	嘈	5746	箸	5796	槊
5447	嘎	5497	稞	5547	麂	5597	褚	5647	鞅	5697	嘌	5747	箬	5797	鹚
5448	煦	5498	稗	5548	裔	5598	裨	5648	勒	5698	嘁	5748	箅	5798	熘
5449	暄	5499	稔	5549	歆	5599	裰	5649	薨	5699	嘎	5749	箔	5799	熥
5450	遏	5500	筠	5550	旒	5600	裼	5650	蔸	5700	暧	5750	箜	5800	潢
5451	暌	5501	笪	5551	雍	5601	褉	5651	蒺	5701	瞑	5751	篾	5801	漕
5452	跬	5502	筮	5552	阖	5602	谩	5652	蔺	5702	跨	5752	箢	5802	滹
5453	跶	5503	筲	5553	阗	5603	谪	5653	戩	5703	跟	5753	箓	5803	潆
5454	跸	5504	筱	5554	阙	5604	媾	5654	蔟	5704	蜞	5754	毓	5804	漶
5455	趾	5505	牒	5555	羧	5605	嫫	5655	蔻	5705	蜥	5755	僖	5805	潋
5456	跣	5506	煲	5556	豢	5606	媲	5656	蓿	5706	蛾	5756	儆	5806	潴
5457	跹	5507	敫	5557	粳	5607	媛	5657	斡	5707	蝈	5757	僳	5807	漪
5458	跻	5508	遥	5558	猷	5608	嫔	5658	鹕	5708	蜴	5758	僭	5808	漉
5459	蛸	5509	愆	5559	煳	5609	媸	5659	蓼	5709	蜱	5759	劁	5809	漳
5460	蜊	5510	艄	5560	煜	5610	缙	5660	榛	5710	蜩	5760	僮	5810	漩
5461	蜍	5511	觎	5561	煨	5611	缜	5661	榧	5711	蜷	5761	魆	5811	澉
5462	蜉	5512	毹	5562	煅	5612	缛	5662	榻	5712	蜿	5762	魁	5812	潍
5463	蜣	5513	貊	5563	煊	5613	辔	5663	桦	5713	螂	5763	睾	5813	慵
5464	畹	5514	貅	5564	煸	5614	骝	5664	榭	5714	蜢	5764	艋	5814	搴
5465	蛹	5515	貉	5565	煺	5615	缟	5665	榫	5715	嘘	5765	鄱	5815	窨
5466	嗣	5516	颔	5566	滟	5616	缡	5666	榱	5716	嘡	5766	膈	5816	寤
5467	嗯	5517	腠	5567	溱	5617	缢	5667	槁	5717	鹗	5767	膑	5817	綮
5468	嗥	5518	腩	5568	溘	5618	缣	5668	槟	5718	嘣	5768	鲑	5818	谮
5469	嗲	5519	腼	5569	漭	5619	骟	5669	楮	5719	嘤	5769	鲔	5819	褡
5470	嗳	5520	腭	5570	滢	5620	耩	5670	榷	5720	嘚	5770	鲚	5820	褙
5471	嗌	5521	腧	5571	溥	5621	璇	5671	棘	5721	嗾	5771	鲛	5821	褓
5472	嗍	5522	塍	5572	溧	5622	瑶	5672	酽	5722	嘧	5772	鲟	5822	褛
5473	嗨	5523	媵	5573	溽	5623	瑭	5673	酶	5723	噩	5773	獐	5823	褊
5474	嗐	5524	詹	5574	裟	5624	觏	5674	酹	5724	胃	5774	獍	5824	谯
5475	嗤	5525	鲅	5575	溻	5625	觐	5675	厮	5725	幔	5775	雒	5825	谰
5476	嗵	5526	鲆	5576	溷	5626	慝	5676	碡	5726	幛	5776	夤	5826	谲
5477	罨	5527	鲇	5577	滗	5627	嫠	5677	碴	5727	嶂	5777	僬	5827	暨
5478	嵊	5528	鲈	5578	滫	5628	韬	5678	碣	5728	赙	5778	銮	5828	屣

第九章 语言文字规范化

5829	鹛	5879	蕾	5929	噗	5979	馔	6029	璞	6079	鉴	6129	盬	6179	瀣
5830	嫣	5880	蕃	5930	嘬	5980	麾	6030	璟	6080	鳞	6130	鼽	6180	澶
5831	嫱	5881	蕲	5931	颚	5981	瘗	6031	靛	6081	臻	6131	翱	6181	濂
5832	嫖	5882	颐	5932	噍	5982	瘼	6032	璠	6082	遽	6132	魈	6182	褰
5833	嫦	5883	槿	5933	噢	5983	瘭	6033	璘	6083	氅	6133	魃	6183	寰
5834	嫚	5884	樯	5934	噙	5984	瘢	6034	聱	6084	瞟	6134	徼	6184	褰
5835	嫘	5885	槭	5935	噜	5985	瘠	6035	螯	6085	瞠	6135	歙	6185	褶
5836	嫡	5886	樗	5936	噌	5986	齑	6036	髻	6086	瞰	6136	膳	6186	禧
5837	肃	5887	樘	5937	噔	5987	羯	6037	髭	6087	嘎	6137	滕	6187	嬖
5838	翟	5888	樊	5938	颛	5988	羰	6038	髯	6088	噶	6138	膘	6188	犟
5839	眷	5889	槲	5939	幞	5989	糌	6039	擀	6089	噤	6139	鲮	6189	隰
5840	骛	5890	醌	5940	幡	5990	遴	6040	熹	6090	噯	6140	鲱	6190	嬗
5841	骠	5891	醅	5941	嶙	5991	瞀	6041	氅	6091	踱	6141	鲲	6191	颡
5842	缥	5892	靥	5942	嶝	5992	糍	6042	擞	6092	踹	6142	鲳	6192	缱
5843	缦	5893	魇	5943	骱	5993	糅	6043	毂	6093	踵	6143	鲴	6193	缲
5844	缧	5894	餍	5944	骰	5994	熜	6044	磬	6094	踽	6144	鲵	6194	缳
5845	缨	5895	磔	5945	镪	5995	熵	6045	颞	6095	蹉	6145	鲷	6195	璨
5846	骢	5896	磙	5946	镘	5996	熠	6046	蕻	6096	蹁	6146	鲻	6196	璩
5847	缪	5897	霈	5947	镐	5997	澍	6047	鞘	6097	螨	6147	獯	6197	璐
5848	缫	5898	辘	5948	镌	5998	澌	6048	颠	6098	蟒	6148	獗	6198	璪
5849	耦	5899	龉	5949	镍	5999	潲	6049	薤	6099	蟆	6149	獬	6199	鳌
5850	耧	5900	龊	5950	镏	6000	潦	6050	薨	6100	螅	6150	邂	6200	擤
5851	瑾	5901	觑	5951	镒	6001	潲	6051	檠	6101	螭	6151	鹧	6201	壕
5852	璜	5902	瞌	5952	镓	6002	潢	6052	薏	6102	蟥	6152	廨	6202	觳
5853	璀	5903	瞋	5953	镔	6003	潟	6053	薮	6103	螟	6153	赟	6203	馨
5854	璎	5904	瞑	5954	稷	6004	潼	6054	薜	6104	噱	6154	瘰	6204	擢
5855	璁	5905	嘭	5955	箴	6005	潺	6055	薅	6105	噬	6155	廪	6205	臺
5856	璋	5906	噎	5956	篑	6006	憬	6056	樾	6106	噫	6156	瘿	6206	鞯
5857	璇	5907	噶	5957	篁	6007	憧	6057	橛	6107	噻	6157	瘵	6207	鞭
5858	奭	5908	颞	5958	筴	6008	寮	6058	橇	6108	噼	6158	瘴	6208	鬻
5859	髯	5909	暹	5959	篆	6009	窳	6059	樵	6109	罹	6159	癃	6209	薰
5860	髻	5910	噘[3]	5960	牖	6010	谳	6060	檎	6110	圜	6160	瘳	6210	薛
5861	撷	5911	踔	5961	儋	6011	褴	6061	橹	6111	镨	6161	斓	6211	藁
5862	撅	5912	踝	5962	徵	6012	褐	6062	樽	6112	镖	6162	麇	6212	檄
5863	赭	5913	踟	5963	磐	6013	褪	6063	槲	6113	镗	6163	鏖	6213	檩
5864	撸	5914	蹉	5964	虢	6014	谵	6064	橼	6114	馒	6164	赢	6214	懋
5865	鋆	5915	踬	5965	鹞	6015	熨	6065	壑	6115	镛	6165	壅	6215	醛
5866	撙	5916	踣	5966	膘	6016	屦	6066	橐	6116	镰	6166	羲	6216	翳
5867	撺	5917	踯	5967	滕	6017	嬉	6067	翮	6117	镝	6167	糇	6217	礅
5868	墀	5918	踺	5968	鲠	6018	飑	6068	醛	6118	镞	6168	瞥	6218	磴
5869	聩	5919	踞	5969	鲡	6019	戮	6069	醐	6119	镠	6169	甑	6219	鹩
5870	觐	5920	蜷	5970	鲢	6020	蝥	6070	醍	6120	氇	6170	燎	6220	鹪
5871	鞒	5921	蝶	5971	鲣	6021	缬	6071	醚	6121	氆	6171	燠	6221	醒
5872	蕙	5922	蝻	5972	鲥	6022	缮	6072	碜	6122	憩	6172	燔	6222	黜
5873	蕲	5923	蝰	5973	鲦	6023	缯	6073	赝	6123	稽	6173	燧	6223	壑
5874	蕈	5924	蝮	5974	鲩	6024	骠	6074	飙	6124	篝	6174	濑	6224	黻
5875	蕨	5925	螋	5975	獗	6025	畿	6075	殪	6125	篥	6175	濉	6225	嚏
5876	蕤	5926	蝓	5976	獠	6026	耩	6076	霖	6126	篦	6176	潞	6226	嚅
5877	蕞	5927	蝣	5977	鲧	6027	觯	6077	霏	6127	篪	6177	澧	6227	蹙
5878	蕺	5928	蝼	5978	徼	6028	螯	6078	霓	6128	篙	6178	澹	6228	蹢

6229 蹊	6263 鹬	6297 濯	6331 曜	6365 邋	6399 籁	6433 黥	6467 鹳
6230 蟥	6264 鼾	6298 謇	6332 蹰	6366 鬏	6400 鼩	6434 黪	6468 霾
6231 蟪	6265 皤	6299 謇	6333 蹚[4]	6367 攉	6401 魈	6435 镰	6469 氍
6232 螵	6266 魍	6300 邃	6334 鹭	6368 攒	6402 艨	6436 镴	6470 饕
6233 瞳	6267 龠	6301 襁	6335 蟛	6369 韃	6403 鳓	6437 鼙	6471 躐
6234 螳	6268 繇	6302 襟	6336 蟪	6370 鞴	6404 鳔	6438 纂	6472 髑
6235 蟑	6269 貘	6303 擘	6337 蟠	6371 藿	6405 鳕	6439 璺	6473 镶
6236 嚓	6270 邈	6304 孺	6338 蟮	6372 蘧	6406 鳗	6440 龉	6474 穰
6237 羁	6271 貔	6305 嬷	6339 鹩	6373 蘅	6407 鳙	6441 朦	6475 饔
6238 嶲	6272 膑	6306 嬲	6340 黠	6374 麓	6408 麒	6442 鳜	6476 鹭
6239 罾	6273 膻	6307 孟	6341 黟	6375 醮	6409 麈	6443 鳝	6477 鬓
6240 嶷	6274 臆	6308 鹧	6342 骰	6376 醯	6410 赢	6444 鳟	6478 趱
6241 黜	6275 臃	6309 鍪	6343 骼	6377 鄹	6411 煻	6445 獾	6479 攫
6242 黝	6276 鲼	6310 鍪	6344 镣	6378 霆	6412 瀚	6446 孀	6480 攥
6243 髁	6277 鲽	6311 鳌	6345 镭	6379 霄	6413 潆	6447 骧	6481 颧
6244 髀	6278 鲲	6312 髻	6346 镯	6380 霁	6414 瀛	6448 瑾	6482 蹑
6245 镡	6279 鳃	6313 鬈	6347 馥	6381 黼	6415 襦	6449 颦	6483 髋
6246 镦	6280 鳅	6314 嚚	6348 篡	6382 喔	6416 谶	6450 醺	6484 瘾
6247 镣	6281 鳇	6315 鞯	6349 簪	6383 蹰	6417 襞	6451 礴	6485 麟
6248 镦	6282 鳊	6316 鞨	6350 鼬	6384 蹶	6418 骥	6452 櫜	6486 蠋
6249 镧	6283 螽	6317 鞠	6351 雔	6385 嘹	6419 缵	6453 曩	6487 蠢
6250 镩	6284 燮	6318 鞫	6352 幢	6386 蹼	6420 瓒	6454 颣	6488 蹙
6251 镩	6285 鹭	6319 鞣	6353 鳎	6387 蹴	6421 攘	6455 癫	6489 衢
6252 镫	6286 襄	6320 藜	6354 鳏	6388 蹾	6422 蘩	6456 麝	6490 鑫
6253 镈	6287 縻	6321 藿	6355 鳐	6389 蹿	6423 蘖	6457 夔	6491 灞
6254 黏	6288 縻	6322 藩	6356 癞	6390 蠓	6424 醴	6458 爔	6492 襻
6255 簌	6289 膺	6323 醪	6357 癔	6391 蠓	6425 霰	6459 灏	6493 纛
6256 篾	6290 癍	6324 戮	6358 癜	6392 蟾	6426 酆	6460 襫	6494 鬣
6257 笕	6291 麋	6325 疆	6359 癖	6393 蠊	6427 夒	6461 鉴	6495 攮
6258 簖	6292 膲	6326 燹	6360 糨	6394 骏	6428 曦	6462 羼	6496 囔
6259 篚	6293 濡	6327 饕	6361 氅	6395 髋	6429 躅	6463 蠡	6497 馕
6260 舲	6294 濮	6328 瞿	6362 鎏	6396 髌	6430 罍	6464 蘖	6498 戆
6261 黛	6295 濞	6329 瞟	6363 懵	6397 镲	6431 巉	6465 懿	6499 爨
6262 儴	6296 濠	6330 颢	6364 彝	6398 籀	6432 黩	6466 蘸	6500 齇

[1] 皙：义为人的皮肤白。不再作为"晰"的异体字。
[2] 瞋：义为发怒时睁大眼睛。不再作为"嗔"的异体字。
[3] 嘚：义为嘚嘴。不再作为"撅"的异体字。
[4] 蹚：义为蹚水、蹚地，读 tāng。不再作为"趟（tàng）"的异体字。

三级字表（1 605 字）

6501 亍	6507 冊	6513 仝	6519 宄	6525 芏	6531 吒	6537 仳	6543 犴
6502 兀	6508 邘	6514 汃	6520 讦	6526 芨	6532 吖	6538 伣	6544 冱
6503 彳	6509 戋	6515 氿	6521 讱	6527 朳	6533 岘	6539 伈	6545 邡
6504 卬	6510 扞	6516 汈	6522 扜	6528 朸	6534 屾	6540 飢	6546 闫
6505 殳	6511 氕	6517 汜	6523 圲	6529 邟	6535 辿	6541 甪	6547 汧
6506 亙	6512 仅	6518 忉	6524 圫	6530 邙	6536 钆	6542 邠	6548 汋

6549 诉	6599 怔	6649 邽	6699 佳	6749 驹	6799 枪	6849 钪	6899 恔
6550 诇	6600 呑	6650 郣	6700 佽	6750 绢	6800 柊	6850 钦	6900 宬
6551 讧	6601 伍	6651 坥	6701 佹	6751 骀	6801 枹	6851 钭	6901 窀
6552 孖	6602 伢	6652 垌	6702 伙	6752 骇	6802 柅	6852 剁	6902 居
6553 纵	6603 伭	6653 坻	6703 佗	6753 绋	6803 柖	6853 秬	6903 祎
6554 扩	6604 佖	6654 坽	6704 佫	6754 给	6804 郜	6854 俫	6904 祐
6555 玒	6605 伲	6655 奔	6705 舠	6755 姜	6805 钊	6855 昪	6905 祏
6556 玓	6606 伒	6656 耵	6706 郐	6756 籽	6806 鸤	6856 俜	6906 祕
6557 玘	6607 飑	6657 邾	6707 郶	6757 椠	6807 迺	6857 俙	6907 叚
6558 场	6608 狃	6658 苋	6708 敛	6758 珏	6808 庬	6858 俍	6908 陉
6559 划	6609 阌	6659 苈	6709 朌	6759 珇	6809 砆	6859 㞳	6909 陘
6560 抠	6610 汧	6660 苧	6710 胅	6760 珅	6810 砑	6860 衎	6910 娍
6561 圾	6611 洴	6661 苾	6711 肷	6761 珠	6811 砍	6861 舣	6911 姞
6562 坉	6612 沱	6662 茛	6712 狉	6762 聊	6812 祂	6862 拿	6912 娇
6563 屯	6613 沸	6663 枅	6713 狄	6763 玹	6813 厽	6863 俞	6913 姤
6564 伦	6614 沄	6664 枫	6714 饨	6764 玼	6814 癸	6864 鸧	6914 始
6565 扮	6615 沘	6665 枘	6715 忞	6765 珆	6815 轵	6865 胲	6915 姽
6566 抵	6616 沨	6666 枵	6716 於	6766 铍	6816 轷	6866 胠	6916 臬
6567 执	6617 汭	6667 矸	6717 炘	6767 垚	6817 轹	6867 胋	6917 经
6568 毒	6618 汶	6668 矻	6718 炆	6768 垯	6818 轺	6868 胈	6918 驷
6569 芰	6619 沅	6669 匼	6719 泙	6769 垸	6819 昺	6869 胩	6919 绢
6570 茊	6620 忮	6670 耘	6720 泂	6770 垲	6820 觇	6870 脆	6920 骁
6571 苞	6621 忳	6671 昕	6721 泐	6771 埏	6821 眬	6871 胐	6921 绖
6572 茜	6622 忺	6672 觊	6722 泚	6772 垍	6822 昀	6872 飑	6922 绫
6573 芘	6623 忮	6673 昈	6723 洵	6773 耄	6823 哩	6873 飓	6923 象
6574 芴	6624 衸	6674 昇	6724 泇	6774 峰	6824 哐	6874 饻	6924 毚
6575 芟	6625 诇	6675 贩	6725 怊	6775 垯	6825 昳	6875 庳	6925 恝
6576 芴	6626 郊	6676 吻	6726 岔	6776 埒	6826 眕	6876 疢	6926 珪
6577 芤	6627 诎	6677 驴	6727 穸	6777 垟	6827 哒	6877 炯	6927 珥
6578 杕	6628 诐	6678 吷	6728 殁	6778 垞	6828 哈	6878 炟	6928 珹
6579 杙	6629 戾	6679 呲	6729 祊	6779 垞	6829 昫	6879 烟	6929 珨
6580 杆	6630 驱	6680 哈	6730 诇	6780 埃	6830 昡	6880 洭	6930 玼
6581 杠	6631 叾	6681 岵	6731 诶	6781 垟	6831 哇	6881 洓	6931 珑
6582 枸	6632 阽	6682 岢	6732 郛	6782 拶	6832 昇	6882 涑	6932 勋
6583 尪	6633 邮	6683 岨	6733 鸤	6783 荙	6833 虸	6883 洚	6933 班
6584 尨	6634 阵	6684 岠	6734 弢	6784 萱	6834 虾	6884 洀	6934 珣
6585 轪	6635 妠	6685 岭	6735 甾	6785 荙	6835 哃	6885 洫	6935 珫
6586 轫	6636 妘	6686 岣	6736 陑	6786 茪	6836 岠	6886 浈	6936 肂
6587 垩	6637 邠	6687 囷	6737 陗	6787 芷	6837 嵩	6887 洸	6937 珼
6588 芈	6638 纮	6688 钌	6738 陕	6788 苷	6838 剡	6888 洮	6938 珢
6589 盰	6639 驲	6689 钐	6739 陉	6789 荾	6839 岫	6889 洑	6939 珞
6590 昙	6640 驭	6690 钉	6740 飞	6790 茪	6840 岿	6890 㳄	6940 珝
6591 呙	6641 纼	6691 钖	6741 妣	6791 荀	6841 峧	6891 洢	6941 捞
6592 咬	6642 统	6692 牤	6742 妗	6792 荓	6842 骈	6892 洚	6942 埗
6593 岎	6643 驵	6693 佴	6743 姈	6793 茳	6843 钘	6893 洺	6943 埕
6594 岖	6644 纼	6694 垒	6744 姪	6794 茲	6844 铁	6894 洨	6944 垺
6595 岠	6645 拜	6695 佹	6745 迳	6795 茛	6845 钜	6895 浐	6945 埆
6596 岜	6646 珄	6696 佸	6746 叕	6796 茬	6846 铋	6896 洗	6946 垿
6597 杏	6647 玱	6697 佸	6747 驱	6797 枯	6847 钌	6897 洴	6947 垠
6598 冏	6648 玟	6698 佺	6748 驲	6798 枳	6848 铃	6898 洣	6948 埔

第九章 语言文字规范化

6949 苂	6999 拳	7049 焩	7099 琎	7149 硙	7199 鄢	7249 谭	7299 塿
6950 苴	7000 嵃	7050 焖	7100 珸	7150 硍	7200 偓	7250 诚	7300 墉
6951 茼	7001 悦	7051 烶	7101 珵	7151 勔	7201 倚	7251 袼	7301 蓁
6952 郜	7002 峎	7052 烻	7102 珺	7152 鸷	7202 衔	7252 裈	7302 甚
6953 荃	7003 赆	7053 烀	7103 珲	7153 艺	7203 舳	7253 裉	7303 葡
6954 荳	7004 铁	7054 涍	7104 珨	7154 遑	7204 舲	7254 裎	7304 葙
6955 荇	7005 钜	7055 浮	7105 珺	7155 啈	7205 鹅	7255 谡	7305 軒
6956 莙	7006 铲	7056 浬	7106 捵	7156 啫	7206 念	7256 谓	7306 蒇
6957 栻	7007 钟	7057 浬	7107 埈	7157 翈	7207 鄃	7257 觥	7307 蒙
6958 桠	7008 铀	7058 鸿	7108 埵	7158 眼	7208 瓿	7258 弸	7308 蒉
6959 梜	7009 锊	7059 涓	7109 埼	7159 晙	7209 貃	7259 弸	7309 鄣
6960 桄	7010 耆	7060 涐	7110 掎	7160 時	7210 脛	7260 隁	7310 蒉
6961 栳	7011 牷	7061 涮	7111 堉	7161 顿	7211 胫	7261 媮	7311 蒉
6962 桝	7012 笫	7062 淑	7112 埳	7162 趼	7212 胯	7262 婞	7312 萩
6963 梃	7013 倻	7063 浛	7113 晢	7163 跂	7213 脎	7263 娾	7313 蔻
6964 栒	7014 倴	7064 浼	7114 埠	7164 蜗	7214 鲃	7264 婼	7314 葰
6965 酎	7015 脩	7065 滏	7115 揼	7165 蛢	7215 狳	7265 媖	7315 葎
6966 酏	7016 倮	7066 浗	7116 控	7166 蛛	7216 貌	7266 婳	7316 鄂
6967 顾	7017 倕	7067 慽	7117 壸	7167 蚒	7217 㺄	7267 倚	7317 蒎
6968 砵	7018 倞	7068 悃	7118 掇	7168 啤	7218 獃	7268 媆	7318 葵
6969 砠	7019 偣	7069 恨	7119 聍	7169 翻	7219 悥	7269 娓	7319 蔻
6970 硅	7020 侪	7070 岩	7120 菠	7170 崧	7220 廑	7270 娴	7320 萹
6971 砬	7021 倧	7071 宧	7121 萚	7171 崟	7221 顾	7271 媱	7321 楷
6972 砼	7022 虾	7072 宲	7122 菥	7172 崞	7222 庳	7272 婠	7322 梦
6973 恧	7023 虒	7073 窊	7123 莿	7173 崒	7223 痊	7273 绮	7323 椷
6974 翃	7024 舭	7074 鸾	7124 葺	7174 崌	7224 鸩	7274 绯	7324 椓
6975 郯	7025 舯	7075 廖	7125 勒	7175 崠	7225 狰	7275 骓	7325 椑
6976 轱	7026 肥	7076 屒	7126 萆	7176 铏	7226 堃	7276 驹	7326 榔
6977 轫	7027 爬	7077 袪	7127 萃	7177 铓	7227 阌	7277 绚	7327 鹀
6978 轾	7028 龁	7078 衿	7128 茵	7178 铒	7228 羝	7278 综	7328 椆
6979 殆	7029 鸰	7079 袚	7129 荙	7179 铕	7229 羞	7279 绰	7329 棓
6980 剨	7030 脒	7080 桃	7130 荚	7180 铊	7230 焆	7280 骍	7330 棬
6981 觜	7031 胱	7081 崔	7131 莲	7181 铖	7231 烺	7281 骒	7331 椴
6982 啈	7032 胲	7082 聖	7132 蓉	7182 铙	7232 焌	7282 絜	7332 椀
6983 晅	7033 虓	7083 查	7133 菉	7183 铚	7233 渼	7283 斌	7333 楗
6984 晖	7034 剐	7084 陷	7134 蓙	7184 锦	7234 洞	7284 琲	7334 鹅
6985 唢	7035 狉	7085 陴	7135 梼	7185 铥	7235 浿	7285 琡	7335 甦
6986 唽	7036 猊	7086 烝	7136 梽	7186 铴	7236 溯	7286 琟	7336 酦
6987 哼	7037 狻	7087 挐	7137 梼	7187 牿	7237 滏	7287 琔	7337 觌
6988 晷	7038 智	7088 娴	7138 棶	7188 牿	7238 渻	7288 琭	7338 暴
6989 晔	7039 悚	7089 哥	7139 桯	7189 秸	7239 涩	7289 堵	7339 皕
6990 晐	7040 勐	7090 翀	7140 椕	7190 笱	7240 浼	7290 堷	7340 硪
6991 晖	7041 痄	7091 翇	7141 楺	7191 筊	7241 塗	7291 堪	7341 歁
6992 觚	7042 痓	7092 剟	7142 椇	7192 傁	7242 悢	7292 堰	7342 奢
6993 蚄	7043 疹	7093 骎	7143 敉	7193 偡	7243 悟	7293 堧	7343 軏
6994 蚆	7044 竘	7094 绤	7144 屝	7194 鸺	7244 悰	7294 喆	7344 辌
6995 鄅	7045 毭	7095 绤	7145 碘	7195 個	7245 悰	7295 堨	7345 棐
6996 帱	7046 豜	7096 骒	7146 硵	7196 偲	7246 惉	7296 塅	7346 斳
6997 崁	7047 粏	7097 绽	7147 硇	7197 偶	7247 憳	7297 堎	7347 龄
6998 嵍	7048 敉	7098 綍	7148 硖	7198 皖	7248 遉	7298 絷	7348 菥

7349 掌	7399 颏	7449 媞	7499 椟	7549 僇	7599 愪	7649 榐	7699 鲓
7350 睎	7400 䏡	7450 媨	7500 樕	7550 艅	7600 慆	7650 槬	7700 鲕
7351 晫	7401 胭	7451 媓	7501 楸	7551 艉	7601 塑	7651 槢	7701 鲖
7352 暎	7402 腗	7452 媂	7502 歆	7552 䤴	7602 禟	7652 榍	7702 鲗
7353 晱	7403 脎	7453 媄	7503 酰	7553 貆	7603 禓	7653 毳	7703 鲘
7354 䟸	7404 腒	7454 毮	7504 碏	7554 腨	7604 禔	7654 鷗	7704 鲙
7355 蜂	7405 颁	7455 矞	7505 磋	7555 腨	7605 禔	7655 醭	7705 鲙
7356 畯	7406 鲃	7456 骐	7506 碏	7556 腩	7606 褅	7656 醮	7706 鮡
7357 罦	7407 獥	7457 骒	7507 碮	7557 鲉	7607 禒	7657 醒	7707 鲍
7358 喤	7408 鸶	7458 缊	7508 碑	7558 鲊	7608 谫	7658 酴	7708 鲛
7359 瓩	7409 猯	7459 缐	7509 碚	7559 鲌	7609 鹈	7659 碶	7709 夐
7360 嵁	7410 猺	7460 骙	7510 鄂	7560 鮈	7610 頔	7660 磣	7710 獍
7361 嵞	7411 猾	7461 琫	7511 辋	7561 鲄	7611 愍	7661 碜	7711 飏
7362 崚	7412 㮾¹	7462 琼	7512 辐	7562 鲍	7612 嫄	7662 碨	7712 鹜
7363 嵗	7413 鄗	7463 琠	7513 鞣	7563 鲅	7613 媱	7663 碍	7713 䉲
7364 嵓	7414 厫	7464 琩	7514 韜	7564 雏	7614 戤	7664 碹	7714 廑
7365 嵚	7415 廈	7465 鹃	7515 觜	7565 猺	7615 勠³	7665 碥	7715 廒
7366 翔	7416 庞	7466 瑖	7516 凳	7566 飔	7616 戣	7666 剟	7716 瘥
7367 颍	7417 鄌	7467 瑝	7517 睞	7567 鲑	7617 骤	7667 鲎	7717 瘆
7368 圖	7418 粢	7468 琭	7518 鹋	7568 塍	7618 骚	7668 鸸	7718 痰
7369 圙	7419 遆	7469 瑀	7519 嗯²	7569 媵	7619 缤	7669 鯼	7719 羞
7370 嵒	7420 旐	7470 琦	7520 晏	7570 裒	7620 㙟	7670 睱	7720 鄌
7371 惢	7421 阖	7471 瑳	7521 晪	7571 廞	7621 瑧	7671 鹖	7721 犒
7372 惆	7422 焯	7472 瑂	7522 跱	7572 瘀	7622 瑀	7672 鹮	7722 滈
7373 锛	7423 焊	7473 鳌	7523 蜐	7573 瘅	7623 瑨	7673 跽	7723 漱
7374 锩	7424 欻	7474 瑑	7524 蛸	7574 廊	7624 瑱	7674 蜾	7724 漆
7375 锬	7425 渍	7475 遘	7525 嵼	7575 鹇	7625 瑗	7675 幖	7725 漤
7376 锨	7426 渚	7476 髡	7526 赗	7576 廓	7626 瑢	7676 嵦	7726 漭
7377 铼	7427 㳫	7477 塥	7527 觛	7577 廒	7627 斠	7677 嵒	7727 灌
7378 铕	7428 湝	7478 塈	7528 锖	7578 鄠	7628 䦃	7678 锘	7728 㳻
7379 铹	7429 湋	7479 赪	7529 锞	7579 阘	7629 㙏	7679 锺	7729 漟
7380 铳	7430 溢	7480 摛	7530 锘	7580 阙	7630 墈	7680 锽	7730 漎
7381 铟	7431 湸	7481 摦	7531 锳	7581 煁	7631 堍	7681 锽	7731 滽
7382 铥	7432 渟	7482 搒	7532 锧	7582 煒	7632 墘	7682 锞	7732 滼
7383 锓	7433 湈	7483 搌	7533 锪	7583 煴	7633 摎	7683 镋	7733 懂
7384 犇	7434 渼	7484 蒱	7534 锖	7584 煋	7634 銎	7684 镍	7734 窬
7385 颉	7435 溇	7485 蒨	7535 锫	7585 煟	7635 墢	7685 镒	7735 窦
7386 稌	7436 湑	7486 蕨	7536 锬	7586 煓	7636 墚	7686 镍	7736 榠
7387 筀	7437 湆	7487 蓇	7537 铍	7587 溞	7637 撒	7687 锢	7737 谫
7388 筘	7438 滛	7488 萠	7538 稑	7588 溍	7638 墆	7688 秘	7738 褕
7389 筜	7439 愐	7489 蒻	7539 稙	7589 漦	7639 鞁	7689 鹜	7739 禛
7390 筥	7440 愃	7490 蒌	7540 穆	7590 漏	7640 鞍	7690 箨	7740 禚
7391 笓	7441 敫	7491 蒺	7541 赟	7591 滉	7641 蓣	7691 筬	7741 隩
7392 傃	7442 甯	7492 椹	7542 筻	7592 潋	7642 蔂	7692 劄	7742 嫄
7393 傌	7443 榮	7493 楪	7543 筻	7593 潋	7643 蒞	7693 僬	7743 嫦
7394 翛	7444 炱	7494 䗪	7544 筶	7594 㴖	7644 蒺	7694 僦	7744 嫜
7395 僆	7445 裣	7495 楒	7545 筦	7595 滧	7645 薅	7695 僡	7745 嫪
7396 催	7446 裸	7496 榲	7546 筼	7596 滔	7646 毂	7696 僎	7746 缤
7397 舾	7447 婳	7497 楞	7547 傺	7597 滀	7647 楷	7697 槃	7747 璕
7398 畬	7448 婑	7498 楩	7548 鹎	7598 憕	7648 槫	7698 槃	7748 麹

7749	璆	7794	皛	7839	鞰	7884	縢	7929	縶	7974	鼇	8019	癗	8064	爝
7750	嫠	7795	鷉	7840	黇	7885	鯖	7930	磹	7975	蟿	8020	翱	8065	爔
7751	赯	7796	艎	7841	蘋	7886	鯕	7931	磻	7976	甓	8021	旚	8066	瀾
7752	墣	7797	艏	7842	蕗	7887	鰦	7932	曈	7977	嬬	8022	翱	8067	瀹
7753	墦	7798	鹩	7843	薢	7888	鯢	7933	瞵	7978	嬧	8023	輾	8068	瀼
7754	墡	7799	鮑	7844	蕹	7889	鯵	7934	蹐	7979	繻	8024	翶	8069	瀵
7755	劓	7800	鯈	7845	樾	7890	饘	7935	螨	7980	繐	8025	潎	8070	襖
7756	奭	7801	鯤	7846	橑	7891	觶	7936	嚈	7981	繣	8026	瀍	8071	孃
7757	蕰	7802	鲖	7847	橦	7892	瘨	7937	镐	7982	鼇	8027	瀘	8072	騽
7758	薤	7803	鮺	7848	醋	7893	瘭	7938	鎂	7983	鶩	8028	襜	8073	缳
7759	蕭	7804	觭	7849	鬊	7894	鶿	7939	镖	7984	熬	8029	臅	8074	穫
7760	橞	7805	鹊	7850	磽	7895	颥	7940	镭	7985	鞳	8030	繈	8075	瓊
7761	鹮	7806	鵠	7851	磘	7896	糒	7941	镥	7986	鞮	8031	嚭	8076	瓖
7762	磏	7807	糇	7852	磥	7897	燋	7942	错	7987	蕱	8032	櫧	8077	鬐
7763	磙	7808	糈	7853	猰	7898	熗	7943	鏻	7988	薠	8033	廄	8078	趫
7764	殪	7809	翦	7854	辚	7899	燊	7944	镈	7989	蘑	8034	醱	8079	醮
7765	憖	7810	鹝	7855	躸	7900	燚	7945	鏦	7990	蕙	8035	蹯	8080	罍
7766	霁	7811	鵜	7856	齓	7901	燏	7946	镭	7991	鷍	8036	蠋	8081	鶄
7767	暽	7812	縹	7857	蹉	7902	瀇	7947	镨	7992	櫟	8037	翾	8082	鳢
7768	曈	7813	澁	7858	虤	7903	澨	7948	穄	7993	櫌	8038	鼈	8083	鱤
7769	曉	7814	澈	7859	嘻	7904	澪	7949	稑	7994	礞	8039	儳	8084	鱓
7770	踦	7815	潆	7860	墼	7905	濛	7950	穟	7995	礌	8040	儴	8085	爝
7771	踣	7816	澂	7861	曈	7906	澴	7951	筋	7996	磳	8041	鼗	8086	爊
7772	蝽	7817	澛	7862	暾	7907	濉	7952	簓	7997	蹢	8042	鰶	8087	灈
7773	螟	7818	澕	7863	踳	7908	澼	7953	簋	7998	蹯	8043	鯻	8088	轞
7774	蜊	7819	潛	7864	踶	7909	懅	7954	儦	7999	蟫	8044	鮦	8089	蘗
7775	蝤	7820	潾	7865	蝓	7910	憯	7955	魋	8000	蟣	8045	鯌	8090	蘼
7776	喧	7821	潏	7866	螗	7911	懔	7956	屩	8001	囂	8046	麾	8091	礴
7777	噂	7822	憬	7867	嘐	7912	嬹	7957	艚	8002	髑	8047	麇	8092	鷊
7778	噗	7823	憕	7868	蒙	7913	嬩	7958	鷸	8003	镶	8048	蠃	8093	躅
7779	罶	7824	鶱	7869	蘞	7914	鷃	7959	貁	8004	镱	8049	蠖	8094	爵
7780	萬	7825	戭	7870	獻	7915	繶	7960	鯦	8005	鄲	8050	嬿	8095	龢
7781	嶓	7826	襋	7871	嶦	7916	瑷	7961	鯻	8006	醖	8051	鬢	8096	鱛
7782	嶨	7827	禢	7872	镨	7917	瑟	7962	鰤	8007	簠	8052	襄	8097	罎
7783	嶟	7828	譔	7873	镢	7918	璘	7963	鲱	8008	簃	8053	欛	8098	籯
7784	嶒	7829	嫽	7874	镵	7919	璈	7964	鎧	8009	簰	8054	釀	8099	矑
7785	镆	7830	遹	7875	鬋	7920	壇	7965	鳁	8010	舾	8055	颥	8100	鑞
7786	镈	7831	骠	7876	穊	7921	髣	7966	鳂	8011	鮈	8056	觚	8101	獾
7787	锐	7832	璬	7877	簏	7922	擿	7967	鰯	8012	暾	8057	鄞	8102	釃
7788	鋒	7833	璲	7878	篾	7923	薿	7968	獝	8013	臑	8058	嶬	8103	驨
7789	镥	7834	璒	7879	篖	7924	藻	7969	獩	8014	縢	8059	鄩	8104	觽
7790	镕	7835	憙	7880	觚	7925	橚	7970	藘	8015	螃	8060	鹮	8105	蠼
7791	稹	7836	擐	7881	衡	7926	檝	7971	馘	8016	鎌	8061	雗		
7792	儜	7837	鄴	7882	盦	7927	橻	7972	襕	8017	驤	8062	嬉		
7793	皞	7838	遽	7883	滕	7928	醑	7973	禠	8018	鷏	8063	鎣		

[1] 凓：义为寒冷。不再作为"栗"的异体字。

[2] 噁：化学名词用字，读è，如"二噁英"等。

[3] 勠：义为合力、齐力。不再作为"戮"的异体字。

二、第一批异形词整理表

A

按捺—按纳
按语—案语

B

百废俱兴—百废具兴
百叶窗—百页窗
斑白—班白、颁白
斑驳—班驳
孢子—胞子
保镖—保镳
保姆—保母、褓姆
辈分—辈份
本分—本份
笔画—笔划
毕恭毕敬—必恭必敬
编者按—编者案
扁豆—萹豆、稨豆、藊豆
标志—标识
鬓角—鬓脚
秉承—禀承
补丁—补靪、补钉

C

参与—参预
惨淡—惨澹
差池—差迟
掺和—搀和
掺假—搀假
掺杂—搀杂
铲除—划除
徜徉—倘佯
车厢—车箱
彻底—澈底
沉思—沈思
称心—趁心

成分—成份
澄澈—澄彻
侈靡—侈糜
筹划—筹画
筹码—筹马
踌躇—踌蹰
出谋划策—出谋画策
喘吁吁—喘嘘嘘
瓷器—磁器
赐予—赐与
粗鲁—粗卤

D

搭档—搭当、搭挡
搭讪—搭赸、答讪
答复—答覆
戴孝—带孝
担心—耽心
担忧—耽忧
耽搁—担搁
淡泊—澹泊
淡然—澹然
倒霉—倒楣
低回—低徊
凋敝—雕敝、雕弊
凋零—雕零
凋落—雕落
凋谢—雕谢
跌宕—跌荡
跌跤—跌交
喋血—蹀血
叮咛—丁宁
订单—定单
订户—定户
订婚—定婚

订货—定货
订阅—定阅
斗拱—枓拱、枓栱
逗留—逗遛
逗趣儿—斗趣儿
独角戏—独脚戏
端午—端五
E
二黄—二簧
二心—贰心
F
发酵—(酸)酵
发人深省—发人深醒
繁衍—蕃衍
吩咐—分付
分量—份量
分内—份内
分外—份外
分子—份子
愤愤—忿忿
丰富多彩—丰富多采
风瘫—疯瘫
疯癫—疯颠
锋芒—锋铓
服侍—伏侍、服事
服输—伏输
服罪—伏罪
负隅顽抗—负嵎顽抗
附会—傅会
复信—覆信
覆辙—复辙
G
干预—干与
告诫—告戒
耿直—梗直、鲠直
恭维—恭惟

勾画—勾划
勾连—勾联
孤苦伶仃—孤苦零丁
辜负—孤负
古董—骨董
股份—股分
骨瘦如柴—骨瘦如豺
关联—关连
光彩—光采
归根结底—归根结柢
规诚—规戒
鬼哭狼嚎—鬼哭狼嗥
过分—过份
H
蛤蟆—虾蟆
含糊—含胡
含蓄—涵蓄
寒碜—寒伧
喝彩—喝采
喝倒彩—喝倒采
轰动—哄动
弘扬—宏扬
红彤彤—红通通
宏论—弘论
宏图—弘图、鸿图
宏愿—弘愿
宏旨—弘旨
洪福—鸿福
狐臭—胡臭
蝴蝶—胡蝶
糊涂—胡涂
琥珀—虎魄
花招—花着
划拳—豁拳、搳拳
恍惚—恍忽
辉映—晖映

溃脓—殨脓
浑水摸鱼—混水摸鱼
伙伴—火伴

J

机灵—机伶
激愤—激忿
计划—计画
纪念—记念
寄予—寄与
夹克—茄克
嘉宾—佳宾
驾驭—驾御
架势—架式
嫁妆—嫁装
简练—简炼
骄奢淫逸—骄奢淫佚
角门—脚门
狡猾—狡滑
脚跟—脚根
叫花子—叫化子
精彩—精采
纠合—鸠合
纠集—鸠集
就座—就坐
角色—脚色

K

克期—刻期
克日—刻日
刻画—刻划
阔佬—阔老

L

褴褛—蓝缕
烂漫—烂缦、烂熳
狼藉—狼籍
榔头—狼头、(鄉)头
累赘—累坠

黧黑—黎黑
连贯—联贯
连接—联接
连绵—联绵
连缀—联缀
联结—连结
联袂—连袂
联翩—连翩
踉跄—踉蹡
嘹亮—嘹喨
缭乱—撩乱
伶仃—零丁
囵圄—囵圉
溜达—蹓跶
流连—留连
喽啰—喽罗、偻㑩
鲁莽—卤莽
录像—录象、录相
络腮胡子—落腮胡子
落寞—落漠、落莫

M

麻痹—痲痹
麻风—痲风
麻疹—痲疹
马蜂—蚂蜂
马虎—马糊
门槛—门坎
靡费—糜费
绵连—绵联
腼腆—(靦觍、靦䩄)
模仿—摹仿
模糊—模胡
模拟—摹拟
摹写—模写
摩擦—磨擦

摩拳擦掌—磨拳擦掌
磨难—魔难
脉脉—眽眽
谋划—谋画

N

那么—那末
内讧—内哄
凝练—凝炼
牛仔裤—牛崽裤
纽扣—钮扣

P

扒手—掱手
盘根错节—蟠根错节
盘踞—盘据、蟠踞、蟠据
盘曲—蟠曲
盘陀—盘陁
磐石—盘石、蟠石
蹒跚—盘跚
彷徨—旁皇
披星戴月—披星带月
疲沓—疲塌
漂泊—飘泊
漂流—飘流
飘零—漂零
飘摇—飘飖
凭空—平空

Q

牵连—牵联
憔悴—蕉萃
清澈—清彻
情愫—情素
拳拳—惓惓
劝诫—劝戒

R

热乎乎—热呼呼

热乎—热呼
热衷—热中
人才—人材
日食—日蚀
入座—入坐

S

色彩—色采
杀一儆百—杀一警百
鲨鱼—沙鱼
山楂—山查
舢板—舢舨
艄公—梢公
奢靡—奢糜
申雪—伸雪
神采—神彩
湿漉漉—湿渌渌
什锦—十锦
收服—收伏
首座—首坐
书简—书柬
双簧—双锁
思维—思惟
死心塌地—死心踏地

T

踏实—塌实
甜菜—菾菜
铤而走险—挺而走险
透彻—透澈
图像—图象
推诿—推委

W

玩意儿—玩艺儿
魍魉—蝄蜽
诿过—委过
乌七八糟—污七八糟
无动于衷—无动于中

毋宁—无宁
毋庸—无庸
五彩缤纷—五采缤纷
五劳七伤—五痨七伤

X

息肉—瘜肉
稀罕—希罕
稀奇—希奇
稀少—希少
稀世—希世
稀有—希有
翕动—噏动
洗练—洗炼
贤惠—贤慧
香醇—香纯
香菇—香菰
相貌—像貌
潇洒—萧洒
小题大做—小题大作
卸载—卸傲
信口开河—信口开合
惺松—惺松
秀外慧中—秀外惠中
序文—叙文
序言—叙言
训诫—训戒

Y

压服—压伏
押韵—压韵
鸦片—雅片
扬琴—洋琴
要么—要末
夜宵—夜消
一锤定音—一槌定音
一股脑儿—一古脑儿
衣襟—衣衿

衣着—衣著
义无反顾—义无返顾
淫雨—霪雨
盈余—赢余
影像—影象
余晖—余辉
渔具—鱼具
渔网—鱼网
与会—预会
与闻—预闻
驭手—御手
预备—豫备
原来—元来
原煤—元煤
原原本本—源源本本、元元本本
缘故—原故
缘由—原由
月食　月蚀
月牙—月芽
芸豆—云豆

Z

杂沓—杂遝
再接再厉—再接再砺
崭新—斩新
辗转—展转
战栗—颤栗
账本—帐本
折中—折衷
这么—这末
正经八百—正经八摆
芝麻—脂麻
肢解—支解、枝解
直截了当—直捷了当、直接了当
指手画脚—指手划脚
周济—赒济
转悠—转游

装潢—装璜   仔细—子细

孜孜—孳孳   自个儿—自各儿

姿势—姿式   佐证—左证

三、关于部分计量单位统一用字的有关规定

类别	外文名称	译名
长度	Nautical mile	海里
	Mile	英里
	Fathom	英寻
	Foot	英尺
	Inch	英寸
面积	Acre	英亩
容量	Liter	升
	Bushel	蒲式耳
	Gallon	加仑
重量	Hundredweight	英担［1 英担＝112 磅］
	Stone	英石［1 英石＝14 磅］
	Ounce	盎司
	Grain	格令
各科	Kilowatt	千瓦［功率单位］
	Torr	托［压力单位］
	Phon	方［响度级单位］
	Sone	宋［响度单位］
	Mel	美［音调单位］
	Denier	旦［纤度单位］
	Tex	特［纤度单位］

第二节　现代汉语部分语音规范标准

一、《普通话异读词审音表》(2016 年 5 月)具体内容

  A

  阿(一)ā ～訇 ～罗汉 ～木林 ～姨   蔼 ǎi（统读）

   （二）ē～谀 ～附 ～胶 ～弥陀佛   隘 ài（统读）

  挨(一)āi～个 ～近   谙 ān（统读）

   （二）ái～打 ～说   埯 ǎn（统读）

  癌 ái（统读）   昂 áng（统读）

  霭 ǎi（统读）   凹 āo（统读）

拗(一)ào ～口
　　(二)niù 执～ 脾气很～
坳 ào(统读)

B
拔 bá(统读)
把 bà 印～子
白 bái(统读)
拜 bái ～～(再见；分手)
膀 bǎng 翅～
蚌(一)bàng 蛤～
　　(二)bèng ～埠
傍 bàng(统读)
磅 bàng 过～
龅 bāo(统读)
胞 bāo(统读)
薄(一)báo(语)常单用，如"纸很～ 厚～不均"。
　　(二)bó(文)多用于复音词。
　　　　～弱 稀～ 淡～ 尖嘴～舌 单～ 厚～
堡(一)bǎo 碉～ ～垒
　　(二)bǔ ～子 吴～ 瓦窑～ 柴沟～
　　(三)pù 十里～
暴(一)bào ～露
　　(二)pù 一～(曝)十寒
爆 bào(统读)
焙 bèi(统读)
惫 bèi(统读)
背 bèi ～脊 ～静
鄙 bǐ(统读)
俾 bǐ(统读)
笔 bǐ(统读)
比 bǐ(统读)
臂(一)bì 手～ ～膀
　　(二)bei 胳～
庇 bì(统读)

髀 bì(统读)
避 bì(统读)
辟 bì 复～
裨 bì ～补 ～益
婢 bì(统读)
痹 bì(统读)
壁 bì(统读)
蝙 biān(统读)
遍 biàn(统读)
骠(一)biāo 黄～马
　　(二)piào ～骑 ～勇
傧 bīn(统读)
缤 bīn(统读)
濒 bīn(统读)
髌 bìn(统读)
屏(一)bǐng ～除 ～弃 ～气 ～息
　　(二)píng ～藩 ～风
柄 bǐng(统读)
波 bō(统读)
播 bō(统读)
菠 bō(统读)
剥(一)bō(文) ～削
　　(二)bāo(语)
泊(一)bó(停留、平静)停～ ～车 淡～ 飘～
　　(二)pō 湖～ 血～
帛 bó(统读)
勃 bó(统读)
铍 bó(统读)
伯(一)bó ～～(bo) 老～
　　(二)bāi 大～子(丈夫的哥哥)
箔 bó(统读)
簸(一)bǒ 颠～
　　(二)bò ～箕
膊 bo 胳～
卜 bo 萝～

醭 bú（统读）
哺 bǔ（统读）
捕 bǔ（统读）
鹁 bǔ（统读）
埠 bù（统读）

C

残 cán（统读）
惭 cán（统读）
灿 càn（统读）
藏（一）cáng 矿～ 库～（丰富）
　　（二）zàng 宝～ 大～经
糙 cāo（统读）
嘈 cáo（统读）
螬 cáo（统读）
厕 cè（统读）
岑 cén（统读）
差（一）chā（文）
　　不～ 累黍 偏～ 色～ ～别 视～
　　误～ 电势～ 一念之～ ～池
　　～错 言～语错 一～二错 阴错
　　阳～ ～等 ～额 ～价 ～强人意
　　～数 ～异
　　（二）chà（语）不～ 什么 ～不多 ～
　　不离 ～点儿
　　（三）cī 参～
猹 chá（统读）
搽 chá（统读）
阐 chǎn（统读）
羼 chàn（统读）
颤（一）chàn（统读）
　　（战栗、打战不写作颤）
韂 chàn（统读）
伥 chāng（统读）
场（一）chǎng ～合 ～所 冷～ 捧～ 外
　　～ 圩～ 一～大雨
　　（二）cháng～院（三）chang 排～

钞 chāo（统读）
巢 cháo（统读）
嘲 cháo～讽 ～骂 ～笑
耖 chào（统读）
车（一）chē 安步当～ 杯水～薪 闭门
　　造～ 螳臂当～
　　（二）jū（象棋棋子名称）
晨 chén（统读）
称 chèn～心 ～意 ～职 对～ 相～
撑 chēng（统读）
乘（一）chéng（动作义）包～制 ～便
　　～风破浪 ～客 ～势 ～兴（佛
　　教术语）大～ 小～ 上～
　　（二）shèng（名物义）千～之国
橙 chéng（统读）
惩 chéng（统读）
澄（一）chéng（文）～清（如"～清混
　　乱"、"～清问题"）
　　（二）dèng（语）单用，如"把水～清
　　了"。澄沙
痴 chī（统读）
吃 chī（统读）
弛 chí（统读）
褫 chǐ（统读）
尺 chǐ～寸 ～头
豉 chǐ（统读）
侈 chǐ（统读）
炽 chì（统读）
舂 chōng（统读）
冲 chòng ～床 ～模
臭（一）chòu 遗～万年
　　（二）xiù 乳～ 铜～
储 chǔ（统读）
处 chǔ（动作义）～罚 ～分 ～决 ～理
　　～女 ～置
畜（一）chù（名物义）～力 家～ 牲～

幼～ ～类
(二)xù(动作义)～产 ～牧 ～养
触 chù(统读)
搐 chù(统读)
绌 chù(统读)
黜 chù(统读)
闯 chuǎng(统读)
创(一)chuàng 草～ ～举 首～ ～造 ～作
(二)chuāng ～伤 重～
绰(一)chuò ～～有余
(二)chuo 宽～
疵 cī(统读)
雌 cí(统读)
赐 cì(统读)
伺 cì ～候
枞(一)cōng ～树
(二)zōng ～阳〔地名〕
从 cóng(统读)
丛 cóng(统读)
攒 cuán 万头～动 万箭～心
脆 cuì(统读)
撮(一)cuō ～儿 一～儿盐 一～儿匪帮
(二)zuǒ 一～儿毛
措 cuò(统读)

D

搭 dā(统读)
答(一)dá 报～ ～复
(二)dā ～理 ～应
打 dá 苏～ 一～(十二个)
大(一)dà ～夫(古官名) ～王(如爆破～王、钢铁～王) ～黄
(二)dài ～夫(医生) ～王(如山～王)
呆 dāi(统读)
傣 dǎi(统读)
逮(一)dài(文)如"～捕"。
(二)dǎi(语)单用,如"～蚊子"、"～特务"。
当(一)dāng ～地 ～间儿 ～年(指过去) ～日(指过去) ～天(指过去) ～时(指过去)
(二)dàng 一个～俩 安步～车 适～ 勾～ ～年(同一年) ～日(同一时候) ～天(同一天)
档 dàng(统读)
蹈 dǎo(统读)
导 dǎo(统读)
倒(一)dǎo 颠～ 颠～是非 颠～黑白 颠～三～四 倾箱～箧 排山～海 ～板 ～嚼 ～仓 ～嗓 ～戈 潦～
(二)dào ～粪(翻动粪肥)
悼 dào(统读)
纛 dào(统读)
凳 dèng(统读)
羝 dī(统读)
氐 dī〔古民族名〕
堤 dī(统读)
提 dī ～防
的(一)dī 打～
(二)dí ～当 ～确
抵 dǐ(统读)
蒂 dì(统读)
缔 dì(统读)
谛 dì(统读)
跌 diē(统读)
蝶 dié(统读)
订 dìng(统读)
都(一)dōu ～来了
(二)dū ～市 首～ 大～(大多)
堆 duī(统读)
吨 dūn(统读)
盾 dùn(统读)

多 duō（统读）
咄 duō（统读）
掇（一）duō（"拾取、采取"义）
　　（二）duo 撺～ 掂～
裰 duō（统读）
踱 duó（统读）
度 duó 忖～ ～德量力

E
婀 ē（统读）

F
伐 fá（统读）
阀 fá（统读）
砝 fǎ（统读）
法 fǎ（统读）
发 fà 理～ 脱～ 结～
帆 fān（统读）
藩 fān（统读）
梵 fàn（统读）
坊（一）fāng 牌～ ～巷
　　（二）fáng 粉～ 磨～ 碾～ 染～ 油～
　　　　　谷～
妨 fáng（统读）
防 fáng（统读）
肪 fáng（统读）
沸 fèi（统读）
汾 fén（统读）
讽 fěng（统读）
肤 fū（统读）
敷 fū（统读）
俘 fú（统读）
浮 fú（统读）
服 fú ～毒 ～药
拂 fú（统读）
辐 fú（统读）
幅 fú（统读）
甫 fǔ（统读）

复 fù（统读）
缚 fù（统读）

G
噶 gá（统读）
冈 gāng（统读）
刚 gāng（统读）
岗 gǎng ～楼 ～哨 ～子 门～ 站～
　　　山～子
港 gǎng（统读）
葛 gě〔统读〕
隔 gé（统读）
革 gé ～命 ～新 改～
合 gě（一升的十分之一）
给（一）gěi（语）单用。
　　（二）jǐ（文）补～ 供～ 供～制 ～予
　　　　　配～ 自～自足
亘 gèn（统读）
更 gēng 五～ ～生
供（一）gōng ～给 提～ ～销
　　（二）gòng 口～ 翻～ 上～
佝 gōu（统读）
枸 gǒu ～杞
勾 gòu ～当
估（除"～衣"读 gù 外，都读 gū）
骨（除"～碌"、"～朵"读 gū 外，都读 gǔ）
谷 gǔ ～雨
锢 gù（统读）
冠（一）guān（名物义）～心病
　　（二）guàn（动作义）沐猴而～ ～军
犷 guǎng（统读）
庋 guǐ（统读）
匮 guì（同"柜"）石室金～《金～要略》
桧（一）guì〔树名〕
　　（二）huì〔人名〕"秦～"。
刽 guì（统读）
聒 guō（统读）

蝈 guō(统读)
过(除姓氏读 guō 外,都读 guò)

H

虾 há ～蟆
哈 hā(除姓氏和"哈达"的"哈"读 hǎ 外,都读 hā)
汗 hán 可～
巷 hàng ～道
号 háo 寒～虫
和(一)hè 唱～ 附～ 曲高～寡
　(二)huo 掺～ 搅～ 暖～ 热～ 软～
貉(一)hé(文)一丘之～
　(二)háo(语)～绒 ～子
壑 hè(统读)
褐 hè(统读)
喝 hè～采 ～道 ～令 ～止 呼幺～六
鹤 hè(统读)
黑 hēi(统读)
亨 hēng(统读)
横(一)héng～肉 ～行霸道
　(二)hèng 蛮～ ～财
訇 hōng(统读)
虹 hóng(统读)(口语单说也读 jiàng)
讧 hòng(统读)
囫 hú(统读)
瑚 hú(统读)
蝴 hú(统读)
桦 huà(统读)
徊 huái(统读)
踝 huái(统读)
浣 huàn(统读)
黄 huáng(统读)
荒 huang 饥～(指经济困难)
诲 huì(统读)
贿 huì(统读)
会 huì 一～儿 多～儿 ～厌(生理名词)

混 hùn～合 ～乱 ～凝土 ～淆 ～血儿 ～杂
蠖 huò(统读)
霍 huò(统读)
豁 huò～亮
获 huò(统读)

J

羁 jī(统读)
击 jī(统读)
奇 jī～数
芨 jī(统读)
缉(一)jī 通～ 侦～
　(二)qī～鞋口
几 jī 茶～ 条～ ～乎
圾 jī(统读)
戢 jí(统读)
疾 jí(统读)
汲 jí(统读)
棘 jí(统读)
藉 jí 狼～(籍)
嫉 jí(统读)
脊 jí(统读)
统读 jǐ(纪姓旧读 jǐ)
偈 jì～语
绩 jì(统读)
迹 jì(统读)
寂 jì(统读)
箕 ji 簸～
辑 ji 逻～
茄 jiā 雪～
夹 jiā(除夹层、双层义读 jiá,如"～袄 ～衣",其余义读 jiā)
浃 jiā(统读)
甲 jiǎ(统读)
歼 jiān(统读)
鞯 jiān(统读)

间(一)jiān ～不容发 中～
　(二)jiàn 中～儿 ～道 ～谍 ～断
　　　～或 ～接 ～距 ～隙 ～续
　　　～阻 ～作 挑拨离～
趼 jiǎn（统读）
俭 jiǎn（统读）
缰 jiāng（统读）
膙 jiǎng（统读）
嚼(一)jiáo(语)味同～蜡 咬文～字
　(二)jué(文)咀～ 过屠门而大～
　(三)jiào 倒～(倒嚼)
侥 jiǎo ～幸
角(一)jiǎo 八～(大茴香) ～落 独～戏
　　　～膜 ～度 ～儿(犄～) ～楼 勾
　　　心斗～ ～号 ～口～(嘴～) 鹿～
　　　菜 头～
　(二)jué ～斗 ～儿(脚色) 口～(吵
　　　嘴) 主～儿 配～儿 ～力 捧～儿
脚(一)jiǎo 根～
　(二)jué ～儿(也作"角儿",脚色)
剿(一)jiǎo 围～
　(二)chāo ～说 ～袭
校 jiào ～勘 ～样 ～正
较 jiào（统读）
酵 jiào（统读）
嗟 jiē（统读）
疖 jiē（统读）
结（除"～了个果子"、"开花～果"、
　"～巴"、"～实"念 jiē 之外,其他都
　念 jié）
睫 jié（统读）
芥（统读）jiè
矜 jīn ～持 自～ ～怜
仅 jǐn ～～ 绝无～有
馑 jǐn（统读）
觐 jìn（统读）

浸 jìn（统读）
茎 jīng（统读）
粳 gēng（统读）
鲸 jīng（统读）
颈 jǐng（统读）（"脖梗子"不写作"脖
　颈子"）
境 jìng（统读）
痉 jìng（统读）
劲 jìng 刚～
窘 jiǒng（统读）
究 jiū（统读）
纠 jiū（统读）
鞠 jū（统读）
鞫 jū（统读）
掬 jū（统读）
苴 jū（统读）
咀 jǔ ～嚼
矩(一)jǔ ～形
　(二)ju 规～
俱 jù（统读）
龟 jūn ～裂（也作"皲裂"）
菌(一)jūn 细～ 病～ 杆～ 霉～
　(二)jùn 香～ ～子
俊 jùn（统读）

K

卡(一)kǎ ～宾枪 ～车 ～介苗 ～片
　　　～通
　(二)qiǎ ～子 关～
揩 kāi（统读）
慨 kǎi（统读）
忾 kài（统读）
勘 kān（统读）
看 kān ～管 ～护 ～守
慷 kāng（统读）
拷 kǎo（统读）
坷 kē ～拉（垃）

疴 kē(统读)
壳 ké(除"地壳、金蝉脱壳"中的"壳"
　　读 qiào 外,其余读为 ké)
可(一)kě ~~儿的
　(二)kè ~汗
恪 kè(统读)
刻 kè(统读)
克 kè ~扣
空(一)kōng ~心砖 ~城计
　(二)kòng ~心吃药
眍 kōu(统读)
矻 kū(统读)
酷 kù(统读)
框 kuàng(统读)
矿 kuàng(统读)
傀 kuǐ(统读)
溃(一)kuì ~烂
　(二)huì ~脓
篑 kuì(统读)
括 kuò(统读)

L

垃 lā(统读)
邋 lā(统读)
罱 lǎn(统读)
缆 lǎn(统读)
蓝 lan 苤~
琅 láng(统读)
捞 lāo(统读)
劳 láo(统读)
醪 láo(统读)
烙(一)lào ~印 ~铁 ~饼
　(二)luò 炮~(古酷刑)
勒(一)lè(文) ~逼 ~令 ~派 ~索 悬
　　崖~马
　(二)lēi(语) 多单用。
擂(除"~台"、"打~"读 lèi 外,都读 léi)

礌 léi(统读)
羸 léi(统读)
蕾 lěi(统读)
累(一)lèi(辛劳义、牵连义)劳~ 受~
　　带~ ~及 连~ 牵~
　(二)léi ~赘
　(三)lěi(积累义、多次义)~积 ~教
　　不改 硕果~~ 罪行~~
蠡(一)lí 管窥~测
　(二)lǐ ~县 范~
喱 lí(统读)
连 lián(统读)
敛 liǎn(统读)
恋 liàn(统读)
量(一)liàng ~入为出 忖~
　(二)liang 打~ 掂~
踉 liàng ~跄
潦 liáo ~草 ~倒
劣 liè(统读)
捩 liè(统读)
趔 liè(统读)
拎 līn(统读)
邻 lín(统读)
淋(一)lín ~浴 ~漓 ~巴
　(二)lìn ~硝 ~盐 ~病
蛉 líng(统读)
榴 liú(统读)
馏(一)liú(文) 如"干~"、"蒸~"。
　(二)liù(语) 如"~馒头"。
镏 liú ~金
碌 liù ~碡
笼(一)lóng(名物义) ~子 牢~
　(二)lǒng(动作义) ~络 ~括 ~统
　　~罩
偻(一)lóu 佝~
　(二)lǚ 伛~

瞜 lou 眍～

虏 lǔ(统读)

掳 lǔ(统读)

露(一)lù(文) 赤身～体 ～天 ～骨
　　　　～头角 藏头～尾 抛头～面
　　　　～头(矿)

　　(二)lòu(语) ～富 ～苗 ～光 ～相
　　　　～马脚 ～头

橹 lǔ(统读)

捋(一)lǚ ～胡子

　　(二)luō ～袖子

绿(一)lǜ(语)

　　(二)lù(文)～林 鸭～江

孪 luán(统读)

挛 luán(统读)

掠 lüè(统读)

囵 lún(统读)

络 luò ～腮胡子

落（一）luò(文) ～膘 ～花生 ～魄
　　　　涨～ ～槽 着～

　　(二)lào(语) ～架 ～色 ～炕 ～枕
　　　　～儿 ～子(一种曲艺)

　　(三)là(语) 遗落义。丢三～四
　　　　～在后面

M

脉(除"～～"念 mòmò 外,一律念 mài)

漫 màn(统读)

蔓(一)màn(文)～延 不～不支

　　(二)wàn(语)瓜～ 压～

牤 māng(统读)

氓 máng 流～

芒 máng(统读)

锚 mǎo(统读)

瑁 mào(统读)

虻 méng(统读)

盟 méng(统读)

祢 mí(统读)

眯(一)mí～了眼(灰尘等入目,也作
　　　　"迷")

　　(二)mī～了一会儿(小睡) ～缝着
　　　　眼(微微合目)

靡 mí(统读)

秘(除"～鲁"读 bì 外,都读 mì)

泌(一)mì(语)分～

　　(二)bì(文)～阳〔地名〕

娩 miǎn(统读)

缈 miǎo(统读)

皿 mǐn(统读)

闽 mǐn(统读)

茗 míng(统读)

酩 mǐng(统读)

谬 miù(统读)

摸 mō(统读)

模(一)mó～范 ～式 ～型 ～糊 ～特
　　　　儿 ～棱两可

　　(二)mú～子 ～具 ～样

膜 mó(统读)

摩 mó
　　按～ 抚～

嬷 mó(统读)

墨 mò(统读)

耱 mò(统读)

沫 mò(统读)

缪 móu 绸～

N

难(一)nán 困～(或变轻声)～兄～弟
　　　　(难得的兄弟,现多用作贬义)

　　(二)nàn 排～解纷 发～ 刁～ 责～
　　　　～兄～弟(共患难或同受苦难
　　　　的人)

蝻 nǎn(统读)

蛲 náo(统读)

讷 nè（统读）
馁 něi 统读）
嫩 nèn（统读）
恁 nèn（统读）
妮 nī（统读）
拈 niān（统读）
鲇 nián（统读）
酿 niàng（统读）
尿（一）niào 糖～症
　　（二）suī（只用于口语名词）尿（niào）
　　　　～～脬
嗫 niè（统读）
宁（一）níng 安～
　　（二）nìng～可 无～〔姓〕
扭 niǔ（统读）
脓 nóng（统读）
弄（一）nòng 玩～
　　（二）lòng～堂
暖 nuǎn（统读）
衄 nǜ（统读）
疟（一）nüè（文）～疾
　　（二）yào（语）发～子
娜（一）nuó 婀～ 袅～
　　（二）nà（人名）

O
殴 ōu（统读）
呕 ǒu（统读）

P
杷 pá（统读）
琶 pá（统读）
牌 pái（统读）
排 pǎi～子车
迫 pǎi～击炮
湃 pài（统读）
爿 pán（统读）
胖（一）pán 心广体～（安舒义）

　　（二）pàng 心宽体～（发胖义）
蹒 pán（统读）
畔 pàn（统读）
乓 pāng（统读）
滂 pāng（统读）
脬 pāo（统读）
胚 pēi（统读）
喷（一）pēn～嚏
　　（二）pèn～香
　　（三）pen 嚏～
澎 péng（统读）
坯 pī（统读）
披 pī（统读）
匹 pǐ（统读）
僻 pì（统读）
譬 pì（统读）
片（一）piàn～子 唱～ 画～ 相～ 影～
　　　　～儿会
　　（二）piān（口语一部分词）～子 ～儿
　　　　唱～儿 画～儿 相～儿 影～儿
剽（一）piáo～窃
　　（二）piào～悍
缥 piāo～缈（飘渺）
撇 piē～弃
聘 pìn（统读）
乒 pīng（统读）
颇 pō（统读）
剖 pōu（统读）
仆（一）pū 前～后继
　　（二）pú～从
扑 pū（统读）
朴（一）pǔ 俭～ ～素 ～质
　　（二）pō～刀
　　（三）pò～硝 厚～
璞 pú（统读）
瀑 pù～布

曝（一）pù 一～十寒
　　（二）bào ～光（摄影术语）
Q
栖 qī 两～
戚 qī（统读）
漆 qī（统读）
期 qī（统读）
蹊 qī ～跷
蛴 qí（统读）
畦 qí（统读）
萁 qí（统读）
骑 qí（统读）
企 qǐ（统读）
绮 qǐ（统读）
杞 qǐ（统读）
械 qì（统读）
洽 qià（统读）
签 qiān（统读）
潜 qián（统读）
荨 xún（统读）
嵌 qiàn（统读）
欠 qian 打哈～
戕 qiāng（统读）
镪 qiāng ～水
强（一）qiáng ～渡 ～取豪夺 ～制 博闻
　　　～识 ～迫
　　（二）qiǎng 勉～ 牵～ ～词夺理
　　　～颜为笑
　　（三）jiàng 倔～
襁 qiǎng（统读）
跄 qiàng（统读）
悄（一）qiāo ～～儿的
　　（二）qiǎo ～默声儿的
橇 qiāo（统读）
翘（一）qiào（语）～尾巴
　　（二）qiáo（文）～首 ～楚 连～

怯 qiè（统读）
挈 qiè（统读）
趄 qie 趔～
侵 qīn（统读）
衾 qīn（统读）
噙 qín（统读）
倾 qīng（统读）
亲 qìng ～家
穹 qióng（统读）
黢 qū（统读）
曲（麯）qū 大～ 红～ 神～
渠 qú（统读）
瞿 qú（统读）
蠼 qú（统读）
苣 qǔ ～荬菜
龋 qǔ（统读）
趣 qù（统读）
雀 què ～斑 ～盲症
R
髯 rán（统读）
攘 rǎng（统读）
桡 ráo（统读）
绕 rào（统读）
任 rén〔姓，地名〕
妊 rèn（统读）
扔 rēng（统读）
容 róng（统读）
糅 róu（统读）
茹 rú（统读）
孺 rú（统读）
蠕 rú（统读）
辱 rǔ（统读）
挼 ruó（统读）
S
靸 sǎ（统读）
噻 sāi（统读）

散(一)sǎn 懒～ 零～ 零零～～ ～漫
　　(二)sàn ～开 ～落 ～布 ～失
丧 sāng 哭～着脸
扫(一)sǎo ～兴
　　(二)sào ～帚
埽 sào(统读)
色(一)sè(文)
　　(二)shǎi(语)
塞(一)sè(文)。如：交通堵～；堰～湖。
　　(二)sāi(语)。如："活～"、"瓶～"；
　　　　"把瓶口～上"。
森 sēn(统读)
煞(一)shā ～尾 收～
　　(二)shà ～白
啥 shá(统读)
厦(一)shà 大～
　　(二)xià ～门 噶～
杉 shān(统读)
衫 shān(统读)
姗 shān(统读)
苫(一)shàn(动作义)如"～布""把屋
　　　　顶～上"
　　(二)shān(名物义)如"草～子"
墒 shāng(统读)
猞 shē(统读)
舍 shè 宿～
慑 shè(统读)
摄 shè(统读)
射 shè(统读)
谁 shéi,又音 shuí
娠 shēn(统读)
什(甚)shén ～么
蜃 shèn(统读)
葚 shèn(统读)
胜 shèng(统读)
识 shí 常～ ～货 ～字

似 shì ～的
室 shì(统读)
螫 shì(统读)("蜇人"不写作"螫人")
匙 shi 钥～
殊 shū(统读)
蔬 shū(统读)
疏 shū(统读)
叔 shū(统读)
淑 shū(统读)
菽 shū(统读)
熟(一)shú(文)
　　(二)shóu(语)
署 shǔ(统读)
曙 shǔ(统读)
漱 shù(统读)
戍 shù(统读)
蟀 shuài(统读)
孀 shuāng(统读)
说(一)shuō ～服
　　(二)shuì 游～ ～客
数 shuò ～见不鲜
硕 shuò(统读)
蒴 shuò(统读)
艘 sōu(统读)
嗾 sǒu(统读)
速 sù(统读)
塑 sù(统读)
虽 suī(统读)
绥 suí(统读)
髓 suǐ(统读)
遂(一)suì 不～ 毛～自荐
　　(二)suí 半身不～
隧 suì(统读)
隼 sǔn(统读)
莎 suō ～草
缩(一)suō 收～

（二）sù ～砂密（一种植物）

嗦 suō（统读）

索 suǒ（统读）

T

趿 tā（统读）

鳎 tǎ（统读）

獭 tǎ（统读）

沓（一）tà 重～ 疲～

（二）dá 一～纸

苔（一）tái（文）

（二）tāi（语）

探 tàn（统读）

涛 tāo（统读）

悌 tì（统读）

佻 tiāo（统读）

调 tiáo ～皮

帖（一）tiē 妥～ 伏伏～～ 俯首～耳

（二）tiě 请～ 字～儿

（三）tiè 字～ 碑～

听 tīng（统读）

庭 tíng（统读）

骰 tóu（统读）

凸 tū（统读）

突 tū（统读）

颓 tuí（统读）

蜕 tuì（统读）

臀 tún（统读）

唾 tuò（统读）

W

娲 wā（统读）

挖 wā（统读）

瓦 wà ～刀

喎 wāi（统读）

蜿 wān（统读）

玩 wán（统读）

惋 wǎn（统读）

脘 wǎn（统读）

往 wǎng（统读）

忘 wàng（统读）

微 wēi（统读）

巍 wēi（统读）

薇 wēi（统读）

危 wēi（统读）

韦 wéi（统读）

违 wéi（统读）

唯 wéi（统读）

圩（一）wéi ～子

（二）xū ～（墟）场

纬 wěi（统读）

委 wěi ～靡

伪 wěi（统读）

萎 wěi（统读）

尾（一）wěi（文）；～巴 ～部

（二）yǐ（语）～巴 马～儿

尉 wèi ～官

文 wén（统读）

闻 wén（统读）

紊 wěn（统读）

喔 wō

蜗 wō（统读）

硪 wò（统读）

诬 wū（统读）

梧 wú（统读）

忤 wǔ（统读）

乌 wù ～拉（也作"靰鞡"）～拉草

杌 wù（统读）

鹜 wù（统读）

X

夕 xī（统读）

汐 xī（统读）

晰 xī（统读）

析 xī（统读）

皙 xī（统读）
昔 xī（统读）
溪 xī（统读）
悉 xī（统读）
熄 xī（统读）
蜥 xī（统读）
蟋 xī（统读）
惜 xī（统读）
锡 xī（统读）
樨 xī（统读）
袭 xí（统读）
檄 xí（统读）
峡 xiá（统读）
暇 xiá（统读）
吓 xià 杀鸡～猴
鲜（一）xiān 屡见不～ 数见不～
    （二）xiǎn ～为人知 寡廉～耻
锨 xiān（统读）
纤 xiān ～维
涎 xián（统读）
弦 xián（统读）
陷 xiàn（统读）
霰 xiàn（统读）
向 xiàng（统读）
相 xiàng ～机行事
淆 xiáo（统读）
哮 xiào（统读）
些 xiē（统读）
颉 xié～颃
携 xié（统读）
偕 xié（统读）
挟 xié（统读）
械 xiè（统读）
馨 xīn（统读）
衅 xìn（统读）
行 xíng 操～ 德～ 发～ 品～

省 xǐng 内～ 反～ ～亲 不～人事
芎 xiōng（统读）
朽 xiǔ（统读）
宿 xiù 星～ 二十八～
煦 xù（统读）
蓿 xu 苜～
癣 xuǎn（统读）
削（一）xuē（文）剥～ ～减 瘦～
  （二）xiāo（语）切～ ～铅笔 ～球
穴 xué（统读）
学 xué（统读）
雪 xuě（统读）
血 xuě（统读）（口语单用也读 xiě）
谑 xuè（统读）
寻 xún（统读）
驯 xùn（统读）
逊 xùn（统读）
熏 xūn（统读）
徇 xùn（统读）
殉 xùn（统读）
蕈 xùn（统读）

Y
押 yā（统读）
崖 yá（统读）
哑 yǎ ～然失笑
亚 yà（统读）
殷 yān ～红
芫 yán ～荽
筵 yán（统读）
沿 yán（统读）
焰 yàn（统读）
夭 yāo（统读）
肴 yáo（统读）
杳 yǎo（统读）
舀 yǎo（统读）
钥（一）yào（语）～匙

（二）yuè（文）锁～

曜 yào（统读）

耀 yào（统读）

椰 yē（统读）

噎 yē（统读）

叶 yè ～公好龙

曳 yè 弃甲～兵 摇～ ～光弹

屹 yì（统读）

轶 yì（统读）

谊 yì（统读）

懿 yì（统读）

诣 yì（统读）

艾 yì 自怨自～

荫（一）yīn ～蔽 ～翳 林～道 绿树成～

（二）yìn 庇～ 福～ ～凉

应 yìng（除"应该、应当"义读 yīng 外，其他读 yìng）～届 ～名儿 ～许 ～承 ～付 ～声 ～验 ～用 ～运 里～外合

萦 yíng（统读）

映 yìng（统读）

佣 yōng（除"佣人"读 yòng 外都读 yōng）雇～ ～女 ～金

庸 yōng（统读）

臃 yōng（统读）

壅 yōng（统读）

拥 yōng（统读）

踊 yǒng（统读）

咏 yǒng（统读）

泳 yǒng（统读）

莠 yǒu（统读）

愚 yú（统读）

娱 yú（统读）

愉 yú（统读）

伛 yǔ（统读）

屿 yǔ（统读）

吁 yù 呼～

跃 yuè（统读）

晕（一）yūn（昏迷、发昏义）～倒 头～ 血～ ～车

（二）yùn（光圈义）月～ 红～

酝 yùn（统读）

Z

匝 zā（统读）

杂 zá（统读）

载（一）zǎi 登～ 记～ 下～

（二）zài 搭～ 怨声～道 重～ 装～ ～歌～舞

簪 zān（统读）

咱 zán（统读）

暂 zàn（统读）

凿 záo（统读）

择（一）zé 选～

（二）zhái ～不开 ～菜 ～席

贼 zéi（统读）

憎 zēng（统读）

甑 zèng（统读）

喳 zhā 唧唧～～

轧（除"～钢"、"～辊"念 zhá 外，其他都念 yà）

摘 zhāi（统读）

粘 zhān ～贴

涨 zhǎng ～落 高～

着（一）zháo ～慌 ～急 ～家 ～凉 ～忙 ～迷 ～水 ～雨

（二）zhuó ～落 ～手 ～眼 ～意 ～重 不～边际

（三）zhāo 失～

沼 zhǎo（统读）

召 zhào(统读)
遮 zhē(统读)
蛰 zhé(统读)
辙 zhé(统读)
贞 zhēn(统读)
侦 zhēn(统读)
帧 zhēn(统读)
胗 zhēn(统读)
枕 zhěn(统读)
诊 zhěn(统读)
振 zhèn(统读)
知 zhī(统读)
织 zhī(统读)
脂 zhī(统读)
植 zhí(统读)
殖 zhí(统读)
指 zhǐ(统读)
掷 zhì(统读)
质 zhì(统读)
蛭 zhì(统读)
秩 zhì(统读)
栉 zhì(统读)
炙 zhì(统读)
中 zhōng 人~（人口上唇当中处）
种 zhòng 点~（义同"点播"。动宾结构念 diǎnzhǒng，义为点播种子）
诌 zhōu(统读)
骤 zhòu(统读)
轴 zhóu 大~ 子戏 压~子
碡 zhou 碌~

烛 zhú(统读)
逐 zhú(统读)
属 zhǔ ~望
筑 zhù(统读)
著 zhù 土~
转 zhuǎn 运~
撞 zhuàng(统读)
幢（一）zhuàng 一~楼房
　　（二）chuáng 经~（佛教所设刻有经咒的石柱）
拙 zhuō(统读)
茁 zhuó(统读)
灼 zhuó(统读)
卓 zhuó(统读)
综 zōng ~合
纵 zòng(统读)
粽 zòng(统读)
镞 zú(统读)
组 zǔ(统读)
钻（一）zuān ~孔（从孔穴中通过）~探 ~营 ~研
　　（二）zuàn ~床 ~杆 ~具 ~孔（用钻头打孔）~头
佐 zuǒ(统读)
唑 zuò(统读)
柞（一）zuò ~蚕 ~绸
　　（二）zhà ~水（在陕西）
做 zuò(统读)
作（一）zuō ~揖 ~坊 ~弄 ~践 ~死
　　（二）zuó ~料（三）zuò ~孽 ~祟

二、现代汉语常用多音字

A 部

1. 阿① ā 阿罗汉　阿姨
　② ē 阿附　阿胶

2. 挨① āi 挨个　挨近

② ái 挨打　挨骂
3. 拗 ① ào 拗口
　　　② niù 执拗

B 部

1. 扒 ① bā 扒开　扒拉
　　　② pá 扒手　扒草
2. 把 ① bǎ 把握　把持　把柄
　　　② bà 印把　刀把　话把儿
3. 蚌 ① bàng 蛤蚌
　　　② bèng 蚌埠
4. 薄 ① báo（口语单用）纸薄
　　　② bó（书面组词）单薄　稀薄
5. 堡 ① bǎo 碉堡　堡垒
　　　② bǔ 瓦窑堡　吴堡
　　　③ pù 十里堡
6. 暴 bào 暴露
　　　② pù 一暴十寒
7. 背 ① bèi 脊背　背静
　　　② bēi 背包　背枪
8. 奔 ① bēn 奔跑　奔波
　　　② bèn 投奔
9. 臂 ① bì 手臂　臂膀
　　　② bei 胳臂
10. 辟 ① bì 复辟
　　　② pì 开辟
11. 扁 ① biǎn 扁担
　　　② piān 扁舟
12. 便 ① biàn 方便　便利
　　　② pián 便宜
13. 骠 ① biāo 黄骠马
　　　② piào 骠勇
14. 屏 ① bǐng 屏息　屏气
　　　② píng 屏障　屏风
15. 剥 ① bō（书面组词）剥削（xuē）
　　　② bāo（口语单用）剥皮
16. 泊 ① bó 淡泊　停泊

② pō 湖泊
17. 伯 ① bó 老伯　伯父
　　　② bǎi 大伯子（夫兄）
18. 簸 ① bǒ 颠簸
　　　② bò 簸箕
19. 膊 ① bó 赤膊
　　　② bo 胳膊
20. 卜 ① bo 萝卜
　　　② bǔ 占卜

C 部

1. 藏 ① cáng 埋藏
　　　② zàng 宝藏
2. 差 ① chā（书面组词）偏差　差错
　　　② chà（口语单用）差点儿　差不离
　　　③ chāi 出差　差使
3. 刹 ① chà 刹那　古刹
　　　② shā 刹车
4. 禅 ① chán 禅师
　　　② shàn 禅让　封禅
5. 颤 ① chàn 颤动　颤抖
　　　② zhàn 颤栗　打颤
6. 场 ① chǎng 场合　冷场
　　　② cháng 场院　一场（雨）
7. 嘲 ① cháo 嘲讽　嘲笑
　　　② zhāo 嘲哳（zhāo zhā）
8. 车 ① chē 车马　车辆
　　　② jū（象棋子名称）
9. 称 ① chèn 称心　对称
　　　② chēng 称呼　称道
10. 澄 ① chéng（书面）澄清（问题）
　　　② dèng（口语）澄清（使液体变清）
11. 匙 ① chí 汤匙
　　　② shi 钥匙
12. 冲 ① chōng 冲锋　冲击

②chòng 冲床　冲子
13. 臭　①chòu 遗臭万年
　　②xiù 乳臭　铜臭
14. 处　①chǔ（动作义）处罚　处置
　　②chù（名词义）处所　妙处
15. 畜　①chù（名物义）畜牲　畜力
　　②xù（动作义）畜养　畜牧
16. 创　①chuàng 创作　创造
　　②chuāng 重创　创伤
17. 绰　①chuò 绰绰有余
　　②chuo 宽绰
18. 伺　①cì 伺候
　　②chuo 伺机　环伺
19. 枞　①cōng 枞树
　　②zōng 枞阳（地名）
20. 攒　①cuán 攒动　攒射
　　②zǎn 积攒
21. 撮　①cuō 一撮儿盐
　　②zuǒ 一撮毛

D 部
1. 答　①dá 报答　答复
　　②dā 答理　答应
2. 大　①dà 大夫（官名）
　　②dài 大夫（医生）山大王
3. 逮　①dài（书面组词）逮捕
　　②chán（口语单用）逮蚊子　逮
　　　小偷
4. 单　①dān 单独　孤单
　　②chán 单于
　　③shàn 单县　单姓
5. 当　①dāng 当天　当时　当年（均
　　　指已过去）
　　②dàng 当天　当日　当年（同
　　　一年、月、日、天）
6. 倒　①dǎo 颠倒　倒戈　倒嚼
　　②dào 倒粪　倒药　倒退

7. 提　①dī 提防　提溜
　　②tí 提高　提取
8. 得　①dé 得意扬扬
　　②de 好得很
　　③děi 得喝水了
9. 的　①dí 的当　的确
　　②dì 目的　中的
10. 都　①dōu 都来了
　　②dū 都市
11. 掇　①duō 采掇（拾取、采取义）
　　②duo 撺掇　掂掇
12. 度　①duó 忖度　揣度
　　②dù 程度　度量
13. 囤　①dùn 粮囤
　　②tún 囤积

F 部
1. 发　①fà 理发　结发
　　②fā 发表　打发
2. 坊　①fāng 牌坊　坊巷
　　②fáng 粉坊　染坊
3. 分　①fēn 区分　分数
　　②fèn 身分　分子（一员）
4. 缝　①féng 缝合
　　②fèng 缝隙
5. 服　①fú 服毒　服药
　　②fù 量词，也作"付"

G 部
1. 杆　①gān 旗杆　栏杆（粗、长）
　　②gǎn 枪杆　烟杆（细、短）
2. 葛　①gé 葛巾　瓜葛
　　②gě 姓氏
3. 革　①gé 革命　皮革
　　②jí 病革
4. 合　①gě 十分之一升。
　　②hé 合作　合计
5. 给　①gěi（口语单用）给……

②jǐ(书面组词)补给、配给
6. 更 ①gēng 更换　更事
　　 ②gèng 更加　更好
7. 颈 ①jǐng 颈项　颈联
　　 ②gěng 脖颈子
8. 供 ①gōng 供给　供销
　　 ②gòng 口供　上供
9. 枸 ①gǒu 枸杞
　　 ②gōu 枸橘
　　 ③jǔ 枸橼
10. 勾 ①gōu 勾销　勾画
　　 ②gòu 勾当　姓勾
11. 估 ①gū 估计、估量
　　 ②gù 估衣(唯一例词)
12. 骨 ①gū 骨碌　骨朵(仅此二例)
　　 ②gǔ 骨肉　骨干
13. 谷 ①gǔ 谷子　谷雨
　　 ②yù 吐谷浑(族名)
14. 冠 ①guān(名物义)加冠　弹冠
　　 ②guàn(动作义)冠军　沐猴而冠
15. 桧 ①guì 树名
　　 ②huì 人名
16. 过 ①guō 姓氏
　　 ②guò 经过

H 部

1. 虾 ①há 虾蟆
　　 ②xiā 对虾
2. 哈 ①hǎ 哈达　姓哈
　　 ②hà 哈什玛
　　 ③hā 哈萨克　哈腰
3. 汗 ①hán 可汗　大汗
　　 ②hàn 汗水　汗颜
4. 巷 ①hàng 巷道
　　 ②xiàng 街巷
5. 吭 ①háng 引吭高歌

②kēng 吭声
6. 号 ①háo 呼号　号叫
　　 ②hào 称号　号召
7. 和 ①hé 和睦　和谐
　　 ②hè 应和　和诗
　　 ③hú 麻将牌戏用语,意为赢
　　 ④huó 和面　和泥
　　 ⑤huò 和药　两和(量词)
8. 貉 ①hé(书面)一丘之貉
　　 ②háo(口语)貉绒　貉子
9. 喝 ①hē 喝水
　　 ②hè 喝采　喝令
10. 横 ①héng 横行　纵横
　　 ②hèng 蛮横　横财
11. 虹 ①hóng(书面组词)彩虹　虹吸
　　 ②jiàng(口语单用)
12. 划 ①huá 划船　划算
　　 ②huà 划分　计划
13. 晃 ①huǎng 明晃晃　晃眼
　　 ②huàng 摇晃　晃动
14. 会 ①huì 会合　都会
　　 ②kuài 会计　财会
15. 混 ①hún 混浊　混活
　　 ②hùn 混合　混沌
16. 哄 ①hōng 哄堂大笑
　　 ②hǒng 哄骗
　　 ③hòng 起哄
17. 豁 ①huō 豁口
　　 ②huò 豁亮　豁达

J 部

1. 奇 ①jī 奇偶
　　 ②qí 奇怪　奇异
2. 缉 ①jī 通缉　缉拿
　　 ②qī 缉鞋口
3. 几 ①jī 茶几　几案

②jǐ 几何　几个
4. 济　①jǐ 济宁　济济
　　　②jì 救济　共济
5. 纪　①jǐ 姓氏
　　　②jì 纪念　纪律
6. 偈　①jì 偈语
　　　②jié（勇武）
7. 系　①jì 系紧缰绳　系好缆绳
　　　②xì 系好马匹　系好船只
8. 茄　①jiā 雪茄
　　　②qié 茄子
9. 夹　①jiā 夹攻　夹杂
　　　②jiá 夹裤　夹袄
10. 假　①jiǎ 真假、假借
　　　　②jià 假期　假日
11. 间　①jiān 中间　晚间
　　　　②jiàn 间断　间谍
12. 将　①jiāng 将军　将来
　　　　②jiàng 将校　将兵
13. 嚼　①jiáo（口语）嚼舌
　　　　②jué（书面）咀嚼
14. 侥　①jiǎo 侥幸
　　　　②yáo 僬侥（传说中的矮人）
15. 角　①jiǎo 角落　号角　口角（嘴角）
　　　　②jué 角色　角斗　口角（吵嘴）
16. 脚　①jiǎo 根脚　脚本
　　　　②jué 脚儿（角儿，脚色）
17. 剿　①jiǎo 围剿　剿匪
　　　　②chāo 剿袭　剿说
18. 教　①jiāo 教书　教给
　　　　②jiào 教导　教派
19. 校　①jiào 校场　校勘
　　　　②xiào 学校　院校
20. 解　①jiě 解除　解渴
　　　　②jiè 解元　押解

③xiè 解县　解不开
21. 结　①jiē 结果　结实
　　　　②jié 结网　结合
22. 芥　①jiè 芥菜　芥末
　　　　②gài 芥蓝
23. 藉　①jiè 枕藉　慰藉
　　　　②jí 狼藉
24. 矜　①jīn 矜夸　矜持
　　　　②qín 矜（矛柄）锄镰棘矜
25. 仅　①jǐn 仅有
　　　　②jìn 仅万（将近）
26. 劲　①jìn 干劲　劲头
　　　　②jìng 强劲　劲草
27. 龟　①jūn 龟裂
　　　　②guī 乌龟
　　　　③qiū 龟兹
28. 咀　①jǔ 咀嚼
　　　　②zuǐ 嘴
29. 矩　①jǔ 矩形
　　　　②ju 规矩
30. 菌　①jūn 细菌　霉菌
　　　　②jùn 香菌　菌子（同蕈 xùn）

K 部
1. 卡　①kǎ 卡车　卡片
　　　②qiǎ 关卡　卡子
2. 看　①kān 看守　看管
　　　②kàn 看待　看茶
3. 坷　①kē 坷垃
　　　②kě 坎坷
4. 壳　①ké（口语）贝壳　脑壳
　　　②qiào（书面）地壳　甲壳
5. 可　①kě 可恨　可以
　　　②kè 可汗
6. 克　①kè 克扣　克服
　　　②kēi（口语）申斥
7. 空　①kōng 领空　空洞

② kòng 空白　空闲

8. 溃　① huì 溃决　溃败
　　② kuì 溃＝殒

L 部

1. 蓝　① lán 蓝草　蓝图
　　② la 苤蓝(piě la)

2. 烙　① lào 烙印　烙铁
　　② luò 炮(páo)烙

3. 勒　① lè(书面组词)勒令　勒索
　　② lēi(口语单用)勒紧点儿

4. 擂　① léi 擂鼓
　　② lèi 擂台　打擂

5. 累　① lèi(受劳义)劳累
　　② léi(多余义)累赘
　　③ lěi(牵连义)牵累

6. 蠡　① lí 管窥蠡测
　　② lǐ 蠡县

7. 俩　① liǎ(口语,不带量词)咱俩　俩人
　　② liǎng 伎俩

8. 量　① liáng 丈量　计量
　　② liàng 量入为出
　　③ liang 分量

9. 踉　① liáng 跳踉(跳跃)
　　② liàng 踉跄(走路不稳)

10. 潦　① liǎo 潦草　潦倒
　　② lǎo(书面)积潦(积水)

11. 淋　① lín 淋浴　淋漓
　　② lìn 淋硝　淋盐

12. 馏　① liú 蒸馏
　　② liù(口语单用)馏饭

13. 镏　① liú 镏金(涂金)
　　② liù 金镏(金戒)

14. 碌　① liù 碌碡
　　② lù 庸碌　劳碌

15. 笼　① lóng(名物义)笼子　牢笼
　　② lǒng(动作义)笼络　笼统

16. 偻　① ló 佝偻
　　② lǚ 伛偻

17. 露　① lù(书面)露天　露骨
　　② lòu(口语)露头　露马脚

18. 捋　① lǚ 捋胡子
　　② luō 捋袖子

19. 绿　① lǜ(口语)绿地　绿菌
　　② lù(书面)绿林　鸭绿江

20. 络　① luò 络绎　经络
　　② lào 络子

21. 落　① luò(书面组词)落魄　着落
　　② lào(常用口语)落枕　落色
　　③ là(遗落义)丢三落四　落下

M 部

1. 脉　① mò 脉脉(仅此一例)
　　② mài 脉络　山脉

2. 埋　① mái 埋伏　埋藏
　　② mán 埋怨

3. 蔓　① màn(书面)蔓延　枝蔓
　　② wàn(口语)瓜蔓　压蔓

4. 氓　① máng 流氓
　　② méng 古指百姓

5. 蒙　① mēng 蒙骗
　　② méng 蒙昧
　　③ měng 蒙古

6. 眯　① mí 眯眼(迷眼)
　　② mī 眯眼(合眼)

7. 靡　① mí 靡费　奢靡
　　② mǐ 委靡　披靡

8. 秘　① bì 秘鲁　秘姓
　　② mì 秘密　秘诀

9. 泌　① mì(口语)分泌
　　② bì(书面)泌阳

10. 模　① mó 模范　模型
　　② mú 模具　模样

11. 摩 ① mó 摩擦　摩挲（用手抚摸）
　　　② mā 摩挲(sa)轻按着并移动
12. 缪 ① móu 绸缪
　　　② miù 纰缪
　　　③ miào 缪姓

N 部

1. 难 ① nán 困难　难兄难弟（贬义）
　　　② nàn 责难　难兄难弟（共患难的人）
2. 宁 ① níng 安宁　宁静
　　　② nìng 宁可　宁姓
3. 弄 ① nòng 玩弄
　　　② lòng 弄堂
4. 疟 ① nüè（书面）疟疾
　　　② yào（口语）发疟子
5. 娜 ① nuó 袅娜　婀娜
　　　② nà（用于人名）安娜

P 部

1. 排 ① pái 排除　排行
　　　② pǎi 排车
2. 迫 ① pǎi 迫击炮
　　　② pò 逼迫
3. 胖 ① pán 心广体胖
　　　② pàng 肥胖
4. 刨 ① páo 刨除　刨土
　　　② bào 刨床　刨冰
5. 炮 ① páo 炮制　炮烙
　　　② pào 火炮　高炮
6. 喷 ① pēn 喷射　喷泉
　　　② pèn 喷香
　　　③ pen 嚏喷
7. 片 ① piàn 儿面
　　　② piān 唱片儿
8. 缥 ① piāo 缥缈
　　　② piǎo 缥（青白色的丝织品）
9. 撇 ① piē 撇开　撇弃

　　　② piě 撇球
10. 仆 ① pū 前仆后继
　　　② pú 仆从
11. 朴 ① pǔ 俭朴　朴质
　　　② pō 朴刀
　　　③ pò 厚朴　朴树
　　　④ piáo 朴姓
12. 瀑 ① pù 瀑布
　　　② bào 瀑河（水名）
13. 曝 ① pù 一曝十寒
　　　② bào 曝光

Q 部

1. 栖 ① qī 两栖　栖息
　　　② xī 栖栖
2. 蹊 ① qī 蹊跷
　　　② xī 蹊径
3. 稽 ① qǐ 稽首
　　　② jī 滑稽
4. 荨 ① qián（书面）荨麻
　　　② xún（口语）荨麻疹
5. 欠 ① qiàn 欠缺　欠债
　　　② qian 呵欠
6. 镪 ① qiāng 镪水
　　　② qiǎng 银镪
7. 强 ① qiáng 强渡　强取　强制
　　　② qiǎng 勉强　强迫　强词
　　　③ jiàng 倔强
8. 悄 ① qiāo 悄悄儿的　悄悄话
　　　② qiǎo 悄然　悄寂
9. 翘 ① qiào（口语）翘尾巴
　　　② qiáo 翘首　连翘
10. 切 ① qiē 切磋　切割
　　　② qiè 急切　切实
11. 趄 ① qiè 趄坡儿
　　　② qie 趔趄
　　　③ jū 趑趄

12. 亲 ① qīn 亲近　亲密
　　 ② qìng 亲家
13. 曲 ① qū 神曲　大曲　弯曲
　　 ② qǔ 曲调　曲艺　曲牌
14. 雀 ① què 雀盲　雀斑
　　 ② qiāo 雀子
　　 ③ qiǎo 家雀儿

R 部

1. 任 ① rén 任丘(地名)任(姓)
　　 ② rèn 任务　任命

S 部

1. 撒 ① sā 撒网　撒手
　　 ② sǎ 撒种
2. 散 ① sǎn 懒散　零散(不集中、分散)
　　 ② san 零散(散架、破裂义)
　　 ③ sàn 散布　散失
3. 丧 ① sāng 丧乱　丧钟
　　 ② sàng 丧失　丧权
　　 ③ sang 哭丧着脸
4. 色 ① sè(书面)色彩　色泽
　　 ② shǎi(口语)落色　颜色
5. 塞 ① sè(书面,动作义)堵塞　阻塞
　　 ② sāi(口语,名动义)活塞　塞车
　　 ③ sài 塞翁失马　边塞　塞外
6. 煞 ① shā 煞尾　收煞
　　 ② shà 煞白　恶煞
7. 厦 ① shà 广厦　大厦
　　 ② xià 厦门
8. 杉 ① shān(书面)红杉　水杉
　　 ② shā(口语)杉篙　杉木
9. 苫 ① shàn(动作义)苫屋草
　　 ② shān(名物义)草苫子

10. 折 ① shé 折本
　　 ② zhē 折腾
　　 ③ zhé 折合
11. 舍 ① shě 舍弃　抛舍
　　 ② shè 校舍　退避三舍
12. 什 ① shén 什么
　　 ② shí 什物　什锦
13. 葚 ① shèn(书面)桑葚
　　 ② rèn(口语)桑葚儿
14. 识 ① shí 识别　识字
　　 ② zhì 标识　博闻强识
15. 似 ① shì 似的
　　 ② sì 相似
16. 螫 ① shì(书面)
　　 ② zhē(口语同"蜇")
17. 熟 ① shú(书面)熟练　熟悉
　　 ② shóu(口语)麦熟　熟饭
18. 说 ① shuì 游说　说客
　　 ② shuō 说话　说辞
19. 数 ① shuò 数见不鲜
　　 ② shǔ 数落　数数(shu)
　　 ③ shù 数字　数目
20. 遂 ① suí 不遂
　　 ② suì 遂心　未遂
21. 缩 ① suō 缩小　收缩
　　 ② sù 缩砂密(植物名)

T 部

1. 沓 ① tà 杂沓　复沓　纷至沓来
　　 ② dá 沓子
2. 苔 ① tái(书面)苍苔　苔藓
　　 ② tāi(口语)舌苔
3. 调 ① tiáo 调皮　调配(调和配合)
　　 ② diào 调换　调配(调动分配)
4. 帖 ① tiē 妥帖　帖伏
　　 ② tiě 请帖　字帖儿
　　 ③ tiè 碑帖　字帖

W 部

1. 瓦 ① wǎ 瓦当　瓦蓝　砖瓦
     ② wà 瓦刀　瓦瓦(wǎ)
2. 圩 ① wéi 圩子
     ② xū 圩场
3. 委 ① wēi 委蛇＝逶迤
     ② wěi 委曲(qū)　委屈(qu)
4. 尾 ① wěi 尾巴
     ② yǐ 马尾罗
5. 尉 ① wèi 尉官　尉氏(县名)
     ② yù 尉迟(姓)　尉犁(地名)
6. 乌 ① wū 乌黑
     ② wù 乌拉(la 草名)

X 部

1. 吓 ① xià 吓唬　吓人
     ② hè 威吓　恐吓
2. 鲜 ① xiān 鲜美　鲜明
     ② xiǎn 鲜见　鲜为人知
3. 纤 ① xiān 纤维　纤细
     ② qiàn 纤夫　拉纤
4. 相 ① xiāng 相处　相对
     ② xiàng 相片　相机
5. 行 ① xíng 举行　发行
     ② háng 行市　行伍
6. 省 ① xǐng 反省　省亲
     ② shěng 省份　省略
7. 宿 ① xiù 星宿　二十八宿
     ② xiǔ 半宿(用以计夜)
     ③ sù 宿舍　宿主
8. 削 ① xuē(书面)剥削　瘦削
     ② xiāo(口语)切削　削皮
9. 血 ① xuè(书面组词)贫血　心血
     ② xiě(口语常用)鸡血　流了点血
10. 熏 ① xūn 熏染　熏陶
      ② xùn 被煤气熏着了(中毒)

Y 部

1. 哑 ① yā 哑哑(象声词)的学语
     ② yǎ 哑然　哑场
2. 殷 ① yān 殷红
     ② yīn 殷实　殷切　殷朝
     ③ yǐn 殷殷(象声词,形容雷声)
3. 咽 ① yān 咽喉
     ② yàn 狼吞虎咽
     ③ yè 呜咽
4. 钥 ① yào(口语)钥匙
     ② yuè(书面)锁钥
5. 叶 ① yè 叶落归根
     ② xié 叶韵(和谐义)
6. 艾 ① yì 自怨自艾　惩艾
     ② ài 方兴未艾　艾草
7. 应 ① yīng 应届　应许
     ② yìng 应付　应承
8. 佣 ① yōng 雇佣　佣工
     ② yòng 佣金　佣钱
9. 熨 ① yù 熨贴
     ② yùn 熨烫
10. 与 ① yǔ 给与
      ② yù 参与
11. 吁 ① yù 呼吁　吁求
      ② xū 长吁短叹　气喘吁吁
12. 晕 ① yūn 晕倒　头晕
      ② yùn 月晕　晕车

Z 部

1. 载 ① zǎi 登载　转载　千载难逢
     ② zài 装载　载运　载歌载舞
2. 择 ① zé 选择　抉择
     ② zhái 择菜　择席　择不开
     　(仅此三词)
3. 扎 ① zhá 挣扎
     ② zhā 扎根　扎实
     ③ zā 扎彩(捆束义)一扎啤酒

4. 轧 ① zhá 轧钢　轧辊（挤制义）
　　　② yà 倾轧　轧花　轧场（碾压义）
5. 粘 ① zhān（动词义）粘贴　粘连
　　　② nián（形容词）粘稠　粘土
6. 涨 ① zhǎng 涨落　高涨
　　　② zhàng 泡涨　脑涨
7. 着 ① zháo 着急　着迷　着凉
　　　② zhuó 着落　着重　着手
　　　③ zhāo 失着　着数　高着/招
8. 正 ① zhēng 正月　正旦（农历正月初一）
　　　② zhèng 正常　正旦（戏中称女主角）
9. 殖 ① zhí 繁殖　殖民
　　　② shi 骨殖
10. 中 ① zhōng 中国　人中（穴位）
　　　② zhòng 中奖　中靶
11. 种 ① zhǒng 种类　种族　点种（种子）
　　　② zhòng 耕种　种植　点种（播种）
12. 轴 ① zhóu 画轴　轮轴
　　　② zhòu 大轴戏　压轴戏
13. 属 ① zhǔ 属望　属文　属意
　　　② shǔ 种属　亲属
14. 著 ① zhù 著名　著述
　　　② zhe 同"着"助词
　　　③ zhuó 同"着"动词　穿著　附著
15. 转 ① zhuǎn 转运　转折
　　　② zhuàn 转动　转速
16. 幢 ① zhuàng 一幢楼房
　　　② chuáng 经幢
17. 综 ① zèng 织机零件之一
　　　② zōng 综合　错综
18. 钻 ① zuān 钻探　钻孔
　　　② zuàn 钻床　钻杆
19. 柞 ① zuò 柞蚕　柞绸
　　　② zhà 柞水（在陕西）
20. 作 ① zuō 作坊　铜器作
　　　② zuò 工作　习作

三、汉语拼音正词法基本规则

1 总则

1.1 拼写普通话基本上以词为书写单位。例如：

rén(人)　pǎo(跑)　hǎo(好)　nǐ(你)　sān(三)　gè(个)　hěn(很)　bǎ(把)
hé(和)　de(的)　ā(啊)　pēng(砰)　fúróng(芙蓉)　qiǎokèlì(巧克力)　māma(妈妈)
péngyou(朋友)　yuèdú(阅读)　wǎnhuì(晚会)　zhòngshì(重视)　dìzhèn(地震)
niánqīng(年轻)　qiānmíng(签名)　shìwēi(示威)　niǔzhuǎn(扭转)　chuánzhī(船只)
dànshì(但是)　fēicháng(非常)　dīngdōng(叮咚)　āiyā(哎呀)　diànshìjī(电视机)
túshūguǎn(图书馆)

1.2 表示一个整体概念的双音节和三音节结构，连写。例如：

quánguó(全国)　zǒulái(走来)　dǎnxiǎo(胆小)　huánbǎo(环保)　gōngguān(公关)
chángyòngcí(常用词)　àiniǎozhōu(爱鸟周)　yǎnzhōngdīng(眼中钉)　èzuòjù(恶作剧)
pòtiānhuāng(破天荒)　yīdāoqiē(一刀切)　duìbuqǐ(对不起)　chīdexiāo(吃得消)

1.3 四音节及四音节以上表示一个整体概念的名称，按词或语节（词语内部由语音

停顿而划分成的片段)分写,不能按词或语节划分的,全都连写。例如:

wúfèng gāngguǎn(无缝钢管)　　huánjìng bǎohù guīhuà(环境保护规划)
jīngtǐguǎn gōnglǜ fàngdàqì(晶体管功率放大器)
Zhōnghuá Rénmín Gònghéguó(中华人民共和国)
Zhōngguó Shèhuì Kēxuéyuàn(中国社会科学院)
yánjiūshēngyuàn(研究生院)　　hóngshízìhuì(红十字会)　　yúxīngcǎosù(鱼腥草素)
gāoměngsuānjiǎ(高锰酸钾)　　gǔshēngwùxuéjiā(古生物学家)

1.4　单音节词重叠,连写;双音节词重叠,分写。例如:

rénrén(人人)　niánnián(年年)　kànkan(看看)　shuōshuo(说说)　dàdà(大大)
hónghóng de(红红的)　gègè(个个)　tiáotiáo(条条)　yánjiū yánjiū(研究研究)
shāngliang shāngliang(商量商量)　xuěbái xuěbái(雪白雪白)
tōnghóng tōnghóng(通红通红)

重叠并列即 AABB 式结构,连写。例如:

láilaiwǎngwǎng(来来往往)　　shuōshuōxiàoxiào(说说笑笑)
qīngqīngchǔchǔ(清清楚楚)　　wānwānqūqū(弯弯曲曲)
fāngfāngmiànmiàn(方方面面)　　qiānqiānwànwàn(千千万万)

1.5　单音节前附成分(副、总、非、反、超、老、阿、可、无、半等)或单音节后附成分(子、儿、头、性、者、员、家、手、化、们等)与其他词语,连写。例如:

fùbùzhǎng(副部长)　zǒnggōngchéngshī(总工程师)　fùzǒnggōngchéngshī(副总工程师)
fēijīnshǔ(非金属)　fēiyèwù rényuán(非业务人员)　fǎndàndào dǎodàn(反弹道导弹)
chāoshēngbō(超声波)　lǎohǔ(老虎)　āyí(阿姨)　kěnì fǎnyìng(可逆反应)
wútiáojiàn(无条件)　bàndǎotǐ(半导体)　zhuōzi(桌子)　jīnr(今儿)　quántou(拳头)
kēxuéxìng(科学性)　shǒugōngyèzhě(手工业者)　chéngwùyuán(乘务员)
yìshùjiā(艺术家)　tuōlājīshǒu(拖拉机手)　xiàndàihuà(现代化)　háizimen(孩子们)

1.6　为了便于阅读和理解,某些并列的词、语素之间或某些缩略语当中可用连接号。例如:

bā-jiǔ tiān(八九天)　　shíqī-bā suì(十七八岁)　　rén-jī duìhuà(人机对话)
zhōng-xiǎoxué(中小学)　　lù-hǎi-kōngjūn(陆海空军)
biànzhèng-wéiwù zhǔyì(辨证唯物主义)　　Cháng-Sānjiǎo(长三角〔长江三角洲〕)
Hù-Níng-Háng Dìqū(沪宁杭地区)　　Zhè-Gàn Xiàn(浙赣线)
Jīng-Zàng Gāosù Gōnglù(京藏高速公路)

2　基本规则

2.1　分词连写规则

2.1.1　名词

2.1.1.1　名词与后面的方位词,分写。例如:

shān shàng(山上)　shù xià(树下)　mén wài(门外)　mén wàimian(门外面)

hé li(河里)　hé lǐmian(河里面)　huǒchē shàngmian(火车上面)
xuéxiào pángbiān(学校旁边)　Yǎngdìng Hé shàng(永定河上)
Huáng Hé yǐnán(黄河以南)

2.1.1.2　名词与后面的方位词已经成词的,连写。例如:
tiānshang(天上)　dìxia(地下)　kōngzhōng(空中)　hǎiwài(海外)

2.1.2　动词

2.1.2.1　动词与后面的动态助词"着"、"了"、"过",连写。例如:
kànzhe(看着)　tǎolùn bìng tōngguòle(讨论并通过了)　jìnxíngguo(进行过)

2.1.2.2　句末的"了"兼做语气助词,分写。例如:
Zhè běn shū wǒ kàn le.(这本书我看了。)

2.1.2.3　动词与所带的宾语,分写。例如:
kàn xìn(看信)　chī yú(吃鱼)　kāi wánxiào(开玩笑)　jiāoluí jīngyàn(交流经验)
动宾式合成词中间插入其他成分的,分写。例如:
jūle yī gè gōng(鞠了一个躬)　lǐguo sān cì fà(理过三次发)

2.1.2.4　动词(或形容词)与后面的补语,两者都是单音节的,连写;其余情况,分写。例如:
gǎohuài(搞坏)　dǎsǐ(打死)　shútòu(熟透)　jiànchéng(建成〔楼房〕)
huàwéi(化为〔蒸汽〕)　dàngzuò(当作〔笑话〕)　zǒu jìnlái(走进来)
zhěnglǐ hǎo(整理好)　jiànshè chéng(建设成〔公园〕)　gǎixiě wéi(改写为〔剧本〕)

2.1.3　形容词

2.1.3.1　单音节形容词与用来表示形容词生动形式的前附成分或后附成分,连写。例如:
mēngmēngliàng(蒙蒙亮)　liàngtángtáng(亮堂堂)　hēigulōngdōng(黑咕隆咚)

2.1.3.2　形容词和后面的"些"、"一些"、"点儿"、"一点儿",分写。例如:
dà xiē(大些)　dà yīxiē(大一些)　kuài diǎnr(快点儿)　kuài yīdiǎnr(快一点儿)

2.1.4　代词

2.1.4.1　人称代词、疑问代词与其他词语,分写。例如:
Wǒ ài Zhōngguó.(我爱中国。)　Tāmen huílái le.(他们回来了。)
Shuí shuō de?(谁说的?)　Qù nǎlǐ?(去哪里?)

2.1.4.2　指示代词"这"、"那",疑问代词"哪"和名词或量词,分写。例如:
zhè rén(这人)　nà cì huìyì(那次会议)　zhè zhī chuán(这只船)
nǎ zhāng bàozhǐ(哪张报纸)
指示代词"这"、"那"、"哪"与后面的"点儿"、"般"、"边"、"时"、"会儿",连写。例如:
zhèdiǎnr(这点儿)　zhèbān(这般)　zhèbiān(这边)　nàshí(那时)　nàhuìr(那会儿)

2.1.4.3　"各"、"每"、"某"、"本"、"该"、"我"、"你"等与后面的名词或量词,分写。例如:

gè guó(各国)　　gè rén(各人)　　gè xuékē(各学科)　　měi nián(每年)　　měi cì(每次)
mǒu rén(某人)　　mǒu gōngchǎng(某工厂)　　běn shì(本市)　　běn bùmén(本部门)
gāi kān(该刊)　　gāi gōngsī(该公司)　　wǒ xiào(我校)　　nǐ dānwèi(你单位)

2.1.5　数词和量词

2.1.5.1　汉字数字用汉语拼音拼写,阿拉伯数字则仍保留阿拉伯数字写法。例如:
èr líng líng bā nián(二〇〇八年)　　èr fèn zhī yī(二分之一)
wǔ yòu sì fèn zhī sān(五又四分之三)　　sān diǎn yī sì yī liù(三点一四一六)
líng diǎn liù yī bā(零点六一八)　　635 fēn jī(635 分机)

2.1.5.2　十一到九十九之间的整数,连写。例如:
shíyī(十一)　　shíwǔ(十五)　　sānshísān(三十三)　　jiǔshíjiǔ(九十九)

2.1.5.3　"百"、"千"、"万"、"亿"与前面的个位数,连写;"万"、"亿"与前面的十位以上的数,分写,当前面的数词为"十"时,也可连写。例如:
shí yì líng qīwàn èrqiān sānbǎi wǔshíliù/shíyì líng qīwàn èrqiān sānbǎi wǔshíliù(十亿零七万二千三百五十六)
liùshísān yì qīqiān èrbǎi liùshíbā wàn sìqiān líng jiǔshíwǔ(六十三亿七千二百六十八万四千零九十五)

2.1.5.4　数词与前面表示序数的"第"中间,加连接号。例如:
dì-yī(第一)　　dì-shísān(第十三)　　dì-èrshíbā(第二十八)　　dì-sānbǎi wǔshíliù(第三百五十六)

数词(限于"一"至"十")与前面表示序数的"初",连写。例如:
chūyī(初一)　　chūshí(初十)

2.1.5.5　代表月日的数词,中间加连接号。例如:
wǔ-sì(五四)　　yīèr-jiǔ(一二·九)

2.1.5.6　数词和量词,分写。例如:
liǎng gè rén(两个人)　　yī dà wǎn fàn(一大碗饭)　　liǎng jiān bǎn wūzi(两间半屋子)
kàn liǎng biàn(看两遍)

数词、量词与表示约数的"多"、"来"、"几",分写。例如:
yībǎi duō gè(一百多个)　　shí lái wàn rén(十来万人)　　jǐ jiā rén(几家人)
jǐ tiān gōngfu(几天工夫)

"十几"、"几十"连写。例如:
shíjǐ gè rén(十几个人)　　jǐshí gēn gāngguǎn(几十根钢管)

两个邻近的数字或表位数的单位并列表示约数,中间加连接号。例如:
sān-wǔ tiān(三五天)　　qī-bā gè(七八个)　　yì-wàn nián(亿万年)　　qiān-bǎi cì(千百次)

复合量词内各并列成分连写。例如:
réncì(人次)　　qiānwǎxiǎoshí(千瓦小时)　　dūngōnglǐ(吨公里)
qiānkèmǐměimiǎo(千克·米/秒)

2.1.6　副词

副词与后面的词语,分写。例如:

hěn hǎo(很好)　　dōu lái(都来)　　gèng měi(更美)　　zuì dà(最大)　　bù lái(不来)

bù hěn hǎo(不很好)　　gānggāng zǒu(刚刚走)　　fēicháng kuài(非常快)

shífēn gǎndòng(十分感动)

2.1.7　介词

介词与后面的其他词语,分写。例如:

zài qiánmiàn zǒu(在前面走)　　xiàng dōngbian qù(向东边去)

wèi rénmín fúwù(为人民服务)　　cóng zuótiān qǐ(从昨天起)

bèi xuǎnwéi dàibiǎo(被选为代表)　　shēng yú 1940 nián(生于1940年)

guānyú zhègè wèntí(关于这个问题)　　cháozhe xiàbian kàn(朝着下边看)

2.1.8　连词

连词与其他词语,分写。例如:

gōngrén hé nóngmín(工人和农民)　　tóngyì bìng yōnghù(同意并拥护)

guāngróng ér jiānjù(光荣而艰巨)　　bùdàn kuài érqiě hǎo(不但快而且好)

Nǐ lái háishì bù lái?(你来还是不来?)

Rúguǒ xià dàyǔ, bǐsài jiù tuīchí.(如果下大雨,比赛就推迟。)

2.1.9　助词

2.1.9.1　结构助词"的"、"地"、"得"、"之"、"所"等与其他词语,分写。其中,"的"、"地"、"得"前面的词是单音节的,也可连写。例如:

dàdì de nǚ'ér(大地的女儿)　　Zhè shì wǒ de shū./zhè shì wǒde shū.(这是我的书。)

Wǒmen guòzhe xìngfú de shēnghuó.(我们过着幸福的生活。)

Shāngdiàn li bǎimǎnle chī de, chuān de, yòng de./ Shāngdiàn li bǎimǎnle chīde, chuānde, yòngde.(商店里摆满了吃的、穿的、用的。)

mài qīngcài luóbo de(卖青菜萝卜的)

Tā zài dàjiē shang mànman de zǒu.(他在大街上慢慢地走。)

Tǎnbái de gàosu nǐ ba.(坦白地告诉你吧。)

Tā yī bù yī gè jiǎoyìnr de gōngzuòzhe.(他一步一个脚印儿地工作着。)

dǎsǎo de gānjìng(打扫得干净)　　xiě de bù hǎo/ xiěde bù hǎo(写得不好)

hóng de hěn/ hóngde hěn(红得很)　　lěng de fādǒu/ lěngde fādǒu(冷得发抖)

shàonián zhī jiā(少年之家)　　zuì fādá de guójiā zhī yī(最发达的国家之一)

jù wǒ suǒ zhī(据我所知)　　bèi yīngxióng de shìjì suǒ gǎndòng(被英雄的事迹所感动)

2.1.9.2　语气助词与其他词语,分写。例如:

Nǐ zhīdào ma?(你知道吗?)　　Zěnme hái bù lái a?(怎么还不来啊?)

Kuài qù ba!(快去吧!)　　Tā yīdìng huì lái de.(他一定会来的。)

Huǒchē dào le(火车到了。)

Tā xīnlǐ míngbai, zhǐshì bù shuō bàle.(他心里明白,只是不说罢了。)

2.1.9.3 动态助词

动态助词主要有"着"、"了"、"过"。见2.1.2.1的规定。

2.1.10 叹词

叹词通常独立于句法结构之外,与其他词语分写。例如:

A! Zhēn měi!(啊!真美!)　Ng, nǐ shuō shénme?(嗯,你说什么?)
Hng, zǒuzhe qiáo ba!(哼,走着瞧吧!)　Tīng míngbai le ma? Wèi!(听明白了吗?喂!)
Aiyā, wǒ zěnme bù zhīdào ne!(哎呀,我怎么不知道呢!)

2.1.11 拟声词

拟声词与其他词语,分写。例如:

"hōnglōng" yī shēng("轰隆"一声)　chánchán liúshuǐ(潺潺流水)
mó dāo huòhuò(磨刀霍霍)　jījīzhāzhā jiào ge bù tíng(叽叽喳喳叫个不停)
Dà gōngjī wōwō tí.(大公鸡喔喔啼。)　"Dū—", qìdí xiǎng le.("嘟—"汽笛响了。)
Xiǎoxī huāhuā de liútǎng.(小溪哗哗地流淌。)

2.1.12 成语和其他熟语

2.1.12.1 成语通常作为一个语言单位使用,以四字文言语句为主。结构上可以分为两个双音节的,中间加连接号。例如:

fēngpíng-làngjìng(风平浪静)　àizēng-fēnmíng(爱憎分明)　shuǐdào-qúchéng(水到渠成)
yángyáng-dàguān(洋洋大观)　píngfēn-qiūsè(平分秋色)　guāngmíng-lěiluò(光明磊落)
diānsān-dǎosì(颠三倒四)

结构上不能分为两个双音节的,全部连写。例如:

céngchūbùqióng(层出不穷)　bùyìlèhū(不亦乐乎)　zǒng'éryánzhī(总而言之)
àimònéngzhù(爱莫能助)　yīyīdàishuǐ(一衣带水)

2.1.12.2 非四字成语和其他熟语内部按词分写。例如:

bēi hēiguō(背黑锅)　yī bíkǒng chū qìr(一鼻孔出气儿)
bā gānzi dǎ bù zháo(八竿子打不着)
zhǐ xǔ zhōuguān fàng huǒ, bù xǔ bǎixìng diǎn dēng(只许州官放火,不许百姓点灯)
xiǎocōng bàn dòufu——yīqīng-èrbái(小葱拌豆腐——一青二白)

2.2 人名地名拼写规则

2.2.1 人名拼写

2.2.1.1 汉语人名中的姓和名分写,姓在前,名在后。复姓连写。双姓中间加连接号。姓和名的首字母分别大写,双姓两个字首字母都大写。笔名、别名等,按姓名写法处理。例如:

Lǐ Huá(李华)　Wáng Jiànguó(王建国)　Dōngfāng Shuò(东方朔)
Zhūgě Kǒngmíng(诸葛孔明)　Zhāng-Wáng Shūfāng(张王淑芳)　Lǔ Xùn(鲁迅)
Méi Lánfāng(梅兰芳)　Zhāng Sān(张三)　Wáng Mázi(王麻子)

2.2.1.2 人名与职务、称呼等,分写;职务、称呼等首字母小写。例如:
Wáng bùzhǎng(王部长)　Tián zhǔrèn(田主任)　Wú kuàijì(吴会计)　Lǐ xiānsheng(李先生)
Zhào tóngzhì(赵同志)　Liú lǎoshī(刘老师)　Dīng xiōng(丁兄)　Zhāng mā(张妈)
Zhāng jūn(张君)　Wú lǎo(吴老)　Wáng shì(王氏)　Sūn mǒu(孙某)
Guóqiáng tóngzhì(国强同志)　Huìfāng āyí(惠芳阿姨)

2.2.1.3 "老"、"小"、"大"、"阿"等与后面的姓、名、排行,分写,分写部分的首字母分别大写。例如:
Xiǎo Liú(小刘)　Lǎo Qián(老钱)　Lǎo Zhāng tóur(老张头儿)　Dà Lǐ(大李)
Ā Sān(阿三)

2.2.1.4 已经专名化的称呼,连写,开头大写。例如:
Kǒngzǐ(孔子)　Bāogōng(包公)　Xīshī(西施)　Mèngchángjūn(孟尝君)

2.2.2 地名拼写

2.2.2.1 汉语地名中的专名和通名,分写,每一分写部分的首字母大写。例如:
Běijīng Shì(北京市)　Héběi Shěng(河北省)　Yālù Jiāng(鸭绿江)　Tài Shān(泰山)
Dòngtíng Hú(洞庭湖)　Táiwān Hǎixiá(台湾海峡)

2.2.2.2 专名与通名的附加成分,如是单音节的,与其相关部分连写。例如:
Xīliáo Hé(西辽河)　Jǐngshān Hòujiē(景山后街)
Cháoyángménnèi Nánxiǎojiē(朝阳门内南小街)　Dōngsì shítiáo(东四十条)

2.2.2.3 已专名化的地名不再区分专名和通名,各音节连写。例如:
Hēilóngjiāng(黑龙江〔省〕)　Wángcūn(王村〔镇〕)　Jiǔxiānqiáo(酒仙桥〔医院〕)
不需区分专名和通名的地名,各音节连写。例如:
Zhōukǒudiàn(周口店)　Sāntányìnyuè(三潭印月)

2.2.3 非汉语人名、地名的汉字名称,用汉语拼音拼写。例如:
Wūlán fū(乌兰夫,Ulanhu)　Jièchuān Lóngzhījiè(芥川龙之介,Akutagawa Ryunosuke)
Āpèi Āwàngjìnměi(阿沛·阿旺晋美,Ngapoi Ngawang Jigme)　Mǎkèsī(马克思,Marx)
Wūlǔmùqí(乌鲁木齐,Urumqi)　Lúndūn(伦敦,London)　Dōngjīng(东京,Tokyo)

2.2.4 人名、地名拼写的详细规则,遵循 GB/T28039《中国人名汉语拼音字母拼写规则》《中国地名汉语拼音字母拼写规则(汉语地名部分)》。

2.3 大写规则

2.3.1 句子开头的字母大写。例如:
Chūntiān lái le.(春天来了。)　Wǒ ài wǒ de jiāxiāng.(我爱我的家乡。)
诗歌每行开头的字母大写。例如:
　　《Yǒude Rén》(《有的人》)
　　　Zāng Kèjiā(臧克家)
Yǒude rén huózhe,(有的人活着,)
Tā yǐjīng sǐ le;(他已经死了;)
Yǒude rén sǐ le.(有的人死了。)
Tā hái huózhe。(他还活着。)

2.3.2 专有名词的首字母大写。例如：

Běijīng(北京)　chángchéng(长城)　Qīngmíng(清明)　Jǐngpōzú(景颇族)

Fēilǜbīn(菲律宾)

由几个词组成的专有名词，每个词的首字母大写。例如：

Guójì Shūdiàn(国际书店)　Hépíng Bīnguǎn(和平宾馆)　Guāngmíng Rìbào(光明日报)

Guójiā Yǔyán Wénzì Gōngzuò Wěiyuánhuì(国家语言文字工作委员会)

在某些场合，专有名词的所有字母可全部大写。例如：

XIÀNDÀI HÀNYǓ CÍDIǍN(现代汉语词典)　BĚIJĪNG(北京)　LǏ HUÁ(李华)

DŌNGFĀNG SHUÒ(东方朔)

2.3.3 专有名词成分与普通名词成分连写在一起的，是专有名词或视为专有名词的，首字母大写。例如：

Míngshǐ(明史)　Hànyǔ(汉语)　Yuèyǔ(粤语)　Guǎngdōnghuà(广东话)　Fójiào(佛教)

Tángcháo(唐朝)

专有名词成分与普通名词成分连写在一起的，是一般语词或视为一般语词的，首字母小写。例如：

guǎnggān(广柑)　jīngjù(京剧)　ējiāo(阿胶)　zhōngshānfú(中山服)　chuānxiōng(川芎)

zàngqīngguǒ(藏青果)　zhāoqín-mùchǔ(朝秦暮楚)　qiánlǘzhījì(黔驴之技)

2.4 缩写规则

2.4.1 连写的拼写单位(多音节词或连写的表示一个整体概念的结构)，缩写时取每个汉字拼音的首字母，大写并连写。例如：

Běijīng(缩写：BJ)(北京)　ruǎnwò(缩写：RW)(软卧)

2.4.2 分写的拼写单位(按词或语节分写的表示一个整体概念的结构)，缩写时以词或语节为单位取首字母，大写并连写。例如：

gujiá biáozhǔn(缩写：GB)(国家标准)

hànyǔ shuǐpíng kǎoshì(缩写：HSK)(汉语水平考试)

pǔtōnghuà shuǐpíng cèshì(缩写：PSC)(普通话水平测试)

2.4.3 为了给汉语拼音的缩写形式做出标记，可在每个大写字母后面加小圆点。例如：

Běijīng(北京)也可缩写：B.J.　guójiā biāozhǔn(国家标准)也可缩写：G.B.

2.4.4 汉语人名的缩写，姓全写，首字母大写或每个字母大写；名取每个汉字拼音的首字母，大写，后面加小圆点。例如：

Lǐ Huá(缩写：Lǐ H. 或 LI H.)(李华)

Wáng Jiànguó(缩写：Wáng J. G. 或 WÁNG J.G.)(王建国)

Dōngfāng Shuò(缩写：Dōngfāng S. 或 DŌNGFÁNG S.)(东方朔)

Zhūgě Kǒngmíng(缩写：Zhūgě K.M. 或 ZHŪGĚ K.M.)(诸葛孔明)

2.5 标调规则

2.5.1 声调符号标在一个音节的主要元音(韵腹)上。韵母 iu,ui,声调符号标在后

面的字母上面。在i上标声调符号,应省去i上的小点。例如:
  āyí(阿姨) cèlüè(策略) dàibiǎo(代表) guāguǒ(瓜果) huáishù(槐树)
  kǎolǜ(考虑) liúshuǐ(流水) xīnxiān(新鲜)
  轻声音节不标声调。例如:
  zhuāngjia(庄稼) qīngchu(清楚) kàndeqǐ(看得起)
  2.5.2 "一"、"不"一般标原调,不标变调。例如:
  yī jià(一架) yī tiān(一天) yī tóu(一头) yī wǎn(一碗) bù qù(不去)
  bù duì(不对) bùzhìyú(不至于)
  在语言教学等方面,可根据需要按变调标写。例如:
  yī tiān(一天)可标为 yì tiān,bù duì(不对)可标为 bú duì。
  2.5.3 ABB、AABB 形式的词语,BB 一般标原调,不标变调。例如:
  lǜyóuyóu(绿油油) chéngdiàndiàn(沉甸甸) hēidòngdòng(黑洞洞)
  piāopiāoliàngliàng(漂漂亮亮)
  有些词语的 BB 在语言实际中只读变调,则标变调。例如:
  hóngtōngtōng(红彤彤) xiāngpēnpēn(香喷喷) huángdēngdēng(黄澄澄)
  2.5.4 在某些场合,专有名词的拼写,也可不标声调。例如:
  Li Hua(缩写:Li H. 或 LI H.)(李华) Beijing(北京) RENMIN RIBAO(人民日报)
  WANGFUJING DAJIE(王府井大街)
  2.5.5 除了《汉语拼音方案》规定的符号标调法以外,在技术处理上,也可采用数字、字母等表明声调,如采用阿拉伯数字1、2、3、4、0分别表示汉语四声和轻声。
  2.6 移行规则
  2.6.1 移行要按音节分开,在没有写完的地方加连接号。音节内部不可拆分。例如:
  guāngmíng(光明)移作"……guāng-
  míng"(光明)
  不能移作"……gu-
  āngmíng"(光明)。
  缩写词(如 GB,HSK,汉语人名的缩写部分)不可移行。
  Wáng J. G.(王建国)移作"……Wáng
  J. G."(王建国)
  不能移作"……Wáng J.-
  G."(王建国)。
  2.6.2 音节前有隔音符号,移行时,去掉隔音符号,加连接号。例如:
  Xī'ān(西安)移作"……Xī-
  ān"(西安)
  不能移作"……Xī'-

ān"（西安）。

2.6.3 在有连接号处移行时,末尾保留连接号,下行开头补加连接号。例如:
chēshuǐ-mǎlóng（车水马龙）移作"……chēshuǐ-
-mǎlóng"（车水马龙）

2.7 标点符号使用规则

汉语拼音拼写时,句号使用小圆点".",连接号用半字线"-",省略号也可使用3个小圆点"…",顿号也可用逗号","代替,其他标点符号遵循GB/T 15834的规定。

3 变通规则

3.1 根据识字需要（如小学低年级和幼儿汉语识字读物）,可按字注音。

3.2 辞书注音需要显示成语及其他词语内部结构时,可按词或语素分写。例如:
chīrén shuō mèng（痴人说梦） wèi yǔ chóumóu（未雨绸缪） shǒu kǒu rú píng（守口如瓶）
Hēng-Hā èr jiàng（哼哈二将） Xī Liáo Hé（西辽河） Nán-Běi Cháo（南北朝）

3.3 辞书注音为了提示轻声音节,音节前可标中圆点。例如:
zhuāng·jia（庄稼） qīng·chu（清楚） kàn·deqǐ（看得起）

如是轻重两读,音节上仍标声调。例如:
hóu·lóng（喉咙） zhī·dào（知道） tǔ·xīngqì（土腥气）

3.4 在中文信息处理方面,表示一个整体概念的多音节结构,可全部连写。例如:
guómínshēngchǎnzǒngzhí（国民生产总值）
jìsuànjītǐcéngchéngxiàngyí（计算机体层成像仪）
shìjièfēiwùzhìwénhuàyíchǎn（世界非物质文化遗产）

第三节 标点符号规范标准

GB/T 15834—2011

1. 范围

本标准规定了现代汉语标点符号的用法。

本标准适用于汉语的书面语（包括汉语和外语混合排版时的汉语部分）。

2. 术语和定义

下列术语和定义适用于本文件。

2.1 标点符号 punctuation

辅助文字记录语言的符号,是书面语的有机组成部分,用来表示语句的停顿、语气以及标示某些成分（主要是词语）的特定性质和作用。

注:数学符号、货币符号、校勘符号、辞书符号、注音符号等特殊领域的专门符号不属于标点符号。

2.2 句子 sentence

前后都有较大停顿、带有一定的语气和语调、表达相对完整意义的语言单位。

2.3 复句 complex sentence

由两个或多个在意义上有密切关系的分句组成的语言单位,包括简单复句(内部只有一层语义关系)和多重复句(内部包含多层语义关系)。

2.4 分句 clause

复句内两个或多个前后有停顿、表达相对完整意义、不带有句末语气和语调、有的前面可添加关联词语的语言单位。

2.5 语段 expression

指语言片段,是对各种语言单位(如词、短语、句子、复句等)不做特别区分时的统称。

3. 标点符号的种类

3.1 点号

点号的作用是点断,主要表示停顿和语气。分为句末点号和句内点号。

3.1.1 句末点号

用于句末的点号,表示句末停顿和句子的语气。包括句号、问号、叹号。

3.1.2 句内点号

用于句内的点号,表示句内各种不同性质的停顿。包括逗号、顿号、分号、冒号。

3.2 标号

标号的作用是标明,主要标示某些成分(主要是词语)的特定性质和作用。包括引号、括号、破折号、省略号、着重号、连接号、间隔号、书名号、专名号、分隔号。

4. 标点符号的定义、形式和用法

4.1 句号

4.1.1 定义

句末点号的一种,主要表示句子的陈述语气。

4.1.2 形式

句号的形式是"。"。

4.1.3 基本用法

4.1.3.1 用于句子末尾,表示陈述语气。使用句号主要是根据语段前后有较大停顿、带有陈述语气和语调,并不取决于句子的长短。

示例1:北京是中华人民共和国的首都。

示例2:(甲:咱们走着去吧?)乙:好。

4.1.3.2 有时也可表示较缓和的祈使语气和感叹语气。

示例1:请您稍等一下。

示例2:我不由地感到,这些普通劳动者也同样是很值得尊敬的。

4.2 问号

4.2.1 定义

句末点号的一种,主要表示句子的疑问语气。

4.2.2 形式

问号的形式是"?"。

4.2.3 基本用法

4.2.3.1 用于句子末尾,表示疑问语气(包括反问、设问等疑问类型)。使用问号主要根据语段前后有较大停顿、带有疑问语气和语调,并不取决于句子的长短。

示例1:你怎么还不回家去呢?

示例2:难道这些普通的战士不值得歌颂吗?

示例3:(一个外国人,不远万里来到中国,帮助中国的抗日战争。)这是什么精神?这是国际主义的精神。

4.2.3.2 选择问句中,通常只在最后一个选项的末尾用问号,各个选项之间一般用逗号隔开。当选项较短且选项之间几乎没有停顿时,选项之间可不用逗号。当选项较多或较长,或有意突出每个选项的独立性时,也可每个选项之后都用问号。

示例1:诗中记述的这场战争究竟是真实的历史描述,还是诗人的虚构?

示例2:这是巧合还是有意安排?

示例3:要一个什么样的结尾:现实主义的?传统的?大团圆的?荒诞的?民族形式的?有象征意义的?

示例4:(他看着我的作品称赞了我。)但到底是称赞我什么:是有几处画得好?还是什么都敢画?抑或只是一种对于失败者的无可奈何的安慰?我不得而知。

示例5:这一切都是由客观的条件造成的?还是由行为的惯性造成的?

4.2.3.3 在多个问句连用或表达疑问语气加重时,可叠用问号。通常应先单用,再叠用,最多叠用三个问号。在没有异常强烈的情感表达需要时不宜叠用问号。

示例:这就是你的做法吗?你这个总经理是怎么当的??你怎么竟敢这样欺骗消费者???

4.2.3.4 问号也有标号的用法,即用于句内,表示存疑或不详。

示例1:马致远(1250?—1321),大都人,元代戏曲家、散曲家。

示例2:钟嵘(?—518),颍川长社人,南朝梁代文学批评家。

示例3:出现这样的文字错误,说明作者(编者?校者?)很不认真。

4.3 叹号

4.3.1 定义

句末点号的一种,主要表示句子的感叹语气。

4.3.2 形式

叹号的形式是"!"。

4.3.3 基本用法

4.3.3.1 用于句子末尾,主要表示感叹语气,有时也可表示强烈的祈使语气、反问语气等。使用叹号主要根据语段前后有较大停顿、带有感叹语气和语调或带有强烈的祈使、反问语气和语调,并不取决于句子的长短。

示例1:才一年不见,这孩子都长这么高啦!

示例2：你给我住嘴！

示例3：谁知道他今天是怎么搞的！

4.3.3.2 用于拟声词后，表示声音短促或突然。

示例1：咔嚓！一道闪电划破了夜空。

示例2：咚！咚咚！突然传来一阵急促的敲门声。

4.3.3.3 表示声音巨大或声音不断加大时，可叠用叹号；表达强烈语气时，也可叠用叹号，最多叠用三个叹号。在没有异常强烈的情感表达需要时不宜叠用叹号。

示例1：轰！！在这天崩地塌的声音中，女娲猛然醒来。

示例2：我要揭露！我要控诉！！我要以死抗争！！！

4.3.3.4 当句子包含疑问、感叹两种语气且都比较强烈时（如带有强烈感情的反问句和带有惊愕语气的疑问句），可在问号后再加叹号（问号、叹号各一）。

示例1：这么点困难就能把我们吓倒吗?！

示例2：他连这些最起码的常识都不懂，还敢说自己是高科技人材?！

4.4 逗号

4.4.1 定义

句内点号的一种，表示句子或语段内部的一般性停顿。

4.4.2 形式

逗号的形式是"，"。

4.4.3 基本用法

4.4.3.1 复句内各分句之间的停顿，除了有时用分号（见 4.6.3.1），一般都用逗号。

示例1：不是人们的意识决定人们的存在，而是人们的社会存在决定人们的意识。

示例2：学历史使人更明智，学文学使人更聪慧，学数学使人更精细，学考古使人更深沉。

示例3：要是不相信我们的理论能反映现实，要是不相信我们的世界有内在和谐，那就不可能有科学。

4.4.3.2 用于下列各种语法位置：

a) 较长的主语之后。

示例1：苏州园林建筑各种门窗的精美设计和雕镂功夫，都令人叹为观止。

b) 句首的状语之后。

示例2：在苍茫的大海上，狂风卷集着乌云。

c) 较长的宾语之前。

示例3：有的考古工作者认为，南方古猿生存于上新世至更新世的初期和中期。

d) 带句内语气词的主语（或其他成分）之后，或带句内语气词的并列成分之间。

示例4：他呢，倒是很乐意地、全神贯注地干起来了。

示例5：（那是个没有月亮的夜晚。）可是整个村子——白房顶啦，白树木啦，雪堆啦，全看得见。

e) 较长的主语中间、谓语中间或宾语中间。

示例6：母亲沉痛的诉说,以及亲眼见到的事实,都启发了我幼年时期追求真理的思想。

示例7：那姑娘头戴一顶草帽,身穿一条绿色的裙子,腰间还系着一根橙色的腰带。

示例8：必须懂得,对于文化传统,既不能不分青红皂白统统抛弃,也不能不管精华糟粕全盘继承。

f) 前置的谓语之后或后置的状语、定语之前。

示例9：真美啊,这条蜿蜒的林间小路。

示例10：她吃力地站了起来,慢慢地。

示例11：我只是一个人,孤孤单单的。

4.4.3.3 用于下列各种停顿处：

a) 复指成分或插说成分前后。

示例1：老张,就是原来的办公室主任,上星期已经调走了。

示例2：车,不用说,当然是头等。

b) 语气缓和的感叹语、称谓语或呼唤语之后。

示例3：哎哟,这儿,快给我揉揉。

示例4：大娘,您到哪儿去啊？

示例5：喂,你是哪个单位的？

c) 某些序次语（"第"字头、"其"字头及"首先"类序次语）之后。

示例6：为什么许多人都有长不大的感觉呢？原因有三：第一,父母总认为自己比孩子成熟；第二,父母总要以自己的标准来衡量孩子；第三,父母出于爱心而总不想让孩子在成长的过程中走弯路。

示例7：《玄秘塔碑》所以成为书法的范本,不外乎以下几方面的因素：其一,具有楷书点画、构体的典范性；其二,承上启下,成为唐楷的极致；其三,字如其人,爱人及字,柳公权高尚的书品、人品为后人所仰慕。

示例8：下面从三个方面讲讲语言的污染问题：首先,是特殊语言环境中的语言污染问题；其次,是滥用缩略语引起的语言污染问题；再次,是空话和废话引起的语言污染问题。

4.5 顿号

4.5.1 定义

句内点号的一种,表示语段中并列词语之间或某些序次语之后的停顿。

4.5.2 形式

顿号的形式是"、"。

4.5.3 基本用法

4.5.3.1 用于并列词语之间。

示例1：这里有自由、民主、平等、开放的风气和氛围。

示例2：造型科学、技艺精湛、气韵生动,是盛唐石雕的特色。

4.5.3.2 用于需要停顿的重复词语之间。

示例：他几次三番、几次三番地辩解着。

4.5.3.3 用于某些序次语(不带括号的汉字数字或"天干地支"类序次语)之后。

示例1：我准备讲两个问题：一、逻辑学是什么？二、怎样学好逻辑学？

示例2：风格的具体内容主要有以下四点：甲、题材；乙、用字；丙、表达；丁、色彩。

4.5.3.4 相邻或相近两数字连用表示概数通常不用顿号。若相邻两数字连用为缩略形式，宜用顿号。

示例1：飞机在6 000米高空水平飞行时，只能看到两侧八九公里和前方一二十公里范围内的地面。

示例2：这种凶猛的动物常常三五成群地外出觅食和活动。

示例3：农业是国民经济的基础，也是二、三产业的基础。

4.5.3.5 标有引号的并列成分之间、标有书名号的并列成分之间通常不用顿号。若有其他成分插在并列的引号之间或并列的书名号之间(如引语或书名号之后还有括注)，宜用顿号。

示例1："日""月"构成"明"字。

示例2：店里挂着"顾客就是上帝""质量就是生命"等横幅。

示例3：《红楼梦》《三国演义》《西游记》《水浒传》，是我国长篇小说的四大名著。

示例4：李白的"白发三千丈"(《秋浦歌》)、"朝如青丝暮成雪"(《将进酒》)都是脍炙人口的诗句。

示例5：办公室里订有《人民日报》(海外版)、《光明日报》和《时代周刊》等报刊。

4.6 分号

4.6.1 定义

句内点号的一种，表示复句内部并列关系分句之间的停顿，以及非并列关系的多重复句中第一层分句之间的停顿。

4.6.2 形式

分号的形式是"；"。

4.6.3 基本用法

4.6.3.1 表示复句内部并列关系的分句(尤其当分句内部还有逗号时)之间的停顿。

示例1：语言文字的学习，就理解方面说，是得到一种知识；就运用方面说，是养成一种习惯。

示例2：内容有分量，尽管文章短小，也是有分量的；内容没有分量，即使写得再长也没有用。

4.6.3.2 表示非并列关系的多重复句中第一层分句(主要是选择、转折等关系)之间的停顿。

示例1：人还没看见，已经先听见歌声了；或者人已经转过山头望不见了，歌声还余音袅袅。

示例2：尽管人民革命的力量在开始时总是弱小的，所以总是受压的；但是由于革命的力量代表历史发展的方向，因此本质上又是不可战胜的。

示例3：不管一个人如何伟大，也总是生活在一定的环境和条件下；因此，个人的见解总难免带有某种局限性。

示例4：昨天夜里下了一场雨，以为可以凉快些；谁知没有凉快下来，反而更热了。

4.6.3.3 用于分项列举的各项之间。

示例：特聘教授的岗位职责为：一、讲授本学科的主干基础课程；二、主持本学科的重大科研项目；三、领导本学科的学术队伍建设；四、带领本学科赶超或保持世界先进水平。

4.7 冒号

4.7.1 定义

句内点号的一种，表示语段中提示下文或总结上文的停顿。

4.7.2 形式

冒号的形式是"："。

4.7.3 基本用法

4.7.3.1 用于总说性或提示性词语（如"说""例如""证明"等）之后，表示提示下文。

示例1：北京紫禁城有四座城门：午门、神武门、东华门和西华门。

示例2：她高兴地说："咱们去好好庆祝一下吧！"

示例3：小王笑着点了点头："我就是这么想的。"

示例4：这一事实证明：人能创造环境，环境同样也能创造人。

4.7.3.2 表示总结上文

示例：张华上了大学，李萍进了技校，我当了工人：我们都有美好的前途。

4.7.3.3 用在需要说明的词语之后，表示注释和说明。

示例1：（本市将举办首届大型书市。）主办单位：市文化局；承办单位：市图书进出口公司；时间：8月15日—20日；地点：市体育馆观众休息厅。

示例2：（做阅读理解题有两个办法。）办法之一：先读题干，再读原文，带着问题有针对性地读课文。办法之二：直接读原文，读完再做题，减少先入为主的干扰。

4.7.3.4 用于书信、讲话稿中称谓语或称呼语之后。

示例1：广平先生：……

示例2：同志们、朋友们：……

4.7.3.5 一个句子内部一般不应套用冒号。在列举式或条文式表述中，如不得不套用冒号时，宜另起段落来显示各个层次。

示例：第十条 遗产按照下列顺序继承：

第一顺序：配偶、子女、父母。

第二顺序：兄弟姐妹、祖父母、外祖父母。

4.8 引号

4.8.1 定义

标号的一种,标示语段中直接引用的内容或需要特别指出的成分。

4.8.2 形式

引号的形式有双引号""""和单引号"''"两种。左侧的为前引号,右侧的为后引号。

4.8.3 基本用法

4.8.3.1 标示语段中直接引用的内容。

示例:李白诗中就有"白发三千丈"这样极尽夸张的语句。

4.8.3.2 标示需要着重论述或强调的内容。

示例:这里所谓的"文",并不是指文字,而是指文采。

4.8.3.3 标示语段中具有特殊含义而需要特别指出的成分,如别称、简称、反语等。

示例1:电视被称作"第九艺术"。

示例2:人类学上常把古人化石统称为尼安德特人,简称"尼人"。

示例3:有几个"慈祥"的老板把捡来的菜叶用盐浸浸就算作工友的菜肴。

4.8.3.4 当引号中还需要使用引号时,外面一层用双引号,里面一层用单引号。

示例:他问:"老师,'七月流火'是什么意思?"

4.8.3.5 独立成段的引文如果只有一段,段首和段尾都用引号;不止一段时,每段开头仅用前引号,只在最后一段末尾用后引号。

示例:我曾在报纸上看到有人这样谈幸福:

"幸福是知道自己喜欢什么和不喜欢什么。……

"幸福是知道自己擅长什么和不擅长什么。……

"幸福是在正确的时间做了正确的选择。……"

4.8.3.6 在书写带月、日的事件、节日或其他特定意义的短语(含简称)时,通常只标引其中的月和日;需要突出和强调该事件或节日本身时,也可连同事件或节日一起标引。

示例1:"5·12"汶川大地震

示例2:"五四"以来的话剧,是我国戏剧中的新形式。

示例3:纪念"五四运动"90周年

4.9 括号

4.9.1 定义

标号的一种,标示语段中的注释内容、补充说明或其他特定意义的语句。

4.9.2 形式

括号的主要形式是圆括号"( )",其他形式还有方括号"[ ]"、六角括号"〔 〕"和方头括号"【 】"等。

4.9.3 基本用法

4.9.3.1 标示下列各种情况,均用圆括号:

a) 标示注释内容或补充说明。

示例1:我校拥有特级教师(含已退休的)17人。

示例2：我们不但善于破坏一个旧世界，我们还将善于建设一个新世界！（热烈鼓掌）

b) 标示订正或补加的文字。

示例3：信纸上用稚嫩的字体写着："阿夷（姨），你好！"。

示例4：该建筑公司负责的建设工程全部达到优良工程（的标准）。

c) 标示序次语。

示例5：语言有三个要素：(1)声音；(2)结构；(3)意义。

示例6：思想有三个条件：（一）事理；（二）心理；（三）伦理。

d) 标示引语的出处。

示例7：他说得好："未画之前，不立一格；既画之后，不留一格。"（《板桥集·题画》）

e) 标示汉语拼音注音。

示例8："的（de）"这个字在现代汉语中最常用。

4.9.3.2 标示作者国籍或所属朝代时，可用方括号或六角括号。

示例1：［英］赫胥黎《进化论与伦理学》

示例2：〔唐〕杜甫著

4.9.3.3 报刊标示电讯、报道的开头，可用方头括号。

示例：【新华社南京消息】

4.9.3.4 标示公文发文字号中的发文年份时，可用六角括号。

示例：国发〔2011〕3号文件

4.9.3.5 标示被注释的词语时，可用六角括号或方头括号。

示例1：〔奇观〕奇伟的景象。

示例2：【爱因斯坦】物理学家。生于德国，1933年因受纳粹政权迫害，移居美国。

4.9.3.6 除科技书刊中的数学、逻辑公式外，所有括号（特别是同一形式的括号）应尽量避免套用。必须套用括号时，宜采用不同的括号形式配合使用。

示例：〔茸（róng）毛〕很细很细的毛。

4.10 破折号

4.10.1 定义

标号的一种，标示语段中某些成分的注释、补充说明或语音、意义的变化。

4.10.2 形式

破折号的形式是"——"。

4.10.3 基本用法

4.10.3.1 标示注释内容或补充说明（也可用括号，见4.9.3.1；二者的区别另见B.1.7）。

示例1：一个矮小而结实的日本中年人——内山老板走了过来。

示例2：我一直坚持读书，想借此唤起弟妹对生活的希望——无论环境多么困难。

4.10.3.2 标示插入语（也可用逗号，见4.4.3.3）。

示例：这简直就是——说得不客气点——无耻的勾当！

4.10.3.3 标示总结上文或提示下文（也可用冒号，见4.7.3.1、4.7.3.2）。

示例1：坚强，纯洁，严于律己，客观公正——这一切都难得地集中在一个人身上。
示例2：画家开始娓娓道来——
　　　　数年前的一个寒冬,……

4.10.3.4 标示话题的转换。
示例："好香的干菜,——听到风声了吗?"赵七爷低声说道。

4.10.3.5 标示声音的延长。
示例："嘎——"传过来一声水禽被惊动的鸣叫。

4.10.3.6 标示话语的中断或间隔。
示例1："班长他牺——"小马话没说完就大哭起来。
示例2："亲爱的妈妈,你不知道我多爱您。——还有你,我的孩子!"

4.10.3.7 标示引出对话。
示例：——你长大后想成为科学家吗？
　　　——当然想了！

4.10.3.8 标示事项列举分承。
示例：根据研究对象的不同,环境物理学分为以下五个分支学科：
　　　——环境声学；
　　　——环境光学；
　　　——环境热学；
　　　——环境电磁学；
　　　——环境空气动力学。

4.10.3.9 用于副标题之前。
示例：飞向太平洋
　　　——我国新型号运载火箭发射目击记

4.10.3.10 用于引文、注文后,标示作者、出处或注释者。
示例1：先天下之忧而忧,后天下之乐而乐。
　　　　　　　　　　　　　　　——范仲淹
示例2：乐浪海中有倭人,分为百余国。
　　　　　　　　　　　　　　　——《汉书》
示例3：很多人写好信后把信笺折成方胜形,我看大可不必。（方胜,指古代妇女戴的方形首饰,用彩绸等制作,由两个斜方部分叠合而成。——编者注）

4.11　省略号

4.11.1　定义

标号的一种,标示语段中某些内容的省略及意义的断续等。

4.11.2　形式

省略号的形式是"……"。

4.11.3　基本用法

4.11.3.1　标示引文的省略。

示例：我们齐声朗诵起来："……俱往矣，数风流人物，还看今朝。"

4.11.3.2　标示列举或重复词语的省略。

示例1：对政治的敏感，对生活的敏感，对性格的敏感，……这都是作家必须要有的素质。

示例2：他气得连声说："好，好……算我没说。"

4.11.3.3　标示语意未尽。

示例1：在人迹罕至的深山密林里，假如突然看见一缕炊烟，……

示例2：你这样干，未免太……！

4.11.3.4　标示说话时断断续续。

示例：她磕磕巴巴地说："可是……太太……我不知道……你一定是认错了。"

4.11.3.5　标示对话中的沉默不语。

示例："还没结婚吧？"

"……"他飞红了脸，更加忸怩起来。

4.11.3.6　标示特定的成分虚缺。

示例：只要……就……

4.11.3.7　在标示诗行、段落的省略时，可连用两个省略号（即相当于十二连点）。

示例1：从隔壁房间传来缓缓而抑扬顿挫的吟咏声——

　　床前明月光，疑是地上霜。

　　……………

示例2：该刊根据工作质量、上稿数量、参与程度等方面的表现，评选出了高校十佳记者站。还根据发稿数量、提供新闻线索情况以及对刊物的关注度等，评选出了十佳通讯员。

　　……………

4.12　着重号

4.12.1　定义

标号的一种，标示语段中某些重要的或需要指明的文字。

4.12.2　形式

着重号的形式是"．"，标注在相应的文字下方。

4.12.3　基本用法

4.12.3.1　标示语段中重要的文字。

示例1：诗人需要表现，而不是证明。

示例2：下面对本文的理解，不正确的一项是：……

4.12.3.2　标示语段中需要指明的文字。

示例：下边加点的字，除了在词中的读法外，还有哪些读法？

　　着急　子弹　强调

4.13 连接号

4.13.1 定义

标号的一种,标示某些相关联成分之间的连接。

4.13.2 形式

连接号的形式有短横线"-"、一字线"—"和浪纹线"～"三种。

4.13.3 基本用法

4.13.3.1 标示下列各种情况,均用短横线:

a) 化合物的名称或表格、插图的编号。

示例1:3-戊酮为无色液体,对眼及皮肤有强烈刺激性。

示例2:参见下页表2-8、表2-9。

b) 连接号码,包括门牌号码、电话号码,以及用阿拉伯数字表示年月日等。

示例3:安宁里东路26号院3-2-11室

示例4:联系电话:010-88842603

示例5:2011-02-15

c) 在复合名词中起连接作用。

示例6:吐鲁番-哈密盆地

d) 某些产品的名称和型号。

示例7:WZ-10直升机具有复杂天气和夜间作战的能力。

e) 汉语拼音、外来语内部的分合。

示例8:shuōshuō-xiàoxiào(说说笑笑)

示例9:盎格鲁-撒克逊人

示例10:让-雅克·卢梭("让-雅克"为双名)

示例11:皮埃尔·孟戴斯-弗朗斯("孟戴斯-弗朗斯"为复姓)

4.13.3.2 标示下列各种情况,一般用一字线,有时也可用浪纹线:

a) 标示相关项目(如时间、地域等)的起止。

示例1:沈括(1031—1095),宋朝人。

示例2:2011年2月3日—10日

示例3:北京—上海特别旅客快车

b) 标示数值范围(由阿拉伯数字或汉字数字构成)的起止。

示例4:25～30g

示例5:第五～八课

4.14 间隔号

4.14.1 定义

标号的一种,标示某些相关联成分之间的分界。

4.14.2 形式

间隔号的形式是"·"。

4.14.3 基本用法

4.14.3.1 标示外国人名或少数民族人名内部的分界。

示例1：克里斯蒂娜·罗塞蒂

示例2：阿依古丽·买买提

4.14.3.2 标示书名与篇（章、卷）名之间的分界。

示例：《淮南子·本经训》

4.14.3.3 标示词牌、曲牌、诗体名等和题名之间的分界。

示例1：《沁园春·雪》

示例2：《天净沙·秋思》

示例3：《七律·冬云》

4.14.3.4 用在构成标题或栏目名称的并列词语之间。

示例：《天·地·人》

4.14.3.5 以月、日为标志的事件或节日，用汉字数字表示时，只在一、十一和十二月后用间隔号；当直接用阿拉伯数字表示时，月、日之间均用间隔号（半角字符）。

示例1："九一八"事变　"五四"运动

示例2："一·二八"事变　"一二·九"运动

示例3："3·15"消费者权益日　"9·11"恐怖袭击事件

4.15 书名号

4.15.1 定义

标号的一种，标示语段中出现的各种作品的名称。

4.15.2 形式

书名号的形式有双书名号"《　》"和单书名号"〈　〉"两种。

4.15.3 基本用法

4.15.3.1 标示书名、卷名、篇名、刊物名、报纸名、文件名等。

示例1：《红楼梦》（书名）

示例2：《史记·项羽本记》（卷名）

示例3：《论雷峰塔的倒掉》（篇名）

示例4：《每周关注》（刊物名）

示例5：《人民日报》（报纸名）

示例6：《全国农村工作会议纪要》（文件名）

4.15.3.2 标示电影、电视、音乐、诗歌、雕塑等各类用文字、声音、图像等表现的作品的名称。

示例1：《渔光曲》（电影名）

示例2：《追梦录》（电视剧名）

示例3：《勿忘我》（歌曲名）

示例4：《沁园春·雪》（诗词名）

示例5:《东方欲晓》(雕塑名)

示例6:《光与影》(电视节目名)

示例7:《社会广角镜》(栏目名)

示例8:《庄子研究文献数据库》(光盘名)

示例9:《植物生理学系列挂图》(图片名)

4.15.3.3 标示全中文或中文在名称中占主导地位的软件名。

示例:科研人员正在研制《电脑卫士》杀毒软件。

4.15.3.4 标示作品名的简称。

示例:我读了《念青唐古拉山脉纪行》一文(以下简称《念》),收获很大。

4.15.3.5 当书名号中还需要书名号时,里面一层用单书名号,外面一层用双书名号。

示例:《教育部关于提请审议〈高等教育自学考试试行办法〉的报告》

4.16 专名号

4.16.1 定义

标号的一种,标示古籍和某些文史类著作中出现的特定类专有名词。

4.16.2 形式

专名号的形式是一条直线,标注在相应文字的下方。

4.16.3 基本用法

4.16.3.1 标示古籍、古籍引文或某些文史类著作中出现的专有名词,主要包括人名、地名、国名、民族名、朝代名、年号、宗教名、官署名、组织名等。

示例1:孙坚人马被刘表率军围得水泄不通。(人名)

示例2:于是聚集冀、青、幽、并四州兵马七十多万准备决一死战。(地名)

示例3:当时乌孙及西域各国都向汉派遣了使节。(国名、朝代名)

示例4:从咸宁二年到太康十年,匈奴、鲜卑、乌桓等族人徙居塞内。(年号、民族名)

4.16.3.2 现代汉语文本中的上述专有名词,以及古籍和现代文本中的单位名、官职名、事件名、会议名、书名等不应使用专名号。必须使用标号标示时,宜使用其他相应标号(如引号、书名号等)。

4.17 分隔号

4.17.1 定义

标号的一种,标示诗行、节拍及某些相关文字的分隔。

4.17.2 形式

分隔号的形式是"/"。

4.17.3 基本用法

4.17.3.1 诗歌接排时分隔诗行(也可使用逗号和分号,见 4.4.3.1/4.6.3.1)。

示例:春眠不觉晓/处处闻啼鸟/夜来风雨声/花落知多少。

4.17.3.2 标示诗文中的音节节拍。

示例:横眉/冷对/千夫指,俯首/甘为/孺子牛。

4.17.3.3 分隔供选择或可转换的两项,表示"或"。

示例:动词短语中除了作为主体成分的述语动词之外,还包括述语动词所带的宾语和/或补语。

4.17.3.4 分隔组成一对的两项,表示"和"。

示例1:13/14次特别快车

示例2:羽毛球女双决赛中国组合杜婧/于洋两局完胜韩国名将李孝贞/李敬元。

4.17.3.5 分隔层级或类别。

示例:我国的行政区划分为:省(直辖市、自治区)/省辖市(地级市)/县(县级市、区、自治州)/乡(镇)/村(居委会)。

5 标点符号的位置和书写形式

5.1 横排文稿标点符号的位置和书写形式

5.1.1 句号、逗号、顿号、分号、冒号均置于相应文字之后,占一个字位置,居左下,不出现在一行之首。

5.1.2 问号、叹号均置于相应文字之后,占一个字位置,居左,不出现在一行之首。两个问号(或叹号)叠用时,占一个字位置;三个问号(或叹号)叠用时,占两个字位置;问号和叹号连用时,占一个字位置。

5.1.3 引号、括号、书名号中的两部分标在相应项目的两端,各占一个字位置。其中前一半不出现在一行之末,后一半不出现在一行之首。

5.1.4 破折号标在相应项目之间,占两个字位置,上下居中,不能中间断开分处上行之末和下行之首。

5.1.5 省略号占两个字位置,两个省略号连用时占四个字位置并须单独占一行。省略号不能中间断开分处上行之末和下行之首。

5.1.6 连接号中的短横线比汉字"一"略短,占半个字位置;一字线比汉字"一"略长,占一个字位置;浪纹线占一个字位置。连接号上下居中,不出现在一行之首。

5.1.7 间隔号标在需要隔开的项目之间,占半个字位置,上下居中,不出现在一行之首。

5.1.8 着重号和专名号标在相应文字的下边。

5.1.9 分隔号占半个字位置,不出现在一行之首或一行之末。

5.1.10 标点符号排在一行末尾时,若为全角字符则应占半角字符的宽度(即半个字位置),以使视觉效果更美观。

5.1.11 在实际编辑出版工作中,为排版美观、方便阅读等需要,或为避免某一小节最后一个汉字转行或出现在另外一页开头等情况(浪费版面及视觉效果差),可适当压缩标点符号所占用的空间。

5.2 竖排文稿标点符号的位置和书写形式

5.2.1 句号、问号、叹号、逗号、顿号、分号和冒号均置于相应文字之下偏右。

5.2.2 破折号、省略号、连接号、间隔号和分隔号置于相应文字之下居中,上下方向排列。

5.2.3 引号改用双引号"﹃""﹄"和单引号"﹁""﹂",括号改用"︵""︶",标在相应项目的上下。

5.2.4 竖排文稿中使用浪线式书名号"＿",标在相应文字的左侧。

5.2.5 着重号标在相应文字的右侧,专名号标在相应文字的左侧。

5.2.6 横排文稿中关于某些标点不能居行首或行末的要求,同样适用于竖排文稿。

附录 A

(规范性附录)
标点符号用法的补充规则

A.1 句号用法补充规则

图或表的短语式说明文字,中间可用逗号,但末尾不用句号。即使有时说明文字较长,前面的语段已出现句号,最后结尾处仍不用句号。

示例1:行进中的学生方队

示例2:经过治理,本市市容市貌焕然一新。这是某区街道一景

A.2 问号用法补充规则

使用问号应以句子表示疑问语气为依据,而并不根据句子中包含有疑问词。当含有疑问词的语段充当某种句子成分,而句子并不表示疑问语气时,句末不用问号。

示例1:他们的行为举止、审美趣味,甚至读什么书,坐什么车,都在媒体掌握之中。

示例2:谁也不见,什么也不吃,哪儿也不去。

示例3:我也不知道他究竟躲到什么地方去了。

A.3 逗号用法补充规则

用顿号表示较长、较多或较复杂的并列成分之间的停顿时,最后一个成分前可用"以及(及)"进行连接,"以及(及)"之前应用逗号。

示例:压力过大、工作时间过长、作息不规律,以及忽视营养均衡等,均会导致健康状况的下降。

A.4 顿号用法补充规则

A.4.1 表示含有顺序关系的并列各项间的停顿,用顿号,不用逗号。下例解释"对于"一词用法,"人""事物""行为"之间有顺序关系(即人和人、人和事物、人和行为、事物和事物、事物和行为、行为和行为等六种对待关系),各项之间应用顿号。

示例:〔对于〕表示人,事物,行为之间的相互对待关系。(误)

〔对于〕表示人、事物、行为之间的相互对待关系。(正)

A.4.2 用阿拉伯数字表示年月日的简写形式时,用短横线连接号,不用顿号。

示例:2010、03、02(误)

2010-03-02(正)

A.5　分号用法补充规则

分项列举的各项有一项或多项已包含句号时,各项的末尾不能再用分号。

示例:本市先后建立起三大农业生产体系:一是建立甘蔗生产服务体系。成立糖业服务公司,主要给农民提供机耕等服务;二是建立蚕桑生产服务体系。……;三是建立热作服务体系。……。(误)

本市先后建立起三大农业生产体系;一是建立甘蔗生产服务体系。成立糖业服务公司,主要给农民提供机耕等服务。二是建立蚕桑生产服务体系。……。三是建立热作服务体系。……。(正)

A.6　冒号用法补充规则

A.6.1 冒号用在提示性话语之后引起下文。表面上类似但实际不是提示性话语的,其后用逗号。

示例1:郦道元《水经注》记载:"沼西际山枕水,有唐叔虞祠。"(提示性话语)

示例2:据《苏州府志》载,苏州城内大小园林约有150多座,可算名副其实的园林之城。(非提示性话语)

A.6.2 冒号提示范围无论大小(一句话、几句话甚至几段话),都应与提示性话语保持一致(即在该范围的末尾要用句号点断)。应避免冒号涵盖范围过窄或过宽。

示例:艾滋病有三个传播途径:血液传播,性传播和母婴传播,日常接触是不会传播艾滋病的。(误)

艾滋病有三个传播途径:血液传播,性传播和母婴传播。日常接触是不会传播艾滋病的。(正)

A.6.3 冒号应用在有停顿处,无停顿处不应用冒号。

示例1:他头也不抬,冷冷地问:"你叫什么名字?"(有停顿)

示例2:这事你得拿主意,光说"不知道"怎么行?(无停顿)

A.7　引号用法补充规则

"丛刊""文库""系列""书系"等作为系列著作的选题名,宜用引号标引。当"丛刊"等为选题名的一部分时,放在引号之内,反之则放在引号之外。

示例1:"汉译世界学术名著丛书"

示例2:"中国哲学典籍文库"

示例3:"20世纪心理学通览"丛书

A.8　括号用法补充规则

括号可分为句内括号和句外括号。句内括号用于注释句子里的某些词语,即本身就是句子的一部分,应紧跟在被注释的词语之后。句外括号则用于注释句子、句群或段落,即本身结构独立,不属于前面的句子、句群或段落,应位于所注释语段的句末点号之后。

示例:标点符号是辅助文字记录语言的符号,是书面语的有机组成部分,用来表示语句的停顿、语气以及标示某些成分(主要是词语)的特定性质和作用。(数学符号、货币符号、校勘符号等特殊领域的专门符号不属于标点符号。)

A.9 省略号用法补充规则

A.9.1 不能用多于两个省略号(多于12点)连在一起表示省略。省略号须与多点连续的连珠号相区别(后者主要是用于表示目录中标题和页码对应和连接的专门符号)。

A.9.2 省略号和"等""等等""什么的"等词语不能同时使用。在需要读出来的地方用"等""等等""什么的"等词语,不用省略号。

示例:含有铁质的食物有猪肝、大豆、油菜、菠菜……等。(误)

含有铁质的食物有猪肝、大豆、油菜、菠菜等。(正)

A.10 着重号用法补充规则

不应使用文字下加直线或波浪线等形式表示着重。文字下加直线为专名号形式(4.16);文字下加浪纹线是特殊书名号(A.13.6)。着重号的形式统一为相应项下加小圆点。

示例:下面对本文的理解,<u>不正确</u>的一项是(误)

下面对本文的理解,不正确的一项是(正)

A.11 连接号用法补充规则

浪纹线连接号用于标示数值范围时,在不引起歧义的情况下,前一数值附加符号或计量单位可省略。

示例:5公斤~100公斤(正)

5~100公斤(正)

A.12 间隔号用法补充规则

当并列短语构成的标题中已用间隔号隔开时,不应再用"和"类连词。

示例:《水星·火星和金星》(误)

《水星·火星·金星》(正)

A.13 书名号用法补充规则

A.13.1 不能视为作品的课程、课题、奖品奖状、商标、证照、组织机构、会议、活动等名称,不应用书名号。下面均为书名号误用的示例:

示例1:下学期本中心将开设《现代企业财务管理》《市场营销》两门课。

示例2:明天将召开《关于"两保两挂"的多视觉理论思考》课题立项会。

示例3:本市将向70岁以上(含70岁)老年人颁发《老年证》。

示例4:本校共获得《最佳印象》《自我审美》《卡拉OK》等六个奖项。

示例5:《闪光》牌电池经久耐用。

示例6:《文史杂志社》编辑力量比较雄厚。

示例7:本市将召开《全国食用天然色素应用研讨会》。

示例8:本报将于今年暑假举行《墨宝杯》书法大赛。

A.13.2 有的名称应根据指称意义的不同确定是否用书名号。如文艺晚会指一项活动时,不用书名号;而特指一种节目名称时,可用书名号。再如展览作为一种文化传播的组织形式时,不用书名号;特定情况下将某项展览作为一种创作的作品时,可用书名号。

示例1:2008年重阳联欢晚会受到观众的称赞和好评。

示例 2：本台将重播《2008 年重阳联欢晚会》。

示例 3："雪域明珠——中国西藏文化展"今天隆重开幕。

示例 4：《大地飞歌艺术展》是一部大型现代艺术作品。

A.13.3 书名后面表示该作品所属类别的普通名词不标在书名号内。

示例：《我们》杂志

A.13.4 书名有时带有括注。如果括注是书名、篇名等的一部分，应放在书名号之内，反之则应放在书名号之外。

示例 1：《琵琶行(并序)》

示例 2：《中华人民共和国民事诉讼法(试行)》

示例 3：《新政治协商会议筹备会组织条例(草案)》

示例 4：《百科知识》(彩图本)

示例 5：《人民日报》(海外版)

A.13.5 书名、篇名末尾如有叹号或问号，应放在书名号之内。

示例 1：《日记何罪！》

示例 2：《如何做到同工又同酬？》

A.13.6 在古籍或某些文史类著作中，为与专名号配合，书名号也可改用浪线式"﹏﹏"，标注在书名下方。这可以看作是特殊的专名号或特殊的书名号。

A.14 分隔号用法补充规则

分隔号又称正斜线号，须与反斜线号"\"相区别(后者主要是用于编写计算机程序的专门符号)。使用分隔号时，紧贴着分隔号的前后通常不用点号。

附录 B

（资料性附录）
标点符号若干用法的说明

B.1 易混标点符号用法比较

B.1.1 逗号、顿号表示并列词语之间停顿的区别

逗号和顿号都表示停顿，但逗号表示的停顿长，顿号表示的停顿短，并列词语之间的停顿一般用顿号，但当并列词语较长或其后有语气词时，为了表示稍长一点的停顿，也可以用逗号。

示例 1：我喜欢吃的水果有苹果、桃子、香蕉和菠萝。

示例 2：我们需要了解全局和局部的统一，必然和偶然的统一，本质和现象的统一。

示例 3：看游记最难弄清位置和方向，前啊，后啊，左啊，右啊，看了半天，还是不明白。

B.1.2 逗号、顿号在表示列举省略的"等""等等"之类词语前的使用

并列成分之间用顿号，末尾的并列成分之后用"等""等等"之类词语时，"等"类词前不用顿号或其他点号；并列成分之间用逗号，末尾的并列成分之后用"等"类词时，"等"类

词前应用逗号。

示例1：现代生物学、物理学、化学、数学等基础科学的发展，带动了医学科学的进步。

示例2：写文章前要想好：文章的主题是什么，用哪些材料，哪些详写，哪些略写，等等。

B.1.3 逗号、分号表示分句之间停顿的区别

当复句的表达不复杂、层次不多，相连的分句语气比较紧凑，分句内部也没有使用逗号表示停顿时，分句间的停顿多用逗号。当用逗号不易分清多重复句内部的层次（如分句内部已有逗号），而用句号又可能割裂前后关系的地方，应用分号表示停顿。

示例1：她拿起钥匙，开了箱子上的锁，又开了首饰盒上的锁，往老地方放钱。

示例2：纵比，即以一事物的各个发展阶段作比；横比，则以此事物与彼事物相比。

B.1.4 顿号、逗号、分号在标示层次关系时的区别

句内点号中，顿号表示的停顿最短、层次最低，通常只能表示并列词语之间的停顿；分号表示的停顿最长、层次最高，可以用来表示复句的第一层分句之间的停顿；逗号介于两者之间，既可表示并列词语之间的停顿，也可表示复句中分句之间的停顿。若分句内部已用逗号，分句之间就应用分号（见 B.1.3 示例2）。用分号隔开的几个并列分句不能由逗号统领或总结。

示例1：有的学会烤烟，自己做挺讲究的纸烟和雪茄；有的学会蔬菜加工，做的番茄酱能吃到冬天；有的学会蔬菜腌渍、窖藏，使秋菜接上春菜。

示例2：动物吃植物的方式多种多样，有的是把整个植物吃掉，如原生动物；有的是把植物的大部分吃掉，如鼠类；有的是吃掉植物的要害部位，如鸟类吃掉植物的嫩芽。（误）。

动物吃植物的方式多种多样：有的是把整个植物吃掉，如原生动物；有的是把植物的大部分吃掉，如鼠类；有的是吃掉植物的要害部位，如鸟类吃掉植物的嫩芽。（正）。

B.1.5 冒号、逗号用于"说""道"之类词语后的区别

位于引文之前的"说""道"后用冒号。位于引文之后的"说""道"分两种情况：处于句末时，其后用句号；"说""道"后还有其他成分时，其后用逗号。插在话语中间的"说""道"类词语后只能用逗号表示停顿。

示例1：他说："晚上就来家里吃饭吧。"

示例2："我真的很期待。"他说。

示例3："我有件事忘了说……"他说，表情有点为难。

示例4："现在请皇上脱下衣服，"两个骗子说，"好让我们为您换上新衣。"

B.1.6 不同点号表示停顿长短的排序

各种点号都表示说话时的停顿。句号、问号、叹号都表示句子完结，停顿最长。分号用于复句的分句之间，停顿长度介于句末点号和逗号之间，而短于冒号。逗号表示一句话中间的停顿，又短于分号。顿号用于并列词语之间，停顿最短。通常情况下，各种点号表示的停顿由长到短为：句号＝问号＝叹号＞冒号（指涵盖范围为一句话的冒号）＞分号＞逗号＞顿号。

B.1.7　破折号与括号表示注释或补充说明时的区别

破折号用于表示比较重要的解释说明，这种补充是正文的一部分，可与前后文连读；而括号表示比较一般的解释说明，只是注释而非正文，可不与前后文连读。

示例1：在今年——农历虎年，必须取得比去年更大的成绩。

示例2：哈雷在牛顿思想的启发下，终于认出了他所关注的彗星（该星后人称为哈雷彗星）。

B.1.8　书名号、引号在"题为……""以……为题"格式中的使用

"题为……""以……为题"中的"题"，如果是诗文、图书、报告或其他作品可作为篇名、书名看待时，可用书名号；如果是写作、科研、辩论、谈话的主题，非特定作品的标题，应用引号。即"题为……""以……为题"中的"题"应根据其类别分别按书名号和引号的用法处理。

示例1：有篇题为《柳宗元的诗》的文章，全文才2 000字，引文不实却达11处之多。

示例2：今天一个以"地球·人口·资源·环境"为题的大型宣传活动在此间举行。

示例3：《我的老师》写于1956年9月，是作者应《教师报》之约而写的。

示例4："我的老师"这类题目，同学们也许都写过。

B.2　两个标点符号连用的说明

B.2.1　行文中表示引用的引号内外的标点用法

当引文完整且独立使用，或虽不独立使用但带有问号或叹号时，引号内句末点号应保留。除此之外，引号内不用句末点号。当引文处于句子停顿处（包括句子末尾）且引号内未使用点号时，引号外应使用点号；当引文位于非停顿处或者引号内已使用句末点号时，引号外不用点号。

示例1："沉舟侧畔千帆过，病树前头万木春。"他最喜欢这两句诗。

示例2：书价上涨令许多读者难以接受，有些人甚至发出"还买得起书吗？"的疑问。

示例3：他以"条件还不成熟，准各还不充分"为由，否决了我们的提议。

示例4：你这样"明日复明日"地要拖到什么时候？

示例5：司马迁为了完成《史记》的写作，使之"藏之名山"，忍受了人间最大的侮辱。

示例6：在施工中要始终坚持"把质量当生命"。

示例7："言之无文，行而不远"这句话，说明了文采的重要。

示例8：俗话说："墙头一根草，风吹两边倒。"用这句话来形容此辈再恰当不过。

B.2.2　行文中括号内外的标点用法

括号内行文末尾需要时可用问号、叹号和省略号。除此之外，句内括号行文末尾通常不用标点符号。句外括号行文末尾是否用句号由括号内的语段结构决定：若语段较长、内容复杂，应用句号。句内括号外是否用点号取决于括号所处位置：若句内括号处于句子停顿处，应用点号。句外括号外通常不用点号。

示例1：如果不采取(但应如何采取呢?)十分具体的控制措施,事态将进一步扩大。

示例2：3分钟过去了(仅仅才3分钟!),从眼前穿梭而过的出租车竟达32辆!

示例3：她介绍时用了一连串比喻(有的状如树枝,有的貌似星海……),非常形象。

示例4：科技协作合同(包括科研、试制、成果推广等)根据上级主管部门或有关部门的计划签订。

示例5：应把夏朝看作原始公社向奴隶制国家过渡时期。(龙山文化遗址里,也有俯身葬。俯身者很可能就是奴隶。)

示例6：问：你对你不喜欢的上司是什么态度?
　　　答：感情上疏远,组织上服从。(掌声,笑声)

示例7：古汉语(特别是上古汉语),对于我来说,有着常人无法想象的吸引力。

示例8：由于这种推断尚未经过实践的考验,我们只能把它作为假设(或假说)提出来。

示例9：人际交往过程就是使用语词传达意义的过程。(严格说,这里的"语词"应为语词指号。)

B.2.3　破折号前后的标点用法

破折号之前通常不用点号；但根据句子结构和行文需要,有时也可分别使用句内点号或句末点号。破折号之后通常不会紧跟着使用其他点号；但当破折号表示语音的停顿或延长时,根据语气表达的需要,其后可紧接问号或叹号。

示例1：小妹说："我现在工作得挺好,老板对我不错,工资也挺高。——我能抽支烟吗?"(表示话题的转折)

示例2：我不是自然主义者,我主张文学高于现实,能够稍稍居高临下地去看现实,因为文学的任务不仅在于反映现实。光描写现存的事物还不够,还必须记住我们所希望的和可能产生的事物。必须使现象典型化。应该把微小而有代表性的事物写成重大的和典型的事物。——这就是文学的任务。(表示对前几句话的总结)

示例3："是他——?"石一川简直不敢相信自己的耳朵。

示例4："我终于考上大学啦!我终于考上啦——!"金石开兴奋得快要晕过去了。

B.2.4　省略号前后的标点用法

省略号之前通常不用点号。以下两种情况例外：省略号前的句子表示强烈语气、句末使用问号或叹号时；省略号前不用点号就无法标示停顿或表明结构关系时。省略号之后通常也不用点号,但当句末表达强烈的语气或感情时,可在省略号后用问号或叹号；当省略号后还有别的话、省略的文字和后面的话不连续且有停顿时,应在省略号后用点号；当表示特定格式的成分虚缺时,省略号后可用点号。

示例1：想起这些,我就觉得一辈子都对不起你。你对梁家的好,我感激不尽!……

示例2：他进来了,……一身军装,一张朴实的脸,站在我们面前显得很高大,很年轻。

示例3：这,这是——?

示例4：动物界的规矩比人类还多，野骆驼、野猪、黄羊……，直至塔里木兔、跳鼠，都是各行其路，决不混淆。

示例5：大火被渐渐扑灭，但一片片油污又旋即出现在遇难船旁……。清污船迅速赶来，并施放围栏以控制油污。

示例6：如果……，那么……。

B.3 序次语之后的标点用法

B.3.1 "第""其"字头序次语，或"首先""其次""最后"等做序次语时，后用逗号（见4.4.3.3）。

B.3.2 不带括号的汉字数字或"天干地支"做序次语时，后用顿号（见4.5.3.2）。

B.3.3 不带括号的阿拉伯数字、拉丁字母或罗马数字做序次语时，后面用下脚点（该符号属于外文的标点符号）。

示例1：总之，语言的社会功能有三点：1.传递信息，交流思想；2.确定关系，调节关系；3.组织生活，组织生产。

示例2：本课一共讲解三个要点：A.生理停顿；B.逻辑停顿；C.语法停顿。

B.3.4 加括号的序次语后面不用任何点号。

示例1：受教育者应履行以下义务：（一）遵守法律、法规；（二）努力学习，完成规定的学习任务；（三）遵守所在学校或其他教育机构的制度。

示例2：科学家很重视下面几种才能：(1)想象力；(2)直觉的理解力；(3)数学能力。

B.3.5 阿拉伯数字与下脚点结合表示章节关系的序次语末尾不用任何点号。

示例：3 停顿

    3.1 生理停顿

    3.2 逻辑停顿

B.3.6 用于章节、条款的序次语后宜用空格表示停顿。

示例：第一课 春天来了

B.3.7 序次简单、叙述性较强的序次语后不用标点符号。

示例：语言的社会功能共有三点：一是传递信息；二是确定关系；三是组织生活。

B.3.8 同类数字形式的序次语，带括号的通常位于不带括号的下一层。通常第一层是带有顿号的汉字数字；第二层是带括号的汉字数字；第三层是带下脚点的阿拉伯数字；第四层是带括号的阿拉伯数字；再往下可以是带圈的阿拉伯数字或小写拉丁字母。一般可根据文章特点选择从某一层序次语开始行文，选定之后应顺着序次语的层次向下行文，但使用层次较低的序次语之后不宜反过来再使用层次更高的序次语。

示例：一、……

    （一）……

        1.……

            (1)……

                ①/a.……

B.4 文章标题的标点用法

文章标题的末尾通常不用标点符号,但有时根据需要可用问号、叹号或省略号。

示例1:看看电脑会有多聪明,让它下盘围棋吧

示例2:猛龙过江:本店特色名菜

示例3:严防"电脑黄毒"危害少年

示例4:回家的感觉真好
　　　　——访大赛归来的本市运动员

示例5:里海是湖,还是海?

示例6:人体也是污染源!

示例7:和平协议签署之后……

第四节　数字使用规范标准

GB/T 15835—2011

1. 范围

本标准规定了出版物上汉字数字和阿拉伯数字的用法。

本标准适用于各类出版物(文艺类出版物和重排古籍除外)。政府和企事业单位公文,以及教育、媒体和公共服务领域的数字用法,也可参照本标准执行。

2. 规范性引用文件

下列文件对于本文件的应用是必不可少的。凡是注日期的引用文件,仅注日期的版本适用于本文件。凡是不注日期的引用文件,其最新版本(包括所有的修改单)适用于本文件。

GB/T 7408—2005　数据元和交换格式　信息交换　日期和时间表示法

3. 术语和定义

下列术语和定义适用于本文件。

3.1　计量 measuring

将数字用于加、减、乘、除等数学运算。

3.2　编号 numbering

将数字用于为事物命名或排序,但不用于数学运算。

3.3　概数 approximate number

用于模糊计量的数字。

4. 数字形式的选用

4.1　选用阿拉伯数字

4.1.1　用于计量的数字

在使用数字进行计量的场合,为达到醒目、易于辨识的效果,应采用阿拉伯数字。

示例1：—125.03　　34.05％　　63％～68％　　1∶500　　97/108

当数值伴随有计量单位时，如：长度、容积、面积、体积、质量、温度、经纬度、音量、频率等等，特别是当计量单位以字母表达时，应采用阿拉伯数字。

示例2：523.56km(523.56千米)　　346.87L(346.87升)　　5.34m²(5.34平方米)
　　　567mm³(567立方毫米)　　605g(605克)　　100～150kg(100～150千克)
　　　34～39℃(34～39摄氏度)　　北纬40°(40度)　　120dB(120分贝)

4.1.2　用于编号的数字

在使用数字进行编号的场合，为达到醒目、易于辨识的效果，应采用阿拉伯数字。

示例：电话号码：98888
　　　邮政编码：100871
　　　通信地址：北京市海淀区复兴路11号
　　　电子邮件地址：x186@186.net
　　　网页地址：http://127.0.0.1
　　　汽车号牌：京A00001
　　　公交车号：302路公交车
　　　道路编号：101国道
　　　公文编号：国办发〔1987〕9号
　　　图书编号：ISBN 978-7-80184-224-4
　　　刊物编号：CN11-1399
　　　章节编号：4.1.2
　　　产品型号：PH—3000型计算机
　　　产品序列号：C84XB—JYVFD—P7HC4—6XKRJ—7M6XH
　　　单位注册号：02050214
　　　行政许可登记编号：0684D10004-828

4.1.3　已定型的含阿拉伯数字的词语

现代社会生活中出现的事物、现象、事件，其名称的书写形式中包含阿拉伯数字，已经广泛使用而稳定下来，应采用阿拉伯数字。

示例：3G手机　　MP3播放器　　G8峰会　　维生素B_{12}　　97号汽油　　"5·27"事件
　　　"12·5"枪击案

4.2　选用汉字数字

4.2.1　非公历纪年

干支纪年、农历月日、历史朝代纪年及其他传统上采用汉字形式的非公历纪年等等，应采用汉字数字。

示例：丙寅年十月十五日　　庚辰年八月五日　　腊月二十三
　　　正月初五　　八月十五中秋　　秦文公四十四年
　　　太平天国庚申十年九月二十四日　　清咸丰十年九月二十

　　　　藏历阳木龙年八月二十六日　　　日本庆应三年

4.2.2　概数

数字连用表示的概数、含"几"的概数,应采用汉字数字。

示例：三四个月　　　一二十个　　　四十五六岁　　　五六万套　　　五六十年前
　　　几千　　　　　二十几　　　　一百几十　　　　几万分之一

4.2.3　已定型的含汉字数字的词语

汉语中长期使用已经稳定下来的包含汉字数字形式的词语,应采用汉字数字。

示例：万一　　　　　一律　　　　　一旦　　　　　三叶虫　　　　四书五经　　　星期五
　　　四氧化三铁　　八国联军　　　七上八下　　　一心一意　　　不管三七二十一
　　　一方面　　　　二百五　　　　半斤八两　　　五省一市　　　五讲四美
　　　相差十万八千里　八九不离十　　白发三千丈　　不二法门
　　　二八年华　　　　五四运动　　　"一·二八"事变　　"一二·九"运动

4.3　选用阿拉伯数字与汉字数字均可

如果表达计量或编号所需要用到的数字个数不多,选择汉字数字还是阿拉伯数字在书写的简洁性和辨识的清晰性两方面没有明显差异时,两种形式均可使用。

示例1：17号楼(十七号楼)　　　3倍(三倍)　　　第5个工作日(第五个工作日)
　　　　100多件(一百多件)　　　20余次(二十余次)　　　约300人(约三百人)
　　　　40天左右(四十天左右)　50上下(五十上下)　　　50多人(五十多人)
　　　　第25页(第二十五页)　　第8天(第八天)　　　　第4季度(第四季度)
　　　　第45页(第四十五页)　　共235位同学(共二百三十五位同学)
　　　　0.5(零点五)　　　　　　76岁(七十六岁)　　　　120周年(一百二十周年)
　　　　1/3(三分之一)　　　　　公元前8世纪(公元前八世纪)
　　　　20世纪80年代(二十世纪八十年代)　　　公元253年(公元二五三年)
　　　　1997年7月1日(一九九七年七月一日)
　　　　下午4点40分(下午四点四十分)　　　4个月(四个月)　　　12天(十二天)

如果要突出简洁醒目的表达效果,应使用阿拉伯数字;如果要突出庄重典雅的表达效果,应使用汉字数字。

示例2：北京时间2008年5月12日14时28分
　　　　十一届全国人大一次会议(不写为"11届全国人大1次会议")
　　　　六方会谈(不写为"6方会谈")

在同一场合出现的数字,应遵循"同类别同形式"原则来选择数字的书写形式。如果两数字的表达功能类别相同(比如都是表达年月日时间的数字),或者两数字在上下文中所处的层级相同(比如文章目录中同级标题的编号),应选用相同的形式。反之,如果两数字的表达功能不同,或所处层级不同,可以选用不同的形式。

示例3：2008年8月8日　　二〇〇八年八月八日(不写为"二〇〇八年8月8日")
　　　　第一章　第二章……第十二章(不写为"第一章　第二章……第12章")

第二章的下一级标题可以用阿拉伯数字编号：2.1,2.2,……
应避免相邻的两个阿拉伯数字造成歧义的情况。

示例4：高三3个班　　高三三个班（不写为"高33个班"）
　　　　高三2班　　 高三（2）班（不写为"高32班"）

有法律效力的文件、公告文件或财务文件中可同时采用汉字数字和阿拉伯数字。

示例5：2008年4月保险账户结算日利率为万分之一点五七五零（0.015750％）
　　　　35.5元（35元5角　　三十五元五角　　叁拾伍圆伍角）

5. 数字形式的使用

5.1　阿拉伯数字的使用

5.1.1　多位数

为便于阅读，四位以上的整数或小数，可采用以下两种方式分节：

——第一种方式：千分撇

整数部分每三位一组，以","分节。小数部分不分节。四位以内的整数可以不分节。

示例1：624,000　　92,300,000　　19,351,235.235767　　1256

——第二种方式：千分空

从小数点起,向左和向右每三位数字一组,组间空四分之一个汉字,即二分之一个阿拉伯数字的位置。四位以内的整数可以不加千分空。

示例2：55 235 367.346 23　　98 235 358.238 368

注：各科学技术领域的多位数分节方式参照 GB 3101—1993 的规定执行。

5.1.2　纯小数

纯小数必须写出小数点前定位的"0"，小数点是齐阿拉伯数字底线的实心点"."。

示例：0.46 不写为.46 或 0。46

5.1.3　数值范围

在表示数值的范围时,可采用波纹式连接号"～"或一字线连接号"—"。前后两个数值的附加符号或计量单位相同时,在不造成歧义的情况下,前一个数值的附加符号或计量单位可省略。如果省略数值的附加符号或计量单位会造成歧义,则不应省略。

示例：－36～－8℃　　400—429页　　100—150kg　　12 500～20 000·元
　　　9亿～16亿（不写为9～16亿）　　13万元～17万元（不写为13～17万元）
　　　15％～30％（不写为15～30％）　　$4.3 \times 10^6 \sim 5.7 \times 10^6$（不写为 $4.3 \sim 5.7 \times 10^6$）

5.1.4　年月日

年月日的表达顺序应按照口语中年月日的自然顺序书写。

示例1：2008年8月8日　　1997年7月1日

"年""月"可按照 GB/T 7408—2005 的 5.2.1.1 中的扩展格式,用"-"替代,但年月日不完整时不能替代。

示例2：2008-8-8　　1997-7-1　　8月8日（不写为8-8）　　2008年8月（不写为2008-8）

四位数字表示的年份不应简写为两位数字。

示例 3:"1990 年"不写为"90 年"

月和日是一位数时,可在数字前补"0"。

示例 4:2008-08-08   1997-07-01

5.1.5 时分秒

计时方式即可采用 12 小时制,也可采用 24 小时制。

示例 1:11 时 40 分(上午 11 时 40 分) 21 时 12 分 36 秒(晚上 9 时 12 分 36 秒)

时分秒的表达顺序应按照口语中时、分、秒的自然顺序书写。

示例 2:15 时 40 分   14 时 12 分 36 秒

"时""分"也可按照 GB/T 7408—2005 的 5.3.1.1 和 5.3.1.2 中的扩展格式,用":"替代。

示例 3:15:40   14:12:36

5.1.6 含有月日的专名

含有月日的专名采用阿拉伯数字表示时,应采用间隔号"·"将月、日分开,并在数字前后加引号。

示例:"3·15"消费者权益日

5.1.7 书写格式

5.1.7.1 字体

出版物中的阿拉伯数字,一般应使用正体二分字身,即占半个汉字位置。

示例:234   57.236

5.1.7.2 换行

一个用阿拉伯数字书写的数值应在同一行中,避免被断开。

5.1.7.3 竖排文本中的数字方向

竖排文字中的阿拉伯数字按顺时针方向转 90 度。旋转后要保证同一个词语单位的文字方向相同。

示例:

示例一

雪花牌 BCD188 型家用电冰箱容量是一百八十八升,功率为一百二十五瓦,市场售价两千零五十元,返修率仅为百分之零点一五。

示例二

海军 J12 号打捞救生船在太平洋上航行了十三天,于一九九〇年八月六日零时三十分返回基地。

5.2 汉字数字的使用

5.2.1 概数

两个数字连用表示概数时,两数之间不用顿号"、"隔开。

示例: 二三米　　一两个小时　　三五天　　一二十个　　四十五六岁

5.2.2 年份

年份简写后的数字可以理解为概数时,一般不简写。

示例:"一九七八年"不写为"七八年"

5.2.3 含有月日的专名

含有月日的专名采用汉字数字表示时,如果涉及一月、十一月、十二月,应用间隔号"·"将表示月和日的数字隔开,涉及其他月份时,不用间隔号。

示例:"一·二八"事变　　"一二·九"运动　　五一国际劳动节

5.2.4 大写汉字数字

——大写汉字数字的书写形式

零、壹、贰、叁、肆、伍、陆、柒、捌、玖、拾、佰、仟、万、亿

——大写汉字数字的适用场合

法律文书和财务票据上,应采用大写汉字数字形式记数。

示例:3,504 元(叁仟伍佰零肆圆)　　　39,148 元(叁万玖仟壹佰肆拾捌圆)

5.2.5 "零"和"〇"

阿拉伯数字"0"有"零"和"〇"两种汉字书写形式。一个数字用作计量时,其中"0"的汉字书写形式为"零",用作编号时,"0"的汉字书写形式为"〇"。

示例:"3052(个)"的汉字数字形式为"三千零五十二"(不写为"三千〇五十二")

"95.06"的汉字数字形式为"九十五点零六"(不写为"九十五点〇六")

"公元 2012(年)"的汉字数字形式为"二〇一二"(不写为"二零一二")

5.3 阿拉伯数字与汉字数字同时使用

如果一个数值很大,数值中的"万""亿"单位可以采用汉字数字,其余部分采用阿拉伯数字。

示例 1:我国 1982 年人口普查人数为 10 亿零 817 万 5 288 人。

除上面情况之外的一般数值,不能同时采用阿拉伯数字与汉字数字。

示例 2:108 可以写作"一百零八",但不应写作"1 百零 8""一百 08"

　　　　4 000 可以写作"四千",但不能写作"4 千"

参 考 文 献

[1] 教育部师范教育司组织编写：《教师专业化的理论与实践》，北京，人民教育出版社，2003年。
[2] 陈永明：《教师教育研究》，上海，华东师范大学出版社，2003年。
[3] 《普通话水平测试实施纲要》，北京，商务印书馆，2004年。
[4] 杨国全主编：《教师职业技能训练概论》，北京，中国林业出版社，2001年。
[5] 田晓娜主编：《教师基本功全书》，北京，中国三峡出版社，1999年。
[6] 冯克诚、范英、刘以林主编：《教师行为规范全书》，北京，华语教学出版社，1996年。
[7] 李景文主编：《师范生语文基本功训练教程》，长春，东北师范大学出版社，1989年。
[8] 张发明主编：《师范生语文能力培养训练》，长春，吉林人民出版社，2001年。
[9] 洪丕谟、晏海林主编：《新编大学书法》，上海，复旦大学出版社，2002年。
[10] 姜永志主编：《汉字书写训练》，长春，吉林教育出版社，1993年。
[11] 左民安：《细说汉字》，北京，九州出版社，2005年。
[12] 应天常：《实用口才自练》，北京，语文出版社，1998年。
[13] 马显彬、赵越主编：《普通话教程》，广州，暨南大学出版社，2002年。
[14] 徐中玉主编主编：《应用文写作》，北京，高等教育出版社，2007年。
[15] 赵华、张宇：《应用文写作教程》，北京，高等教育出版社，2008年。
[16] 祝智庭主编：《现代教育技术：走向信息化教育》，北京，教育科学出版社，2002年。
[17] 张剑平主编：《现代教育技术：理论与应用》，北京，高等教育出版社，2006年。
[18] 刘新平、刘存侠主编：《教育统计与测评导论》，北京，科学出版社，2005年。
[19] 王孝玲编著：《教育测量》，上海，华东师范大学出版社，2004年。
[20] 齐学红主编：《新编班主任工作技能训练》，上海，华东师范大学出版社，2007年。

注：因篇幅所限，其他所引大量文献不能一一尽列，在此，本书编写组对于所参考之文献作者表示诚挚感谢。